suhrkamp taschenbuch 2011

Mit diesem dritten Band wird die von den Erlanger Germanisten Ulrich Fülleborn und Manfred Engel zusammengestellte Dokumentation zu Rilkes ›Duineser Elegien‹ abgeschlossen.

»Wie seine beiden Vorgänger ist auch dieser dritte Band zugleich als Lese- und Arbeitsbuch konzipiert. Der fortlaufenden Lektüre der vier jeweils in sich chronologisch geordneten Kapitel wird sich vor allem die historische Veränderung in Aufnahme und Wirkung der Dichtung erschließen, – und da die ›Elegien‹ lange Zeit auf ein ungewöhnlich breites und intensives Leserinteresse stießen, das mitunter geradezu Kult- und Modecharakter annahm, spiegeln sich in ihrer Rezeption natürlich auch die geistes-, kultur- und sozialgeschichtlichen Entwicklungen der letzten 60 Jahre besonders deutlich. Zugleich eröffnet sich dem Benutzer dieses Bandes ein erstaunlich umfassendes Panorama der wichtigsten Dichter und Denker dieser Zeit.«   (Aus der Einleitung)

Rilkes
›Duineser Elegien‹

Herausgegeben von Ulrich Fülleborn
und Manfred Engel

DRITTER BAND
Rezeptionsgeschichte

suhrkamp taschenbuch materialien

Suhrkamp

suhrkamp taschenbuch 2011
Erste Auflage 1982
© dieser Zusammenstellung Suhrkamp Verlag
Frankfurt am Main 1982
Drucknachweise für die einzelnen Texte am Schluß des Bandes
Suhrkamp Taschenbuch Verlag
Alle Rechte vorbehalten, insbesondere das des öffentlichen Vortrags,
der Übertragung durch Rundfunk und Fernsehen
sowie der Übersetzung auch einzelner Teile.
Satz: Georg Wagner, Nördlingen
Druck: Nomos Verlagsgesellschaft, Baden-Baden
Printed in Germany
Umschlag nach Entwürfen von Willy Fleckhaus und Rolf Staudt

Inhalt

Einleitung 9

I. Aus Rilkes Bekanntenkreis

II. Rezensionen zur Erstausgabe von 1923

III. Die >Elegien< in der Literaturkritik

IV. Produktive Rezeption –
Zur Wirkungsgeschichte der ›Duineser Elegien‹

Bibliographischer Anhang

Einleitung

»Ruhm ist schließlich nur der Inbegriff aller Mißverständnisse, die sich um einen neuen Namen sammeln« (WA 9, 141), schrieb Rilke schon im Jahre 1902, als Berühmtheit wohl kaum zu seinen Hauptproblemen gehört haben dürfte. Und wenn man den jungen René ausnimmt, der sich noch geschäftig und durchaus ruhmversessen in den Prager Kulturbetrieb stürzte, so gehört eine gleichgültige, ja ablehnende Haltung jeder Wirkung gegenüber in der Tat zu den Konstanten im Rilkeschen Gesamtwerk. Um eine solche Absage an ein breites Publikum und an die Forderung nach einer wie auch immer gearteten »Nützlichkeit« von Kunst besser zu verstehen, müßte man sie in ihren historischen Kontext stellen, der von der l'art-pour-l'art-Bewegung des 19. Jahrhunderts bis weit in die Moderne reicht. Hier ist nur zu konstatieren, daß diese Haltung im Falle Rilkes so gut wie gar keine Folgen gehabt hat; längst sind die Belege seines Nachruhms ebenso unüberschaubar geworden wie die Beiträge der Rilke-Forschung.

Trotz ihrer Vielfalt und Vielzahl bleiben diese Zeugnisse jedoch unvollständig und schwer zugänglich. Sieht man einmal von gezielten empirischen Untersuchungen ab, so entzieht sich uns der Prozeß der Rezeption und Wirkung eines Kunstwerkes genauso wie sein Entstehungsprozeß. Was wirklich in Leser wie Autor vor sich geht, verhält sich zu seiner teilweisen, letztlich zufälligen und oft noch durch den Adressatenbezug verzerrten Dokumentierung wie die untergetauchte Masse des Eisbergs zur kleinen, allein über die Wasseroberfläche reichenden Spitze. Dazu kommt, daß nur ein Teil des vorhandenen Materials veröffentlicht ist und das oft an entlegenen und verstreuten Stellen.

Schwieriger noch als Auswahl und Anordnung war so in diesem Band für die Herausgeber bereits das Auffinden der Materialien: Was sich als Nachruf, Gedenkartikel oder -vortrag und Rezension vor dem Forum der literarisch interessierten Öffentlichkeit vollzieht, wird zwar bereits von den gängigen Bibliographien kaum mehr erfaßt, ist aber immer noch leicht zu ermitteln, verglichen mit den Belegen privaten Charakters in Autobiographien, Tagebüchern und Briefen. Aus all dem folgt für den Leser dieses Materialienbandes, daß er sich hüten muß, das Fehlen bestimmter Autoren oder Autorengruppen überzubewerten: daß etwa anläßlich des 100. Geburtstages zahlreiche Stimmen von Gegenwartsautoren aus dem deutschen und französischen Sprachraum vorliegen, nicht aber aus dem englischen, ist zunächst einmal Zufall und wäre abzuwägen gegen die Flut von Übersetzungen der ›Duineser Elegien‹ ins Englische; vielleicht noch bezeichnender für die notwendige Unvollständigkeit und unvermeidliche Willkür dieser Sammlung mag sein, daß bedeutende Lyriker wie Ingeborg Bachmann, Paul Celan oder Ernst Meister gar nicht oder nur mit peripheren Äußerungen vertreten sind – läßt sich doch gerade bei ihnen ein thematischer wie formaler Einfluß des späten Rilke nicht übersehen.

Gemessen an diesen Schwierigkeiten ergab sich die Anordnung der Materialien fast von selbst. Eine Gruppierung nach Lesertypen schien den Herausgebern schon deshalb sinnvoller als eine rein linear-chronologische Reihung, weil dieser Unterteilung auch ein jeweils erheblich nuanciertes Interesse an den Texten entspricht. Den Kapiteln des vorliegenden Bandes könnte die einfache und eingängige Typologie von Hans Robert Jauß als Überschrift dienen, der »den aufnehmenden Leser, den reflektierenden Kritiker und den selbst wieder produzierenden Schriftsteller« (B 259, S. 172) unterscheidet. Entsprechend gliedern wir nach den folgenden drei – idealtypischen – Gruppen, wobei die Zuordnung der einzelnen Texte natürlich nicht immer eindeutig und unanfechtbar sein kann:

1) Stimmen aus dem Bekanntenkreis Rilkes (Kapitel I): die hier gesammelten Texte belegen noch am ehesten die Haltung des zeitgenössischen Durchschnitts-Lesers. Eine Sondergruppe bilden sie dadurch, daß für Freunde und Bekannte das Werk wohl nur schwer von der Person des Dichters abzulösen war und daß hier die Rezeption durch briefliche oder mündliche Äußerungen mehr oder weniger direkt vom Autor selbst gesteuert wurde, also auch Hinweise auf die von ihm eigentlich intendierte und die tatsächlich erfolgte Aufnahme der ›Elegien‹ bietet.

2) Rezeption in der literarischen Öffentlichkeit, bzw. Analysen und Beschreibungen dieser Rezeption (Kapitel II und III): als Urteile besonders qualifizierter und »reflektierender« Leser gewähren die Aussagen der Literaturkritiker Einblick in die jeweils vorherrschende Erwartungshaltung, die jeweils aktuel-

len, an den Text herangetragenen Fragen und die Normen zu seiner Bewertung. Stärker noch als auf den individuellen Rezeptionsakt wird sich das Interesse hier auf das Zeittypische richten, auf den Niederschlag geistiger, gesellschaftlicher und politischer Tendenzen.

3) Produktive Rezeption durch Leser, die selbst schriftstellerisch, künstlerisch oder geistig tätig sind (Kapitel IV): teils handelt es sich um private oder halbprivate Äußerungen, teils um Veröffentlichungen innerhalb des Kulturbetriebes, die sich dann den Materialien der zweiten Gruppe annähern. Auch hier findet sich natürlich Zeittypisches oder vom Leser-Text-Verhältnis her Relevantes; nicht zuletzt ist jedoch von Bedeutung, inwiefern die Texte Anhaltspunkte für das Selbstverständnis ihrer Verfasser liefern – gerade auch in der kritischen Abgrenzung oder der vielleicht auf bezeichnende Weise mißverstehenden Zustimmung.

Aus dieser Gliederung ergeben sich zugleich die von den Herausgebern anzuwendenden Auswahlkriterien und die Nutzungsmöglichkeiten der Sammlung. Aufzunehmen waren Äußerungen von besonderem werk- oder leserbezogenen Interesse: Werkbezogen, insofern als sie zentrale Aspekte der Dichtung behandeln – besonders wenn diese bisher eher übersehen wurden; leserbezogen, insofern als sie repräsentativ sind für literarische und geistige Zeitströmungen und für Fragen, die sich aus der geistigen und gesellschaftlichen Lage breiter Leserschichten an die Dichtung ergeben, oder bezeichnend für das literarische, künstlerische oder philosophische Schaffen ihres prominenten Verfassers. Grundsätzlich wurden nur Texte berücksichtigt, die sich explizit auf die ›Duineser Elegien‹ beziehen; da jedoch – ganz besonders von den 30er bis in die Mitte der 60er Jahre – Rilke in erster Linie, ja fast ausschließlich als Autor der ›Elegien‹ rezipiert wurde, schien es legitim, gelegentlich auch Dokumente aufzunehmen, die sich ganz allgemein auf den Dichter und sein Werk beziehen.

Wie seine beiden Vorgänger ist auch dieser dritte Band zugleich als Lese- und Arbeitsbuch konzipiert. Der fortlaufenden Lektüre der vier jeweils in sich chronologisch geordneten Kapitel wird sich vor allem die historische Veränderung in Aufnahme und Wirkung der Dichtung erschließen – und da die ›Elegien‹ lange Zeit auf ein ungewöhnlich breites und intensives

Leserinteresse stießen, das mitunter geradezu Kult- und Mode-charakter annahm, spiegeln sich in ihrer Rezeption natürlich auch die geistes-, kultur- und sozialgeschichtlichen Entwicklungen der letzten 60 Jahre besonders deutlich. Zugleich eröffnet sich dem Benutzer dieses Bandes ein erstaunlich umfassendes Panorama der wichtigsten Dichter und Denker dieser Zeit. Daher mag es ebenfalls lohnend sein, querlesend oder mit Hilfe von Inhaltsverzeichnis und Register, gezielt nach den Äußerungen bestimmter Autoren zu suchen, literarischen Abhängigkeiten und Schulenbildungen, Affinitäten und Abneigungen nachzugehen, wozu der abgedruckte Text oft nur einen ersten Anhalt bietet und wozu häufig weitere Stellen und Sekundärliteraturangaben im Anmerkungsteil die Richtung weisen.

Das entscheidende Kriterium für den Wert dieser Sammlung – und das gilt im Bereich der Literaturwissenschaft vielleicht für die Beurteilung von Rezeptionsforschung überhaupt – dürfte jedoch darin liegen, ob sie einen eigenen Beitrag zum Verständnis des rezipierten Textes zu leisten vermag. Dazu gehört nicht nur die schon angedeutete Eröffnung bisher vernachlässigter Deutungsmöglichkeiten oder die pragmatische Zusammenstellung von übereinstimmenden – also wohl textbedingten und für das Verständnis der Dichtung relevanten – Leserreaktionen. Der Benutzer dieses Bandes ist darüber hinaus aufgefordert, die Dokumente der Rezeption auch daraufhin zu prüfen, wie in ihnen vielleicht Dimensionen und Möglichkeiten der ›Elegien‹ eher verstellt und verfehlt werden, und sich zu fragen, welche im Werk liegenden Ursachen dies haben könnte und welche Konsequenzen daraus für eine textgemäßere Lektüre zu ziehen wären.

Für die so skizzierten rezeptionsgeschichtlichen wie rezeptionsästhetischen Verwendungsmöglichkeiten dieses Bandes seien im folgenden noch einige Anregungen und Hinweise gegeben, die vielleicht als erste Anhaltspunkte zum Umgang mit der Fülle der Einzeltexte dienen können.

*

Bemerkenswert an der Rezeption der ›Elegien‹ im Bekanntenkreis Rilkes, deren Zeugnisse in Kapitel I gesammelt sind, ist zunächst einmal die Tatsache, daß sie überhaupt stattfinden konnte. Dem heutigen Leser, der über die Fülle von bereitgestellten Verständnishilfen – Selbstzeugnissen des Autors, Paraphrasen, Kommentaren – erst recht eigentlich ein Gefühl für die Hermetik des Textes bekommen hat, muß die Möglichkeit eines voraussetzungslosen Zugangs fast überraschen. Freilich: viele der Empfänger eines Exemplars der Erstausgabe, begleitet von mehr oder minder umfangreichen Briefen aus Rilkes eigener Hand oder Widmungsgedichten, antworteten in einer Weise, die vermuten läßt, daß sie durch die Gedichte letztlich doch überfordert waren. Jede Beurteilung dieser Reaktionen bleibt allerdings so lange vorläufig, bis alle Antwortbriefe bekannt sind.

Gerade die im vorliegenden Band abgedruckten Stimmen beweisen jedoch, daß ein ganz unmittelbarer und existenziell bewegender Zugang zur Dichtung durchaus möglich war – Rilke selbst schreibt über eine Leserin, sie habe sich die ›Elegien‹ »erstaunlich zu Herzen genommen« »wie etwas ihr in Wahrheit Erfaßliches« (Materialien I, S. 268). Der Grund dafür dürfte in der seltsamen Doppelnatur des Werkes liegen: Zum einen haben wir es deutlich mit Lyrik im »hohen Ton« der Klopstock-Hölderlin-Tradition zu tun, mit Versen von großer sprachlicher und bildlicher Dichte und der für Rilke charakteristischen Subtilität und Nuanciertheit des Gefühlsausdrucks. Dadurch wird ein unmittelbarer emotionaler Nachvollzug nicht nur möglich: die suggestive Wucht der Dichtung scheint ihn geradezu zu erzwingen. Zum anderen fordern die ›Elegien‹ ebenso nachhaltig ein eher reflektierendes Eingehen auf ihre »Lehre«, ihre »Botschaft«. Beides verbindet sich in der Aufnahme der Gedichte als Lebenshilfe, als Antwort auf zentrale Fragen der eigenen Existenz oder – vager – als »Trost«, wie eine häufig wiederkehrende Formulierung lautet. Beides ist zugleich mindestens zum Teil auch das Ergebnis einer sehr intensiven Lenkung der Rezeption durch den Verfasser, bewirkt etwa durch das mitreißende Pathos seines Vorlesens einerseits und durch seine mündlichen und vor allem brieflichen Erläuterungen, die im Hulewicz-Brief gipfeln, andererseits.

Diese Spannung von »reiner Stimmungsdichtung« und »abstrakter Reflexion« (Viëtor, Nr. 28) und die ihr Rechnung tragenden zwei Verhaltensweisen dem Text gegenüber – die sich als paradigmatisch erweisen werden und in nuce schon die ganze weitere Rezeptionsgeschichte enthalten – prägen auch die vollständig aufgenommenen Rezensionen zur Erstausgabe der ›Elegien‹ von 1923 und die wenigen der Nachrufe, die das Spätwerk einbeziehen. Wiederholt ist von einem »Mit-der-Seele-Lesen« (Heuschele, Nr. 35) die Rede, also einem unmittelbaren Zugang zur Dichtung: »die Selbstverständlichkeit« ihrer »Aussagen« mündet, in einer Formulierung Paul Zechs, »ohne den Umweg über das Gehirn tief in unser Gefühl ein« (Nr. 37). Der Gattung der Rezension entsprechend überwiegt jedoch deutlich der Versuch zur reflektierenden Analyse. Konfrontiert mit »einem der schwerst verständlichen, um nicht zu sagen verworrensten Gebilde zeitgenössischer Literatur« (von Grolman, Nr. 20), suchen die Rezensenten dabei an Bekanntes anzuknüpfen: so etwa an die Gattung der Elegie, an die im Ausklingen befindliche literarische Zeitströmung des Expressionismus oder den zu Recht konstatierten Einfluß Hölderlins. Am häufigsten wird die naheliegende Frage nach dem Verhältnis der ›Elegien‹ zum bisher erschienenen Werk des Verfassers gestellt. Freilich muß der Leser von heute, dem die ›Gesammelten Werke‹ einen lückenlosen Überblick ermöglichen, dabei das sehr viel beschränktere Blickfeld des zeitgenössischen Rezensenten bedenken. Die letzte größere Veröffentlichung Rilkes, sein Roman ›Die Aufzeichnungen des Malte Laurids Brigge‹, datierte von 1910, und die Dichtungen, die das Rilke-Bild der Zeit fast ausschließlich bestimmten, lagen noch weiter zurück: es handelte sich in erster Linie um den ›Cornet‹, als Band 1 der Insel-Bücherei geradezu ein Bestseller, und um das ›Stunden-Buch‹, in bereits deutlich geringerem Maße auch um die ›Neuen Gedichte‹. Erst wenn man sich vor Augen führt, wie schwer sich die Pole des Früh- und des Spätwerkes zusammensehen lassen, begreift man das Dilemma der Kritiker, die mehrheitlich versuchten, die ›Elegien‹ mit den ihnen bekannten und ihr Verständnis prägenden früheren Texten Rilkes in Einklang zu bringen. Ob dabei das Spätwerk als Fortsetzung der »Dingfrömmigkeit« der ›Neuen Gedichte‹ oder der »Gottessuche« des ›Stunden-Buchs‹ gelesen wird – in der Regel herrscht eine religiös, oft auch nur vage irrationalistisch getönte Deutung vor, die einer irrationalistischen Grundströmung in der Zeit zu entstammen scheint. »Mystik« ist ein immer wiederkehrendes Schlüsselwort, und metaphysische Kategorien wie »Göttliches«, »Ewiges«, »Hohes«, »Unsägliches«, »Unendliches«, »das Heilige«, »Urkräfte der Seele«, »die Seele all der äußeren Bilder und Dinge« häufen sich. Dabei wird zwar wiederholt das Anliegen der Dichtung richtig bestimmt: »das Menschliche als solches [. . .] steht in seinen wesentlichen Daseinsbezügen zur Diskussion« (Rockenbach, Nr. 26), doch wo die Rezensenten Rilkes Einbeziehung des Transzendenten in die Immanenz (»die Eigenschaften werden Gott, dem nicht mehr Sagbaren, abgenommen, fallen zurück an die Schöpfung« Materialien I, S. 289) nicht mitvollziehen, verkehrt sich das eigentliche Ziel der ›Elegien‹ in sein Gegenteil: statt einer »Rühmung« des »Hiesigen« findet man dann Abkehr vom »Erdendasein« und »Klage um die Unzulänglichkeit allen Irdischen«. Offensichtlich bedurfte es zur Lösung aus einem primär religiös geprägten Verständnishorizont – trotz Nietzsches – noch der Existenzphilosophie und ihrer großen Breitenwirkung.

Rezeptionsästhetisch von Interesse ist die scheinbar mühelos gelingende Übertragung der ›Elegien‹ in eine diskursive – häufig verdeckt zitierende – erläuternde Paraphrase. Die Unangemessenheit dieses Verfahrens zeigt sich zum einen darin, daß dabei höchst erläuterungsbedürftige poetische Setzungen des Textes – wie etwa der »Engel«, der »Held«, die »Liebenden« – ganz selbstverständlich aufgegriffen werden, was die Erklärung zum scheinverstehenden Jonglieren mit zahlreichen Unbekannten macht. Zum anderen bleibt die so hergestellte Diskursivität immer nur punktuell, die Suche nach einem durchgängigen, linearen »Argument« der ›Elegien‹ gerät dagegen, wie etwa besonders deutlich bei Bruder (Nr. 21), in die Nähe einer unfreiwilligen Parodie. In nuce begegnen wir hier erstmalig der Interpretationstechnik des paraphrasierenden kursorischen Kommentars, der in der Sekundärliteratur zu den ›Elegien‹ vorherrscht.

Trotz der großen Anzahl von Rezensionen, trotz dreier fremdsprachiger Besprechungen, die von Rilkes frühem internationalen Ruhm zeugen, und trotz der sich in Heuscheles Aufsatz (Nr. 35) bereits deutlich abzeichnenden überschwenglich-hagiographischen Haltung einer enthusiasmierten Rilke-Gemeinde dauerte es etwa ein Jahrzehnt, bis die ›Elegien‹ ein breiteres Publikum erreichten – die allermeisten der ebenfalls überaus zahlreichen Nachrufe der Jahre 1926/27 sparen sie noch weitgehend oder ganz aus.

Die Intensität, mit der in den 30er Jahren eine meist existen-
zialphilosophisch gefärbte Rezeption des Spätwerks einsetzt,
wird belegt durch das im Anhang zu Band II dokumentierte
jähe Anwachsen der Sekundärliteratur in dieser Zeit. Die
Literaturkritik dagegen spiegelt diese Entwicklung nur sehr
bedingt wieder; der nationalsozialistischen Literaturbetrachtung
ist Rilke weder Fisch noch Fleisch, ideologisch schwer in den
Griff zu bekommen. Sie lobt den Dichter für die Überwindung
des Individualismus und tadelt ihn dann wieder gerade als
Vertreter der »zu Ende gehenden individualistischen Epoche«,
rügt ihn als »weichlich und weibisch«, als »kraftlose Ästheten-
natur«, als schwerverständlich und internationalistisch und
kanonisiert ihn dann wieder fast schon apologetisch und inhaltlich neutral seiner »bleibenden Leistung für die deutsche Sprache« wegen, ganz abgesehen von tollkühnen Aneignungsversu-
chen, wie etwa dem, im Rilkeschen »Helden« eine Präfiguration
des Führers sehen zu wollen. Doch damit nicht genug der
Widersprüche: obwohl alles in allem durchaus von den Macht-
habern anerkannt, konnte Rilke, wie nicht nur das Zeugnis von
Alfred Andersch belegt (Nr. 135, Anmerkung), in jenen Jahren
zugleich zum Dichter der »inneren Emigration« werden, war
seine Beliebtheit in Frankreich ungebrochen, wurde er in
England mit schnell wachsender Begeisterung gelesen. Es
genügt nicht, zur Erklärung auf die für moderne Literatur
typische Abstraktheit zu verweisen, deren »Offenheit« und
deren Abstinenz gegenüber konkreten sozialen und politischen
Phänomenen einer ideologischen Aneignung zwar kaum
Anhaltspunkte bietet, aber auch kaum Widerstand leistet. Da
Rilkes Werk in den letzten Jahren, besonders von Egon
Schwarz, als faschistoid angeklagt worden ist, erhält seine hier
ausführlich dokumentierte Rezeption im III. Reich den Charakter eines wichtigen Indizes. Das mag einen kurzen Exkurs zu
diesem Thema rechtfertigen.

Die immer wieder angeführten Argumente der Anklage –
einige wenige antisemitisch getönte Briefstellen; die späten,
Mussolini preisenden ›Lettres milanaises‹; die Absage an Technik und Fortschritt in den ›Elegien‹, die schon in den ›Sonetten
an Orpheus‹ erheblich differenzierter klingt – sind verschiedent-
lich diskutiert worden und haben sich dabei als nicht sonderlich
beweiskräftig erwiesen. Wirklich angemessen ließe sich der

»Fall« Rilke wohl nur vor dem Hintergrund der grundsätzlicheren Frage nach dem Verhältnis zwischen Faschismus und Moderne beurteilen.

Unbestreitbar ist die Affinität, die zahlreiche moderne Dichter und Denker – etwa Pound, D. H. Lawrence, Heidegger, Benn, um nur einige zu nennen – mindestens zeitweilig zur faschistischen Bewegung hatten, eine Affinität, die wohl vor allem auf der gemeinsamen Neigung zum Irrationalismus und auf der gemeinsamen Absage an die rationalistische Zivilisation und ihre liberalen, humanistischen Werte beruht, jener »Ranküne gegen die Entwicklung des menschlichen Großhirns« (Th. Mann), die damals gesamteuropäisch grassierte. Zu kritisieren an dieser Haltung wäre sicherlich die gefährliche politische Naivität der betroffenen Dichter und Denker, von der auch Rilke nicht frei ist, ihr leichtfertig selbsterteilter Dispens von einer genauen Kenntnis der pauschal abgelehnten gesellschaftlichen Realität – und in diesem Zusammenhang wird man auch im Einzelfall über Schuld und persönliches Versagen rechten müssen. Versucht man jedoch, die grundsätzliche Frage nach dem Verhältnis zwischen Moderne und Faschismus über die hier dokumentierte Rezeption Rilkes im III. Reich zu beantworten, so ergibt sich ein auf den ersten Blick verblüffender Befund: Denn die bisher aufgezeigten Gemeinsamkeiten, die sich etwa aus Gottfried Benns berüchtigter ›Antwort an die literarische Emigration‹ entwickeln ließen und deren Anwendbarkeit auf Rilke und andere Autoren durchaus zu diskutieren wäre, werden von den doch ideologisch versierten Literaturkritikern der Zeit fast völlig ausgespart, oder besser: übersehen. Dies könnte dafür sprechen, daß die schnell in Desillusionierung endende zeitweilige Liaison von »konservativer Revolution« und Faschismus vielleicht überhaupt eher auf einer von den zeitgenössischen Intellektuellen zu Unrecht vermuteten Geistesverwandtschaft beruhte als auf tatsächlichen tieferen Gemeinsamkeiten, geistigem Bündnis oder gar geistiger Vaterschaft. Die Differenziertheit und zerebrale Angestrengtheit der Moderne einerseits und die diffuse Ideologie des Faschismus, die geistige Mediokrität und zutiefst kleinbürgerliche Mentalität seiner Führungsschicht andererseits liegen auf grundverschiedenen Ebenen, und die angedeuteten, sehr allgemeinen Parallelen dürfen nicht mit kausalen Bezügen verwechselt werden. Festzuhalten bleibt, daß die Breitenrezeption Rilkes im III. Reich eher abseits von der offiziellen ideologischen Linie verläuft.

Eben jene bis 1945 eher unterschwellig wirksame existenzial-philosophische Rezeptionstradition bestimmt dann von der Nachkriegszeit an bis in die 60er Jahre hinein das Rilke-Bild. Freilich sind die Unterschiede zur ersten Rilke-Welle der 30er Jahre gravierend. Die metaphysische Krise, die »Entwertung aller Werte«, die die Intellektuellen schon seit der Jahrhundertwende beschäftigte, hatte nach dem verlorenen Krieg erstmals breite Bevölkerungskreise erfaßt. Als metaphysischer Strohhalm bot sich die popularisierte Existenzphilosophie an, weniger in der aggressiven Fassung von Sartre und Camus als vielmehr in ihrer Heideggerschen Variante. In quietistischer Verflachung werden die ›Elegien‹ – wie es Ulrich Fülleborn schon an der Forschungsgeschichte beschrieben hat – vollends als »Lehrdichtung« rezipiert, die »halbreligiöse Werte des Trostes, guten Zuspruchs, der Aufrichtung« (Franz Blei, Nr. 49) spenden und das »innere Leben« hochhalten sollen gegenüber der »Abstumpfung einer der äußeren Zivilisation verfallenen Welt« (Bäumer, Nr. 52).

Gleichzeitig erhebt sich von zwei Seiten heftige Kritik gegen den nunmehr endgültig arrivierten, einer Titelgeschichte des ›Spiegels‹ für würdig befundenen Autor. Die jungen Schriftsteller des »Kahlschlags« vermissen in Rilkes Werk die Welt des Alltags, halten ihn durch die Erfahrungen des Krieges für überholt. Dagegen fehlt den Lyrikern, die sich an Gottfried Benn, der großen poetischen Leitfigur der 50er Jahre, orientieren, – wie einst schon den George-Anhängern – in Rilkes Dichtung der »konstruktive Geist«, das »Gesetz der Form« (Benn); bezeugt ist diese Ablehnung in Hugo Friedrichs Studie zur ›Struktur der modernen Lyrik‹ (Nr. 57), die nicht nur zu den wenigen Bestsellern der Literaturwissenschaft gehört, sondern durchaus auch als poetologisches Manifest ihrer Zeit verstanden werden kann.

Zwar blieb Rilke dennoch eine zentrale Figur im geistigen Leben der 50er Jahre, doch über die allmähliche Distanzierung der literarischen Avantgarde bereitete sich schon die Krise der Rilke-Rezeption vor, wie sie dann in den 60ern etwa Adornos Kritik (Nr. 160), das Berliner Kritiker-Colloquium von 1966 (Nr. 60-62), oder die marginalen, aber höchst bezeichnenden

Veränderungen in der Neuauflage von Hugo Friedrichs Lyrik-Untersuchung (Nr. 57, Anmerkungen) dokumentieren. Zum Verhängnis wurde Rilke – in einer Zeit, die sich von Benn ab- und Brecht zuwandte – gerade jene Verquickung mit der Heideggerschen Philosophie und dem geistigen Biedermeier der Adenauer-Zeit, die ihm über zwei Jahrzehnte lang seine große Popularität gesichert hatte. Die neue Ablehnung war weltanschaulich motiviert und demgemäß war auch in erster Linie das weitgehend als Weltanschauung rezipierte Spätwerk betroffen. Es mag der Spekulation des Lesers überlassen bleiben, warum die 68er-Generation nicht, wie im vergleichbaren Falle Hölderlins, ein neues, »linkes« Rilke-Bild entwickelt hat – daß es dafür durchaus Ansatzpunkte gegeben hätte, zeigt Joachim W. Storcks Aufsatz über ›Emanzipatorische Aspekte im Werk Rilkes‹ (B 274). Nur auf einen Punkt sei noch eigens hingewiesen, da er heute fast vergessen erscheint: Die Beiträge von Höllerer und Demetz, wie auch der Aufsatz von Christa Bürger in Band II, belegen, daß die kritische Intelligenz dieser Zeit aus aufklärerischer und marxistischer Tradition heraus ein ungebrochen positives Verhältnis zu Fortschritt und Technik hatte.

Vielleicht ist es nicht zuletzt den erheblichen Wandlungen in diesem Punkt zuzuschreiben, daß sich im letzten Jahrzehnt ein zögerndes neues Interesse an Rilke spüren ließ, das auch das Spätwerk nicht mehr krampfhaft aussparte. Von einer Rilke-Renaissance zu reden, wäre allerdings wohl noch verfrüht, denn das Echo, das der 100. Geburtstag des Autors im Jahre 1975 gefunden hat, blieb doch sehr zwiespältig: Quantitativ war es enorm – sogar die ›Bild‹-Zeitung informierte ihre Leser über das Jubiläum. Doch die überwältigende Mehrheit der Feuilletonbeiträge beschränkte sich auf biographische Informationen, ergänzt durch einige wenige interpretatorische Leerformeln. Rilke scheint so zum kanonisierten Klassiker geworden zu sein, jenseits der Kritik – und jenseits des Interesses. Daneben gab es mehrere kritisch-polemische Beiträge von erbitterter Schärfe, die noch einmal die Rezeptionshaltung der 50er Jahre geißelten – die es manifest nicht mehr gibt und so wohl nicht mehr geben kann – oder vor einer neuen, ihrer Meinung nach nur aus einer konservativen »Tendenzwende« begreiflichen Welle der Rilke-Begeisterung warnten – die es manifest nicht gibt und so wohl auch nicht geben wird. Nur wenige ernstzunehmende Versuche einer Neubewertung zeigen Ansätze zu der wohltuenden Differenziertheit, die im Falle Rilkes heute eigentlich möglich sein müßte.

Modellfall des Rezeptionsaktes ist die Arbeit eines Regisseurs bei der Aufführung eines Dramas, wie wir sie aus dem Regietheater der letzten Jahre kennen: mehr oder minder gewaltsam stellt er in seiner Inszenierung diejenigen Aspekte und Problemschichten des Werkes heraus, die den gegenwärtigen Zuschauer ansprechen, Stück und Publikum zu Zeitgenossen machen. So entsteht Betroffenheit, die nicht nur dem Regisseur lieber sein muß als Ehrfurcht vor Bildungsgut oder interesseloses ästhetisches Wohlgefallen. Ein Ansatzpunkt für die sich vielleicht abzeichnende Neuinszenierung des Rilkeschen Werkes läge etwa darin, es – jenseits des bisherigen, eher metaphysischen oder existenzialphilosophischen Interesses – als fein nuanciertes Drama der zerrissenen Innerlichkeit auf der »Bühne des Herzens« zu rezipieren, wobei die »Leidstadt« der 10. Elegie als Bühnenhintergrund der dargestellten Entfremdungserfahrungen den Realitätsbezug durchaus gewährleisten könnte. Denn das sollte heute selbstverständlich sein: daß Innerlichkeit nie autonom ist und Subjektivität nicht notwendigerweise apolitisch und unengagiert. Wie jede aktualisierende Rezeption wäre auch diese selektiv, doch keineswegs vergewaltigend, da ein Maximum an Sensibilität, beharrliche Kritik an instrumenteller Vernunft, an der Überwältigung von Natur und Partner sowie das beständige Ringen um eine neue Form von Identität aus der eigenen Besonderheit heraus in der Tat Grundzüge von Rilkes Dichtung sind. Ob es tatsächlich ein neues Interesse an Rilke aus einer solchen – um das gängige und wenig glückliche Schlagwort nun doch zu nennen – »Neuen Innerlichkeit« heraus gibt, läßt sich mangels empirischer Daten allerdings noch nicht sagen.

An Leserzeugnissen haben wir dazu vorläufig nur die Auskünfte von Gegenwartsautoren, anläßlich der verschiedenen Umfragen der Jubiläumsjahre 1975/76, die bei aller Vielfalt doch dahin zu tendieren scheinen, Rilkes Werk als Dichtung, Poiesis, aufzunehmen, was nicht heißen soll: als schönen, inhaltsleeren Klang, was aber auch nicht mehr heißen dürfte: als Vehikel für eine ablösbare Botschaft. Das könnte zukunftsweisend sein.

Doch bevor wir diesem Punkt weiter nachgehen, sei noch die Aufnahme der ›Duineser Elegien‹ im Ausland wenigstens kurz gestreift, die mit den wenigen Belegen des Textteils natürlich höchst unzureichend dokumentiert wird. Mehr zu tun, hätte es allerdings eines polyglotten Herausgeberteams bedurft, da der Ruhm Rilkes bereits seit Jahrzehnten weltweit ist, wie auch Teil 3 des bibliographischen Anhangs belegt.

Was die Rezeption im deutschsprachigen Ausland angeht, so lassen sich für Österreich und die Schweiz kaum signifikante Besonderheiten feststellen. Anders steht es mit der DDR. Bis in die jüngste Vergangenheit war Rilke hier als Vertreter der »deutschen reaktionären Philosophie des XX. Jahrhunderts« (Mende, Nr. 58) verpönt; man warf ihm »Solipsismus« vor, idealistische Konzentration auf die »Innerlichkeit«, oder – in Anlehnung an die Rilke-Kritik von Brecht und Lukács – seine angeblich antihumanistische Einstellung. Führende DDR-Autoren, wie Fürnberg, Becher, Maurer, Fühmann, bekannten sich zwar zu ihm als einem prägenden dichterischen Einfluß, standen aber seiner Weltsicht und damit besonders auch dem Spätwerk eher ablehnend gegenüber. Es ist gar nicht lange her, daß Rilke auch in der DDR zum Klassiker arrivierte und seine Dichtung als Bestandteil des »kulturellen Erbes« anerkannt wurde – ein Prozeß, der mit der dreibändigen von Horst Nalewski besorgten Werkausgabe abgeschlossen sein dürfte. Dies bedeutet nicht den völligen Verzicht auf Kritik, wohl aber die Entdeckung und Betonung einer Reihe von positiven Seiten an Autor und Werk: seine »Liebe zu Rußland« etwa, oder seine »humane Diesseitsreligion« (Richter, Nr. 72).

Frankreich war das Land, dem sich Rilke am tiefsten verbunden fühlte; sein Ruhm dort setzte früh ein – bei seinem Parisbesuch von 1925 war der Dichter bereits die Attraktion der literarischen Salons – und blieb äußerst beständig. Allerdings richtete sich das Interesse aus naheliegenden Gründen eher auf die französischen Gedichte und auf den seit 1926 in der (durch Rilke selbst autorisierten) Übertragung von Maurice Betz zugänglichen ›Malte‹. Immerhin zeigt eine Umfrage unter französischen Gegenwartslyrikern, daß Rilke auch als Autor der ›Elegien‹ und ›Sonette‹ einen nachhaltigen Einfluß auf die Generation der heute vierzig- bis sechzigjährigen Dichter hatte und über seine Verwandlungslehre, seine dichterischen Vorstöße an die Grenzen des Sagbaren, seine Verbindung von Dichten und Denken und über die Ausschließlichkeit, mit der er seiner Dichtung gelebt hatte, als Teil der symbolistischen Lyrik-Tradition rezipiert wurde.

In England dagegen waren es von vorneherein die in immer neuen, z. T. vorzüglich kommentierten Übersetzungen zugänglichen ›Elegien‹, auf die sich die in den 30er Jahren mit großer Intensität einsetzende Rilke-Lektüre konzentrierte. Die Rezeption Rilkes durch eine ganze Generation englischer Dichter ist vielfach beschrieben worden; hier mag der Hinweis genügen, daß natürlich die Desillusionierung und Abkehr von direktem politischen Engagement im Gefolge des Spanischen Bürgerkrieges besonders günstige Voraussetzungen für die Beschäftigung mit einem auf existenzielle Fragen konzentrierten Dichter geschaffen hatte. Abgesehen von diesem kurzen Gastspiel kontinentaler Existenzialphilosophie im englischen Geistesleben richtete sich die Rezeption mehr auf Rilke als Person und Dichter als auf seine Ideen, so wie auch die von Eudo C. Mason begründete Interpretationsschule, die für das englische Verständnis des Rilkeschen Werkes bestimmend war, all das, was sie von ihren geistigen Voraussetzungen her nicht verstehen konnte und nicht billigen wollte, auf die unanstößigeren und leichter einsehbaren Fragen einer speziellen Künstlerproblematik reduzierte.

Aus dem außereuropäischen Bereich schließlich sei nur die ungewöhnlich intensive Rilke-Rezeption in Japan hervorgehoben, die Kenzo Miyashita in seinem Beitrag für Band II beschrieben hat. Begründet ist sie wohl zum einen in der vermuteten Geistesverwandtschaft mit japanischen Traditionen – besonders in den ›Neuen Gedichten‹ –, zum anderen – und das gilt besonders für das Spätwerk – in der Orientierungssuche aus einer geistigen Krisensituation heraus, wie sie sich in Japan durch den plötzlichen Eintritt ins 20. Jahrhundert und den verlorenen Zweiten Weltkrieg vielleicht noch nachhaltiger bemerkbar machte als in vergleichbaren europäischen Gesellschaften.

*

Bisher wurde versucht, aus der Fülle der Einzeltexte in ordnender Abstraktion den zugrundeliegenden historischen Prozeß zu rekonstruieren. In die so skizzierte Rezeptionsgeschichte der ›Elegien‹ im Kontext der Rezeption des Rilkeschen Gesamtwerkes – als grobes Gerüst, dessen Füllung, Analyse und Korrektur dem Leser aufgegeben wäre – lassen sich auch die Äußerungen von Schriftstellern, Künstlern und Philosophen aus Kapitel IV einordnen. Darüber hinaus eröffnen diese Zeugnisse produktiver Rezeption jedoch noch weitere Perspektiven.

Ein direktes Weiterdichten in der Tradition der ›Elegien‹ bleibt dabei die Ausnahme; interessanter ist daher die vielfältige geistige Auseinandersetzung mit Formen und Problemgehalten, in der zentrale Aspekte der Dichtung in oft origineller und kontroverser Weise behandelt werden. Gerade die Fülle der dargebotenen Meinungen weist den Benutzer des Bandes dabei immer wieder zur eigenen Stellungnahme auf das Werk selbst zurück: Zeigen die ›Elegien‹ nun die Krise des autonomen Ich oder stellen sie im Gegenteil eine letzte Aufgipfelung des Individualismus dar? Verbinden sich in Rilkes dichterischer Sprache Ich und Welt auf neue, versöhnte Weise oder liegt letztlich doch eine zu kritisierende Anthropomorphisierung jedes Anderen und Fremden vor? Was genau ist der Sinn der Verwandlungslehre, in der die ›Elegien‹ zu gipfeln scheinen? Welche der zahlreichen Deutungen der rätselhaften »Engels«-Figur wird dem Werk am ehesten gerecht? Wie verhält sich die Weltsicht der ›Elegien‹ zur Heideggerschen Existenzphilosophie, die in ihrer Rezeptionsgeschichte eine so prägende Rolle gespielt hat?

Ebenso fruchtbar mag es sein, nach den Gründen für die mitunter leidenschaftliche Zustimmung oder Ablehnung zu suchen und die oft überraschenden Wahlverwandtschaften (und vielleicht auch die Wahlfeindschaften) daraufhin zu überprüfen, ob sie nur auf höchst privaten – allenfalls »produktiven« – Mißverständnissen beruhen oder tatsächlich im Werk selbst begründet sind. Aus der ablehnenden Haltung Georges (und seines Kreises) einerseits und der Hofmannsthals andererseits etwa – also der beiden anderen, mit Rilke häufig in einem Atem genannten großen deutschen Lyriker der Zeit – ließen sich drei bei vielen Gemeinsamkeiten doch sehr unterschiedliche künstlerische Reaktionen auf die gleiche historische Situation entfalten. An der entrüsteten Kritik konservativerer Schriftstellerkollegen – wie Schaeffer, von Münchhausen, Huch, Holthusen –

erweist sich die formale Kühnheit der ›Elegien‹, die doch, auf den ersten Blick und gemessen an der dichterischen Avantgarde ihrer Entstehungszeit, in vielem bereits fast verspätet wirken.

Am wichtigsten sind jedoch vielleicht die kongenialen Zustimmungen von Zeitgenossen, die nicht nur die historische Situation erhellen, auf die die ›Elegien‹ antworten – und so Rilkes Fragen und Lösungen über die Ebene einer nur individuellen und privaten Geltung erheben –, sondern auch einen Zugang zu der in der Rezeption weitgehend ignorierten ästhetischen Seite der Gedichte eröffnen. Denn natürlich ist es dieser Aspekt des Werkes, der gerade den selbst literarisch tätigen Leser besonders beschäftigt.

Was dabei in den Mittelpunkt des Interesses rückt, ist das formale Äquivalent zu einem geistigen und existenziellen Hauptanliegen des Dichters: Das Ringen um ein neues, versöhntes Verhältnis von Innen und Außen, in dem das Ich die Natur, die Lebenswelt und das menschliche Gegenüber weder überwältigt noch von ihm überwältigt wird, gehört, wie bereits erwähnt, zu den zentralen Konstanten in Rilkes Gesamtwerk und führt ihn zu einer neuen Form des poetischen Diskurses, die innere Zustände und zu ihrem Ausdruck verwendete bildliche »Vorwände« aus der Außenwelt, »Erscheinung« und »Vision«, Denken und Fühlen zur engstmöglichen Verbindung bringt.

Dies nicht nur zu erkennen, sondern die so entstandene Dichtung auch in solchem Geiste aufzunehmen, scheint manchem zeitgenössischen Schriftsteller eher möglich gewesen zu sein als anderen Lesern. In den Beiträgen Klaus Manns, Oskar Loerkes, Rudolf Kassners, Robert Musils, wie auch im Nachruf des Kritikers Max Rychner, wird zusammengesehen, was in der Rezeptionsgeschichte der ›Elegien‹ immer wieder und immer stärker auseinanderfällt: »äußerste Vergeistigung« und »äußerste Versinnlichung«, »kühnster, heikelster Gedanke« und »zartestes Gefühl« (K. Mann, Nr. 83). Wenn Robert Musil in Rilke den zukunftsweisenden Virtuosen »nicht-ratioiden« Erkennens sieht, Klaus Mann die ›Elegien‹ vor sich hin spricht, wie man ein Musikstück spielt, ohne dabei die geistigen Gehalte aus den Augen zu verlieren, und noch Karl Krolow in Rilkes Werk »das große Exempel für Bewußtseinslyrik« erkennt, »einen merkwürdig emotionell ›gefilterten‹ Bewußtseinsakt« (Nr. 155), so erscheint das für eine angemessene Rezeption richtungweisender als die gängigen Klischees vom Dichter des Gefühls und vom Dichter der Weltanschauung.

Die Rezeptionsgeschichte der ›Elegien‹ zeigte, daß die Spannung von emotionaler Suggestivität und bildlicher und sprachlicher Eigengesetzlichkeit einerseits und der einen ablösbaren »Gehalt«, eine diskursive »Botschaft« nahelegenden Reflexivität andererseits trotz gegenteiliger Lippenbekenntnisse immer eindeutiger auf das Form-Inhalt-Modell der Rhetorik hin aufgelöst wurde: die vom Autor in dichterische Form eingekleidete Aussage wäre so vom Leser wieder in begriffliche Sprache zurückzuübersetzen.

Einer solchen Lektüre widerspricht nicht nur die lange und mühevolle Entstehungsgeschichte des Zyklus: alles, was sich an gedanklichem Gehalt von den ›Elegien‹ ablösen läßt, stand Rilke schon weit vor 1922 zur geistigen Verfügung – entscheidend war ihm das Gelingen der Dichtung als Gelingen ihrer dichterischen Gestaltung. Gegen sie spricht auch der für die literarische Moderne konstitutive Primat der Gestaltung vor dem Gestalteten, die Verlagerung des Sinnes von der inhaltlichen Ebene auf eine Metaebene von Form und Struktur, die man auf die MacLuhansche Formel »the medium is the message« [das Medium ist die Botschaft] bringen könnte. Den »Sinn« der ›Elegien‹ auf einer solchen Metaebene zu suchen, heißt nicht, die Fülle der im Werk ja manifest vorhandenen Aussagen einfach zu ignorieren, auf deren Klärung Forscher und Rezipienten sich weitgehend konzentriert haben. Es heißt allerdings, die Reduktion der Gedichte auf eine inhaltlich-faßbare Weltanschauung zu vermeiden, wie sie auch ihr Verfasser etwa im ganz an der Verwandlungslehre orientierten Hulewicz-Brief oder in anderen, die ›Elegien‹ als konkrete Lebenshilfe erläuternden brieflichen Äußerungen selbst praktiziert hat.

Es ist also zu fragen, ob der Leser der ›Duineser Elegien‹ zur fortlaufenden diskursiven Auffüllung der Verständnislücken gezwungen ist – was der Deutungsform des Kommentars entspräche –, oder ob die Dichtung vielleicht eine andere Rezeptionsweise nahelegt – analog etwa zur neuen Form der Aufnahme, die abstrakte Bilder oder atonale Musikstücke ihren Rezipienten abverlangen.

*

Wollen wir eine Antwort versuchen, so wird es nötig sein, die bisherige, eher rezeptionsgeschichtliche Betrachtungsweise durch einige rezeptionsästhetische Hinweise zu ergänzen.

Das Verhältnis eines imaginierten Durchschnitts-Lesers – dessen Fingierung die hier abgedruckten Zeugnisse wesentlich erleichtern – zum ›Elegien‹-Zyklus wäre wohl am besten über die Dialektik von Sog und Abweisung, von Einbezug und Abwehr zu bestimmen, die auf allen Ebenen nachzuweisen ist. Ob Hans Carossas Beschreibung seiner Leserreaktion: »man erschrickt und weiß, man wird sein Leben ändern« (Nr. 77) sich in dieser Intensität verallgemeinern läßt, mag man bezweifeln. Sicher ist jedoch, daß die Dichtung sowohl durch ihren Inhalt als auch durch die überwältigende Wucht ihrer Sprache den Leser ganz unmittelbar in ihren Bann schlägt und jenes Gefühl des »tua res agitur« erzeugt, das wir in so vielen der Rezeptionsdokumente beobachten können. Doch dieser unmittelbare emotionale Nachvollzug bricht sich immer wieder an Fragen und Aussagen, die Reflexion und Stellungnahme erzwingen, so wie umgekehrt das reflektierende Nachvollziehen der Argumentation an suggestiven dichterischen Setzungen zum Stehen kommt. Das lyrische Ich des Textes erscheint bald als bloße Identifikationsfigur, distanzlos zum leserbezogenen »du« oder »wir«, dann wieder erweist es sich als ein eigenständiges Individuum mit eigener Biographie und eigenen Erfahrungen, zu denen dem Leser oft der Schlüssel fehlt. Und auch die sich so vertraut gebende Lebenswelt aus direkt nachvollziehbaren existenziellen Erfahrungen und Problemen verwandelt sich immer wieder in einen fremden dichterischen Eigenbereich, bevölkert von seltsamen Wesen wie Engeln, Puppen, Liebenden, Frühverstorbenen. Wer hier nach den Konventionen der Alltagssprache zu lesen versucht – den »Engel« zum Beispiel ganz selbstverständlich im Sinne der christlichen Tradition versteht –, wird schnell in Schwierigkeiten geraten: sei es, daß sich die eingesetzte konventionelle Bedeutung – wie im Falle unseres Beispiels – als wenig hilfreich erweist, sei es, daß sie zwar grundsätzlich zutrifft, die suggestive Intensität, mit der diese Schlüsselwörter verwendet werden, aber klar über sie hinausweist. Eine dem Text gemäßere Lesart kann sich erst über die Summe der Parallelstellen herausbilden, über die die rätselhaften »dramatis personae« der ›Elegien‹-Welt als Ensemble von lyrischen

Modellen für bestimmte Daseinserfahrungen und Existenzmöglichkeiten des Menschen begreifbar werden könnten. Auch diese »Bedeutungen« werden freilich schwebend bleiben – die Forschung hat etwa dem »Engel« zu Recht mehrere Funktionen zugewiesen – und sich eher durch den Kontrast und Bezug der unbekannten Größen zueinander bilden als durch ein einfaches Auf-den-Begriff-Bringen. Die Reflexion des Lesers ist also offensichtlich gefordert, doch es scheint eine Reflexion zu sein, die wesentlich beweglicher und geschmeidiger sein müßte als die des alltäglichen Denkens. Schon die erste Nennung des befremdlichen »Engels« konstituiert jedenfalls – genau wie die Figur des »Orpheus« in den ›Sonetten‹ – einen eigenständigen poetischen Raum, der mit unserer Alltagswelt nicht einfach identisch ist, sich jedoch auch nicht völlig von ihr unterscheidet.

Ein weiterer Grund für den Widerstand, den die ›Elegien‹ jeder begrifflichen Einvernahme entgegensetzen, liegt in ihrer in ganz eigentümlicher Weise das Rhetorische umspielenden, das Verhältnis von Gesagtem und Gemeintem ständig neu nuancierenden Bildlichkeit. Neben konventionellen verdeutlichenden Vergleichen finden sich »concetti«, die hochkomprimiert Gedankliches enthalten, absolute Setzungen, die suggestiv »Unsägliches« direkt vermitteln wollen, oder Wie-Vergleiche, die es in betonter Mittelbarkeit umkreisen. Solch approximatives Sprechen setzt sich fort in der Fülle der qualifizierenden Adverbien (vielleicht, fast, beinahe, ein wenig) und in den gehäuft auftretenden Konjunktivformen, die erwogene Lösungen dem Bereich des Hypothetischen zuordnen.

Noch einmal: die besondere Art der Sprach- und Gedankenführung in den ›Elegien‹ entbindet den Leser keineswegs von Reflexion, sondern zwingt zu potenzierter Reflexivität; es eröffnet sich kein unmittelbarer Zugang unter Umgehung des Verstandes. Läßt sich der Leser jedoch auf die neue Sprache mit ihrem neuen Vokabular, ihrer schwebenden Bedeutung und ihrer vielfältigen Bezüglichkeit wirklich ein, so bleiben seine Verstehensanstrengungen punktuell und vorläufig in ihrer Gültigkeit. Denn – und darin liegt das uneingestandene Dilemma aller ›Elegien‹-Kommentare – auch der Text als ganzes enthält kein durchlaufendes »Argument«. Sieht man einmal von der zugrundegelegten emotionalen Kurve vom Negativen zum Positiven ab, so erweist sich bei näherer Prüfung die Struktur der ›Elegien‹ – wie auch die der einzelnen Gedichte – nicht als linear-zeitlich, sondern als räumlich bestimmt: also als »offene Form«. In dauerndem Hin und Her wird der Erfahrungsraum der conditio humana allmählich ausgeschritten, werden die dort vorgefundenen Probleme dabei immer wieder umkreist, von verschiedenen Seiten betrachtet und mit verschiedenen Lösungen konfrontiert.

Denn auch die inhaltlichen Lösungen bestehen nebeneinander und werden nur in ihrer vielfach facettierten Gesamtheit der vielfach facettierten Gesamtheit der Fragestellungen gerecht. Zwischen den »Antworten« der ›Elegien‹ – der Suche nach einer humanen Lebensform (angedeutet im »Lächeln« der fünften, im »Verhalten« der dritten, im »Streifen Fruchtlands zwischen Strom und Gestein« der zweiten Elegie), dem Zusammentreffen von »Engel« und »Puppe« in der vierten und dem hypothetischen »Platz« des Glücks in der fünften Elegie, der Ekstase der »Helden« und »Frühverstorbenen«, der noch unentfremdeten Existenz des »Kindes«, der »besitzlosen Liebe« der verlassenen »Liebenden« und der Verwandlungslehre der siebten und neunten Elegie oder der Annahme von Leid und Tod in der zehnten – gibt es zwar vielfältige Bezüge; sie sind jedoch weder auf eine Formel noch in eine hierarchische Ordnung zu bringen. Jeder der Lösungsversuche ist von Rilke mit vollem existenziellem Ernst gesetzt und dem Leser zur Prüfung überlassen, aber in ihrer Gesamtheit fügen sie sich nicht zu der neuen geschlossenen Metaphysik – oder Ersatzmetaphysik –, nach der so viele der Rezipienten geradezu zwanghaft suchen, die aber wohl nur geschichtlich vergangenen Epochen möglich war – und vielleicht sollten wir endlich aufhören, dies als Verlust zu beklagen.

Unsere rezeptionsästhetischen Anmerkungen münden so in die These, daß der gemeinsame Nenner aller versuchten »Antworten« und damit die eigentlich gültige »Aussage« der ›Elegien‹ in ihrer neuen, »offenen«, Fixierungen und »Krusten« immer wieder aufbrechenden und das Besondere in seinem Recht belassenden Art des poetischen Diskurses liegt, in der versuchsweisen Einübung eines neuen Sprechens und Denkens, das Musil als »Bewegtheit des Sinnes im Rilkeschen Vers« folgendermaßen beschreibt und bewertet:

Dieser Sinn entfaltet sich nicht gedeckten Rückens, an die Mauern irgendeiner Ideologie, Humanität, Weltmeinung gelehnt; sondern entsteht, von keiner Seite festgehalten oder gestützt, als ein der geistigen Bewegung frei und schwebend Überlassenes. [...] es scheint, daß die Entwicklung des Geistes, die heute vielen als Zerfall erscheint, aber ihr Gleichgewicht doch in sich tragen muß, dieses Gleichgewicht als ein bewegliches erweisen wird; wir sind nicht wieder zu einem so oder anders bestimmten ideologischen Erstarren berufen, sondern zur Entfaltung der Schöpfung und der Möglichkeiten des Geistes! (Nr. 96).

Rilke selbst verwendet für solches Denken und Handeln in den ›Elegien‹ die Metaphern der »drucklosen«, unendlich zarten Berührung (2. Elegie) oder der zum Zugreifen ausgestreckten und doch wie abwehrend offen bleibenden Hand (7. Elegie).

Die ›Duineser Elegien‹ so – neben allen inhaltlichen Aspekten – als Exerzitium einer neuen Art des Denkens und Weltverhaltens und damit auch als Experimentierraum eines veränderten, vom Leid der Entfremdung befreiten »Ich« zu lesen, heißt ihre Modernität zugleich wahrzunehmen und ernstzunehmen.

Mancher Leser mag dies als vage und unverbindlich ablehnen – die der Sprechhaltung zugrundeliegende Ethik erscheint mir allerdings konkret und bedenkenswert genug. Mancher Leser mag die gesellschaftsbezogene Seite der »Veränderung« vermissen, und in der Tat setzt Rilke, wie die Moderne überhaupt, einseitig beim Individuum und seinem Denken an – aber das eine bedeutet keine notwendige Absage an das andere, und wie sehr dieses kritisierte Denken und das von ihm geprägte Individuum mit der gesellschaftlichen Wirklichkeit verflochten sind, hat schon die ›Dialektik der Aufklärung‹ von Horkheimer und Adorno zur Genüge gezeigt. Manchem Leser schließlich mögen die Ergebnisse der hier versuchten rezeptionsästhetischen Betrachtung überhaupt zu formalistisch und »literaturwissenschaftlich« sein, verglichen mit den viel handfesteren Inhalten – die gegenwärtige Kritik an einer verselbständigten Ratio einerseits und der grassierende Irrationalismus andererseits könnten jedoch dem Versuch einer neuen Verbindung von Reflexion und Gefühl, wie sie eben beschrieben wurde, durchaus Aktualität und allgemeines Interesse garantieren. Eine Orientierung an inhaltlichen Lösungen ist durch die hier vorgeschlagene Lesart ja auch keineswegs ausgeschlossen, wenn sie nur zweierlei beachtet. Zum einen: die Geschichtlichkeit eines Textes prägt sich häufig sehr viel schneller und unmittelbarer seinen Antworten ein als seinen Fragen; ob Rilkes Überwindung des Todes oder seine zutiefst problematische Ontodizee heute noch überzeugen können, ob die Verwandlungslehre Zeitlichkeit und Entfremdung ertragen hilft, bedarf der kritischen Entscheidung des heutigen Lesers. Zum anderen: die Materialien dieses Bandes und ihre Analyse sollten eine bestimmte Form der Rezeption vermeiden helfen, deren trauriges Ergebnis Viktor Zmegač folgendermaßen charakterisiert hat:

> übrig blieb ein moderner Orpheus, dessen Verse und diffizile Erfahrungen in »Botschaften« von erbarmungsloser Positivität umgesetzt wurden (B 279, S. 69).

Eine Sammlung von Rezeptionsdokumenten wie die mit diesem Band vorgelegte kann auf vielerlei Weisen be- und genutzt werden – einige davon wurden hier skizziert. Nicht ihr geringstes Ziel wäre es jedoch, durch so viele Zeugnisse fremder Lektüre zu eigener Auseinandersetzung mit dem Text anzuregen. Auch nach fast 60 Jahren hat die Rezeption Rilkes Gedichte längst nicht in all ihren Aspekten eingeholt: für den heutigen Leser bleibt an den ›Duineser Elegien‹ immer noch viel zu entdecken.

M. E.

I. Aus Rilkes Bekanntenkreis

FÜRSTIN MARIE
VON THURN UND TAXIS-HOHENLOHE

1. *An Rilke, 27. 10. 1912*

[...] ich habe als Dank für den Beethoven Ihre Elegien[1] der G[iulietta] Mendelsohn vorgelesen; sie hat kein Sterbenswort davon verstanden.

Rilke/Marie Taxis, Briefwechsel. Besorgt durch Ernst Zinn (Zürich: Niehans & Rokitansky 1951), S. 211

2. *An Rilke, 11. 6. 1922*

Noch klingt und singt es mir in Kopf und Herz Serafico, und noch finde ich keine Worte um Ihnen zu sagen *was* ich empfunden habe, *wie* ich entzückt und erschüttert war –

Und noch immer staune ich über das wollende Schicksal[2] das Sie bei der Hand führte, bis die herrlichste Frucht gereift war –

»der klagenden Kinder einer« – wären Sie gewesen sagte die Unbekannte[3] aber sonst nicht früher incarnirt – »sonst wäre er eben kein Poeta« – Jetzt aber ist *er* da; »der singende Gott« –

Der Dichter den ich in dieser schmerzlichen Zeit für Deutschland ersehnte, die jubelnde Stimme die sich über alle Klagen, über allen Jammer erheben sollte[4], ich habe beide gesehen und gehört, und ich danke Gott daß es mir gegeben wurde das zu erleben – dieser Trost für die Vergangenheit, dieser Jubel für die Gegenwart, diese unsägliche Hoffnung für die Zukunft –

Serafico, trotz allem Düsteren was Euch trennt in diesem Wandeln:

»*Benedetta colei che in te s'incinse*«![5]

Ebd., S. 713 f.

3. *An Rilke, 17. 8. 1922*

Was soll ich Ihnen sagen Serafico! Wie soll ich Ihnen meine
Freude und meinen Stolz ausdrücken – Gestern ist Ihre wunderbare Sendung[6] angekommen; ich habe mich in meinem Zimmer
eingesperrt um ruhig zu lesen, ungestört (nicht leicht denn wir
sind an die 20 bei Tisch!) und bin in die traumhafte Stimmung
von Muzot wieder hineingekommen – Wirklich ich habe geglaubt ich höre Sie wieder –

Leider leider ist Kassner vorgestern abgereist – aber er kommt
in 14 Tagen zurück, wie herrlich wird es sein die Elegien mit ihm
zu lesen. Die welche mich bis jetzt am Meisten ergreifen sind die
dritte und die zehnte – aber bei Ihnen entdeckt man neue
Schönheiten jedesmal, wenn man Ihre Worte liest – Heute lese
ich noch die ganzen Elegien durch, mit Kerschbaumer der schon
darauf zittert. Auch Maridl ist ganz aufgeregt und möchte
zuhören –

Das entzückende kleine Buch kommt zu Ihren andern Manu-
scripten in dem kleinen chinesischen Möbel in der Bibliothek;
eine Sienesische Madonna süß und verträumt hält darüber
Wache – Ach Serafico welchen Schatz haben Sie mir da
gespendet und wie kann ich Ihnen je genug dafür danken!

Ebd., S. 728

1 Die 1. und 2. Elegie.
2 Vgl. Materialien Band I, S. 269 f.
3 Bei spiritistischen Sitzungen im Kreis der Fürstin hatte Rilke im
Herbst 1912 Mitteilungen einer »Unbekannten« erhalten; vgl. Briefwechsel, S. 897 ff.
4 Vgl. auch: »Ich hatte noch die große Freude, an einem Abend
teilzunehmen, an dem Rilke die Elegien vortrug, die den Zuhörern
einen unbeschreiblichen Eindruck hinterließen. Ich hatte das Gefühl,
daß sie einst wie ein Sturm über ganz Deutschland hinbrausen würden«,
in: Marie Taxis, Erinnerungen an Rainer Maria Rilke (Frankfurt 1966),
S. 76.
5 Dante, Inferno 8, 45: »Gepriesen sei, die einstmals dich empfangen«.
6 Die Handschrift T; vgl. Materialien Band I, S. 371.

Lou Andreas-Salomé

4. *An Rilke, 24. 7. 1913*

Ja, die Christusvisionen[1] [hab ich] gelesen (es sind wohl dieselben, die ich im Bank*safe* liegen habe) und ganz wunderbare Zusammenhänge sind mir dran zum erstenmal aufgegangen. Im Einzelnen brieflich so schwer zu sagen! Im Ton stehn sie so weitab von den beiden jetzigen, letzten[2], – doch wie ist alles was Du geschaffen einheitlich bewegt zwischen diesen vergangenen Christusvisionen und den kommenden Engelvisionen.[3] Wie eine große Landschaft breitet es sich nun vor mir aus, überall Wege weisend die ich noch nie überblickte, und sich gegen Horizonte verlierend denen man ansieht, daß sie sich öffnen werden, weil das Licht von dorther über die Landschaft hingeht, und weil es ein morgendliches ist.

Rilke/Lou Andreas-Salomé, Briefwechsel. Hg. von Ernst Pfeiffer (Frankfurt: Suhrkamp 1975), S. 290

5. *An Rilke, 16. 2. 1922*

Ach слава Богу[4], *lieber* Rainer, wie hat er Dich beschenkt, und wie Du mich![5] Ich saß und las und heulte vor Freude, und es war garnicht nur Freude, sondern ein Mächtigeres, als würde ein Vorhang zerteilt, zerrissen, und alles auf einmal still und gewiß und vorhanden und gut. Ich weiß, als sei es heute, wie der Anfang der letzten Elegie Dich quälte[6], und als er mich so erschüttert hatte, auch *das* doch nur quälen konnte; sie war schon so lange Jahre Dir auf den Lippen, ein Wort auf das man sich nicht besinnen kann und das doch *da* ist; im Anfang war dies Wort. Und dann die Elegie der Kreatur[7], – o wie ist es die meines geheimsten Herzens, die unsagbar herrliche; *gesagt*, in Vorhandenheit gehoben das Unaussprechliche. Und *das* ist es doch überhaupt, um was allein es sich handelt, daß wir umgeben, umringt sind von Vorhandenheiten die *nur* so zur Existenz erlöst werden für uns, und doch sind, wovon wir allein leben. Wo *ist* dergleichen denn aber in Dichtung? Auf dem Rückweg von Wien las ich in München den Inselalmanach (nein, Insel-schiff) und *Deine* Michel Angelo-Verse[8], und ich sah vor mir, wie Du nachsteigst dem Tiefsten was gedichtet ward, und dennoch ist es ja nichts, selbst bei diesem Mächtigen, – so ganz, ganz, ganz anderes als die Wort gewordene Unaussprechlich-keit. Und jetzt denke ich: wie auch er um sie gerungen haben mag; und Dir selbst ist es mächtig genug erschienen um es in Deine Sprache zu heben. Aber was ist es, gehalten neben diesen Urtext der Seele.

Ich denke mir Dich so fabelhaft deutlich, wie Du jetzt aussehen wirst: wie Du damals, damals, manchmal ausschaun konntest daß man an einen Knaben dachte in Blick und froher Haltung: und welche Hoffnungen Dich dann bewegten, *was* Du vom Leben unbedingt und innig, als Deine einzige Notwendig-keit erbatest, es ist nun wie erfüllt. Möglich wohl, daß eine Reaktion eintritt, weil das Geschöpf den Schöpfer aushalten mußte, dann laß Dich davon nicht erschrecken (so fühlen sich auch die Marien nach der ihrem Zimmermann unfaßlichen Geburt).

Ebd., S. 446 f.

6. *An Rilke, 6. 3. 1922*

Lieber Rainer, daß es solche Tage giebt, wie für Dich und mich jetzt! Wo es selbstverständlich ist daß auch die Sonne sich zugaste ladet, den Aufbau-tisch zu bescheinen, damit er sozusa-gen im gesamten Universum festlich dastehe. Aber *das* ist sicher, daß solche Sonnenzeit so ganz und gar zu spüren, auch nur Menschen gegeben ist, wie Dir: den wagenden, sich fort und fort gefährdenden, denen jeden Augenblick jede Jahreszeit umkippen konnte in absolute lichtblinde Winterlichkeit. Die sich dazwischen fort und fort in jeder innern Anstrengung übten und nur ihr Mißlingen spürten; – wie die *Saltimbanques,* bis sie's können, fortwährend nur *preisgegeben* sind, verrenkt, vertorkelt (wo Andere sicher und behaglich schreiten), denn sie wollen fast mit jedem Schritt das Unmögliche: das »Zuwenig« geworden jenes »Zuviel«, bei dem »die vielstellige Rechnung zahlenlos aufgeht«[9], ja wirklich außerhalb irdischer Bezifferung. Nicht anders vermochte ich die *Fünfte* zu mir sprechen zu lassen als *so,* als mit etwas, was ich aus Deinen vergangensten Bewegungen kannte, wie Inbegriff von Siegeswille und Bangen, von letzter Enthaltsamkeit und fast stierhaft in sich gedrängter Kraft (von Nacken und Nonne), von »verwittwetem«, selbstberaubtem Dasein in der eigenen Haut, von Fall und Abfall wie »nur Früchte ihn kennen«, und von Reifung *im Nu* zu Sommer und Herbstfülle. Wie hätte es anders sein können, als daß die »S[altimbanques]« Dir seit langem, langem nachgingen (flog ihnen nicht schon der »*Ball*«[10] voraus? ich suche ihn, und da hat er sich richtig verflogen, – ich hatte ihn einzeln, und begleitete ihn stets, unbewußt wohl, mit einem Deingedenken, Furcht und Übermut war dabei in mir drin). Und jetzt, daß jetzt die S[altimbanques]« anlangten bei Dir, Deine Wiesen mit den ersten Himmelsschlüsseln ihnen zum Teppich wurden, von Deiner Engel lächelndstem hingebreitet (zum *Frühling überall*) – ach, Rainer, daß es so ist!

Obgleich ich's eigentlich nicht sagen kann, ohne gleich hinzu-zutun oder hinwegzunehmen sobald ich mich in eine der übrigen Elegien gleiten lasse, sagen muß ich doch: das Gewaltigste und Lindeste zugleich ist für mich die *Neunte*. Da ist auch kaum Lesen, Weiterlesen bis zum Schluß möglich, so wie es nur in Gärten ist, deren Wege man garnicht als Wege benutzen kann, weil jeden Schritt das Umblühende, Umgrünende festhält, aufhält; überall wieder, in jeder Strophe, jedem Strophenteil sitze ich nieder, fühle mich in [einer?] Laube, als müßten sich Zweige über mir zusammenflechten zu unerhörter Heimat. Ja es *sind* die Gärten meiner heimlichsten Heimat von immerher, Kindheit und Jugend und alles Dasein hat immer mitten in ihnen gestanden und ist dort ewig geworden. *Das* werde ich Dir ja *nie* sagen können, wie das mir ist und wie ich unbewußt darauf wartete, das *Deine* so als das *Meine* zu empfangen, als des Lebens wahrhaftige Vollendung. Ich will Dir dafür dankbar bleiben bis an das Ende, bis an den neuen Uranfang, lieber, lieber Rainer.

Und denke, wie mir da zumute wurde als ich im Schlußwort fand jenes: »*Überzähliges Dasein entspringt mir im Herzen*«, das ich oft und oft, nebst der Vorzeile, in den »*Fragmenten*«[11] aufgesucht (die Du, auf extra Blättern, den fertigen Elegieen mitgabst); erschütternd war mir das, und heilig Deine Geduld.

Die frühern Elegien hab ich alle, der *Heldenelegie* mangelt dort nur das eine herrliche jetzige Stück.[12]   *Lou*

Und doch – und doch: eben las ich die *Achte*[13], – ist nicht doch *sie* das Herz vom Herzen, ich *kann* sie hinter keine zurückstellen, es wäre fast als tötete ich alle Kreatur mit solchem Tun.

Das ist es eben: man wird wieder leidenschaftlich über all diesem, jung, hingerissen, parteiisch, glücklich, toternst, kurz ein Geschöpf Gottes des Schöpfers.

Ebd., S. 452 ff.

7. Aus: *Mein Dank an Freud*

Denn mag noch so viel Sonderliches seinen [Rilkes] Fall charakterisieren, er bleibt dennoch eine Abwandlung des Menschenschicksals in der Kunst als zu einer dahinter drohenden Menschentragik. Ihm erschloß sie sich an der Grenzstelle, *wo der Engel ihm seine Elegien diktierte*. Der Boden der Kunst erscheint damit zu tief aufgeschürft, im sehnsüchtigen Verlangen zutiefst auf eine letzte Gemeinsamkeit *beider* »Wirklichkeiten« zu stoßen. Die Existenz des Engelbereiches – nicht mehr nur geschaffen als vollkommen schöner Schein eines Seins – wird in eigene Existenzialität hineingerissen, er gerät in Gottexistenz, ohne aber auch, wie diese es täte, das Menschenheil mit zu verbürgen; er ist und muß sein – obschon nur erreichbar via Religion – eine nichtwiederliebende Gottheit: denn nur so, indem der Mensch aller Habe und aller Rechte entkleidet, als verlorener Sohn vor ihm steht, beglaubigt der Engel seine Eigenwirklichkeit, als eine nicht menschengeschaffene bloßen Scheines.

Der »Engel« entwertet den Menschen derartig weit, daß er ihn damit auch entwirklicht. Nicht bloß bleibt beim Entwerten lediglich das primitiv Untergründlichste für den Menschen übrig, wie ein Hefenboden unter dem aufsteigenden Duft des Lebensweines, sondern das Leben selber ist daraus ausgesogen, als genüge der geringste Realitätsanspruch eines Engels bereits, um der menschlichen Realität ihre gesamte abzustreiten. Ihr warmer natürlicher Triebgrund wird darunter seinerseits zu etwas Scheinhaftem entleert, gezwungen zu einer Art von Imitation des geistigen, auf das Engelhafte gerichteten Verhaltens, zu einem bloßen Nachäffen davon – des Dichters schwerste Klage gilt diesem »Affen des Geistes«, der ihm auf den

Schultern hocke und nicht anders abzuwerfen sein würde, als mit der Physis selber, die auf die Erde niederdrückt. Alle Hingebung gilt dem wirklichkeitsusurpierenden Engel, der, gleichsam empfangen und gezeugt im verkehrten Mutterleib, das *Liebeszentrum mit sich verstrickt hält:* der Engel ward *zum Liebespartner.*[14]

Leise nur läßt sich reden von so Hintergründlichem, wie diesem schmerzvollen Durchbruch der Elegien, der ein Jahrzehnt währte, als sträube sich dagegen, wie gegen einen sich pervertierenden Produktionszwang, der Mensch, der sich dazu als dessen ungeheuerliches Opfertier darzubringen hatte: »denn jeder Engel ist schrecklich«. »Es gelang«, die Form verkündete das Letzte, sie *hielt* – der Mensch ging in Scherben. Still steht ein Kunstwerk in lauter Frieden und Verheißung, doch nur dünn hängt darüber der transparente Schleier, der seine letzten Ermöglichungen verbirgt und die furchtbare Nichtharmlosigkeit dessen, was wir, so freundlich interessiert, »Ästhetik« heißen.

Daran erfand Rainer Maria Rilke sich jene Definition des Schönen, worin – kaum noch hoffend – doch eine zaghafte Fürbitte für die Menschen vorweggenommen ist:

> – »*Denn das Schöne ist nichts
> als des Schrecklichen Anfang, den wir noch grade ertragen
> und wir bewundern es so, weil es gelassen verschmäht
> uns zu zerstören.*«

(Wien: Internationaler Psychoanalytischer Verlag 1931), S. 82 f.

Vgl. auch die ausführliche Deutung der ›Elegien‹ in: L. A.-S., Rainer Maria Rilke (Leipzig 1928), S. 99-112 und das Kapitel zu Rilke in: L. A.-S., Lebensrückblick. Aus dem Nachlaß herausgegeben von Ernst Pfeiffer (Frankfurt 1968[2]), S. 113-150.

1 ›Christus. Elf Visionen‹. Unvollendeter und unveröffentlichter Gedichtkreis aus den Jahren 1896-1898; WA 5, 127 ff.
2 Den ersten beiden ›Duineser Elegien‹.
3 Vgl. dazu auch: L. A.-S., In der Schule bei Freud. Tagebuch eines Jahres: 1912/13 (Zürich 1968), S. 172.
4 Ssláwa bógu: Gott (sei) Lob.
5 Rilke hatte Lou Abschriften der eben vollendeten 6., 8. und 10. Ele-

gie geschickt; vgl. seinen Brief vom 11. 2. 1922, in dem er ihr von der Vollendung der ›Elegien‹ berichtet (Materialien Band I, S. 237 f.).

6 Nach der Vermutung von Ernst Pfeiffer wohl schon im Juli 1913 in Göttingen.

7 Die 8. Elegie.

8 Rilkes Übertragung der Sonette Nr. 41, 67, 69, 73 und 75 von Michelangelo; zuerst in: Inselschiff 3 (1922), jetzt wieder in: Rainer Maria Rilke, Übertragungen. Hg. von Ernst Zinn und Karin Wais (Frankfurt 1975).

9 Vgl. 5. Elegie, V. 81-86.

10 WA 2, 639 f.

11 9. Elegie, V. 78 f.; V. 77-79 waren bereits im März 1912 in Duino entstanden und gehörten zur Sammlung ›Anfänge und Fragmente aus dem Umkreis der Elegien‹ in den Handschriften AK und LAS (Materialien Band I, S. 368 f.).

12 V. 32-41.

13 Eine wesentliche Anregung für diese Elegie empfing Rilke aus Lous ›Drei Briefe an einen Knaben‹; vgl. Materialien Band I, S. 100-103.

14 Vgl. auch L. A.-S., Rainer Maria Rilke (Leipzig 1928), S. 83: »Er [der Engel] erstand ihm [Rilke] aus dem Drang nach dem, was noch ›in den Tieren Ruhe hat und in den Engeln erst Sicherheit‹, – aus dem Drang, sich vor Vollkommenem zu neigen – neben sich aufgerichtet zu sehn das, woran er gleichzeitig ganz zum Schöpfer *und* ganz zum Geschöpf werden könnte«.

Harry Graf Kessler

8. Aus: *Tagebuch, Eintrag vom 12. November 1917*

Rilke las mir seine Elegien vor, die beiden aus Duino, die über das Thema der Liebe, die aus dem Krieg. Alles etwas sentimental, etwas zu kultiviert und daher blos für Gebildete, aber im Grunde, unter dieser Oberfläche, grandios und grandios orchestriert. Wir sprachen wieder über den Krieg. Er weigert sich, diesen Krieg als ein Stück Natur anzusehen. Das Tier stecke in den Dingen drinnen wie ein Kopf von Rodin in einem Marmorblock; der Mensch habe sich aber aus den Dingen losgelöst, habe eine Distanz zu ihnen gewonnen und dadurch

Verpflichtungen übernommen. Man könne seine Verirrungen daher nicht ohne Weiteres der Natur zuzählen.

Schnack, 577; überprüft nach der Handschrift im Deutschen Literaturarchiv, Marbach

ANTON KIPPENBERG

9. *An Rilke, 17. 2. 1922*[1]

Sie, den Insel-Verlag und mich, uns alle – wenn ich den weiten Kreis der Ihrigen damit zusammenfassen darf – beglückwünsche ich zur Vollendung eines Werkes, das, nach dem, was Sie mir bisher davon haben anvertrauen wollen, das Höchste verspricht. Mit höchster Spannung erwarte ich nun die Handschrift; daß sie sogleich und in würdigster Form in gedrucktem Zustand übergeführt werden soll, brauche ich kaum zu sagen.

Sie danken mir, lieber Freund, und beschämen mich dadurch tief! Was *ich Ihnen* verdanke und immer wieder danke, brauche ich das auszusprechen? Zu sagen, daß Ihre Freundschaft und die Dienerschaft an Ihrem Werke mein Glück und mein Stolz sind? Uns Verlegern geht es wie den Mimen: die Nachwelt flicht uns keine Kränze, aber indem wir den besten unserer Zeit genugthun, dürfen auch wir unseres Namens Dauer vorwegnehmen.

Rainer Maria Rilke 1875-1975. Eine Ausstellung des Deutschen Literaturarchivs im Schiller-Nationalmuseum Marbach a. N. Besorgt von Joachim W. Storck u. a. (Stuttgart 1975), S. 275; überprüft nach der Handschrift im Deutschen Literaturarchiv, Marbach

Vgl. auch Kippenbergs Ansprache zur Eröffnung der Rainer-Maria-Rilke-Ausstellung in Marburg vom 7. 9. 1947 in: A. K., Reden und Schriften (Wiesbaden 1952), S. 103-111.

1 Antwort auf Rilkes Brief vom 9. 2. 1922, Materialien Band I, S. 232 f.; vgl. auch ebd., S. 255 f.

KATHARINA KIPPENBERG

10. *An Rilke, 21./26. 8. 1922*

Und ich denke an die Elegien, groß als Dichtung, groß als
menschliche Leistung und trostvoll, und daß sie ein Vorbild
sind, im Geiste zu verstehen. Und daß Sie schon so herrliche
Bäume und Blumen aufgehen ließen in Ihrem Herzen und alle
einzeln pflegten mit Mühe und saurem Schweiß und von allen
genau ihre Natur kannten – das wurden die Gedichte I. und II.
Teil und nun spannt sich ein heiliger Regenbogen, die Elegien
und die Sonette, darüber und wie man hinsieht, ist unter ihm
alles zusammengefaßt und, Herrgott, wie die Hellseherin rufe
ich, das ist ja ein Garten, voll Plan, Müssen und Wollen – und
wenn hier so viel Plan war und man sah vor allem das Entstehen,
da hoffe ich, daß auch anderswo Plan ist, wo man blind ist vor
Tun und Trieb. – Kühn ist der Flug über die Erde und kann nur
gewagt werden, wenn der Vogel sie gleichsam mit nach oben
nimmt, weiß, was er überschwebt, weiß, wo er landen wird –
eine lange mühselige Übung – wenn es soweit ist, streicht der
Dichter wie ein Nachtvogel dahin und reißt sich das Beutetier
aus der Luft. Die große Dreieinigkeit der Elegien, brausend
entfaltet zuerst in dem Turm von Muzotte (hier nahm sie einem
leider gleich die Druckerei ab), ich empfand sie in ihrer Form als
etwas, das jeder Mensch in sich bilden muß, als eine Gliederung,
die von ihm verlangt wird, als einen dreiteiligen Rhythmus, der
der Takt der befreiten Geist-lichkeit selbst ist. – Man kann mit
jedem Strauchelnden fühlen, man kann sich über jeden schönen
Versuch freuen, aber man will das Gelungene lieben und die
Ruhe seiner Gegenwart, in der keine Frage mehr ist.

Rilke/K. K., Briefwechsel. Hg. von Bettina von Bomhard (Wiesbaden: Insel 1954), S. 469 f.

11. *An Rilke, 26. 8. 1923*

Ihre Elegien empfinde ich mehr und mehr als Ihre große
Philosophie, wenn ich damit etwas ausdrücke. Es sind darin
enthalten unsere Jugenden, die Handhaben der Über-Mächte

und die Tragik, wenn wir an ihnen vorbeigreifen – und eine
Elegie reift in die andere hinein wie das Korn in die Jahreszeiten. Sie haben jede einen unterirdischen Gang, der in das
Geheimnis führt, hätte man ihn durchschritten, möchte sich
plötzlich ein riesiger Sternenhimmel ausspannen.

Ebd., S. 505 f.

12. *An Rilke, 13. 12. 1925*

Da las ich die Elegien. So wie noch nie, wie vom Blatt gespielt,
mit allem Ruhen und Verweilen, mit allem Nachstürzen und
Nachrufen, allem Anblicken, Mitgehen und Aufrauschen, das
der Klavierspieler tut, wenn er ein Stück technisch beherrscht
und auf seine Weise nun ausleben und auslegen darf. Der Engel
ist mir eine so nahe – nicht Erfindung, nein, Namengebung.
Könnte man ihn nicht das nach außen gestellte reinste und beste
Eigene nennen oder das göttlich auf uns Zukommende und uns
Hinreißende – es käme ziemlich auf eins heraus, aber warum
erklären? Er ist da und wir brauchten ihn. Sie haben ihm seine
Größe wiedergegeben, wie er sie zeigte in den Mosaiken von
Cefalù, dem heiligsten Kunstwerk, das ich kenne.
  Ich fühlte es neulich so deutlich, daß unsere Gedanken
geschaffene Wesen sind, die, einmal geboren, ein zäheres Leben
haben als unsere Körper. Sie können durch ungeheure Räume
eilen, haben Organe zu handeln, Waffen zu kämpfen, zarte
Stellen, die verwundbar sind. Diese Wesen bekriegen sich
untereinander, sie sammeln gleichgeartete, bilden Gruppen.
Wie Patriarchen stehen die von den Alten gedachten Gedanken
an der Pforte unserer Zeit, warnen und raten. –
[. . .]
  Die Kurve der Elegien ist so $\bigvee$ nicht wahr?

Ebd., S. 566 f.

13. Aus: *Rainer Maria Rilke zum Gedächtnis*

Zurückbiegend zu der Linie des »Stundenbuches«, doch erhaben über ihm lagernd, überwölben die »Elegien« sein ganzes
früheres Werk als sein größtes Bekenntnis, als eines der größten

Bekenntnisse wohl aller Literaturen. In kolossalem Gange schreiten die Rhythmen, und es dichten die Einsichten dieses wie aus einer einzigen Vision heraus gelebten Lebens sich zusammen, wie ein Wunder die Zeit und den Raum zusammenballen mag. Er wurde der Mund seiner Entelechie. Große Dichter treffen der Natur immer gleichsam mitten in das Schwarze, so daß Wirklichkeiten, die da schliefen, darüber erwachen. Auch die Stellen des Gedichtes, die zu einem sagbaren Äußersten vorgetrieben sind, sind nur ein Stück erschütterter Natur, freilich einer, über die es wie Wolkenschatten jenseitiger Himmel streicht. Nun erhält die Qual der in den Weltplan eingezwängten Kreatur einen Namen, nun bekennt der Dichter der Elegien sich auch zu ihrer Herrlichkeit. Eigentlich zum ersten Male ganz. Denn er wollte, ein von den Leiden der Welt Überwältigter, das Glück nicht kennen, bevor er die Schwermut verstand, wollte es nicht kennen, ehe er nicht sicher war, daß es ihm nicht in den Genuß abglitt. Nun durfte er sich des schwer errungenen Rechtes freuen, es zu preisen, und die Schönheit, und den Glanz. Er hatte längst verlernt, über ihre Lagerung im göttlichen Willen zu rechten, und er erahnte, daß auf seraphischen Feldern der Tag und die Nacht, der Schein und die Wahrheit sinnvoll zu einer Garbe zusammengebunden seien. Die Verse, welche davon reden, sind wie in Licht getaucht, ein feuriger Atem entströmt ihnen, sie stürmen strahlenden Sonnenrossen gleich vorwärts, die der Lenker kaum zu zügeln vermag. Was Mystiker unaussprechlich nannten, der Dichter zwang es in die Sprache hinein, denn wie mit Blitzen, die die Worte durchschlagend zusammenschweißen, traf er sie. Die Vollendung dieser mit seinem Herzblut genährten, unter vielen Schmerzen ausgetragenen »Elegien« machte erst den Sinn dieses mühsamen Pilgerlebens vollkommen, sie waren sein ekstatischer Lohn, seine unirdische Erfüllung. Er begriff es tief und verhielt sich wie ein Gesegneter.

Das Inselschiff 8 (1927) H. 2, S. 88-90

14. Aus: *Rainer Maria Rilke. Ein Beitrag*

In Leipzig kam nun der unvergeßliche Abend[1], schon von einer stark anwachsenden allgemeinen politischen Erregung durchbebt, an dem Rilke uns seine beiden ersten Duineser Elegien vorlas. Es war im Turmzimmer und schon spät am Abend, die Vorhänge waren zugezogen, die Kerzen brannten sanft, überall leuchteten Rosen in ihrem Licht. Was man aufnahm, war etwas nie Gehörtes, noch Unfaßliches, war ein Ton, der die Luft wie mit einem feurigen Strahl durchschnitt. Der Eindruck, von der zum Springen geladenen Atmosphäre draußen mitgeformt, setzte sich in das Bild der Apokalyptischen Reiter um. Man hörte Hufschläge von in die Schlacht stürmenden Pferden und ein starkes Dröhnen und Brausen. Licht und Finsternis kämpften furchtbar miteinander, die Verse standen ganz in Flammen, – war das noch menschliche Dichtkunst? Nirgends ein fester Boden, und dann schien es plötzlich, als ob mit heißem Atem der Genius der Dichtung selber wahrsagend und beschwörend, etwas Gewaltiges verkündend, durch das Haus führe. Als es endete, war man bis in die Muskeln erschöpft, als hätte man schwere körperliche Arbeit getan.

[. . .]

Rilke stand am Stehpult seines Zimmers[2] in einer ehrfurchtsvollen Haltung, so als ob er eine ihm anvertraute Kostbarkeit verwaltete; er begann zu lesen, und die Elegien füllten und sprengten den Raum und trugen mit einer gewaltigen Tragkraft wie im Wetter aufwärts.

Nun konnte man sich ihnen besser hingeben als das erste Mal. Vertraut mit den großen Hergängen des Gedichtes, durfte man ergriffen Zeuge sein, wie der Dichter selbst es vor dem Hörer aufbaute, wie er in starker Betonung manche Stellen hervorhob, zärtlich zart bei anderen verweilte, als ob sie ihn selbst sehr beglückten, und in dem erregten An- und Abschwellen des Vortrags die großen Impulse ahnen ließ, die ihn zu seiner Schöpfung getrieben. Bei manchen Versen klang seine Stimme wie ein mächtiger Ruf des Geistes, und durch die fertig geschmiedete Form konnte man die Glut der Empfängnis spüren. ›Erde, du liebe, ich will‹, sprach er sehr stark und so innig feierlich, als wollte er einen heiligen Schwur damit ablegen, die beiden Silben des Wortes ›Erde‹ langsam und ganz gleichmäßig betonend, ›du liebe‹ ließ er ein wenig in der Stimme absinken, um dann ganz groß und tragend mit Inbrunst zu bekennen: ›ich will‹. Danach machte er eine lange Pause, als müsse in stillem Schweigen sich auswirken, was geschehen war.

Es war ein Stück Vollkommenheit, die in dieser Einheit von Schöpfer und Schöpfung zu erfahren uns beschieden war. Der Dichter sah aus, als wäre er vom Berge Sinai gekommen, seine Stirn leuchtete in einem heiligen Schein, wie göttlicher Odem wehte es um sie, ein unbeschreiblicher Glanz lag auf seinen Lidern, und wenn er aus seiner großen Entrücktheit einmal aufsah, so waren seine Augen wie blau metallen. Wahrlich, dieses Gesicht hatte mit dem Einsatz seines Lebens gehalten, was es jung seinem Gotte gelobt hatte. Jetzt war es ein großer Engel, dessen Schwingen über ihm rauschten, und nicht zu Ende war zu sehen, was von seinem Widerschein und Wesen auf die Gestalt vor den Blättern am Pult überging.

> Zuerst: Wiesbaden: Insel 1935; hier nach der 4. Auflage von 1948, S. 216 f. und 337 f.

Ausführliche Kommentare Katharina Kippenbergs zu den ›Elegien‹ finden sich auch in: R. M. Rilke. Ein Beitrag, S. 283 ff. und in ihrem Buch: Rainer Maria Rilkes Duineser Elegien und Sonette an Orpheus (Wiesbaden 1946).

1 Während des Besuchs Rilkes beim Ehepaar Kippenberg in Leipzig vom 23. Juli bis zum 1. August 1914.
2 Am 23. 7. 1922 liest Rilke in Muzot Katharina und Anton Kippenberg seine ›Elegien‹ vor.

ILSE BLUMENTHAL-WEISS

15. *An Rilke, 5. 1. 1924*

In der wunderbaren Zwiesprache der Elegien, ich vermag nicht auszudrücken wie gerade dieses zärtlich-bange Heft mich tief im Herzen beschäftigt hat, scheint ein hauchzarter Schatten zu glimmen, der ganz leise einen Namen aus der Vergangenheit tönt: Malte Laurids Brigge. Aber dann leuchtet eindringlicher noch die Gegenwart, und alles ist neu, fast gelöst. Im übrigen eine Frage: was bedeutet duinesisch?

Und hinter allem, seien's die fast sieghaften, wissenden Sonette mit ihrem klingenden Rhythmus oder die stillen schreitenden

Elegien, ahnt man den seligen, sorgend besorgten Hintergrund:
– Gott.

Nicht heute und morgen nur spür ich den Atem der Bändchen,
nein gerad das ist das mich besonders Erfreuende, daß sie in
künftigen Tagen, wieder und wieder mich stärkend beschäftigen
und innigen werden.

Bisher unveröffentlicht; Rilke-Archiv der Schweizerischen Landesbibliothek, Bern

HEDDA SAUER

16. Aus: *Erinnerungen an Rilke*

Als letztes Buch im Schrankfach stehen die Elegien; Duino, das
Schloß am Meer, das, Luftspiegelung und Vorahnung, den
Hintergrund zur Szene der weißen Fürstin[1] gab, ist das letzte
Wort. Schon entblätterte sich ihm die Welt; die Elemente der
Auflösung, schon früher schattenhaft die Bilder begleitend,
mehren sich. Manchmal noch reißt er eine kühne Analogie aus
der Umwelt, die Flugspur der Fledermaus, ein Sprung im
Porzellan des Abends; die demokratische Art, in der er, von den
adeligen Bildern seiner Jugend hinweg, das Unbesungene und
Spröde erfaßte, war ihm alte Sehgewohnheit; hier ließ er, müde,
manchmal Härten, die der nüchternere Whitman geglättet
haben würde, in dem Fluß der Erscheinungen ungeschmolzen
stehen. Auch die Form, über bewußte Herbheit hinaus, wurde
kraftloser und gelöster, der Sinn aber steigerte sich bis zur
letzten Möglichkeit geistiger Durchdringung des Stoffes. Rilke
hat in den Elegien seinen eigenen Tod gedichtet und überwunden. Zeit seines Lebens spiegelten sich die Dinge im Perlmutter
seiner Seele, bis endlich auch sein eigenes Wesen sich in Dinge
zerlegte, als Existenz auseinanderfiel und doch in die große
Einheit von Rose, Baum, Tier und Stern floß.

Rainer Maria Rilke. Stimmen der Freunde. Ein Gedächtnisbuch.
Hg. von Gert Buchheit (Freiburg: Urban 1931), S. 101 f.

1 ›Die weiße Fürstin. Eine Scene am Meer‹. Erste Fassung von 1898:
WA 5, 265-287.

Benvenuta [Magda von Hattingberg]

17. Aus: *Ein Buch des Dankes*

Rilke hat heute[1] Fragmente aus den »Elegien« gelesen; sie sind ein Abbild seiner selbst, so wie er jetzt ist – oder immer war? – wer kann das wissen?

Ich kann mir unmöglich denken, daß er sie nicht vollenden wird. Ich kann nur verstehen, daß diese leidgeborene Schöpfung wahrscheinlich doch endgültig den Verzicht auf alles menschlich geborgene warme Leben fordert. Ich kann nun begreifen, was er meint, wenn die Matrosenbraut den Mann gehen heißen muß, dessen Aufgabe es ist, in der Fremde zu leben, im Unheimischen, in der Gefahr.

Diese Dichtung ergriff mich mit Gewalt – aber wie sehr empfand ich doch gleicherweise, daß sie unbedingt lebensfeindlich sei und daß sich mein ganzes Empfinden dagegen wehrte. In einer schlaflosen nächtlichen Stunde fragte ich verzweifelt ins Dunkel hinein: warum verherrlicht ein Dichter, der alles Menschliche so zutiefst begreifen kann, das Ungewisse, das Bange, das Verzichtende, das Entsagungsvolle: wo ist das Ja des Lebens, der Mut zum Kampf ins Licht, die strahlende Hoffnung zur Überwindung?

(Wien: Wilhelm Andermann 1943), S. 209

1 Während des gemeinsamen Aufenthalts auf Schloß Duino vom 20. April bis 4. Mai 1914.

Lou Albert-Lasard

18. Aus: *Wege mit Rilke*

Man muß entdecken, wie innig, wie unauflöslich bei ihm der Klang mit dem Sinn vermählt ist, wie geheimnisvoll das Wort unmittelbar aus der Emotion fließt. Denn in seinen Wortschöpfungen steigt er zu den Wurzeln der Worte hinunter und läßt sie je nach seinen Zwecken wachsen und blühen. Sie haben diese besonders überzeugende Eindringlichkeit, weil sie aus unmittelbarem Erleben stammend sich niemals von dem, was er »das äußerliche Benehmen der Sprache« nennt, führen lassen, von Worten und Begriffen, die sich mit ihm verbinden, die für die innere Dynamik verhängnisvoll sind. Seine Dynamik stammt nicht allein aus seiner unerreichten Meisterschaft, die er in langer Disziplin erworben hat und die ihm so unbewußter Besitz geworden, daß er nur noch dem inneren Diktat zu folgen hatte, wenn der Augenblick gekommen war.

(Frankfurt: S. Fischer 1952), S. 176 f.

CLAIRE GOLL

19. Aus: *Ich verzeihe keinem.*
Eine literarische Chronique scandaleuse unserer Zeit

Rilke war von seinem Genie überzeugt. Er gehört zu den Schriftstellern, die nie an sich selbst gezweifelt haben. Seine Eitelkeit war sicher der Hauptgrund, daß er so wenig geschrieben hat. Er vertrug keine Bemerkung, die auch nur den kleinsten Vorbehalt verriet. Einige seiner Gedichte, sogar unter den *Duineser Elegien,* mochte ich nicht; ich fand sie zu hochgestochen und künstlich. Zu Goll durfte ich jederzeit sagen: »Erlaubst du, daß ich das zerreiße? Du kannst es besser.« Rilke hätte so etwas nicht ertragen. Es war seine Achillesferse. Er hatte deren mehrere.

(Bern: Scherz 1978), S. 99

II. Rezensionen zur Erstausgabe von 1923

ADOLF VON GROLMAN

20. *Die Duineser Elegien von Rainer Maria Rilke*

> »In mich selber kehr ich zurück; da will ich
> im Stillen wiederholen die Zeit, als sie mir
> täglich erschien.«

So singt Goethe in seiner Elegie Alexis und Dora. Diese Elegie
findet sich im Zusammenhang mit anderen. Goethe vereinigte
die zwanzig römischen Elegien mit Alexis und Dora, einigen
kleineren und mit Hermann und Dorothea. Jedesmal erkennen
wir dabei ein reinlich in sich beruhendes und abgeschlossenes
Kunstgebilde. Man braucht kein Bewunderer von Hermann und
Dorothea zu sein, muß aber doch erkennen, wie unglaublich
gerundet und gefaßt sich diese »Elegie« vor Auge und Ohr
ausbreitet. Diese Vorbemerkung war nötig, um dem neuesten
Werke Rilkes gerecht zu werden; denn die zehn Duineser
Elegien sind eines der schwerst verständlichen, um nicht zu
sagen verworrensten Gebilde zeitgenössischer Literatur.

Die Bewertung Rilkes hängt ganz davon ab, ob der jeweilige
Leser diese Art von Mystik bejaht oder nicht. Schöngeister
hatten wohl immer ein gewisses ästhetisches Wohlgefallen an
dem Zarten und Gedrechselten Rilkescher Verse. Bei der Rilkeschen Prosa kamen sie nicht auf ihre Rechnung, denn diese ist
überaus einfach, ihr Stil ist fast raffiniert gradlinig. Aber den
Menschen, welchen ein Organ für Mystik gegeben ist, sind
andere Teile Rilkescher Dichtung von entscheidendem Werte
gewesen. Die Symbolik in Rilkes Werken hat eine überaus
starke mystische Tragfähigkeit: das Besondere im allgemeinen
zu sehen und die Totalität im einzelnen, ganz einerlei: »zum
Symbol wird die Gestalt.«

Es sind drei Werke, welche in Rilkes bisherigem Schaffen
Wendepunkte bedeuten. Das erste, um 1900 veröffentlicht, ist

das *Stundenbuch*. In ihm spricht noch der junge Dichter. In den unendlich wohllautenden und reinen Versen dieses Werkes stehen einfache Gedanken. Da findet sich die Leidversonnenheit über das soziale Elend unbeirrt gepaart mit der tiefsten religiösen Gewißheit. Kein Wunder, daß dieses Werk eine große Verbreitung fand. In den Jahren nachher, wohl immer mehr unter dem Einfluß Rodins, erklärte sich Rilke für die Form. Es ist weniger die Arabeske als Form, als vielmehr das Zierat, das Kleinodhafte. 1910 erschien das zweite große Werk, nämlich »*Die Aufzeichnungen des Malte Laurids Brigge.*« Es setzte sich nicht so schnell durch, dafür aber umso eindringlicher. In der Prosa von Tagebuchaufzeichnungen wird der Weg gegangen vom tiefsten Elend des verstoßenen und verratenen Menschenkindes an bis zu dessen heimlicher Vereinigung mit Gott. Danach schwieg Rilke wiederum mehr als zehn Jahre. Man wußte seit langem von dem bevorstehenden Erscheinen eines neuen, eines Hauptwerkes. Kürzlich sind nun die *Duineser Elegien* im Inselverlag zu Leipzig erschienen.

>»In mich selber kehr ich zurück; da will ich
>im Stillen wiederholen die Zeit, als sie mir
>täglich erschien.«

Es ist die Frage, ob in diesen Elegien etwas dieser Art erreicht ist oder nicht. Man spürt sehr bald, daß der Dichter einem unendlich schweren Verluste nachsinnt oder vielleicht sogar mehreren Verlusten. Das Gefühl elegischen Rückblickes verliert sich keinen Augenblick. Im Gegenteil, liebe Schatten steigen auf, und im Stillen wiederholt sich die Zeit. Der Versekünstler hat seine bisherigen Leistungen in einer kaum zu ahnenden Weise übertroffen. Die Gewalt des sprachlichen Klanges, das Wogen der Rhythmen ist selten in deutscher Sprache so zum Ausdruck gebracht worden. Weite Strecken von diesen Elegien gemahnen an das beste vom Pathos des Klopstock und Hölderlin. Es ist ein unsäglicher Genuß, diese Verse, diese langgestreckten, bedingungslosen Verse vorüber tönen zu hören. Und ihr Inhalt? Gedanke heftet sich an Gedanke, Bild an Bild: »wie es mir täglich erschien.« Der Dichter ist sich selbst ehern konsequent geblieben; alles, was dem Kenner aus früheren Werken Rilkes vertraut ist, kommt in diesen 10 Elegien mehr oder weniger versteckt wieder zum Vorschein.

»Aber die Liebenden nimmt die erschöpfte Natur
in sich zurück, als wären nicht zweimal die Kräfte
dieses zu leisten.«

Oder:

»Nur wir vergessen so leicht, was der lächelnde Nachbar
uns nicht bestätigt oder beneidet. Sichtbar
wollen wir's heben, wo's sichtbarste Glück uns
erst zu erkennen sich gibt, wenn wir es innen verwandeln.«

Oder:

»Das freie Tier
hat seinen Untergang stets hinter sich
und vor sich Gott, und wenn es geht, so geht's
in Ewigkeit, so wie die Brunnen gehen.
Wir haben nie, nicht einen einzigen Tag,
den reinen Raum vor uns, in den die Blumen unendlich
aufgehen.«

So reiht sich Schönheit an Schönheit, Farbfleck an Farbfleck.
Niemals ist Rilke dem Wesen des Expressionismus ferner
gestanden als hier, niemals aber hat sich so deutlich gezeigt als
hier, daß der Impressionismus das Zustandekommen eines ganz
großen Kunstwerkes nur hindert, wo nicht völlig unmöglich
macht.

Verwirrend und sinnbetörend, von der mystischen Versonnen-
heit früherer Werke entschlossen geschieden, stehen diese zehn
Elegien da. Große Summen von schönen Einzelheiten. Aber
wenn es das Wesen der Elegie ist, daß *eine* einzige Klage sich
unerhört groß ausweint, dann ist in diesen zehn Elegien die
reine Klarheit des großen Kunstwerkes nicht erreicht.

Was Rilke wollte, hat Goethe in einem unübertrefflichen
Epigramm, nämlich in dem siebten venetianischen Epigramm,
tatsächlich ausgedrückt. Denn in diesem ist das alles gesagt und
getan, was Rilke in seinen Elegien umschreibt und erstrebt:

»Eine Liebe hatt' ich, sie war mir lieber als alles!
Aber ich hab' sie nicht mehr! Schweig, und ertrag den
Verlust!«

Karlsruher Tageblatt (1923), 21. Dezember

ERHARD JURIAN BRUDER

21. *Über Rilkes Duineser Elegien*

In Rilkes erster Periode durchdrang das lyrische Ich des Dichters die Gegenstände seiner Anschauung, so daß die Schöpfungen, vom Nur-Persönlichen der »Ersten Gedichte« zum Überpersönlichen sich weitend, durch die Einheit der dichterischen Anschauung umschlossen waren von Geist und Gefühl des Dichters. In der zweiten Periode, vorbereitet im »Buch der Bilder«, vollendet in den »Neuen Gedichten«, tritt das Ich des Dichters ganz zurück: die Gedichte werden zu selbständigen Organismen, jedes einen Mikrokosmos bildend im Weltbild des Dichters. Die nach fünfzehnjährigem Schweigen veröffentlichten Duineser Elegien gehen über jenes »bildnerische Hinstellen« der Dinge hinaus und erwecken Erfahrungen und Erkenntnisse einer langen Zeit des Reifens zu eigenem Leben.

Rilkes Erkenntnisse, deren Fülle ungeheuer ist, stehen da als Wegweiser und Führer, und ihr Mahnen ist der Sinn uralter Mystik, ist die ethische Forderung aller derer, die Sinn und Wesen des Lebens erkannt haben: Mensch werde wesentlich! –

Der Mensch ist ohnmächtig und was ihn schön dünkt, ist des Schrecklichen Anfang. Einsamkeit ist der Weg zur Vollendung und zum Ewigen, das erkämpft werden muß. Das Edelste im Menschen ist gering dem Göttlichen gegenüber. Das Gefühl des Menschen als Menschen allein ist vergänglich und nichtig, das innere Sein des Menschen ist klein gegenüber den Auswirkungen der Gottheit. Nur der Liebende ist wahrer Mensch, und die Liebe ist allmächtig als Erweckerin des Menschen zu sich selbst, denn in seinem Blute ruht seine und seiner Vorfahren ganze Vergangenheit verschlossen. Die menschliche Gemeinschaft ist ohne Sinn, denn »Feindschaft ist uns das Nächste«. Eine Puppe ist voller und einheitlicher als der Mensch, der als Kind mehr eigentlicher Mensch ist denn als Erwachsener. Der Mensch ist schwach und vergänglich, ist Spielball eines fremden Willens; die Liebenden, gleichmütig und aus sich selbst noch nicht zu ihrem wahren Sein entfaltet, sind ohne ihr Zutun plötzlich erfüllt vom Hohen, das sie über ihr ärmliches Menschsein hinaushebt. Der Feigenbaum, Symbol des still ins Wesentliche Vordringenden, drängt bewußt alles Wachstum in seine reifende Frucht, der Mensch aber »blüht« vorher, verweilt, bevor er in sein Inneres geht. Nur der Held und der »jugendlich Tote«, der »frühe Hinüberbestimmte« leben ihr wirkliches Leben, sie »sind« als in sich geschlossene Menschen. Ihr Leben ist ein großes Stürmen zur Vollendung. Ein durch die Erweckung der Liebe nach innen gelebtes Leben hat die Unsterblichkeit in sich. Aber des Menschen Auge ist abgekehrt vom Wesentlichen, ist umgekehrt vom Ziele, sieht nicht die Erhabenheit und Unendlichkeit des Todes. Sogar dem Liebenden ist durch den andern Liebenden der Ausblick verstellt. Wir sind nur Zuschauer und nehmen, rückschauend, immer Abschied. Das Vergängliche soll durchgelebt werden, um Ewigkeitswert zu bekommen. Denn was das Erdendasein bieten kann, ist laut und grell, aber armselig und ohne Sinn. Der Dichter führt uns in das Tal der Klagen, wo stille Resignation dem vom lauten Leben Abgewendeten ein reines Sein bereitet, wo die Seele Rührung zu empfinden vermag, wenn ein Glück sich in sie senkt.

Die im »Malte Laurids Brigge« aufgestellte Forderung, daß Verse Erfahrungen sein sollen, suchte Rilke in seinen »Neuen Gedichten« dadurch zu erfüllen, daß er seine Erfahrungen, also die Reife seines Geistes, in die Objekte seiner Anschauung legte und diesen ein eigenes, abgeklärtes Leben schuf. In den Dueneser Elegien geht Rilke weiter: was er an Erfahrungen und Erkenntnissen angesammelt hatte, wurde abstrakt Gegenstand und Vorwurf der Gedichte. Die Dinge, in deren Eigenleben der Dichter seine Seele gelegt hatte, traten als unwesentlich zurück vor dem Leben, das in der menschlichen Seele gelebt wird. Immer weniger wurde für wert erachtet, gesagt zu werden. Schließlich blieb nur noch das große Einfache, von dem Rilke in der neunten Elegie sagt, es sei allein würdig, dem »Engel der Welt« als Unsriges gezeigt zu werden.

Eine so große Reife des Geistes erfordert, um in die in einem großen Kunstwerk notwendige absolute Synthese einzugehen, eine ebenso große Reife des Könnens. Ging Rilkes Streben darauf aus, stofflich nur das Wesentliche und Einfache zu geben, so mußte er einen sprachlichen Ausdruck finden, der dem Einfachen des Stoffs entsprach. Rilke, der große Beherrscher unserer Sprache, ist sich ihrer Unzulänglichkeit tief bewußt, wenn es sich darum handelt, kaum Erahntes, das sein bohrender Geist ihm erschloß, auszudrücken. »Was uns Gewalt der Rede ist, ihm ist es am Ende Gestammel.« Gerade die weitschweifenden, prunkenden Worte waren ohnmächtig, das Große zu sagen. Die Sprache in den Duineser Elegien ist denn auch die Einfachste, die je in Versen angewendet wurde. Der einfache Erfahrungssatz wurde zur Notwendigkeit. Die Forderung der Expressionisten, das Wort an sich mit aller seiner Kraft und Wucht zum Ausdruck kommen zu lassen, ist von Rilke erfüllt in einer Weise, die den Expressionisten als fernes, von keinem erreichtes Ziel vorgeschwebt haben mag. Rilke füllt jedes Wort zum Bersten voll mit seelischem und geistigem Inhalt, denn sein Geist ist voll des Einfachen, des Nur-Seelischen, in dem alle Weisheit des Lebens enthalten ist. Und das zum Ausdruck gebracht zu haben, ist nach Rilkes Worten »der größte Schritt, der ihm bisher vergönnt gewesen ist«.[1]

Orplid 1 (1924), S. 115-117

1 Siehe unten Nr. 30, Anmerkung 4.

Kurt Busse

22. R. M. Rilke, Duineser Elegien[1]

Rilkes Duineser Elegien sind die erste ernsthafte Fortwirkung des späten Stils Hölderlins in der deutschen Lyrik. Irgendwie bedingt das ein inneres Gleichgerichtetsein der beiden Schöpfer trotz der Verschiedenheit ihrer Art und Zeit, ihrer Ideen- und Gestaltenwelt, die zutage liegt.

Wie Hölderlins lyrische Kunst von der strengen und gewollten Form seiner Oden im griechischen Maße Stufe für Stufe sich löste und schließlich endete im ungefaßten Strom seiner späten Gesänge, so ließe sich auch bei Rilke in der Kunst seiner Jünglingszeit der Wille zur äußeren Gebundenheit aufweisen, so ließe sich in seinem späteren Werke Stufe für Stufe zeigen, wie dieser Wille sich löst und geopfert wird dem unbeschränkten, strömenden und wieder stammelnden Sagenmüssen dessen, was der Geist befiehlt.

Und wieder: Wie Hölderlins Kunst die sinnlich faßbare Welt seiner Oden, Mensch, Baum, Weiher, Haus, Mond und Wolke, Frühling und Abend dann im Werk seiner Spätzeit hinter sich läßt und den Weg sich bahnt zur Welt jener gesteigerten Gestalten, Halbgötter und Helden, die segnend oder drohend, unfaßbar und unzugänglich wandeln zwischen Erde und Himmel, zwischen Leben und Schicksal, so stehen in diesen Duineser Elegien drohend und heilig die unfaßbaren Gestalten der Engel schön und schrecklich zugleich. Und zum letzten: Wie durch Hölderlins Werk mit jedem Schritt weiter auf seinem Wege das Gefühl des grausamen Schicksals, der Verstricktheit im unbegreiflichen Gesetz mit hoher Schwermut bricht, überwunden freilich bei ihm immer wieder durch das heroische Dennoch des Glaubens an einen gütigen Gott, so liegt über Rilkes spätem Werk gewaltiger als über seinem früheren, ungemildert jetzt vom Gefühl des Süßen des erfahrenen Augenblicks und des zarten Einklanges der tönenden Worte, in denen sie sich fing, liegt herb und unerbittlich die Schwermut des der Sehnsucht anheimgegebenen Daseins, das unfähig, den Augenblick zu fassen und ihm Dauer zu verleihen, unfähig, die Schranken der Vereinzelung durchbrechend zum Gefühl des Allseins sich zu erheben, sein erbärmlich Leben unter fremdem Gesetz zu Ende führt.

Soweit könnte man wohl die Fäden zwischen beider Werk ziehen, ohne gewaltsam eins zu deuten und zu zwängen. Daß die Ausgestaltung, Wucht und Maß in Gedanke, Bild und Wort sehr verschieden ist, lehrt die oberflächlichste Einsicht. Leicht zugänglich ist Rilkes schmaler Band nicht. Aber hier ist nicht der Ort, ihn ausführlich zu deuten. Einige wenige Worte nur seien erlaubt, um den Lesern, deren er recht viele finden möge, den Zugang zu erleichtern. Von den 10 Stücken sind am einfachsten verständlich die achte, die dritte, die zweite Elegie. Der achten liegt der Gedanke zugrunde, daß uns Menschen die Blickrichtung auf die Gestalt, d. h. das Begrenzte, vom All sich Abtrennende und damit Einmalige, Vergängliche, die Blickrichtung auf den Tod, insofern jede Gestalt todgeweiht ist, hinauszusehen hindert ins Offene, ins Alleben, in das Wirkliche: »wir Zuschauer, immer, überall – – und nie hinaus!« Erinnerung ist es, die uns das Dasein verstellt. Wir sind nicht, die wir sind, sondern unsere Väter und Mütter, die ganze Vergangenheit unseres Geschlechts lebt in uns, sie leben wir, bewußt und unbewußt, niemals wir selbst, »gegenüber und nichts als gegenüber« dem Offenen, das vor uns liegt. Dies der Gedanke der dritten Elegie. Auch der Wille zum Dasein, zum Eingefühl des Lebens, zum Verlorensein in ihm hilft uns nicht über die Schranke unserer Vereinzelung hinweg. Vielleicht einen Augenblick, aber es ist uns nicht gegeben, ihm Dauer zu leihen. Unaufhörlich wandeln wir uns und was eben noch Wahrheit und Erfüllung war, ist schon im nächsten Augenblicke Schein nur und Leere, erstarrt zu Wort und Gebild. Zwischen Stein, dem geformten und starren Gebild, und Strom, dem ewigen Wechsel des Lebens, ist uns Menschen nur ein schmales Fruchtland zum Wohnsitz gewiesen, das Land der verhaltenen Geste, des deutenden Wortes, des lebendigen Gebilds, des bildgefaßten Lebens. Aber ist *uns* dies schmale Land nicht längst schon überflutet und verwüstet? Gedanke und Frage der zweiten Elegie. Dann die fünfte, das seltsamste und vielleicht großartigste Stück. Vor dem Zuschauenden, dem bewußten, formenden Menschen, die Akteure des blinden Schicksals, die Menschen schlechthin, Fahrende, vom Schicksal befohlen und gebogen, gezwungen, ihre armen Künste zu treiben, mühsam oder zu sehr gekonnt, aber nie im Maße, das die Götter lieben, nie aus der Fülle des Daseins, zwecklos sich selbst genießend, sich selbst genug.

Noch die zehnte: Der Abstieg ins Reich der Mütter. Nur den Toten, denen reines Anschauen gewährt ist, erschließt sich ihr Reich. Im innersten Gebirg des Leides entspringt der Quell der Freude, im Reich der Klagen, der Schwermut, des schöpferischen Ur- und Allgefühls nur ein Quell, »bei den Menschen ein tragender Strom«. Höchstes Glück und Leid ist eines, unendlich unfaßbares Dasein, fallendes Glück – Regen auf dunkles Erdreich im Frühling.

Genug der Deutung. Das Letzte bleibt Geheimnis, undeutbares Gebilde, aber unendlichen Lebens voll. Es gibt nicht viel Dichtung, die dieser gleichkommt. Wir wollen dankbar sein, daß sie uns geschenkt ward.

Preußische Jahrbücher 195 (1924), S. 304 f.

Vgl. auch den Rilke-Nachruf Busses in derselben Zeitschrift: Bd. 207 (1927), S. 361-373.

1 Sammelrezension; neben den ›Elegien‹ werden auch – allerdings sehr viel kürzer – besprochen: Karl Theodor Bluth, ›Dichtungen‹ und Stefan Zweig, ›Die Gesammelten Gedichte‹.

HANS FRANCK

23. *Rilkes Duineser Elegien*

Elegien . . . Man wundert sich, diesem Wort zum ersten Mal auf dem Titelblatt eines *Rilke*schen Gedichtbuches zu begegnen. (Nach der Vorzugsausgabe jetzt als wohlfeiler gepflegter Druck im Inselverlag erschienen.) Schrieb der Allverehrte jemals etwas anderes als Elegien? (Das Wort in seinem innersten Bezug, nicht als Form-Erkennungsmarke genommen.) Denn was war, was ist uns Rilke?

Rainer Maria Rilke ist eine jener seltenen Naturen, denen ihre Kunst eine zweite, nie endende Kindheit schenkt. Was jedermann nahe – ihm ist es fern. Der Baum und das Blatt, die Lampe und die Uhr, der Tisch und der Stuhl, das Lächeln eines Knaben und das Weinen eines Mädchens, der Ruf eines Vogels und das Flattern eines Schmetterlings – für ihn sind es Wesen, sind es Begebenheiten einer anderen Welt. Er sieht sie an, hört in sie hinein, als ob er sie nie gesehen, nie gehört hätte. Entdeckt in dem Alltäglichen Wunder über Wunder und wird nicht müde, die Wunder, welche sein Dichterkinderauge sieht, zu verkünden. In Versen zu verkünden, die immerfort abwärts gleiten. Wie Blütenblätter abwärts gleiten, die sich – ohne daß ein Hauch sie berührte – von ihren Gefährtinnen lösten. Und siehe, wir, die glaubten, was unseren Händen zum Greifen nahe war, zu besitzen, werden durch diese Verse plötzlich inne, daß wir die Seelen der leblos gescholtenen Wesen unserer Umwelt nicht erkannt, ihnen nicht ins Herz gesehen haben. Daß wir Tag und Nacht von einem unübersehbaren Heer klagender Dinge bedrängt werden, denen unsere Lieblosigkeit, unser vermeintliches Wissen Wunde um Wunde schlug. Wir sehend Blinden, wir hörend Tauben lernen durch Rilkes Verse wieder: den Dingen um uns in die Seelen zu sehen, in die Herzen zu hören. Vielleicht aber ist nicht, daß ihm das Nächste immer fern war, so daß er immerfort für die Wunder der Alltäglichkeit empfänglich ist, der Urborn für Rilkes Kunst, sondern dies: Daß ihm das Fernste immerfort nahe ist. *Der,* zu dem wir uns mit schweren Flügelschlägen unserer Andacht emporschwingen müssen, zu dem wir, wenn wir mit ihm sprechen wollen, Rufe, Schreie, Gelöbnisse, Beschwörungen hinaufschleudern: Gott ist Rilke allzeit nahe gewesen. Wie mit einem Bruder ist er mit ihm durch seine Tage hingegangen. Sie sprechen zueinander wie zwei, welche eines Bluts sind: leise mit Worten, die oft und oft – als sie noch unter einem Dache wohnten – von einem zum andern gewandert sind und daher nicht von der Angst gehetzt werden, daß Mißverständnisse sie auf ihrem Weg erschlagen könnten. So, daß es unmöglich ist zu scheiden, welche Worte Rilke spricht, welche zu ihm gesprochen werden. Denn nicht formt hier ein Dichter schöne Strophen, ein Seher verkündigt, was sich zwischen ihm und den nahfernen Dingen, zwischen ihm und den fernnahen Urwesen begab.

Um die beiden unverrückbaren Pole des Rilkeschen Empfindens kreisen auch die Duineser Elegien: »Wir gehen mit . . .« und: »Was wissen wir . . .?« Aber gegenüber den Orpheus-Sonetten, in denen sich diese Worte finden, ist der Schwung der Elegien bewegter, machtvoller, vielfältiger. Das heftigere Schleudern, es läßt nicht die gläsern, klaren, kristallenen, kleinen Gebilde der Sonette zu. Es . . .

Aber nein! nein! Nicht analysieren! Nicht kritisieren! Diese Elegien sind kein Versbuch zum Ja- und Nein-Sagen. Kein Gedichtwerk zum Lieben oder Hassen. Ein vielfältiges, unübersehbares, unendlich gegliedertes Geschiebe sind sie, in endlosen Zeiten, unter ungeheurem Gefühlsdruck aus feurigen Erlebnismassen erbildet. Und nicht immer ist, was durch sein Glänzen sogleich ins Auge springt, ihr Edelstes. Sondern manches auf den ersten Blick Unscheinbare erweist sich bei sorglichem Überprüfen von noch höherem Gehalt. Rilkes Duinesische Elegien sind ein so Organisches, daß von ihnen nur eines sich ziemt: mit ihnen zu leben.

Frankfurter Zeitung (1924), 22. Januar, S. 1

24. *Rainer Maria Rilke*

Vor ungefähr 25 Jahren trat Rainer Maria Rilke mit einem Schlag und in vollem Glanz und voller Glorie als deutscher Dichter ins Licht der Öffentlichkeit. Er kam der Vollkommenheit durch Verfeinerung so nahe, wie es die deutsche Sprache und die ihr eigene Schwerfälligkeit nur erlaubten. Mit dieser Verfeinerung verband sich eine Zartheit des Empfindens, die auf der Oberfläche der menschlichen Gefühle spielte und kaum je zu den Lebensnerven darunter vordrang. Seine Methode war die des Bildhauers, der das Sprachmaterial bearbeitete, als wäre es unbehauener Stein. Kein Wunder, daß er jetzt durch Flucht aus der einst so eifrig angestrebten Perfektion nach einer Erneuerung seiner selbst suchte; daß er, mit einem Wort, die Gußform seiner gelassenen Vollkommenheit zerschlug, um aus einem tief in seinem Inneren liegenden Bedürfnis heraus neu zu bauen. Vermutlich war eine solche Wiedergeburt für Rilke schwieriger als für manch einen anderen Dichter.

Wie die Verse von Hofmannsthal und Stefan George zeigen auch die frühen Gedichte Rilkes alle Spuren eines Geistes, der verbissen an der Form festhält; es war so ganz natürlich, daß diese drei Dichter dazu verurteilt waren, uns wegen der unverhältnismäßig geringen Ekstase nur verminderten Genuß und verminderte Stimulation zu bieten. Selbst wenn wir zugestünden, daß sie in ihren besten Gedichten das Äußerste an ruhigem Ausdruck erreichten, das der Zeit, in der sie sich entfalteten, möglich war, so würden wir in ihrem Werk noch immer etwas Heftiges und Ungebändigtes vermissen. Und es ist dieser Mangel, der vielleicht verhindert, daß ihr Werk das Niveau ihrer Begabung erreicht. Perfektion ist nicht die Eigenschaft, nach der wir bei unseren größten Dichtern suchen. Das Ringen um Vollkommenheit, irgendein tiefer Glaube an ihre Existenz, der Konflikt, das Pathos und der Schmerz, die sich aus dem Offenlegen ihrer tiefsten Spuren ergeben, hinterlassen auf der Dichtung, die uns am meisten bewegt, erhebt und erschüttert, ihr unauslöschbares Zeichen. Denn es ist das Streben nach

Schönheit, das der Dichtung ihre *raison d'être* verleiht und sie menschlichen Gefühlen wirklich zugänglich macht. Dichter – oder mindestens die besten von ihnen – gleichen den leidenschaftlichen Spielern, die Pascal für uns in seinen »Pensées« geschaffen hat und die bereit sind, alles für einen absoluten Glauben zu riskieren; obwohl sie hoffen, Gott als Gewinn einstreichen zu können, ist es doch in Wirklichkeit der Glaube, den sie einsetzen und am Ende gewinnen. Im Spiel des Perfektionismus, in dem es vielleicht nur eine Gewinnchance und unendlich viele Möglichkeiten zu verlieren gibt, riskiert der Dichter seine Kunst für einen letztendlich problematischen Gewinn. Mag er verlieren oder gewinnen, es bleibt der Konflikt, das Pathos und der Schmerz eines einsamen Suchers nach Schönheit in der Welt.

Für dieses Streben nach absoluter Schönheit gibt es im Werk Rilkes deutliche Belege, genauso wie im Werk Hofmannsthals; beide Dichter ernteten in ihrer Jugend nicht unbeträchtlichen Ruhm, und lange Zeit schien ihnen nichts übrig zu bleiben, als sich mit immer schwächeren Anklängen ihres unvergleichlichen Glaubens an Perfektion selbst zu wiederholen. Wie zwei kürzlich veröffentlichte Bände belegen, ist im Falle Rilkes das drohende Scheitern glücklicherweise völlig abgewendet. Nach den »Neuen Gedichten«, die noch ganz in der früheren Manier formuliert waren, erschienen – neben mehreren Abstechern in die Prosa – die »Duineser Elegien« (1923) und die »Sonette an Orpheus« (1923). Rilkes Studien zu Malern, seine Kurzgeschichten und diversen kleineren Aufsätze lassen uns auf beeindruckende Weise spüren, daß seine gründliche Beschäftigung mit der Form nun von seinem Vers auf die Prosa übergegangen ist. Schon 1904, als er die entzückende, hauptsächlich für Kinder bestimmte Sammlung von Kurzgeschichten mit dem Titel »Vom lieben Gott« schrieb, ließ sich mit ziemlicher Sicherheit voraussagen, daß eine glatte und flexible Prosa früher oder später auch den Formwillen dieses Autors in sich aufnehmen würde.

In den frühen Gedichten stößt man überall auf ein kluges Wollen, das selten stockt, selten zusammenbricht, selten die eigenen menschlichen Schwächen offenbart. Auf dieser straff gespannten Oberfläche wird der Leser vorangetragen und wartet doch auf einen Ausbruch ungebändigten Gefühls, der aus dem ruhigen und makellosen Formsinn hervorbricht und ihn überwältigt. Doch dazu kommt es nie. Wenn der Leser in einer Dichtung wie der Rilkeschen nichts anderes als Form findet, wird er wahrscheinlich das vermissen, was er mit Recht erwarten kann: nämlich Dichtung, Sprechen des Dichters aus der pulsierenden Mitte seines Wesens heraus. »Denn« – wie Emerson sagt – »es ist nicht das Metrum, das ein Gedicht ausmacht, sondern ein das Metrum bestimmender Inhalt«. Wenn wir unter »Inhalt« das im Mittelpunkt des Gedichtes stehende Gefühl verstehen, kann diese einfache Aussage sich sehr leicht zu einer ästhetischen Theorie erweitern. Vielleicht erklärt sie allein Rainer Maria Rilkes dichterische Wiedergeburt. In den »Duineser Elegien« bricht sich der Sturm Bahn, und Dichter wie Leser werden vom übervollen Tumult der Gefühle mitgerissen.

Auch in den »Sonetten an Orpheus« läßt sich dieser Prozeß des Wandelns und Wachsens leicht bemerken. Wir erkennen, daß der Dichter mit einem Mal unter einer mächtigen, unausdrückbaren Anspannung steht, die alles, was er bisher über das Leben, die Natur und die Menschenwelt gefühlt hatte, von Grund auf umgestürzt hat, die ihn dem, was er sieht und berührt, und dem, was er nicht sehen und berühren kann, entgegenfiebern läßt, so daß er, beinahe ohne es zu wissen, über sich hinausgewachsen ist. Das Streben nach Gleichgewicht ist endlich zusammengebrochen. In beiden der späten Gedichtbände entdecken wir einen pantheistischen Taumel, aus dem eine unerwartete Schönheit aufsteigt, der er in seinen frühen Gedichten nicht Ausdruck geben konnte. Dieser Pantheismus ist dem des viel jüngeren Franz Werfel nicht unähnlich, der Erde, Meer und Sterne vermengt, mit dem kindlichen Herzen und mit der intensiven Sehnsucht nach vollkommener Gemeinschaft, die dem Menschen eigen sind. Nach einer Reihe von Zwischenstufen ist Rilke nun auf der Höhe lebenserfüllter Musik angelangt, die Werfel schon zu Beginn seiner dichterischen Laufbahn gewährt wurde. Er hat so durch die jähe Leidenschaft, die Männer seiner Reife kaum je erlangen, einen lebensdurchpulsteren Kontakt mit der Natur erreicht. Dies ist es, was an der jüngsten Entwicklungsphase dieses Dichters so fasziniert. In beinahe jeder Zeile, die er jetzt schreibt, stoßen wir auf Zeichen seiner Wiedergeburt. Wir erkennen sie in Versen wie den folgenden und reagieren darauf mit großer Intensität:

Und wenn dich das Irdische vergaß
Zu der stillen Erde sag: Ich rinne,
Zu dem raschen Wasser sprich: Ich bin.

[›Sonette an Orpheus‹ II, 29].

Englisch in: The Saturday Review of Literature [New York]
(1924), 11. Oktober, S. 188

R. S.

25. *Rainer Maria Rilke, Duineser Elegien*

Mächte und Schauer Fühlens und Duldens, daran dichterisches
Wort bisher nie, unser Schweigen kaum zu rühren gewillt war
oder gewagt hatte, entwachsen diesen Gebilden, deren Sinnlich-
keit elegisch ist, deren Versmaß jedoch im nicht stets betätigten
Spiel um den Daktylos nur von fern das elegische Gesetz
behauptet. Fast kommt den Lesenden ein Grauen an, wie hier
Unaussprechliches in die vermessenen Netze irdischer Gleichnisse eingefangen und ausgekostet wird. Seltsame Träume und
Mythen verschleiern und enthüllen da doch wieder die qualvolle
Spannung des Selbstes, die schwindelnde Überbrückung des
Abgrunds zwischen Gottheit und Mensch, wie sie sich in Herz
und Kopf dartut: »Eines ist, die Geliebte zu singen. Ein anderes,
wehe, jenen verborgenen schuldigen Fluß-Gott des Bluts.«
Noch ist die sagenbildende Kraft des Dichters nicht erstorben,
wenn uns ein so von dieser bitter-süßen Zeit überprägtes Wesen
wie Rilke seinen Mythos vom Leidland vorflüstert, mit Klagefürsten über einem Klagegeschlecht und Tieren der Trauer; mit
eigenen Sternen und Tränenbäumen und Feldern blühender
Wehmut. Ich kenne keinen Poeten, der so sehr das Wort
wandelt und in Substanz zwingt und das Geheimnis der Messe
auf seine Art verwirklicht. Wie ergreift der Dichter, der uns
schon mit dem Gedichte von Orpheus und Eurydike in die Seele
gehaucht hatte, mit seiner Deutung der drucklos leichten Geste
in attischen Grabstelen. Nur ins Hinnehmen und Ertragen

behutsam hineingestaltetes Tun steigert den Menschen bis in die Nähe der Engel und Götter. »Dieses ist unser, uns so zu berühren; stärker stemmen die Götter uns an.« Es mag nun sein, daß die dastehende Form der Verse nicht stets die Letztwilligkeit unwiderstehlicher Eingebung in sich birgt, allzuviel von der Feile aussagt. Aber wie sehr immer die Spannkraft der Wortfolgen wechselt, stets richtet sich doch das Dichterische ehrfurchtgebietend vor uns auf, von dem wir dann auch ganz ungewöhnliche und barocke Gebilde willig übernehmen wie: »Die erglühte Gefühlin«, »Das krönliche Haupt«, »Die billigen Winterhüte des Schicksals«, »Das behübschte Glück«, »Das versprechliche Spiel«, »Die gehärmten Nächte« und derlei. Wenn wir bei aller geistigen Mühsal und physischen Bedrücktheit immer wieder bemerken dürfen, daß unserer Volkheit das Dichterische nicht durchaus verloren gegangen ist, so steht auch ihr Innerstes noch unversehrt da. Es ist viel Trost und süße Hoffnung, daß es Menschen gibt, die zuweilen hören und zu verkünden vermögen, wenn die Gottheit zu ihnen tritt und spricht.

Die Bücherstube 3 (1924), S. 55 f.

Martin Rockenbach

26. Aus: *Neue Lyrik*[1]

Rückkehr zur festen, objektiven Gestalt, zum frei schwebenden dichterischen Spiel! Das Angesicht der jüngsten Lyrik hat sich in den letzten zwei Jahren neu geformt. Eine neue Weltbejahung aus Liebe, eine neue Einsicht in das irdisch beschränkte und doch gesegnete Gebiet des menschlichen Daseins, das eben in der Schwebe zwischen Materie und Geist besteht, eine neue Demut vor den Dingen tut sich kund und äußert sich mannigfach und immer wieder neu. [. . .]

Rainer Maria Rilke in seinen »*Duineser Elegien*« (Inselverlag 1923) erweitert Borchardts Bekenntnis formal und inhaltlich zu elegischer, weltumspannender Größe. Formal, denn das Reflektieren im Gefühl ist seine Wesensäußerung und gibt ihm eine ganz reiche, ganz breithin flutende Fülle des Bildwerks und der Ideen. Inhaltlich, denn das Menschenleben als solches, »rein, verhalten und schmal«, im Ideal, steht in seinen wesentlichen Daseinsbezügen zur Diskussion. Der Nachdruck fällt auf das Vergängliche im Menschenleben und auf die unter- und übermenschliche Einheit in Tier- und Engelreich als den Nachbarländern des zwischen ewigen Polen in Spannung schwebenden Menschenlebens. Was die »Sonette an Orpheus« für die Kunst als solche leisteten, die neue Entdeckung der Wesenshaltung »Vogel Zeitvorbei«[2], eben dies wird hier ganz allgemein für die Gesamtheit des menschlichen Daseins in Anwendung gebracht. Unvergeßliche Schönheiten tun sich hier wie dort auf.

Der Gral 18 (1923/24), S. 207 f.

Vgl. auch den Rilke-Nachruf des Verfassers in: Werk und Welt. Literarische Beilage zur Germania (1927), 6. Januar.

1 Sammelrezension; neben den ›Elegien‹ werden besprochen: Franz Johannes Weinrich, ›Mittag im Tal‹; Richard Billinger, ›Über die Äcker‹; Hermann Burte, ›Madlee‹; Rudolf Borchardt, ›Die Schöpfung aus Liebe‹; Agnes Miegel, ›Gedichte‹; ›Lieder der Ferne und Weisheit‹ [Chinesische Lyrik aus 300 Gedichten der Tang-Dynastie].
2 Titel eines zu dieser Zeit erschienenen Gedichtbandes von Friedrich Schnack.

CAMILLE SCHNEIDER

27. Aus: *Revues Annuelles: La poésie Allemande* [Jährliche Rundschau: Die deutsche Dichtung]

Zwei Bände von Rainer Maria Rilke sind 1923 erschienen: die *Sonette an Orpheus* und die *Duineser Elegien*. Wir halten es für unnötig, Rilkes Kunst darzulegen. Alle kennen den gut, der den großen Franzosen Rodin am besten kannte. Die Elegien, die Rilke uns schenkt, sind reine Musik, also vollendete Kunst. Diese Dichtung ist unvergleichbar. Der Dichter ist in diesen

Elegien der Beobachter des Lebens – und im Leben sieht er die Musik.

> »Zuschauer, immer, überall«.

Das innere Leben zu sehen, es zu betrachten: das ist das Geheimnis der Rilkeschen Musik.

> »Nirgends, Geliebte, wird die [sic] Welt sein, als innen.«

Und die Mitte dieses Lebens mit seinen Mysterien – Geburt und Tod – das ist Gott. Für Hofmannsthal ist die Mitte seiner Dichtung (Hofmannsthal ist eher lyrisch als dramatisch) die Kunst; für Stefan George ist es die beherrschende Kraft des Innern; für Verhaeren die Kultur; für Richard Dehmel die Liebe, der Eros; für Rilke Gott. Seit Rilke spricht man wieder von Gott in der Dichtung.

> »Ich kreise um Gott, um den uralten Turm« [WA 1, 253].

Zitieren wir noch eine Passage aus der siebten Elegie (es gibt deren zehn in diesem Band).

. . . Und vor sich den Sommer.
Nicht nur die Morgen alle des Sommers, nicht nur
Wie sie sich wandeln in Tag und strahlen vor Anfang.
Nicht nur die Tage, die zart sind um Blumen, und oben,
Um die gestalteten Bäume, stark und gewaltig.
Nicht nur die Andacht dieser entfalteten Kräfte,
Nicht nur die Wege, nicht nur die Wiesen im Abend,
Nicht nur, nach spätem Gewitter, das atmende Klarsein,
Nicht nur der nahende Schlaf und ein Ahnen, abends . . .
Sondern die Nächte. Sondern die hohen, des Sommers,
Nächte, sondern die Sterne, die Sterne der Erde.
O, einst tot sein und wissen unendlich,
Alle die Sterne: denn wie, wie, wie sie vergessen.

Französisch in: Revue Germanique 15 (1924), S. 299 f.

KARL VIËTOR

28. Aus: *Neue Lyrik*[1]

Wenn ein Meister vom Range *Rilkes* lange Jahre geschwiegen hat – er, dessen reiche Fruchtbarkeit nicht zuletzt die innere Quelle bezeugte – und nun als fast Fünfzigjähriger wieder mit zwei Gedichtbänden hervortritt, so darf das neue Werk schon um seiner Bedeutung als Station der Entwicklung eines großen Dichters willen höchste Aufmerksamkeit fordern. Hier ist das Phänomen noch ein ganz besonderes: Rilke zeigt sich mit neuem Antlitz, ja, eine gewandelte Gestalt fast tritt aus diesen Versen hervor, die erneute Auseinandersetzung verlangt. Wenn wir Rilke kannten als Meister einer Dichtung, die der Mund der sprachelosen Dinge und der Phänomene ist; die in das fremde Wesen einströmt und aus ihrem ungekannten Innern spricht; deren gesteigerter Sinn für das bis dahin objektiv-Starre, für das Wesenlose und Unbedeutende, das Seltene, Seltsame und Verkannte; deren geschwisterliches Verstehen alles außer uns Seienden ihren höchsten und charakteristischsten Reiz ausmachte, so paßt das neue Werk nicht mehr so ganz und leicht in dies vertraute Bild. Die äußere Gestalt schon ist ungewohnt: es sind Gedichtzyklen, sind Reihen von Gedichten, die um *einen* Erlebniskern kreisen und sich zusammenfinden wie Einzelstimmen zu einem gemeinsamen Klangwerk. Das eine Buch zeigt Gedichte von weit ausladender Gebärde, mannigfaltig im Vers und rednerisch bewegt, ohne die glättende, feste Bindung von Reimen. Zehn Gedichte faßt der Zyklus dieser »Duineser Elegien«. Düster und schroff setzt das erste Gedicht ein, verhaltene Klage, gefaßten Schrei versichernd, wie es der Elegie zukommt. Ein Schicksal, ein Bild erschütternder Gesichte scheint den Dichter überwältigt zu haben. Ach! Bleiben ist nirgends und die Toten künden vom Verhängnis des Lebendigen. Aber ist das nicht eine zu grobe Scheidung von uns, dieses Denken in Kategorien von Sein und Nichtsein? Durch beide Bereiche geht *eine* ewige Strömung und am Ende sind die Toten die Größeren.

>Schließlich brauchen sie uns nicht mehr, die Früheent-
                                                  rückten,
man entwöhnt sich des Irdischen sanft, wie man den
                                                  Brüsten
milde der Mutter entwächst. Aber wir, die so große
Geheimnisse brauchen, denen aus Trauer so oft
seliger Fortschritt entspringt –: *könnten* wir sein ohne sie?«

Das ist etwa das Thema der Elegien, die vom Tode, von den
Toten reden und ihrem Bezug zu den Lebendigen. Totenklage,
aus der nach der Sage einst die Musik hervordrang, wird
gedeutet als unsere sehnsüchtige Geste nach dem Totenreich
hin. Die Gestalt des Todes hat den Dichter der zärtlichen
Weltliebe, den zarten Empfinder des Wesens der Dinge im
farbigen Abglanz, angerührt. Der Schleier scheint ihm gerissen
und drohend tat sich der tiefe Blick in die andere, dunkle Sphäre
auf. Blut und Tod, der »unendliche Aufruhr« der Nacht, seine
Schrecken trieben ihn aus den sanften Gefilden des reinen
Gefühls vom Lebendigen heraus. Was bis dahin isoliert gesehen,
erlebt wurde und als ein nur sich selbst Verpflichtetes, nicht
aber vor dem düstern Hintergrund und über dem Abgrund des
Vergangenen und Gewesenen, das stellt sich nun dar als in
schicksalhaftem Rhythmus verflochten. Tod und Leben gehen
allenthalben ineinander über, in jedem Erlebnis schwingt das
Vergangene, Gewesene fruchtbar mit.

»Siehe, wir lieben nicht, wie die Blumen, aus einem
einzigen Jahr; uns steigt, wo wir lieben,
unvordenklicher Saft in die Arme. O Mädchen,
dies: daß wir liebten *in* uns, nicht Eines, ein künftiges,
                                                  sondern
das zahllos Brauende; nicht ein einzelnes Kind,
sondern die Väter, die wie Trümmer Gebirgs
uns im Grunde beruhn; sondern das trockene Flußbett
einstiger Mütter –; sondern die ganze
lautlose Landschaft unter dem wolkigen oder
reinen Verhängnis –: *dies* kam dir, Mädchen, zuvor.«

Im Erlebnis der Liebe steigt die Vorzeit aufgewühlt mit empor.
Drohend, und der Dichter rät dem Mädchen, des Jünglings Blut
sänftigend zu verhalten. Aber dieser Strom, der Tod und Leben
verbindet, er fließt nicht mehr ungestört durch beide Bezirke.

66

Das Gefühl der Verbundenheit hat nicht einmal unter Lebenden mehr Stärke genug, und »Feindschaft ist uns das Nächste«.

Aus dem Dunkel des Schoßes kommen die Helden, Mütter sind Ursprung reißender Ströme. Todessehnsucht ergreift die Heroen und sie steigen zurück in die Nacht, die doch nur die andere Hälfte des Tages ist. Und aus ihr kommen wieder neue. Auch die Toten, die Versunkenen suchen noch die Erde, der Strom des Lebens zieht neue Schöpfung immer wieder aus dem Boden hervor, den die Gebeine düngen. Denn: »Hiersein ist herrlich«, auch die Ärmsten, die entehrten Mädchen selbst wissen es.

> ». . . Denn eine Stunde war jeder, vielleicht nicht
> ganz eine Stunde, ein mit den Maßen der Zeit kaum
> Meßliches zwischen zwei Weilen, da sie ein Dasein
> hatte. Alles. Die Adern voll Dasein.«

Aber dieses Gefühl erfüllten Daseins, es kommt nicht vom sichtbar Errungenen, Besessenen, nicht vom Ding. Nur innen, in uns ist Welt und Besitz; das allein heißt Leben und dieses Leben ist immerwährende Verwandlung. Freilich: Leben bedeutet dem Menschen etwas anderes, als der Kreatur. Die sieht ohne Brechung »das Offene«. Nur uns sind die Augen vom Außen weggedreht und harmvoll. Uns steht der Tod vor den Augen und das macht uns gehemmt; die Kreatur aber sieht vor sich, wenn man so sagen darf, Gott und »hat seinen Untergang stets hinter sich«.

> »Wir haben nie, nicht einen einzigen Tag,
> den reinen Raum vor uns, in den die Blumen
> unendlich aufgehn. Immer ist es Welt
> und niemals Nirgends ohne Nicht:
> das Reine, Unüberwachte, das man atmet und
> unendlich *weiß* und nicht begehrt.«

So ähnlich sah es Hölderlin auch, bei dem es freilich schlichter und stärker lautet:

> »Denn freier atmen Vögel des Walds, wenn schon
> Des Menschen Brust sich herrlicher hebt, und der
> Die dunkle Zukunft sieht, er muß auch
> Sehen den Tod und allein ihn fürchten.«

Selig die Kreatur, die dem Bezirke des Naturreiches, des Reiches vom reinen, erfüllten Sein sich nicht entrang. Wir aber sind immer bewußt, überall Zuschauer und also außerhalb Stehende, ruhelos Beginnende, Bewegte. Indem wir leben, *sind* wir nie, nehmen immer Abschied. Einmal nur sind wir da, und nie wieder. Und doch hat dieser Augenblick auch Ewigkeit.

> ». . . Aber dieses
> *ein*mal gewesen zu sein, wenn auch nur *ein*mal:
> irdisch gewesen zu sein, scheint nicht widerrufbar.«

Was aber ist dann, bei so vergänglich-dauerhaftem Sein, der Sinn dieser Existenz? Sind wir auf Erden, im Leben, um den Dingen *sagend* ihr Wesen erst zu geben? Sie nennend sie zu deuten? »*Hier* ist des *Säglichen* Zeit, *hier* seine Heimat. Sprich und bekenn.« Ja, die Dinge zu sagen; zu zeigen mit Worten, wie glücklich ein Ding sein kann, und wie wir es nennend besitzen – dies Nennen beschwört das unnennbare Wesen der Dinge. Wenn wir sie so *rühmen,* retten wir sie, die Vergänglichen, der Dauer. So wird die Erde unsichtbar in uns geschaffen – bei solcher Erkenntnis findet der Dichter hymnische Worte von einer Prägung, die an Hölderlin erinnert, wie dieser ganze Gedanke vom Wiederschaffen der Dinge durch das Sagen:

> »Erde, du liebe, ich will. O glaub, es bedürfte
> nicht deiner Frühlinge mehr, mich dir zu gewinnen, einer,
> ach, ein einziger ist schon dem Blute zu viel.
> Namenlos bin ich zu dir entschlossen, von weit her.
> Immer warst du im Recht, und dein heiliger Einfall
> ist der vertrauliche Tod.«

So ist der Tod, der drohend und schrecklich, ohne Trost am Anfang dieser Gedichtreihe stand, nun als immanenter Teil des Lebens selbst begriffen. Aber darum gilt es, den Tod sich nicht auszulöschen, nicht zu vergessen und zu leben, als gäbe es kein Ende dieses Seins. Auch hier mündet der Zyklus in seinen Anfang wieder ein: die Klage ist die Pflicht des Herzens unter den Lebenden an die verbundenen, aber unsichtbaren Toten.

> ». . . Wir waren,
> sagt sie, ein großes Geschlecht, einmal, wir Klagen. Die Väter
> trieben den Bergbau dort in dem großen Gebirg; bei Men-
> schen

findest du manchmal ein Stück geschliffenes Urleid
oder, aus altem Vulkan, schlackig versteinerten Zorn.
Ja, das stammte von dort. Einst waren wir reich.«

In den Berg des Urleids steigt der Tote und sein Abschied ist
wie der Regen, der im Frühjahr auf dunkles Erdreich fällt.
Menschliche Klage aber geleitet ihn bis an die Schwelle des
lautlosen Abgrunds.

So etwa wäre die Meinung dieses Elegienzyklus zu fassen. Er
redet oft schwer und dunkel, mit einer Dunkelheit, die nicht
immer notwendig zu sein scheint aus dem Zwang, das Unsagbare zu sagen. Diese Gedichte wollen von den letzten Dingen
sprechen; nicht von der Welt der Erscheinungen nur und dem
Bezug der Individuen auf das menschlich-gebundene Leben.
Sondern vom Sinn des Lebens überhaupt, der dem Dichter vom
Tode her problematisch geworden scheint und vom Tode aus
gedeutet wird. Tod und Leben, begriffen als Teile eines
Gesamtrhythmus – die Toten in jedem Sein wirkend und die
Gemeinschaft durch die Lebenden gehütet in der Klage, so
deutet der Dichter. Eine Reihe von Erlebnissen sind in den
einzelnen Elegien Ausgangspunkte für solche Erkenntnisse.
Aber der durchgehende Bezug ist nicht leicht zu fassen. Jeder
Blick in die wesenhaften Untergründe löst bei dem Dichter
Erinnerungen aus und lockt zu ausmalendem Verweilen. Rilkes
große Gabe, im ungeahnten, entlegenen Vergleich zu glänzen
und kleine Ausschnitte der Welt tief auszudeuten – diese Gabe
zeigt sich auch hier wieder. Aber nun nicht so glücklich, wie im
einzelnen, begrenzten, ganz gefüllten Gedicht. Diese weitausho-
lenden Elegien verlangen große, getragene Linie und kontinu-
ierliche Führung des Gedankens. Wie großartig ist gerade das in
Hölderlins Elegie »Menons Klagen um Diotima« z. B. gekonnt.
Rilke dagegen bedenkt den Einfall gern mit mancherlei Rand-
verzierungen und Glossen, nach allen Seiten verliert sich,
einmal erschüttert, das aufgewühlte Gefühl und viel entlegener
Bezug stellt sich ein, der dem Leser nur schwer deutlich wird. So
tritt aus diesen Elegien eine Gesamthaltung, die Färbung des
Pathos und die Gefühlslage weit deutlicher hervor, als der
Gedanke im einzelnen und die den Zyklus tragende Idee. Reine
Stimmungsdichtung aber ist hier doch offenbar nicht gewollt.
Der Eindruck, als werde Rilke durch die Aufgabe ideenhafter

Dichtung mehr gehemmt als gesteigert, verstärkt sich noch angesichts mancher Partien, wo der Gedanke, der nicht poetische Gestalt annehmen und symbolhaft deutlich werden will, als abstrakte Reflexion ungemildert hervortritt:

>Wir kennen den Kontur
des Fühlens nicht, nur was ihn formt von außen.«

Oder:

>Und plötzlich in diesem mühsamen Nirgends, plötzlich
die unsägliche Stelle, wo sich das reine Zuwenig
unbegreiflich verwandelt –, umspringt
in jenes leere Zuviel.«

Die schönen, oft erschütternden Einzelheiten der Gedichte freilich lassen einen die Schwäche der Gesamtgestaltung immer wieder vergessen.

Österreichische Rundschau 20 (1924), S. 509-514

Vgl. auch Nr. 39.

1 Sammelrezension; neben den ›Elegien‹ werden besprochen: ›Sonette an Orpheus‹; Stefan Zweig, ›Gesammelte Gedichte‹.

HANNS MARTIN ELSTER

29. Aus: *Neue Lyrik* [1]

[...] wie alle wahre Kunst quillt auch nun die Lyrik wieder ganz aus dem Verwobensein alles Menschlichen mit dem Unendlichen und Ewigen. Als – vor nun schon anderthalb Jahrzehnten und längeren Zeiten – Rilke, Däubler, Mombert den ersten Klang ihres Erlebens des reinen Geistes hinausschickten, erklärte die Mehrheit auch der sich geistig nennenden Deutschen ihre Werke für fast unverständlich. Heute fühlt aber jeder tiefere Sinn die orphische Tiefe und Selbstverständlichkeit der Lyrik, die Verwandtschaft dieser Sprachkunst mit der Musik

als organisch und rein. Das Chaos der Zeiten gebar Vorurteils-
losigkeit und Hingabe. Dadurch ist große Lyrik wieder möglich.

Rilke gibt sie uns mit starker Eigenwilligkeit in Wort und
Form, durch die man sich zum Wesens- und Schönheitskern
seiner Verse erst hindurcharbeiten muß, in den »*Duineser
Elegien*« und noch weiterreichend in den »*Sonetten an Orpheus*« (beide Inselverlag, Leipzig.) Hier spricht ein gänzlich
Vereinsamter zuerst von der Not des Ichs und dann, erhaben
über Lust und Leid, von der Qual der Zeiten, die im Gegensatz
zum ewig Schöpferischen stehen, die sich im Triebtrüben,
Nüchternen, Mißtönigen zersetzen. Rilke ist hier ganz zum
Mystiker geworden, der uns nicht etwa Begriffe und Erkenntnisse des Verstandes vermittelt, sondern die Urkräfte der Seele,
die Keime des Göttlichen, die Triebe zum Ewigen. Seine Verse
wirken in uns hinüber wie zeitlose, erhabene Musik: sie treiben
uns weiter in die Richtung auf das Unendliche hin . . .

Die Horen 1 (1924/25), S. 388 f.

1 Sammelrezension; neben den ›Elegien‹ werden besprochen: G. F.
Jansen, ›Lieder, Bilder, Balladen‹; Jakob Bosshart, ›Gedichte‹; Max
Reuschele, ›Dom der Seele‹; H. F. Christians, ›der wehende Gott‹;
Franz Joh. Weinrich, ›Mittag im Tal‹; Theodor Däubler, ›Päan und
Dithyrambos‹ und ›Attische Sonette‹; Alfred Mombert, ›Ataïr‹; Stefan
Zweig, ›Gesammelte Gedichte‹; Ernst Bertram, ›Nornenbuch‹; H.
Graumann, ›Altdeutsche Lyrik‹ [Nachdichtungen]; Hanns Jobst, ›Anti-
noos‹ und ›Gedichte‹; Paul Thun-Hohenstein, ›Sonette‹; Bernard
Brentano, ›Gedichte an Ophelia‹; Richard Friedenthal, ›Demeter‹;
Heinrich Lersch, ›Mensch im Eisen‹; Silvio di Casanova, ›Wald und
Elemente‹; Arnold Ulitz, ›Der Lotse‹; Richard Billinger, ›Über die
Äcker‹; Friedrich Schnack, ›Vogel Zeitvorbei‹; Fritz Walther Bischoff,
›Gezeiten‹; Alfred Mombert, ›Thron der Zeit‹; Iwan Goll, ›Der Eiffel-
turm‹; Victor Wittner, ›Sprung auf die Straße‹; Max Bittrich, ›Der
Sünder‹; Adolf von Hatzfeld, ›Gedichte‹; Robert Boßhart, ›Singender
Brunnen‹; Alfred Hein, ›Neue Gedichte‹; Franz Spunda, ›Gottesfeuer‹;
Hans Franck, ›Gottgesänge‹.

30. *Zu den »Duineser Elegien«*

Schon das Mittelalter kannte das weiße Wunder: das Einhorn; in einem herrlichen Gedicht Rainer Maria Rilkes[1] ist es wieder-erstanden: keusch, still und blinkend vor Adel. Oft hatte der Heilige geträumt von dem Tier – da tritt es vor ihn, leibhaftig, nah und göttlich, und er erschrickt:

> Denn lautlos nahte sich das niegeglaubte,
> das weiße Tier, das wie eine geraubte
> hilflose Hindin mit den Augen fleht.
> Der Beine elfenbeinernes Gestell
> bewegte sich in leichten Gleichgewichten,
> ein weißer Glanz glitt selig durch das Fell,
> und auf der Tierstirn, auf der stillen, lichten,
> stand, wie ein Turm im Mond, das Horn so hell,
> und jeder Schritt geschah, es aufzurichten.

In diesem Gedicht lebt volle Wirklichkeit; anders ist das Einhorn-Gedicht der »Sonette«[2]. Die Bedeutung des Einhorns für den mittelalterlichen Menschen steht im Mittelpunkt; der symbolische Sinn scheint alles:

> O dieses ist das Tier, das es nicht gibt.
> Sie wußtens nicht und habens jeden Falls
> – sein Wandeln, seine Haltung, seinen Hals,
> bis in des stillen Blickes Licht – geliebt.
> Zwar war es nicht. Doch weil sie's liebten, ward
> ein reines Tier.

Erst in der letzten Strophe wird es dem Auge neu geschenkt in zwei Zeilen von unerhörter Reinheit:

> Zu einer Jungfrau kam es weiß herbei –
> Und war im Silberspiegel und in ihr.

In den edelsten Gebilden der »Neuen Gedichte«[3] leben Tier und Ding (weniger der Mensch) weiter durch die Treue des Abbildes. In höherer Sphäre schweben die »Sonette«, rhythmisch frei, wie losgelöst vom irdischen Stoff, und die Musik, in der sie schwingen, scheint unendlich zärtlicher Gesang von Engeln. So ist ein Herbstmorgen: rein und kristallen. Weiter und luftiger wölbt sich der Blauhimmel, herschimmernd durch das laubleere Geäst. Mild blinken die Lichter des Tages; Nebel steigen da und dort, schleierzart und bläulich.

Von ewigen Dingen kündet Rilkes jüngstes Werk: die »Duineser Elegien«[4]. Zehn erhabene Gesänge, tief und vieles fassend, von der strahlenden Herrlichkeit der Engel bis zum letzten, haltlosen Schluchzen der irdischen Seele, die sich erkennt. Wie ein Silberpflug blitzt der Gedanke durch die Gefilde dieser Dichtung.

Die Sage erzählt vom Engel Dabor. Erhob er seine Stimme, so klangen die der andern Engel leise an; begann er zu schreiten, so schritt er im Rhythmus der Sphären, und schlug ihm das Herz, so zitterten die Himmel mit. Eines Tages fehlte er und wurde verstoßen auf Jahre hinaus. Neugeweiht kehrte er wieder zum himmlischen Glanz. Aber seine Seele krankte: er war ein Fremder geworden im heiligen Reigen. Er litt bittere Qual und vereinsamte mehr und mehr. In seinem Innern aber arbeitete es fieberhaft. Jeden Blick, jede selige Gebärde der Engel fing er auf und fühlte sie; die ganze Herrlichkeit, von der er ausgeschlossen war und blieb, sog seine dürstende Seele in sich hinein, damit er wenigstens in seinem Herzen den Einklang aller Himmelsdinge vernehme. Innerlich genoß er die Fülle des Daseins, und er war beinahe selig, wie einst, wenn er die Augen schloß. Die andern aber sahen außer sich, Aug in Auge ruhend, und boten sich das ewige Lächeln.

Ein Verstoßener im Weltall ist nach Rilke auch der Mensch. Von hilfloser Verlassenheit, von Fremdheit gegen Tier, Mensch und Engel klagt die Erste Elegie:

> Ach, wen vermögen
> wir denn zu brauchen? Engel nicht, Menschen nicht,
> und die findigen Tiere merken es schon,
> daß wir nicht sehr verläßlich zu Haus sind
> in der gedeuteten Welt.

Vertieft wird dieser Gedanke in der Achten Elegie. Im Spiel des Weltganzen ist der Mensch nur Zuschauer, nie Mitspielender:

Und wir: Zuschauer, immer, überall . . .
Wer hat uns also umgedreht, daß wir,
was wir auch tun, in jener Haltung sind
von einem, welcher fortgeht? Wie er auf
dem letzten Hügel, der ihm ganz sein Tal
noch einmal zeigt, sich wendet, anhält, weilt –,
so leben wir und nehmen immer Abschied.

Inniger verwoben mit dem All ist noch das Tier, weil es nicht
reflektiert:
                        . . . denn sein Sein ist ihm
unendlich, ungefaßt und ohne Blick
auf seinen Zustand, rein, so wie sein Ausblick.
Und wo wir Zukunft sehn, dort sieht es alles
und sich in allem und geheilt für immer.

Welchen Ausweg findet nun der Dichter aus seiner Einsamkeit, was tut der Entfremdete, Verstoßene, seinen Schmerz zu
lindern? Er geht von Ding zu Ding, von Blume zu Blume, zu
Tieren und Menschen und füllt sein Herz, wie der Engel Dabor
getan. Innerlich soll ihm die Welt neu erstehen, daß er wenigstens geistig die Einheit von Ich und All gewinne, die ihm
äußerlich versagt blieb. So wandelt er das Sichtbare in Unsichtbares[5] und empfindet dies als höchsten Auftrag und süßeste
Pflicht:

Erde, ist es nicht dies, was du willst: unsichtbar
in uns erstehn? – Ist es dein Traum nicht,
einmal unsichtbar zu sein? – Erde! unsichtbar!
Was, wenn Verwandlung nicht, ist dein drängender
                                        Auftrag?
Erde, du liebe, ich will . . .
Namenlos bin ich zu dir entschlossen, von weit her.

Und seine Seele wird reich:

                . . . Überzähliges Dasein
entspringt mir im Herzen.

Der »Jüngling« (Dritte Elegie) ist geradezu verliebt in diese
bunte, strotzende Wirklichkeit der Träume und Bilder:

Er: der Neue, Scheuende, wie er verstrickt war,
mit des innern Geschehns weiterschlagenden Ranken
schon zu Mustern verschlungen, zu würgendem Wachstum,
                                            zu tierhaft
jagenden Formen. Wie er sich hingab –. Liebte.
Liebte sein Inneres, seines Inneren Wildnis,
diesen Urwald in ihm, auf dessen stummem Gestürztsein
lichtgrün sein Herz stand.

Was ihm von seinen Vorfahren im Blut steckt, will er wieder
wecken, ahnensüchtiger fast als Nietzsche:

                    . . . ging die
eigenen Wurzeln hinaus in gewaltigen Ursprung,
wo seine kleine Geburt schon überlebt war. Liebend
stieg er hinab in das ältere Blut, in die Schluchten,
wo das Furchtbare lag, noch satt von den Vätern.

Verwandlung des Sichtbaren ist ein unerbittliches Ideal, das
andere Werte verdrängt; selbst die Geliebte verliert ihr An-
recht:
                    Warst du nicht immer
noch von Erwartung zerstreut, als kündigte alles
eine Geliebte dir an? (Wo willst du sie bergen,
da doch die großen fremden Gedanken bei dir
aus und ein gehn und öfters bleiben bei Nacht.)

In der Vierten Elegie spricht der Dichter alle diejenigen an,
die er liebte, und bekennt, daß er immer abgekommen sei von
dem kleinen Anfang Liebe zu ihnen,

weil mir der Raum in eurem Angesicht,
da ich ihn liebte, überging in Weltraum,
in dem ihr nicht mehr wart . . .

Auch dem »Jüngling« (Dritte Elegie) kommt die wogende
Welt der Gedanken und Träume *vor* der Geliebten:

            O Mädchen,
dies: daß wir liebten in uns, nicht Eines, ein Künftiges,
                                        sondern
das zahllos Brauende . . . . . . sondern die ganze
lautlose Landschaft unter dem wolkigen oder
reinen Verhängnis –: dies kam dir, Mädchen, zuvor.

Ja, in der Ersten Elegie werden wir sogar ermahnt, abzulassen vom geliebten Wesen, um die Seele gespannter, bebender zu erhalten, williger dem unsichtbaren Reich:

Sollen nicht endlich uns diese ältesten Schmerzen
fruchtbarer werden? Ist es nicht Zeit, daß wir liebend
uns vom Geliebten befrein und es bebend bestehn:
wie der Pfeil die Sehne besteht, um gesammelt im
                                                    Absprung
mehr zu sein als er selbst. Denn Bleiben ist nirgends.

Dem »Jüngling« (Dritte Elegie) ist das liebende Mädchen nur Anlaß, nicht Ursache seiner seelischen Erschütterungen:

Meinst du wirklich, ihn hätte dein leichter Auftritt
also erschüttert, du, die wandelt wie Frühwind?

und der »Held« (Sechste Elegie) geht unbeirrt weiter von Herz zu Herz, ohne sich je zu binden, weder innerlich noch äußerlich:

(Denn) hinstürmte der Held durch Aufenthalte der Liebe,
jeder hob ihn hinaus, jeder ihn meinende Herzschlag,
abgewendet schon, stand er am Ende der Lächeln, anders.

Am innigsten sympathisiert der Dichter mit den einsam liebenden Mädchen, den Verlassenen, die er soviel liebender findet als die Gestillten. Von ihnen soll der Einsame singen, wenn ihn die Sehnsucht befällt:

                              . . . lange
noch nicht unsterblich genug ist ihr berühmtes Gefühl.

Groß sind die Wunder des menschlichen Geistes, welcher Sphinxe, Säulen und Dome erschuf und die Musik gebar; groß, ob auch klein vor der ragenden Gestalt des Engels:

Aber ein Turm war groß, nicht wahr? O Engel, er war es, –
groß, auch noch neben dir? Chartres war groß – und Musik
reichte noch weiter hinan und überstieg uns.

Doch größer als die Kunst, aufreichend fast bis zur Größe des Engels, ist eine einsame Liebende:

                    Doch selbst nur
eine Liebende, o, allein am nächtlichen Fenster . . .
reichte sie dir (= dem Engel) nicht ans Knie –?

  Ebenso ideal wie die Einsamkeit des Dichters und der Lieben-
den erscheint die Zeit der Kindheit; da ist Empfänglichkeit des
Herzens, Weite und Dichte des Gefühls und ein Leben ohne
Vorbedacht:

                  O Stunden in der Kindheit,
da hinter den Figuren mehr als nur
Vergangnes war und vor uns nicht die Zukunft.
Wir wuchsen freilich, und wir drängten manchmal,
bald groß zu werden, denen halb zulieb,
die andres nicht mehr hatten als das Groß-Sein.
Und waren doch in unserem Alleingehn
mit Dauerndem vergnügt und standen da
im Zwischenraume zwischen Welt und Spielzeug,
an einer Stelle, die seit Anbeginn
gegründet war für einen reinen Vorgang.

  Noch in anderen Stellen der »Elegien« erhebt Rilke preisend
die Stimme, rühmt die Dinge, die Herrlichkeit des Daseins und
singt von den Engeln. Daneben tönt der dumpfe Laut der Klage.
Neu erklingt das uralte Lied von der Vergänglichkeit:

Denn wir, wo wir fühlen, verflüchtigen; ach, wir
atmen uns aus und dahin . . .
                        . . . Und jene, die schön sind,
o wer hält sie zurück? Unaufhörlich steht Anschein
auf in ihrem Gesicht und geht fort. Wie Tau von dem
                                        Frühgras
hebt sich das Unsre von uns, wie die Hitze von einem
heißen Gericht. O Lächeln, wohin? O Aufschaun:
neue, warme, entgehende Welle des Herzens . . .

  Dann finden wir die rührende Gestalt der Klage, die mit
Jünglingen schweigend geht und den Mädchen zeigt, was sie an
sich hat: »Perlen des Leids und die feinen Schleier der Dul-
dung«. Ihrer Schwestern eine geleitet die jungen Toten ins Land
der »hohen Tränenbäume« und durch »Felder blühender Wehmut« bis zur Schwelle des Totenreiches:

Stehn am Fuß des Gebirgs.
Und da umarmt sie ihn, weinend.
Einsam steigt er dahin, in die Berge des Urleids.
Und nicht einmal sein Schritt klingt aus dem tonlosen Los.

Sanft und geduldig nimmt Rilke die Qual des geistigen Menschen auf sich; er weiß, daß uns aus Trauer oft seliger Fortschritt entspringt und daß es vor höchstem Gericht nur eine Reue gibt: nicht treuer und würdiger noch die Schmerzen getragen zu haben. So wünscht er sich, vor den Engeln erscheinend,

daß von den klargeschlagenen Hämmern des Herzens
keiner versage an weichen, zweifelnden oder
reißenden Saiten. Daß mich mein strömendes Antlitz
glänzender mache: daß das unscheinbare Weinen
blühe. O wie werdet ihr dann, Nächte, mir lieb sein,
gehärmte. Daß ich euch knieender nicht, untröstliche
                              Schwestern,
hinnahm, nicht in euer gelöstes
Haar mich gelöster ergab. Wir, Vergeuder der Schmerzen.

Milde scheint das Wort von Thomas Mann, daß die Geistigen gezeichnet seien mit dem Mal der Erkenntnis; hier ist einer, dem Schmerz, Qual und Entsagung alles ist, dem *vor* dem Grabe schon der Tod folgt, Schritt für Schritt, wie dem Körper der Schatten.

Der Berner Bund 6, Beilage 46 (1925), 6. Dezember, S. 387 f.; wieder abgedruckt in: Der Ausblick 11 (1946), S. 3-7

[Anmerkungen vom Verfasser; Zusätze in eckigen Klammern von den Herausgebern]

1 Neue Gedichte I, 39; 1907 [WA 2, 506 f.].
2 Die Sonette an Orpheus; Château de Muzot im Februar 1922; gedruckt im Frühjahr 1923. [WA 2, 753].
3 Neue Gedichte I und II; 1907 und 1908.
4 Duineser Elegien, 1923. »Über den Zeitraum eines Dezenniums erstreckt sich die Abfassung der zehn Duineser Elegien. Sie wurden begonnen in dem ›wunderbar tätigen Duineser Winter‹ von 1911/12 und beendet zu Anfang 1922. Der Dichter sagt von ihnen, sie seien der größte Schritt, der ihm bisher vergönnt gewesen ist«. (Aus den Bemerkungen des Verlags zu der Faksimile-Ausgabe der »Fünften Duineser

Elegie« im Inselschiff 1922, IV. Jahrg., 1. Heft [recte: ›Vierte Elegie‹;
vgl. Materialien Band I, S. 275-279].)
5 Vergl. die systematische Würdigung der Rilkeschen Mystik in meiner
Darstellung »Grundzüge der Lebensanschauung R. M. Rilkes«, die
demnächst als Heft 36 von »Sprache und Dichtung« (Paul Haupt, Bern)
erscheinen wird [erschienen: Bern 1925].

Robert Faesi

31. *Rainer Maria Rilkes Duineser Elegien*[1]

Es war mehr denn ein Jahrzehnt, daß der Quell von Rilkes
Dichtung aufgehört hatte zu fließen. Sammelte er sich insge-
heim zu neuem kraftvollem Ausbruch? War er endgültig ver-
siegt? Diese Befürchtung wuchs, bis sich 1923 die »Sonette an
Orpheus« und die noch bedeutsameren zehn »Duineser Elegien« als die organische Fortsetzung seines Gesamtwerkes
offenbarten.

Elegie – der Begriff ist uns Heutigen fast fremd geworden.
Hier ist seine schöpferische Neubelebung. Die Duineser
Gedichte wecken Erinnerungen an die elegische Gesinnung und
Formung deutsch-klassizistischer Höhe. Unter den schmiegsa-
men, weich modulierten Versen Rilkes wird als Fundament, das
ein früheres Jahrhundert legte, die starre gleichmäßige Einheit
des Hexameters kenntlich, dies eigentlich elegische Versmaß
Klopstocks, Goethes, Schillers. Und weil mit seinem Wesen der
antikisierende Sprachbau irgendwo unablöslich verbunden ist,
ist auch davon etwas haften geblieben, deutlich in einzelnen
Wendungen (»Dennoch, weh mir, ansing ich euch . . .«), ge-
fühlsmäßig spürbar, aber unnachweislich im ganzen der Diktion. Die Nähe Hölderlins, des glorreich Wiedererstandenen,
macht sich geltend im getragenen, gehobenen, schwebenden
Ton, die des späten Hölderlin zumal, dessen Sprache sich über
das Ziel der Verständigung und die Konvention des Gebrauchs
immer selbstherrlicher, gewagter, eigener erhob. Greift Rilke
eine Tradition auf? Es läge wenig daran, wenn nicht ihre

Gebärde aus einer neu erlebten inneren Haltung neugeformt würde. Aber der Abstand mehrerer Generationen seelischer Verfeinerung und sprachlicher Durchbildung verleugnet sich in keiner Zeile.

Wenn schon Klopstock und Hölderlin nur scheinbar, nur in der zweiten Schicht ihres Wesens antik waren, jedenfalls unapollinisch, nicht dem Reich des Schönen botmäßig, sondern dem des Erhabenen, von der plastischen, sinnlichen Gegenständlichkeit weg zu übersinnlichen Mächten, Engeln, Gott und Göttern gerichtet, so erst recht Rainer Maria Rilke, für den ja die Dinge nur ein Durchgang sind.

Natur oder Ideal als Verlorene, als Gegenstand der Trauer: so bezeichnet Schiller, der Ästhetiker der Elegie, deren Wesen in der Terminologie seiner Zeit. »Seine Sphäre ist immer das Ideenreich, und ins Unendliche weiß er alles, was er bearbeitet, hinüberzuführen. Man möchte sagen, er ziehe allem, was er behandelt, den Körper aus, um es zu Geist zu machen, so wie andere Dichter alles Geistige mit einem Körper bekleiden. Beinahe jeder Genuß, den seine Dichtungen gewähren, muß durch eine Übung der Denkkraft errungen werden; alle Gefühle, die er, und zwar so innig und mächtig, in uns zu erregen weiß, strömen aus übersinnlichen Quellen hervor. Daher dieser Ernst, diese Kraft, dieser Schwung, diese Tiefe, die alles charakterisieren, was von ihm kommt.« Dessen Poesie Schiller also kennzeichnet, und den er als großen Elegiker aufgefaßt haben will, ist der Dichter des »Messias«; es ist, als hätte er zugleich Rilkes Klagegesänge vorausgenommen, und kaum wäre ihr Grundton besser zu treffen, als mit dem Klopstock verliehenen Prädikat: »hohe, geistreiche Wehmut«.

Unter modernem Gewande birgt sich die sentimentalische Einstellung vieler heutiger Dichter; nicht anders die Rilkes. Damals bannte die Formel retour à la nature den Sehnsuchtsschrei des späten problematischen Menschen nach einer verlorenen Heimat. Was Rousseau pries, wozu Werther sein Herz zog: die landschaftliche Natur und die Tiere, die primitiv patriarchalische Einfalt des Lebens, die unschuldigen Kinder, die innig Liebenden, die bergende Mütterlichkeit – sie alle hat Rilke schon lange besungen. Sie kehren wieder als Themata der Elegien, und die »Dinge« dazu, deren schuldlos-still-selbstverständlichem Dasein sein dichterisches Sinnen nicht müde wird, nachzuhängen. Das Kind hat noch Teil an jener ersten Heimat, das Tier sieht noch »ins Offene«, ihm haftet immer die Erinnerung daran an, die uns erwachsene, reife Menschen in Stunden überwältigt, als *sei* schon einmal, wonach wir drängen, näher, unser gewesen.

O Seligkeit der kleinen Kreatur,
die immer bleibt im Schoße, der sie austrug.

Wie ein Verlust scheint es bei solchem Vergleich, womit wir unsere menschheitliche Entwicklung erkauft haben; den Wurzeln des Daseins, dem Schoße der Welt fragwürdig entfremdet hat uns unsere Erhebung, als wäre sie *Über*hebung.

Aber ist dieser Schoß und Urgrund noch »Natur« im Sinne Rousseaus und Schillers? Ist bei Rilke nicht ein über die Natur Hinausweisendes, eine metaphysische Herkunft gemeint?

Bedeutend genug: es ist nicht Romantik im Sinne des »Retour«, der Umkehr, der Flucht, die in Rilke laut wird. Zwar, wir drängen wieder in jene erste Heimat, aber sie wird uns nicht, indem wir den bestandenen Pfad wieder rückwärts wandern, sondern es heißt die Straße des Schicksals und der Schmerzen willig weiterschreiten, mühsam aufwärts: bis ihre Spirale wieder einbiegen wird in die Bezirke der metaphysischen Welt.

Sie biegt durch das Tor des Todes. Ihm galt von früh das tiefste Sinnen dieses Dichters, galten seine innigsten und heiligsten Worte; Totenfeiern waren seine »Requiems«, in denen sich die Duineser Elegien gleichsam vorbereiten. Seine Ahnung umflattert den Vorhang der Pforte; es ist, als lüftete er sich leicht in gnadenvollen Augenblicken, ja, bisweilen wird einem, als hätte ein Toter diese Gedichte geschrieben. Das Wehende hört er,

die ununterbrochene Nachricht, die aus Stille sich bildet.
Es rauscht jetzt von jenen jungen Toten zu dir.

Ist denn die Trennung so scharf, so wesentlich? Engel, meint er, wüßten oft nicht, ob sie unter Lebenden oder Toten wandeln. Brauchen die Toten uns nicht? Könnten *wir* sein ohne sie? Dienen sie uns, oder sind sie die uns gewährenden Herren? Und unsere Größten: die Helden, die Glück, Dauer, Leben verachten, sind jenen schon wieder nah. Seltsam wirklich: Wirkende sind Rilke die »Toten«. Wenn er diese negative Bezeichnung »tot« wählt für ihren Zustand besseren Seins, erhabenen Gleichmuts, ist es, als wagte er aus demütiger Scheu es nicht, das Unsagbare mit den unserem Erdenleben entnommenen Analogien und Metaphern auszudrücken, als bärgen Worte wie »die Erstandenen, Unsterblichen, Seligen« zu viel Schlacken hiesiger Begriffe.

Und Gott vollends! Im Stundenbuch steilt sich seine Seele oft auf wie ein gotischer Dom zur stürmischen Werbung um ihn, mit hundert Sinnbildern sucht er den Unfaßlichen zu umstellen, einen Zipfel seines Mantels, eine Eigenschaft des Allesseienden, ein Teilchen des Unteilbaren zu erhaschen. Ist ihm jetzt dieses Ringen, Bemühen, Werben zu sehr von irdischem Willen getrübt, zu sehr Affekt, Begehren, Gewalttätigkeit, zu vordringlich? »Glaub' nicht, daß ich werbe«, ruft er dem Engel zu. Und dem Gott Orpheus:

> Gesang, wie du ihn lehrst, ist nicht Begehr,
> nicht Werbung um ein endlich doch Erreichtes.
> Gesang ist Dasein. Für den Gott ein Leichtes.

Es ist Rilkes tiefe Überzeugung, daß keine Gnade ist bei der Heftigkeit des Wollens und Forderns, daß sich der Absicht, oder gar dem Trotz und Ungestüm die ewigen Werte nicht ergeben. Und *wenn* unser Schreien und Werben von den angerufenen Mächten metaphysischer Ordnung erhört würden: ertrügen wir sie? Im Schönen schenken sie sich uns, nach Maßgabe unseres menschlichen Zustandes und Stärkegrades. Das Schöne ist des Erhabenen, Überwältigenden, »des Schrecklichen Anfang, den wir noch gerade ertragen.«

Engel – nennt er solche jenseitigen Gewalten; auch das ist in lang zurückliegenden Gedichten vorbereitet. Dem heutigen Geschlecht [sind] Engel inhaltlose Dekoration, leere Fabelbegriffe geworden, so sehr, daß ein Befremden erst überwunden werden muß, wie sie diesem Dichter volle, höhere Wirklichkeit bedeuten.

Das sehnsüchtige Verlangen seines ausgestreckten Armes wird sogleich zur erschreckten Abwehr vor der Übermacht des Engels. Ist aber *seine* Gegenwart schon über unsere Kraft, wie wagte der Dichter das Letzte, Gewaltigste zu rufen! Und so ertönt die im »Stundenbuch« fast verschwenderisch gebrauchte Silbe »Gott« in den Elegien kein einziges Mal.

In dem Doppelbereich zweier Welten weiß der Dichter den

Menschen beheimatet. Daß die übersinnliche Welt die wahre, wesenhafte sei, darüber waltet ihm kein Zweifel. Ja, der Fleck, der dem flachen Zeitgenossen Inbegriff aller Realität, gesteigerte Dynamik, Zentrum der Lebenskräfte dünkt, ihn hatte schon der Dichter des Stundenbuchs als Irrwahn verflucht, als dreiste Lüge entlarvt: die Großstadt! In der Schlußelegie zeichnet er sie, an manche Maler der jüngsten Generation erinnernd, in fratzenhafter, gespenstiger Verzerrung. Sie prahlt mit dem vergoldeten Lärm ihres bunten Jahrmarkts. Aber dicht hinter den plakatbekleisterten Planken ist's wirklich, da wandeln stille die Liebenden, da spielen unschuldig die Kinder, da treiben die Tiere, und draußen in der Tallandschaft weben und raunen die Toten. Nur, daß wir diese wirklichere Welt zu leicht vergessen, weil sie keine Geltung im täglichen Treiben hat, weil – keine Umschreibung sagt es sinnfälliger als das Wort des Dichters – weil der lachende Nachbar sie uns nicht bestätigt oder beneidet.

Trotz allem drängt der Dichter nicht fort aus der schmerzhaften Umklammerung des »Hiesigen«. Er bleibt der Erde treu. Wahrlich, das ist eine Entscheidung von letzter Tragweite, und, wenn wir den Grad seiner Leidensfähigkeit und seiner Sehnsucht erwägen, von doppeltem Verdienst. Die Erde ist das Gegebene, das uns Aufgegebene. Sie braucht uns, – zu ihrer Verwandlung. In uns erst wird die Außenwelt Erlebnis, Erinnerung, Er-innerung im ursprünglichen Wortsinn.

> Nirgends, Geliebte, wird Welt sein als Innen. Unser
> Leben geht hin mit Verwandlung. Und immer geringer
> schwindet das Außen.

Die Materie ist das Material, das uns formen, geistig zu gestalten, obliegt.

> Erde, ist es nicht dies, was du willst: unsichtbar
> in uns ersteh'n? – Ist es dein Traum nicht
> einmal unsichtbar zu sein? – Erde! unsichtbar!
> Was, wenn nicht Verwandlung, ist dein drängender
> Auftrag?
> Erde, du liebe, ich will.

Wie rührt, wie überzeugt inmitten dieser kunstreich verschlungenen, anspruchsvollen Gedanken- und Satzgebilde dieses schlichteste Wort. Und wie stark und innig tönt dieses: »Namenlos bin ich zu dir entschlossen!«

Elegie: Klage – nicht um einen einzelnen Verlust, Klage um die Unzulänglichkeit alles Irdischen – sind diese zehn Gesänge, so ganz, daß, selbst wo das Wort von diesem Thema abschweift, der verhalten klagende Laut die Verse weithin durchzittert. Eine »zweite Landschaft der Klage« mit Grabstätten, Tränenbäumen und Totenvögeln, Klagefürsten, Sybillen und Warn-Herrn unheimlich bevölkert, wird im Abgesang des Buches in wahrhaft erhabener Würde vor uns aufgetan.

Aber jene schicksalswillige Demut und Frommheit schwingt sich über den dunklen Grundton der Lamentation zur Rühmung auf. »Dennoch preisen«: diese Wendung kehrt auch in den Orpheus-Sonetten dreimal wieder. »Preise dem Engel die Welt« tönt es aus den Elegien.

Nur im Raum der Rühmung darf die Klage gehn; Orpheus selbst ist der Rühmende.

> Nie versagt ihm die Stimme am Staube,
> wenn er das göttliche Beispiel ergreift.

Und so münden beide Gedichtwerke in eine hymnische Überzeugung und in einen sparsam, aber um so kostbarer angeschlagenen hymnischen Klang.

> Nur wer die Leier schon hob
> auch unter Schatten,
> darf das unendliche Lob
> ahnend erstatten.
>
> Nur wer mit Toten vom Mohn
> aß, von dem ihren,
> wird nicht den leisesten Ton
> wieder verlieren.
>
> Mag auch die Spieglung im Teich
> oft uns verschwimmen:
> Wisse das Bild.
>
> Erst in dem Doppelbereich
> werden die Stimmen
> Ewig und mild.

Diesem Doppelbereich verdankt auch Rilke den Wert seiner Dichterstimme. Wäre er dem Diesseits abtrünnig geworden an jenem Kreuzweg, der zur Bejahung oder Verneinung auffordert, wäre er nicht »zur Erde entschlossen«, so hätte er in seiner Qual verstummen müssen, hätte dem Orpheus in sich den Mund verschlossen. Daß die Seele standhielt, war die Vorbedingung für das Weiterbestehen als Dichter.

Zwischen den Hämmern besteht
unser Herz, wie die Zunge
zwischen den Zähnen, die doch
dennoch die preisende bleibt.

Er erkennt als seine Aufgabe: »Hier ist des Säglichen Zeit, hier seine Heimat. Sprich und bekenn.«

Aber freilich, was er zu sagen hat: ist das nicht eben das Unsägliche? der metaphysische Sinn, das Eigentliche, die Seele all der äußeren Bilder und Dinge. Sein Wunsch ist

O zu sagen so, wie die Dinge selber niemals
innig meinten zu sein.

Unter den vielen Dichtern, die sich der Unzulänglichkeit ihres Werkzeugs, der Sprache schmerzlich bewußt sind, steht Rilke voran. Wir fürchteten darum, ob er nicht verzweifelnd und verzichtend verstumme. Er hat sich gesammelt zu einem neuen Vorstoß und die Stapfen seiner Worte in bisher unbetretene Gebiete vorgetragen. Für die Verfeinerung seiner Sinne, die Durchseelung des Geistigen, seine subtilen Regungen und großen Ahnungen, die weiten, schnell und kühn gespannten Bezüge Ausdruck zu schaffen, die zähen Grenzen der Sprache – nicht gewalttätig (wie es die Gefahr der Expressionisten ist), sondern liebevoll auszuweiten, das war ein Werk voller Geduld und Mühe.

Diese beiden bleiben auch dem Leser nicht erspart. Jede neue Sprache muß gelernt werden, und in den Elegien lauschen wir oft angestrengt, als künde uns eine Geisterstimme von ferne Botschaft. Rilkes Schwerverständlichkeit hat nichts zu schaffen mit der Flucht vieler Moderner vor der Banalität des Ausdrucks zum Ungewohnten und Entlegenen, das schließlich doch nur die Banalität des Gehalts maskieren soll; sie ist die unvermeidliche Folge des Wesens dieser Dichtung; man kann sich nur fragen, ob es ihm gelang, seine Intention in jeder Zeile mit der angemessensten sprachlichen Wendung zu erfüllen. Aber seine Duineser Elegien sind wie ein hoher seelischer Gewinn, so ein sprachschöpferischer. Auf kaum einen deutschen Dichter ließe sich Rilkes Vers mit solcher Berechtigung anwenden wie auf ihn selbst: »Worte gehen noch zart am Unsäglichen aus.«

Berliner Tageblatt (1926), 19. Juni; leicht gekürzt wieder in: Neue Zürcher Zeitung (1927), 16. Januar

1 In seinem Buch: Erlebnisse, Ergebnisse (Zürich 1963) schreibt Faesi über seine erste Beschäftigung mit den ›Elegien‹: »Nie sah ich mich vor eine schwierigere kritische Aufgabe gestellt [. . .]. Zufällig trafen mich diese Geschenke [die ›Elegien‹ und die ›Sonette an Orpheus‹] an der Adria, an der ja Duino liegt. Dort vertiefte ich mich in sie. Aber dieser äußersten dichterischen Aussage gerecht zu werden, konnte noch niemandem gelingen« (S. 381 f.). Vgl. auch das Widmungsgedicht für Robert und Jenny Faesi, Materialien Band I, S. 303.

WILHELM SULSER

32. *Rilkes Duineser Elegien*

I

In Jahren dauernden Stillschweigens enthielt Rilke seine schöpferische Kraft Außenstehenden vor und gab sein ungemeines sprachliches, formendes Vermögen an fremdes Dichten hin, um davon zu zeugen. Jetzt hat er die vorgeschobene fremde Welt verlassen, um mit den *Duineser Elegien* wiederum Eigenes zu sagen. Man ahnte, daß in diesen zehn Elegien erfüllt sein sollte, was der Dichter einst in den »Aufzeichnungen des Malte Laurids Brigge« von den wenigen Gedichten, die gelingen und am Ziel sind, gesprochen hatte.[1] Es bedurfte dessen nicht, was sich herumsprach: der Dichter halte die Elegien für den größten Schritt, der ihm bisher gelungen sei.[2]

Wenn wir die Elegien als Höhepunkt hinnehmen, so verlohnt sich, die Linie des dichterischen Ausdrucks in ihrem Anstieg rückblickend zu überschauen. Da sehen wir denn zwei Typen des Ausdrucks nebeneinander hergehen und wechseln; der eine, subjektive, ist unmittelbares Klingenlassen des Seelengrundes; der andere bedeutet eine große Entpersönlichung. Beide durchdringen sich restlos erst in den Elegien. Der Dichter übergeht sein subjektives Leben und wird Künder der Dinge und ihrer Geheimnisse. Die unpersönliche Welt, wie sie mit tausend Gesichtern chaotisch uns entgegentritt, wird in festgefügten Gedichten von sachlich-plastischer Strenge geordnet. Und so wird der in den Dingen träumende Geist offenbar; er wird zum Bewußtsein seiner selbst erweckt. Dieses kosmische Werden geschieht in der Seele des Dichters, vollendet sich in der Form des Dichtwerks.

Denken wir an die Verse des »Stundenbuchs«, den Gehalt des »Requiems« und dann vor allem an die »Aufzeichnungen«, so wird trotz der strengen Maße in Vers und Prosa klar, daß Rilke ebenso ausschließlich, wie er sich an die Dinge hingegeben hat, auch in sich, bei sich selbst verharren kann. Was ihn zu den Dingen hingezogen hat, das ist ihre grenzenlose Einsamkeit, die in der Verlorenheit des Einzelmenschen im All ihr Gegenbeispiel hat. Da sehen wir die Brücke, die Ich und Welt im dichterischen Bewußtsein verbindet.

Über die Dinge, also mittelbar, sucht wohl Rilke als Dichter menschliche Gemeinschaft. Jene Allgemeingültigkeit des Erlebens, wie des Ausdrucks, die einer früheren Lyrik (und vielleicht Kunst überhaupt) und im höchsten Maß dem Volkslied innewohnt, die lebt heute nicht mehr und noch nicht. Rilke ist das Beispiel schroffster Isoliertheit des modernen Künstlers, der nur auf sich allein gestellt in seinem Erleben, von keinem soziologischen Fundament getragen wird. Will er seine Sendung erfüllen, der Welt ihr Bild, dem Ich seine Schau geben, so verhilft dazu allein ein Abrücken von sich selbst in der Strenge der Form und Ausgehen von einem dem Ich entferntesten Gegenstand, um den fremden, ebenso isolierten Leser zum subjektiven Gehalt zu führen, um ihn daran teilhaben zu lassen als an dem köstlichen Geschenk des Künstlers.

Die Einsamkeit des Künstlers, soweit dieser Repräsentant ist, des Einzelnen überhaupt, spricht übermächtig aus den »Aufzeichnungen des Malte Laurids Brigge«.

Aufzeichnungen gewähren dem Subjektivismus freiestes

Schalten; sind sie noch als Roman zu nehmen, so sind sie dessen offenste Form. Die Sprache, an sich etwas Gemeinschaftliches, tritt im Eigensten der Prägung bis an die Grenze möglicher Verständigung. Aber wir erfassen das ausgesprochene Wort auf dem Weg über seinen unerhörten Rhythmus.

Malte sucht sich der Gewalt des Lebens gegenüber zu behaupten. Er sucht dessen Gesetze und vor allem das des eigenen Daseins zu erfassen. Vielleicht, daß er dieses dann meistere. So steigt er die Stufenleiter seiner Jahre in die Kindheit hinab. Mit jener durchdringenden Kraft des Schauens, die er an den Dingen geübt, der sich die Dinge aufgetan, will er nun sich als dem Kinde helfen, sich von der dumpfen, drückenden Not kindlichen Lebens befreien, diese noch immer lastende Lebensangst beschwören als Erwachsener, darüber hinaus Gewachsener, bannen, wie es einst die Mutter für ihn konnte.

Weit mehr indes als mit dem Erkennen vermag er mit dem Mittel der Liebe, die das Leben überwindet, weil sie nicht allein aus dieser Welt ihre Kraft bekommt. Derart ist Malte schließlich gewappnet, nicht zu siegen, aber doch zu überstehen.

Erkenntnis und Liebe haben den Schatz innerer Erfahrung gemehrt. Die ganze Fülle wird in den Duineser Elegien noch einmal geordnet und in die endgültige Form überwiesen, die sie hebt über den bloßen Gebrauch alltäglichen Daseins, aber auch hebt über den Stand bloßen Niedergeschriebenseins.

II

So stehen wir jetzt vor den Elegien. Man erinnert sich, was die besondere lyrische Gattung der Elegie zu bedeuten hat. Sie preist letzte Gedanken, die gleich fernsten Gestirnen am innern Sehkreis noch emporsteigen wollen. Wir vermögen wohl noch, diese Ideen zu schauen, aber sie sind bei uns nicht heimisch. Gewißheit ihrer letzten Höhe, Gefühl der unendlichen Distanz, Wissen um die Spannung von ihrem Bereich zu dem unsrigen, das alles geht ein in Wesen und Gehalt der Elegie.

In der Tat: wie war im »Stundenbuch« Unendlichkeit noch vereinbar mit dem nunc et hic et ubique dieser Welt. Langsam überbrandete ein Unbedingtes die aufgelösten Grenzen des Bedingten, und dieses wurde aus seinem niedern Stande in einen geistigen Adelstand erhöht, stellte sich näher zum unumschränkten Königtum des Absoluten, wollte gar mithelfen an der Aufrichtung der Herrschaft. Wie es der typische Satz abendländischer Mystik besagt: Deus in creatura mirabili modo creatur, se ipsum manifestans . . .

Solch vertraute Beziehung ist in den Duineser Elegien gebrochen. Nicht hier, nicht dort fußt der Mensch, »und die findigen Tiere merken es schon, daß wir nicht sehr verläßlich zu Haus sind in der gedeuteten Welt.«

Das Leben ist von seinem Piedestal gestürzt, ist bedingt und zufällig, gebunden und bruchstückhaft. Es ist nicht das wahre Sein, ist überhaupt nicht Sein, ist bloßes Werden und Vergehn, welches sich als das schaut, was es ist. »Sieh, die Sterbenden, sollten sie nicht vermuten, wie voll Vorwand das alles ist, was wir hier leisten. Alles ist nicht es selbst.« Doch ist dem Vergänglichen eine Ahnung vom Sein eingegeben, eine Richtung dahin gewiesen. Aber wer verwirklicht Sein, und wann, und wo? Das sind in der nackten Dürftigkeit analytischen Denkens die Fragen der Duineser Elegien. Wie ein Basso ostinato begleiten sie den verhaltenen Reichtum der Versmelodik. Die gebändigten Rhythmen und festen Maße schließen ihrer fast mathematischen Strenge zum Trotz den Blick über die scharfe, endliche Umgrenzung hinaus ins Ungemessene, Nichtzumessende, nicht aus. (So ist es in der Musik César Francks.) Themata, beinahe wörtlich in ihren Anklängen, aus den »Aufzeichnungen«, werden wieder aufgenommen, aber neu in ihrem Bezug, gesetzt im Einklang mit dem einen Motiv, das da herrscht.

Nicht Gott mehr, wie im »Stundenbuch« (wie spielerisch mutet manches drin jetzt fast an, am neuen Wissen gemessen), unmittelbar, wird angerufen; aber auch »nicht daß du Gottes erträgst die Stimme, bei weitem. Aber das Wehende höre, die ununterbrochene Nachricht, die aus Stille sich bildet.«

Sinnbild, Träger vollendeten Seins ist der Engel; in Furcht und Zagen stehen wir ihm gegenüber. Der farbige Abglanz, in dem für uns Ewiges sich spiegelt, schwach, unserer Schwäche entsprechend, – »das Schöne ist nichts als des Schrecklichen Anfang, den wir noch grade ertragen, und wir bewundern es so, weil es gelassen verschmäht, uns zu zerstören.«

Auf dem Gegensatz von Engel und Mensch ruht der nachdrückliche Akzent vieler Verse der Elegien. Nur die großen

Liebenden, der Held und die frühe Hinüberbestimmten stehen in der erhabenen Nähe einer Aufhebung dieses Gegensatzes, aber nicht aus Willen, sondern aus Gnade oder Schicksal. In der weitesten Entfernung einer Aufhebung jedoch wird der Gegensatz gleichnishaft in unser Inneres verlegt: »Engel und Puppe ... Dann kommt zusammen, was wir immerfort entzwein, indem wir da sind.«

Verschwindet das Hiesige fast am Gegenüber des »ganz Anderen«, im Ziel Ruhenden, führt dies Messen zur Verneinung in den ersten Elegien, so gibt es in den folgenden Versen Anrufungen des Engels, die erfüllt sind vom Lobpreis der Erde und des Unsrigen. Glück und Werke werden gezeigt, »daß wir solches vermochten, mein Atem reicht für die Rühmung nicht aus. So haben wir dennoch nicht die Räume versäumt, diese gewährenden, diese, *unsere* Räume.«

Diese entschlossene Bejahung umfaßt schließlich das ganze Leben, auch seine Fragwürdigkeit. Zur Verneinung ist diese Haltung nur scheinbar ein Widerspruch. Auch das Bestehende in seiner ganzen Unvollkommenheit ruht irgendwie in Gott.

Vielleicht wird in der Zukunft das volle Dasein verwirklichte Gestalt. Die Frage bleibt offen. Für den Tag und die Stunde geben vielleicht diese Verse eine Antwort: »Jede dumpfe Umkehr der Welt hat solche Enterbte, denen das Frühere nicht und noch nicht das Nächste gehört ... Uns soll dies nicht verwirren; es stärke in uns die Bewahrung der noch erkannten Gestalt.«

Zeichen aber zur Bewahrung der Duineser Elegien als Gestalt, das möchten meine hinweisenden Worte bedeuten. Gerüst sollten sie sein, bloß äußerliches freilich, das uns stützt, die wir den ragenden Bau dieser Verse uns in das innere Leben einbilden wollen. »Denn nirgends wird Welt sein als innen.«

Schweizerische Monatshefte 6 (1926/27), S. 339–342

1 Vgl. WA 11, 723 ff.
2 Siehe oben Nr. 30, Anmerkung 4.

33. *Rainer Maria Rilke*[1]

Rainer Maria Rilke wurde am 4. Dezember 1875 in Prag geboren; er starb in Montreux am 29. Dezember des vergangenen Jahres. Man muß nicht so weit gehen wie Robert Musil in seiner Gedenkrede, in der er den toten Dichter zum besten deutschen Dichter seit dem Mittelalter erklärt [siehe unten Nr. 96]; dieser Enthusiasmus war die Reaktion – und man kann hinzufügen: die berechtigte Reaktion – auf den Ton der Untertreibung in manchen der deutschen Nachrufe. In der Zunft der Literaturkritiker würde man mehrheitlich dem Urteil zustimmen, die Lyrik Europas, die sein Leben reicher gemacht hatte, sei ärmer geworden durch seinen Tod – zu einem Zeitpunkt, an dem er aller Wahrscheinlichkeit nach den Faden seiner dichterischen Einbildungskraft noch nicht so fein gesponnen hatte, wie es ihm möglich gewesen wäre.

Fein war dieser Faden in der Tat geworden, im guten wie im schlechten Sinne des Wortes. Die Persönlichkeit des Dichters hatte sich so verfeinert, daß sie mitunter beinahe zu zart war, um noch verstehbar zu sein. Niemand konnte jedoch daran zweifeln, daß diese Persönlichkeit echt war und daß die Dichtung, die sie hervorbrachte, einer Einheit von Gefühl und Wirklichkeit entstammte – und das von Anfang bis Ende, von jenen Jugendtagen, in denen Rilke über die sanfte, melancholische Landschaft seiner gebirgigen böhmischen Heimat nachsann, bis in die jüngste Vergangenheit, in der er transzendente Schönheit, allgegenwärtige Wahrheit und die äußersten Werte mit den ihm eigenen geistigen und dichterischen Mitteln zu erfassen suchte. Das Fortschreiten von einer einfachen und doch lebhaften und genauen Naturbeobachtung zu dem Versuch, eine extreme immanente Philosophie auszudrücken, das sich verfolgen läßt, wenn wir Rilkes Dichtung in ihrer chronologischen Abfolge prüfen, ist in vielen Punkten mit der Entwicklung von Wordsworth vergleichbar. Und Wordsworth erscheint uns in der Tat am besten geeignet, dem englischen Leser an einem Parallelfall Rilkes Wesen zu verdeutlichen. Allerdings gab es in der Entwicklung des deutschen Dichters viele Erlebnisse, die Wordsworth nie hatte: Rußland, zum Beispiel, die russischen Ebenen und die russische Religion, wie sie sich in Rilkes bekanntester Gedichtsammlung, dem »Stundenbuch«, zeigt; es gab den Einfluß Hölderlins auf sein Spätwerk, wie er sich in dem schmalen Band der »Duineser Elegien« zeigt, die zuerst 1923 veröffentlicht wurden und unseres Wissens seine letzte Dichtung darstellen – abgesehen von seinen Übersetzungen von Werken Paul Valérys ins Deutsche, die noch nicht in Buchform erschienen sind.

Es ist nicht ohne Bedeutung, daß Rilke in seinen letzten Lebensjahren mit einer Kompetenz, die von französischen Kritikern voll anerkannt wurde, die schwer zu fassenden Verse Valérys zu erfassen versuchte und daß es ihm gelang, sie in eine Form einzuschließen, die beinahe so schön gearbeitet war wie das französische Original. Wir erkennen daran, daß Rilke in der dafür geeignetsten Phase seiner dichterischen Entwicklung auf Valéry stieß. Es war keineswegs das erste Mal, daß er sich als Übersetzer versucht hatte. 1908 verfertigte er eine sehr gute deutsche Fassung der »Sonnets from the Portuguese« [›Sonette nach dem Portugiesischen‹], 1911 übersetzte er Maurice de Guérins »Le Centaure« [›Der Kentaur‹]. An dieser Stelle mag auch an die Jahre erinnert werden, die er in Paris als Privatsekretär Auguste Rodins verbrachte, über dessen bildhauerisches Werk er eine subjektive, aber sehr interessante Monographie verfaßte. Schließlich war er ein Freund André Gides und übersetzte dessen »Enfant prodigue« [›Die Rückkehr des verlorenen Sohnes‹]. Kurz vor seinem Tod hatte ihn die *Nouvelle Revue française* »entdeckt«, und noch als er schon gestorben war, wurde der frühe Einwand eines deutschen Autors aufgegriffen, Rilke sei völlig »undeutsch«. Dieses Urteil ist oberflächlich. Sicherlich liegt sein Werk abseits von der Hauptlinie der Dichtung Deutschlands. Schon früh überschattete die Erfahrung des Ostens sein Denken und in dieser Dunkelheit suchte er tastend nach der Wirklichkeit, wie kein Deutscher vor ihm außer Hölderlin. Sein Gefühl für die Schönheit von Wörtern und Bildern, seine Beherrschung der Form – besonders in seinen Oden und Elegien – bewahren ihn davor, nicht mehr auf seine Leser zu wirken. Diese künstlerische Leidenschaft machte seine Gedanken lebendig und klar; auch dort, wo der bloße Inhalt wohl nicht ausgereicht hätte, zwingt sie uns, ihm in die

innersten Bezirke seines Geistes zu folgen. Da wenigstens
herrscht Ruhe und Frieden, nicht durch Vollkommenheit oder
durch Zufriedenheit über das Geleistete, sondern aus der
geduldigen Kontemplation des Mysteriums. Wann, in diesem
Leben oder einem anderen, werden wir uns damit bescheiden
»endlich offen und Empfänger« [›Sonette an Orpheus‹ II, 5] zu
sein? Hier auf Erden wandeln wir als Fremde oder sitzen fast
ängstlich vor dem Vorhang unseres Geistes, wartend, daß er sich
höbe. Wann werden wir uns damit bescheiden, auf die Wirklichkeit zu warten? Einige von uns denken und handeln, als sei die
ganze Wirklichkeit schon erforscht, aber das ist falsch:

Aber noch ist uns das Dasein verzaubert; an hundert
Stellen ist es noch Ursprung. Ein Spielen von reinen
Kräften, die keiner berührt, der nicht kniet und bewundert.
Worte gehen noch zart am Unsäglichen aus . . . .
Und die Musik, immer neu, aus den bebenden Steinen,
baut im unbrauchbaren Raum ihr vergöttlichtes Haus.

[›Sonette an Orpheus‹ II, 10]

So etwa, durch Zusammenfassen und Zitieren besonders der
beiden letzten Werke Rilkes – der »Sonette an Orpheus« (vor
einiger Zeit in dieser Zeitschrift rezensiert [vgl. Times Literary
Supplement (1923), 6. September, S. 586]) und der »Duineser
Elegien«, benannt nach Duino an der Adria, wo sie zwischen
1911 und 1922 geschrieben wurden –, könnte sich vielleicht ein
Eindruck von Rilke vermitteln lassen. Seine ganze Bedeutung
für die deutsche Dichtung – und diese ist es, die Robert Musil,
alle philosophischen Etikettierungen beiseite schiebend, zu
Recht betont – könnte jedoch nur über ausführliche Auszüge
aus seinem Gesamtwerk angemessen gezeigt werden: entzük-
kende frühe Gedichte, erlesen durchformte Sonette, Oden, in
denen sich seine immanente Philosophie ausdrückt, und schließlich die zu Musik verfeinerte Würde und Geistigkeit der Elegien. Diese Gedichte anders als vollständig zu zitieren, hieße
ihnen Gewalt antun; überdies ist hier Dichtung so »verinner-
licht« geworden, daß für eine französische Übersetzung ein Paul
Valéry nötig wäre, für eine englische – ein englischer Rilke.

Englisch in: Times Literary Supplement (1927), 28. Juli, S. 518

1 Rezension zu: Rede zur Rilke-Feier. Von Robert Musil [siehe unten
Nr. 96] und: Duineser Elegien. Von Rainer Maria Rilke.

Heinrich Bachmann

34. Aus: *Neue Lyrik. 2. »Der expressive Mensch«* [1]

Wir haben schon im letzten Überblick über lyrische Neuerscheinungen (»Verse der Lebenden«, Lit. Handw., März d. J.) versucht, den Typus des Lyrikers unserer Zeit an einigen Beispielen festzulegen. Schon dabei ließ sich feststellen, daß er in seiner eigentlichsten Form als Ausdruck des Chaos mit diesem im Schwinden ist. Ein weiterer Beweis ist schon allein der Umstand, daß allmählich an Stelle der programmatischen Theorien aus den Reihen der Expressionisten selbst immer mehr wissenschaftliche Untersuchungen treten, die den *»expressiven Menschen«* bereits als historisches Faktum und aus dem Abstand betrachten können, den strenge Analyse und Synthese voraussetzen. Der Literarhistoriker *F. J. Schneider*-Halle hat in eingehender Untersuchung[2] Material zusammengetragen, um das Wesen des »Expressiven Menschen« (eine Prägung von ihm!) in all seinen Erscheinungsformen festzulegen. Man wird an diesem Buch nicht vorbei können, wenn man unsere Literaturepoche, vor allem aber die von gestern, erfassen will. Schneiders Arbeit will sich mit der gesamten deutschen Lyrik der Gegenwart auseinandersetzen, will Geist und Form moderner Dichtung überhaupt bestimmen und erbringt in trefflicher, tiefschürfender Art den Nachweis, daß Expressionismus eine eindeutig barocke Stilerscheinung ist, tritt aber leider an keiner Stelle über dessen engere Grenzen und Entwicklungen in die Bezirke der nachexpressionistischen Epoche, also der eigentlichen Lyrik unserer Tage vor. Sicher ist das neue Gesicht noch nicht geprägt genug, um es eindeutig zu bestimmen. Aber schon *Soergel* hat in seinem vor zwei Jahren erschienenen Universalwerk[3], das auch die deutsche Literatur der letzten Jahrzehnte »Im Banne des Expressionismus« aufzeigen will, den Ausblick eröffnet in neue Möglichkeiten und neue Fortsetzungen. Wir stehen im Zurückfluten der hochgehenden, barocken Wogen in ein neues, fester geformtes Bett. Und gerade die Dichter, welche tiefer dem Gesetz der Schönheit, dem noch immer und in alle Zukunft zuerst verpflichtenden, anhangen oder neu nachgehen, dem Gesetz, dessen Füllung und Erfüllung es eben nur aus innerster Wahrheit und Wahrhaftigkeit nachzukommen gilt, um auch wesentlich expressiv zu sein, gerade die finden nun auch ihren Weg in neue Bahnen.

Rilke gehört irgendwie zu ihnen. Seine beiden letzten Dichtungen, besonders die »Duineser Elegien« werden sich jetzt erst langsam öffnen und ihren hohen Gehalt in uns ergießen wie etwas, dem die Schalen der Seele längst vom Goldschmied Zeit gehämmert worden sind. Zehn Jahre – und es sind die schicksalsreichsten für das heutige Europa – hat sich dieser Meister einer vollendeten Form aller Dichtung enthalten, um uns aus seiner Einsamkeit und seiner hohen aszetischen Zucht diese so nahen und doch so heiter geklärten und (auch unter dem Aspekt seiner vor dem Kriege sicher schon höchst eigenartig geprägten Persönlichkeit) so neuen Verse zu schenken. Ihn hat das Ereignis nicht aus dem Boden gerissen, in den er langsam gewachsen war. Er weiß, warum er diesen Abstand von allem genommen hat; er weiß genau um die Not, aber auch um die Gefahren des Chaos und der Chaotiker.

Rilke ist eigentlich im Sinne Schneiders mit keinem Vers seiner Dichtung »expressiver Mensch«. Um so eher vermag er uns zu zeigen, wo die Weiterungen dieses Begriffes zu suchen sind, wenn er wirklich die deutsche Lyrik der Gegenwart umspannen soll.

Literarischer Handweiser 64 (1927/28), Sp. 11 f.

1 Sammelrezension; neben den ›Elegien‹ werden besprochen: Oskar Loerke, ›Der längste Tag‹; Heinrich Suso Waldeck, ›Die Antlitzgedichte‹; Ina Seidel, ›Neue Gedichte‹; Ernst Liffauer, ›Die ewigen Pfingsten‹; Anton Wildgans, ›Wiener Gedichte‹; Josef Weinheber, ›Boot in der Bucht‹; Ferdinand Mayer-Eschenbacher, ›Ausgewählte Gedichte‹; Albert Sergel, ›Glockentraum‹; Eduard Reinacher, ›Harschhorn und Flöte‹; Josef Kalmer, ›Europäische Lyrik der Gegenwart 1900 bis 1925 in Nachdichtungen‹; Shelley, ›Dichtungen‹, übertragen von Alfred Wolfenstein.
2 Ferdinand Josef Schneider, Der expressive Mensch und die deutsche Lyrik der Gegenwart. Geist und Form moderner Dichtung (Stuttgart 1927).
3 Albert Soergel, Dichtung und Dichter der Zeit. Eine Schilderung der deutschen Literatur der letzten Jahrzehnte. Neue Folge. Im Banne des Expressionismus (Leipzig 1925).

OTTO HEUSCHELE

35. *Die Duineser Elegien*

> ». . . Aber das Wehen höre,
> die ununterbrochene Nachricht,
> die aus Stille sich bildet.«

Welch ein wunderbares Buch! Sage ich ein Buch, ein unwägbares Geheimnis sollte ich sagen, sollte es eine Gnade nennen, die einem Dichter zuteil wurde, mehr einer Nation, einer Sprache und dazu der unsern. Wir fühlen es, hier ist ein Ende, hier kann das Wort nicht mehr weiter gehen, die Sprache ist auf steilsten Gipfelhöhen angelangt, ein Dichter, ein Begnadeter hat sie hierhergetragen. Er hat alle Hemmnisse niedergerungen, in langem und zähem Kampf mit dem Worte ward ihm dies Buch nach zehn Jahren Ringens. Der Dichter, jener, von dem man weiß, daß er der Mund Gottes ist und der sich bewußt ist seiner Sendung und der Verantwortung, die ihm aufgelegt, wenn er sein Werk zu vollenden sucht; er wird immer wieder an jene Stelle kommen, da er fühlt, wie schwach die Sprache ist, und daß sie nur weniges zu sagen vermag von dem, was ihm zu künden vertraut ist. Die Seele geht ihm über und birgt in sich das große Geheimnis, etwas von dem Unaussprechlichen, das schwebend ist zwischen Himmel und Erde, das die Priesterin in sich saugt aus jenen Dämpfen, die der Erde entsteigen in Delphi, wo sie, auf dem goldenen Dreifuß sitzend, der Erleuchtung wartet. So wartet er. Noch vermag er nicht zu sagen, was ihn erfüllt, was um ihn schwebend ist. Da reißen ihm die Fesseln, er läßt sich tragen von des Genius Flügeln und orphischer Gesang steigt aus ihm, wie aus der Erde zum Himmel, schwebt unbemerkt über der nüchternen Erde. Solches ist des späten Hölderlin Schicksal. Welch ein Schicksal!

> »Dieses heißt Schicksal: gegenüber sein
> Und nichts als das und immer gegenüber«

singt Rilke in diesem Buche hier. Auch ihm wurde dieses Schicksal zuteil und aus ihm entstanden diese zehn Elegien. Ein Buch, unwägbar, schwerelos, ein Buch, das durch und durch

Seele ist, in dem die Sprache letzte Dinge berührt, in reinen Ätherhöhen schwebt und gleicherzeit sich nieder neigt in das tiefste Unterreich, wo die Wurzeln des Ewigen wuchern. Mehr noch: Dieses Durchdringen von Himmel, Erde und Unterreich ist von solch immerwährender Dauer, daß das unlösbare, gnadenhafte Wunder dieser Dichtungen gerade in diesen Verknüpfungen und Beziehungen mit besteht. Hier ist ein Zustand, den kein Sinn mehr erfaßt, der Gnade ist und nur durch Gnade begriffen werden will. Unendliche Liebe ist es auch, die gleich jenem Eros des Plato, hier das Element erfaßt und die Form sich gestaltet. Welche Sinne erspüren diese Welt, welche Seele durchdringt dieses Wunder? Niemals war deutsches Wort seit Novalis' oder Hölderlins Tagen auf solche Höhe letzten Fühlens und Umfassens getragen. Nicht Form ward hier von gierer Hand zerbrochen, nicht Unordnung ward getragen in deutsches Wort, sondern höhere gnadenhafte Ordnung waltet in diesen Versen. Weltreiche sind hier umspannt und die Sätze, die Verse stehen wie schwebende Brücken zwischen den Reichen des Geistes und denen der Natur, zwischen dem Ahnungsvollen und dem Schicksal, zwischen Leben und Tod schwingen sich diese Bögen und auf ihnen geht die Gnade des Genius, über allem waltet die göttliche Liebe, die diesen Dichter erfüllt. Worte sind hier zu Sätzen gefügt, sie stehen vor uns leuchtend und voll Glanz, aber unwiederbringlich und einmalig sind sie und die Sätze wiederum schließen sich aneinander und umfassen die Verse, zerbrechen sie auch, und eines zum andern sich wendend, stehen diese zehn Elegien in diesem Bändchen und in ihnen ist etwas von jenem unendlichen Geheimnis, von jenem Wunder, das wir das Ewige oder das Unendliche, auch das Gnadenhafte, Dichterische nennen. Rainer Maria Rilke ist hier weit hinausgeschritten über die Sphäre, die dem Verstande zu erkennen gegeben ist. Schauen will hier eine Seele, umfassen will hier die Liebe eines Genius. Kraft endloser Liebe knüpft sich hier eines dem andern, aber *Liebe,* hier ist es nicht die des Jünglings, die sehnend sucht, Liebe ist hier die des Mannes, die erfüllt ist vom Schicksal, ohne zu wissen, ohne zu zittern davor und doch in aller Bändigung wieder glühend und leuchtend:

»Erstaunt euch nicht auf attischen Stelen die Vorsicht menschlicher Geste? war nicht Liebe und Abschied

so leicht auf die Schultern gelegt, als wär es aus anderm
Stoffe gemacht als bei uns? Gedenkt auch der Hände,
wie sie drucklos beruhen, obwohl in den Torsen die Kraft
                                                    steht.«

Diese Elegien sind eines *Mannes* Werk, ein Reifer hat sie
geschrieben und ein Wissender, der um die Tiefe und Größe des
Schicksals erfuhr und weiß, wie es uns erfüllt, wie uns begegnet,
in welcher Gestalt es uns naht:

»warum, wenn es angeht, also die Frist des Daseins
hinzubringen, als Lorbeer, ein wenig dunkler als alles
andere Grün, mit kleinen Wellen an jedem
Blattrand (wie eines Windes Lächeln) –: warum denn
Menschliches müssen – und Schicksal vermeidend,
sich sehnen nach Schicksal? . . .«

Wie Musik ist die Klage, hintönend durch diese Elegien, aber sie
ist rein, zart, schön, erfüllt und nicht leer. Ohne Grenzen geht
eines ins andere über in dieser Welt. Die Sphäre, der sie
zugehören, ist eine fremde Welt oder doch eine Welt, die nur an
die irdische grenzt, und eben darin liegt die Kraft, uns in die
Seele zu dringen, denn diese Dichtungen sind ganz aus des
Dichters Welt und es ist darinnen ihre Größe zu sehen. Es
gebührt des Dichters Mund, allezeit das Heilige nur rein zu
künden. So sind diese Gedichte wie ein Ort, da die irdische Welt
und die unsichtbare Sphäre des Geistes schwebend einander
nahe sind; dorthin sehnt sich die Seele, dorthin will sie gelangen
und es ist kein anderer Führer als der Dichter, daß er sie lenke.
Wie hoch-gewölbte Tore aber sind die einzelnen Stücke, wir
durchschreiten sie und halten inne, wir verweilen mit ihnen, wie
wir unter den Wölbungen der Domtore verweilen, die Bilder zu
sehen, die sie zieren. Wandelnd durch die zehnmal geschwunge-
nen Bogen sind wir bereit, das Höchste zu empfangen.

   Durch dieses Buch geht das Leben in vielerlei Gestalt und
Form, aber es ist gekündet in einerlei Sinn in des Dichters
Gesang. Es ist ferne gerückt unserem schnellen Alltag, und
dieser wird an dem Buche vorübergehen, weil unsre Zeit kaum
mehr fähig ist, solch Hohes und solch Reines von ihrem Dichter
zu empfangen. Wenige werden sein, die dieses Buch mit der
Seele lesen und sich ihm hingeben ganz bis es sich auftut, wie

eine Landschaft sich öffnet liebendem Auge von eines Berges Gipfel. Wie viel Trägheit und Lässigkeit muß überwunden werden, um den Dichter zu fassen! Aber dieses Buch ist uns geschenkt und seine Reinheit ist über alle Maßen, gleichviel, ob die Vielen es erkennen oder ob wir nur wenige sind, die einen Kreis schließen um diese Gedichte und denen dieser Kreis ihre eigne Welt bedeutet. Es ist etwas Unaussprechliches in solchem Werke, und wenn man versucht, mit einem Worte leise zögernd seinen Inhalt zu umschreiben, so müßte man sagen, daß mit ihm jene gnadenhafte Grenze gezeichnet ist, da das Irdische dem Unirdischen sich hingibt in einer Liebe, die wie die Liebe des Mannes ist zu der Frau, der gereiften Liebe, die weiß um das Schicksal, die in aller Liebe aufbricht. Nicht der jungen Liebenden Leidenschaft ist es, diese sehnt sich und verlangt nach dem Unendlichen, des Mannes Liebe aber ist verharrendes Schicksal. Solche Liebe zeugte diese Dichtungen und sie ist es, die uns aufhebt in die Sphäre, darin wir nicht wissen, ob Himmel oder Erde, Leben oder Ewig-Leben ist:

> »Engel (sagt man) wüßten oft nicht, ob sie unter
> Lebenden gehn oder Toten. Die ewige Strömung
> reißt durch beide Bereiche aller Alter
> immer mit sich und übertönt sie in beiden.«

Solches Gedichtete ist nur gnadenhaft zu nehmen und entzieht sich den Gesetzen, öffnet sich den geschwisterlich bereiten Seelen. Schwer ist es auch, allen Einwürfen zu begegnen, wo sie ernst sind, kommen sie aus einer anderen Ebene als es die ist, da dieses Buch in zehnjähriger Geduld erwartet wurde. Nun ist es unter uns und seine Stunde ist eine geweihte Stunde, weil es eine seltene Stunde ist, solches zu empfangen. Es werden Jahre vergehen, ehe man sich bis in den Grund der Schöpfung versenkt, aber auch dies ist Gnade, daß es uns gegeben wurde in dieser Stunde. Eine große Verantwortung freilich lädt dies auf uns: dieses unschätzbare Kleinod zu bewahren und den Geschlechtern zu reichen, die kommen, eines dem andern für ewige Zeit.

Diese Zeilen wurden wenige Wochen vor dem Tode Rainer Maria Rilkes geschrieben. Ich habe es nicht vermocht, sie zu ändern, und so stehen sie hier als ein Erinnerungsmal an den großen Meister, den Dichter und adeligen Menschen, der uns jungen Menschen in Leben und Kunst allzeit letzter Trost war.

Erstdruck in: Breslauer Zeitung (1927), Nr. 607; hier nach der marginal veränderten Fassung in: Der Gral (1928/29), S. 402-410; diese wieder in: Rainer Maria Rilke. Stimmen der Freunde (B 282), S. 137-143

III. Die ›Elegien‹ in der Literaturkritik

FRITZ STRICH

36. Aus: *Rainer Maria Rilke*

Während Stefan Georges Gestirn im letzten Jahrzehnt zum Zenithe seiner Laufbahn aufstieg, ist Rilkes Stern im gleichen Zeitraum mehr und mehr verblaßt, so daß er heute in Deutschland fast vergessen ist und seine letzten Werke, die Sonette an Orpheus und die Duineser Elegien überhaupt nicht mehr bekannt geworden und jedenfalls ganz ohne Echo geblieben sind. Die breitere Gestalt Georges hat Rilkes Zartheit beschattet, und ein Chor von werbenden Stimmen übertönte sein leiseres und einsameres Organ. Die Magie eines Machtwillens vermochte den Zauber einer demütigen Liebe zu besiegen.

Zeitschrift für Deutschkunde 40 (1926), S. 309

PAUL ZECH

37. Aus: *Rainer Maria Rilke.*
Ein Querschnitt durch sein Werk

Aber so als könnte man noch an das Wunder einer solchen Vollendung nicht glauben, eine Zufallskurve daraus machen, weil die Zeit in ihrer ganzen Erscheinung zur materiellen Höchstform strebt und gegen die Dichtung sein muß (weil sie von den Geschäften ablenkt und die isolierte Seele anruft) –: bestätigen die im gleichen Jahr [wie die ›Sonette an Orpheus‹] erschienenen »*Duineser Elegien*« die Aufgipfelung des Dichters und erweitern unsere Erkenntnis von der immerwährenden Lebendigkeit seines Werkes. Vielleicht sind sie an Erfahrungen noch reicher als die Sonette. Es ist eine goldgehämmerte

Selbstverständlichkeit in ihren Aussagen, die ohne den Umweg über das Gehirn tief in unser Gefühl einmündet. Auch hier ist das absolut abgerundete Erlebnis Rilkes zur seelischen Weite eines neuen Griechentums emporgeläutert vom Blut des gottgewordenen Ichs. Die Beseelung dieser Wandlung offenbart sich in allen zum Gedicht eingefangenen Geschehnissen. Das Sakrament der Liebe steht in ihrem Mittelpunkt. In ihren Ausstrahlungen auf alle Geschöpfe Gottes vollzieht sich die Geburt des neuen Adams. *Der Mensch der Mitte. Der wesentliche Mensch. Der unvergängliche Mensch.* Das Wesen als Erfüllung dessen, was ein jüngerer Landsmann Rilkes und ein, einer gleichen Vollendung zustrebender, Dichter zu dem Kreuzfahrerruf: »Wir sind« verdichtet hat. Rilke hat sich abermals einer neuen Dichtergeneration als weitüberlegener Geist bewiesen. Er kämpfte seinen Kampf außerhalb der Generationen und ist in dem kleinen Kreis der universalen Geister ein Stern erster Größe geworden. Es ist nach Rilkes eigenen Worten »der größte Schritt, der ihm bisher vergönnt gewesen ist«.[1] Er ist wahrhaftig nicht an einem Tage geschehen. Wir haben die mühseligen Aufstiege hier kennen lernen dürfen und neigen uns in Bewunderung seines dem Werk ganz und gar einverleibten Menschentums: *Ecce poeta!*

Die Horen 2 (1926), S. 138

1 Siehe oben Nr. 30, Anmerkung 4.

PETER GAN

38. Aus: *Rainer Maria Rilke †*

Was ihn aus allen zeitgenössischen Dichtern hervorhebt, ist seine mühsam erkämpfte, beispiellose Fähigkeit, Feinheiten, Besonderheiten, Abschattungen der Empfindungen und Gedanken auszusprechen, die bisher im Ozean der Unsagbarkeiten verloren waren.

Unsichtbares ins Sichtbare zu ziehen: Sichtbares ins Gemeinte,

Empfundene aufzulösen; Gleichnisse zwischen scheinbaren Unvergleichlichkeiten zu wagen; Bilder in Klänge und Klänge in Bilder schemenhaft übergehen zu lassen; Wirkliches und Geträumtes aneinander preiszugeben: – das ist seine Dichter-Magie, deren höchste Vollendung die »Orphischen Sonetten« [sic] und »Duineser Elegien« darstellten.

Hamburger Fremdenblatt (1926), 30. Dezember

KARL VIËTOR

39. Aus: *Rilkes dichterisches Vermächtnis*

Erst 1925 wieder erschienen zwei knappe Bände, Gedichtzyklen, die einen neuen Ton hören ließen: »Duineser Elegien« und »Sonette an Orpheus«. Mit dem Schauer des *Todes* ringt der Dichter, der alte Bund der Seele mit der Welt, dem Leben muß neu erkämpft werden. Der Schleier ist zerrissen, der ihm das Chaos und die Vernichtung verhüllt hatte. Der Strom, der Tod und Leben einst verband, er fließt nicht mehr ungestört. Und Feindschaft trennt die brüderlichen Menschen. Aber, so findet Rilke das alte Allgefühl wieder, doch ist Leben immerwährende Verwandtschaft alles Seienden. Dunkel, schwer, oft stammelnd sprechen diese kunstvollen Verse vom Erlebnis des Todes. Ungeformt fließen die Gedankenmassen im langsamen Strom seiner feierlich redenden Gedichte hinab. Positiver, heller ist die Wendung, die er in den Sonetten vom gleichen Erlebnis her nimmt, und hier ist auch mehr Klarheit der Gestaltung. Diese letzten Dichtungen erinnern an die seherische Haltung *Hölderlins*. Aber ein Versprechen sind sie, mehr als ein in sich Vollendetes. Der Weg läuft hier in einer höheren Lage als früher zum Gipfel, von dem sich das Leben und der Tod voll überschauen ließen. Er führt um den Berg herum, nicht steil hinauf. Dieser neue Anfang steht nun verlassen da.

Der Rilke längst bewunderter Gedichte konnte der jüngsten Generation nicht mehr Lebensdeuter sein. Seine Zartheit, die Ablehnung der Nachtseiten des Lebens, die Scheu vor der *ganzen* Wirklichkeit, das Verharren in aristokratischer Einsamkeit und Schönheit, die aus Virtuosität fast unwahre Form – das alles ist einer den Tat- und Lebenskräften zugewandten, durch den Krieg gewandelten Generation ungemäß geworden. Was bei Rilke über diese Grenzen hinausweist, war schon früh in die expressionistische Lyrik eingegangen: das Sichhingeben, das Sympathiegefühl mit allem Seienden. Aber wer will sagen, was wir nach diesen letzten religiösen Gedichten noch von ihm zu erwarten hatten? Sie waren ein Versprechen, es ist wohl von ihm nicht mehr erfüllt. So hat Rilke sein Werk mit einem Schluß hinterlassen, der kein Abschluß ist, sondern auf einen neuen, höheren Weg weist. Wie es nun vorliegt, ist dies reiche und große Gesamtwerk ein Juwel der Epoche, die der Krieg kulturell, der Expressionismus literarisch beendete. Wenn die Geschichte so urteilen wird, wie wir heute, wird sie Rilke den größten deutschen und einen der größten europäischen Lyriker der neuromantischen Dichtung, überhaupt einen der kunstvollsten Dichter der Deutschen nennen.

Berliner Tagblatt (1927), 3. Januar

Vgl. oben Nr. 28.

Elisabeth Ephrussi

40. Aus: *Die Dichtung Rainer Maria Rilkes*

Der Krieg hat Rilke langes Schweigen auferlegt. Denn noch weniger als die Zeit war der Krieg eines Dichters bedürftig. Er wollte nur Rufer im Streite. Was Rilke uns seither gegeben, die Krone und Vollendung seiner Kunst, erweist zugleich seine Entrücktheit von allen Bestrebungen des Tages und sein tiefes Verbundensein mit allem dauernden Leben. Die »Sonette an Orpheus« und noch mehr die »Duineser Elegien« sind der Allgemeinheit schwer zugänglich. Ihre Sprache ist auf das edelste geläutert, hat alles was an Formen und Ausdrücken trivial und abgegriffen ist, ausgestoßen. Ihre Tiefe und Tragweite kann in diesem Rahmen kaum angedeutet werden. [. . .]

Diese großen, letzten Gesänge Rilkes sind die »Duineser Elegien«. Sie sind, fast dürfte man's sagen, die Frucht der langen, geduldigen Erfahrungen, die der Dichter in jedem Dinge gesammelt hat, an das er sich einmal ganz hingegeben. Nicht die Erfahrungen eines Menschen, der, in sich geschlossen, durch viele Ereignisse gegangen ist – sie hätten vielleicht Lebensweisheit gezeigt, die wir so oft gehört, bewundert und vergessen haben – sondern die Erfahrungen der Dinge gleichsam, alles, was in ihnen, in ihrem langen, stummen Leben, sich ansammelt an Schwere, an Duft, an Farben und Bewegung. Von der Rose bis zu den bescheidensten Geräten, sie alle gaben zuletzt dem Dichter, der sie so bis zur Selbstentäußerung geliebt, die Fülle dessen zurück, was sie selbst an Leben in sich aufgenommen. Und unser unstetes Herz findet in der Teilnahme und Weisheit so vieler vertrauter, geduldiger Gefährten seltsame tiefe Beruhigung und ein Wissen um Weltgesetze, die auch unserem Dasein, vielleicht, Sinn und Ordnung verleihen.

Rilke hat an einer Stelle seines »Malte Laurids Brigge« gesagt, wie ein Gedicht geschrieben werden müßte.[1] [...]

Solche Verse geworden aus lang gesammelten vergessenen und wiedererstandenen Erfahrungen sind die »Duineser Elegien«. Nur so lange hat das Schicksal ihn uns bewahrt, bis er sein eigenes Gesetz erfüllt hatte. Und schweres Gesetz erfüllte noch keiner mit solcher Treue.

Neue Freie Presse, Wien (1927), 31. Januar

1 Vgl. WA 11, 723 ff.: »Ach, aber mit Versen ist so wenig getan ...«.

Max Rychner

40a. Aus: *Anmerkungen zu Rilke*

Rainer Maria Rilke ist tot. Gegen Jahresende 1926 ist er, wenig über fünfzigjährig, zur letzten Reise aufgebrochen, er, der wenig Seßhafte, der immer vor einer Abreise stand im Leben. Die deutsche Literatur unserer Zeit ist um einen großen Lyriker ärmer, und nur das Werk, das uns Rilke geschenkt hat, tröstet für die verlorenen Werke einer Zukunft, Werke, auf die wir bereits voreilig Hoffnungen und Erwartungen gesetzt haben. Dazu bewogen uns noch sehr die letzten beiden Gedichtbände, die *Sonette an Orpheus* und die *Duineser Elegien*, worin sich Rilkes ganze Fülle in dunkler Süße noch einmal an die Sprache verschwendete.

[. . .]

Rilkes Werk hat etwas Fragmentarisches; zugleich vermag es den Eindruck von kugelhafter Geschlossenheit, von innerster Verkettung zu erzielen. Von Geschlossenheit, da sich die Überzeugung des Lesers festigt, daß es dem Dichter bis zu einem erstaunlichen Grad beschieden war, seine Inhalte in Sprachgestalt umzuwandeln. Selbst das Flüchtigste scheint hier Festigkeit und eine Art von Dauer zu erhalten. Fragmentarisch indessen wirken diese Inhalte. Bruchstückhaft sind sie nach der Seite des Geistes. Ihre Vollendung entdeckt sich im Bereich des gestuften und zwischengestuften Gefühls, der Abschattierungen, Nuancen und vielfach im Formalen.

Die innerste geheimste Empfindungszone, von der aus er gleichsam erst zu den anderen Empfindungen vordringt, besteht aus dem Gefühl des Fremdseins, des Unheimischseins hienieden. Von diesem unirdischen inneren Raum aus gelangt er in die weiteren Kreise, zu den subtilsten Verfeinerungen des Lebendigen, wo dieses sich gleichsam an seinen eigenen Grenzen verliert und aufgibt. Der zarte Drang, der die Seele zu Berührungen mit der Welt bewegt, muß gebüßt werden mit Enttäuschung, Schmerz, Angst. Furcht, Grauen, Beklommenheit, Erschrockenheit, Ängste sind in Rilkes Werk als Urmächte des Lebens spürbar gemacht.

[. . .]

Das Ding ist ihm Person und Gegenstand; es ist aber auch Gefühl, Aktion, Wille. Deshalb die Vermischung aller dieser Kategorien in seiner Sprache. Er verdinglicht Geistiges, Gefühlshaftes, Tun, Leiden und vergeistet Dinghaftes, Gegenständliches, weil ihm beides nur augenblickliche Erscheinungsformen des Einen und Selben sind. Er hebt die Eigengesetzlichkeiten der einzelnen Kategorien auf, legt die Schranken zwischen diesen nieder. Das ergibt einen ungemeinen Reichtum an

Beziehungen, Gleichnissen (»es ist wie . . .« kehrt bei Rilke
häufig wieder), Vertauschungen.

Zuerst in: Neue Schweizer Rundschau 20 (1927); hier nach der
erweiterten Fassung in: M. R., Zur europäischen Literatur zwischen zwei Weltkriegen (Zürich: Manesse 1951²), S. 121, 134,
135 f.

Hans-Werner Bertallot

41. Aus: *Rilke in unserer Zeit*

Noch nicht ein Jahrzehnt ist Rainer Maria Rilke tot. Als er
starb, gehörte er zum heiligsten Besitz der Besten von uns
Jungen im Volke. – Und wo ist er heute? Was bedeutet der
Gegenwart sein gläubiges Ringen um den ewigen Wert aller
Dinge, sein unbegrenztes Offensein, seine Empfindsamkeit für
alles Lebendige und Tote in der Welt? Rilke ist verschollen. Es
läßt sich nicht leugnen. – Wie aber war das möglich?
[. . .]
Was wir in innigem Suchen für uns erstrebt und gewonnen
hatten, das verlangte nun nach dem Fruchtbarwerden nach
außen hin. Erlebt hatten wir Natur und Volk als Wesenheit; es
erstand die greifbare Forderung der Gestaltung des Reichs. Aus
dem unbestimmten Fühlen wurde verpflichtender Mythos;
durch uns mußte er in der Wirklichkeit bewahrheitet werden.
Und so wurden wir reif für den neuen Bereich des Politischen.

Hier wuchsen wir über Rilke hinaus. Den Besten von uns war
er Wegweiser gewesen, aber er war nicht der Führer, der
Gefolgschaft gewinnen konnte in unserm neuen geistigen
Raum. Wie hätte er es auch sein können! Sein Reich war die
Ewigkeit, aber nicht das zeitlich Gegenwärtige. Sein Leben war
bestimmt gewesen, verschüttete Formen neu zu finden. Unendlich geduldig und still hatte er ihren oft bedrückenden Ansturm
ertragen, der Feine, Biegsame, »Vornehme«, mit seiner ganzen
Kraft, in der »Nacht aus Übermaß«. Härtere und Herbere
mußten nun seinen Weg fortsetzen. Georges geistige Seherkraft

entdeckten wir nun, die uns zuvor so viel ferner gelegen hatte mit ihrer überpersönlichen Kühle; Hölderlins Gesänge, die »das Vaterland angehen wollen und die Zeit«, taten sich endgültig vor uns auf. Und alle Dichtung, alles Erleben des Einzelnen wurde eingefangen und gebannt von der neuen großen Bewegung, die durch die Gemeinschaft des Volkes ging. Und hier finden wir uns heute: als Gefolgschaft hinter Führern und hinter verpflichtenden Ideen, an denen Rilke keinen Teil mehr hat. Rilke, der uns die Augen öffnete im Zwielicht vor dem erwachenden Tage, der uns half, zur Gegenwart zu reifen: er lebt nicht mehr für uns. Wir kehren bei ihm ein, sind aufs Neue beglückt von der feinen Biegsamkeit seiner Sprache und seines Wesens, – aber im Alltag – und auch in den Feierstunden unserer Zeit – hat er keinen Raum mehr. Er wurde von uns erlebt, geliebt – und überwunden. Er ist uns Geschichte geworden. Das aber ist schon viel und ist Grund zu unerschöpflichem Dank.

Zeitschrift für Deutschkunde 49 (1935), S. 509 und 511 f.

Erwin Damian

42. Aus: *Rainer Maria Rilkes Weg und Werk.*
Zu des Dichters zehntem Todestag am 29. Dezember

Man könnte sich fragen, was er uns heute noch bedeutet; denn das ungemein starke literarische und philologische Interesse darf nicht über die Tatsache täuschen, daß er den breitesten Schichten unseres Volkes ein Unbekannter ist und wohl auch bleiben wird. Gewiß, viele trugen ihn einmal im Herzen, und sei es nur, daß sie als Wandervögel seinen »Cornett« unterm Fahrtenkittel verbargen. Aber er wurde ihnen fremd, und am Ende hatten sie nur noch den Namen auf den Lippen. Zum Verständnis der »Sonette an Orpheus« und der »Duineser Elegien« bedurfte es der strengsten Hingabe und Ausdauer, und wer könnte sich das heute noch außer dem Fachmann leisten? Trotzdem aber wird sein Werk weiterleben und weiterwirken – nicht nur in den Dissertationen und mannigfachen Deutungen, die sich an ihm versuchen. Es wird leben, weil es selbst gelebt wurde – es wird jeder Generation Anderes und Neues sagen und sich in die schöne stolze Reihe unserer klassischen Lyrik einfügen.

[. . .]

Wenn wir die Frage am Anfang dieser Zeilen wiederholen: was bedeutet er uns heute? Dann lautet die Antwort: Erfüllung und Vorbild. Seit Hölderlin hat die deutsche Lyrik eine solche Höhe und Reinheit nirgends erreicht. Vorbild ist er jedem schaffenden Künstler in der Treue zum Werk und im Glauben an seine hohe, säkulare Sendung.

Völkischer Beobachter, München (1936), 29. Dezember

Johannes Klein

43. Aus: *Bruder Rilke.*
Bemerkungen zur Rilke-Renaissance

Die Fülle von Büchern, die in letzter Zeit über Rilke erschienen, ist erstaunlich; man kann von einer Rilke-Renaissance sprechen. Unverkennbar verfällt die geistige Sprache bei uns langsam seinem Einfluß, und es wird nicht lange dauern, bis sich Rilkes Sprachschatz und seine typischen Wendungen, die aus Anschauung und Abgezogenheit so seltsam gemischt sind, überall als selbstverständliches Gut durchgesetzt haben. Dennoch wird sich die gegenwärtige Schätzung nicht halten, weil sie auf die allgemeine kulturelle Haltung nicht ausstrahlt, und so dürfte diese erste Wiederkunft Rilkes zunächst nur dazu dienen, die Deutungsmöglichkeiten seines Werkes unerhört zu bereichern. Solche Auferstehung hat man bei Nietzsche auch erlebt, und nicht nur einmal. Immer ist ihr eine lange Stille gefolgt. Und so wird auch der Rilke-Renaissance eine lange Stille, ja eine Erschütterung seiner jetzigen Geltung folgen.

Denn noch versagt sich Rilke dem jungen Menschen; er findet bei Rilke keine Führung, auch nicht die Liebe, die er sucht. Noch liegen für die übliche Perspektive das Weichste und das Härteste bei ihm zu nahe beieinander: der frühe Rilke mit seinen liebenswerten, einfühlsamen – und der späte mit seinen furchtbar einsamen und abweisenden Erkenntnissen.

[. . .]

Er gibt sich dauernd nur mit solchen ab, die sich selbst gefunden haben. Er selber ist nämlich ein nie ermüdender Sucher gewesen, und ihnen hat er Auflockerndes, Weitertreibendes zu geben. Aber die unfest in sich selber sind, werden durch Rilke gefährdet; nur ein starkes Herz erträgt den »Malte Laurids Brigge« oder die »Duineser Elegien«. Er hat noch einmal die urtümlichsten Möglichkeiten des Suchens und Glaubenlernens, des Glaubenmüssens an Sinn vorgelebt und vorgedichtet. Eine Lebensform aber hat er nicht gegeben.

[. . .]

Rilkes Wirkung ist in dieser Hinsicht sehr nahe mit der Nietzsches verwandt. Er wühlt alle Lebenstiefen und Fraglichkeiten auf, aus denen sich der wahrhaftige Mensch erhebt. Er ist ebensowenig wie Nietzsche ein gesetzgebender Gestalter, sondern er ist ein Erschütterer, ein Reiniger, er schafft neue Voraussetzungen, aber keine neuen Satzungen. Er deutet an, er deutet voraus. Neue Lebensoffenbarungen müssen hinzuwachsen, um die Vielseitigkeit des aufgewühlten und erneuerten Gefühls zu begreifen. Und so gilt es heute nicht, mit Rilke zu *leben,* sondern mit seiner Hilfe *tiefer* zu leben. Man darf in Rilke keinen Führer erwarten, aber im tiefsten Sinn einen Bruder.

Kölnische Zeitung (1937), 11. Juli

DER SA-MANN

44. Aus: *Rilke, wie er wirklich war*[1]

Den Bestrebungen gewisser literarischer Kreise, den Dichter René (Rainer) *Maria Rilke* als einen positiven Vertreter neuer deutscher Dichtung herauszustellen, muß mit aller Entschiedenheit entgegengehalten werden, daß Rilke als typischer Repräsentant der liberalistischen, rassischen und künstlerischen Dekadenz zu werten ist. Das ergibt sich aus seinem Leben, seinem Werk und seinem Verhältnis zum Judentum.

110

[. . .]

Hatte sich Rilke während des Krieges in *Süddeutschland* aufgehalten, so fühlte er sich nach Niederwerfung der Räteherrschaft in *München* im Mai 1919 genötigt, als Emigrant in die Schweiz zu gehen. Sein Freund Wilhelm Hausenstein bezeichnet die Befreiung Münchens von der Rätediktatur »als grauenhaften Einbruch eines weißen Terrors«, der den »Dichter vernichtet« (Rainer Maria Rilke. Stimmen der Freunde. Urban-Verlag, Freiburg i. Br. 1931, S. 90). Im Chateau de Muzot (Französische Schweiz) verbrachte Rilke den Rest seines Lebens. »In der Klausur seines Einsiedlertums, wohin er sich nach vielfachem Schweifen aus Gründen der Gesundheit und aus Liebe zur Meditation (›Er hat, soviel steht fest, einen Marienkult gepflegt, der an die unbedingten Hingebungen mittelalterlicher Mönche erinnert‹ – Paul Zech: Rainer Maria Rilke, Dresden 1930, S. 29) eingeschlossen hatte, war Rilke zum Bürger des intellektuellen Europas geworden.« (Paul Valéry in »Stimmen der Freunde«, S. 175.)

[. . .]

Die nationalsozialistische Jugend aber und mit ihr das neue Deutschland lehnen Kulturangst, mittelalterliche Weltentsagung, internationalen Pazifismus und damit unschöpferische kraftlose Ästhetennaturen, dekadente Verskünstler, weltfremde Stimmungsmacher, rassisch minderwertige Typen und deutschfeindliche Pazifisten und Judenfreunde wie Rainer Maria Rilke ab.

Ausgabe Kurpfalz 12 (1939), 13. Januar, S. 7

1 Vgl. dazu den mit F. F. gezeichneten Aufsatz »Rilke in Braun« in der Exil-Zeitschrift Internationale Literatur 9 (1939), S. 148 f.

Hans Jürgen Baden

45. Aus: *Rilke heute*

Eine letzte schwierige Frage: wie steht es mit Rilkes völkischer Einordnung? Wenn Valéry in seinem Nachruf über ihn schreibt, er sei »allmählich unmerklich zum Bürger des intellektuellen

Europa« geworden; wenn Rilke anläßlich seines Todes vom jungen Frankreich literarisch gefeiert wird; wenn man überhaupt, in den zwanziger Jahren, seine wachsende Popularität und Inanspruchnahme in Frankreich erwägt; wenn man hinzunimmt, daß er zwei Bändchen französische Lyrik schrieb (»Vergers« und »Les Roses«), die ihn in den Augen mancher Franzosen zum französischen Dichter machen; – wenn man dies und manches andere erinnert, so muß man gestehen, daß es schwer ist, Rilke völkisch gerecht zu werden.

Zweifellos war er eine unpolitische Natur. So erklärt sich zum Beispiel seine Indifferenz gegenüber dem großen Krieg; der Krieg berührt ihn nur so weit, als er eine immense Erschütterung seiner Einsamkeit und dichterischen Produktion darstellt. Rilkes weitgehende Hingabe an das Französische, die Tatsache, daß er Jahre hindurch nur in Paris zu arbeiten vermochte, ist immer wieder mit Verwunderung notiert worden. Auch hier offenbart sich wieder die Grenze der romantischen Erscheinung, welche der Einfühlung in fremdes Seelentum, fremde Landschaft und Atmosphäre in einem Maße fähig ist, daß darüber die Wurzeln des eigenen Ursprungs in Vergessenheit geraten. Die weitgehende Akklimatisierung an den romanischen Geist, wie sie bei Rilke vorliegt, ist selbstverständlich von der anderen Seite erkannt worden, sein steigender Einfluß wird kritisch oder politisch begründet. Hier zeigt sich also die politische Seite des Phänomens Rilke; Rilkes Haltung hat politische Nachwirkungen gehabt, ohne daß diese beabsichtigt waren.

[...]

Wirkt Rilke so im Grunde staatenlos, von der Unruhe des Geistes ewig hin- und hergetrieben, so scheint doch seine völkische Bindung durch eines mit aller Gültigkeit legitimiert: durch sein Werk, und durch *die Leistung in deutscher Sprache,* welche dies Werk enthält. Rilke hat der deutschen Sprache neue Sphären erschlossen, er hat letzte seelische Verästelungen erst sagbar gemacht. Welch ein Instrument wird unter den Händen dieses Spielers die Sprache; was entlockt er ihr nicht an Geheimnis, an neuen Tönen! Unendlich vieles scheint zum erstenmal erkannt, mit aller Präzision durchdacht und zur bleibenden Aussage erhoben. Rilke ist ein Liebhaber der deutschen Sprache gewesen, wie er uns selten geschenkt wurde, und wenn die Sprachfreudigkeit auch zuweilen selbstzweckdienlich wird, wenn Gedichte nur geschrieben sind um ihrer hinströmenden Musikalität willen, – diese Sünden sind unbedeutend im Blick auf das Ganze des späteren Werks. [. . .]

So rundet sich das Bild Rilkes, fragmentarisch wie alle Bilder, die wir nachträglich entwerfen. Weil er schon tief ins Gewesene entrückt ist, tiefer als andere Tote jener Zeit, darum vermögen wir klarer das Bleibende vom rein Privaten zu sondern. Und doch ist diese Persönlichkeit mit ihren Grenzen und Zufälligkeiten zum Träger eines Werkes geworden, von dem uns bestimmte Partien immer bewegen werden; Rilke hat Verse geschrieben, von denen wir in echt menschlicher Übertreibung sagen dürfen: daß sie in deutscher Sprache ewig leben werden.

Monatsschrift für das deutsche Geistesleben 41 (1939), S. 305 f.

WOLFGANG MÜLLER

46. Aus: *Um die Geltung Rilkes*

Der Name Rilke bildet schon seit einiger Zeit Parteien. Einesteils erweckt er immer wieder die alten Vorurteile und wird mit weichlich, ja weibisch und nicht mehr zeitgemäß abgetan, auf der anderen Seite sammelt sich um ihn eine Gemeinde der Stillen im Lande, die ihn verehrt, liebt oder tiefsinnig interpretiert. Man könnte vermuten, daß die Wahrheit, wie so oft, in der Mitte zu finden ist, aber diese Bequemlichkeit erscheint in seinem Falle doch als billiger Kompromiß. Ganz im Gegenteil möchten wir behaupten, daß sich heute, beinahe fünfzehn Jahre nach dem Tod des Dichters, mit einiger Genauigkeit sagen läßt, was er uns heute noch bedeuten soll und kann. Die Kriterien, die wir dabei anlegen, werden jedem Rilke-Leser und -Kenner plausibel erscheinen, es sei denn, er gehöre zu jenen Verlorenen, die Dichtung und Kunst immer wieder mißbrauchen, indem sie sich von ihr leben lassen, statt selbst zu leben, Verehrer, die wohl Rilke selbst eindringlich zurückgewiesen hätte.

[...]

Die historische Zeit Rilkes ist nicht mehr die unsrige. Wir wissen, woher er kam. Aus dem Ende einer Epoche, aus einer Verfeinerung, die uns Schwäche dünkt, aus einer Kunst, die das Seltene, Seltsame, den einzelnen aufsuchen mußte, um gestalten zu können, scheinbar neu, noch nie gehört, in Wirklichkeit nur interessant und wie alles Interessante mit dem Tage geboren und mit dem Tag vergehend. Die »Frühen Gedichte«, Form- und Sprachversuche, die nur den beschäftigen können, der sich um die Genesis Rilkes kümmert, gehören hierher, vieles aus dem »Buch der Bilder« und den »Neuen Gedichten« fällt darunter, aber genau so deutlich ist zum mindesten in den letzten beiden Gedichtbänden jene Linie, die uns allein verpflichtet, heute noch von Rilke zu reden.

[...]

Diesem wesentlichen Rilke nahezukommen, ist nicht leicht. Man hat ihm auch das verübelt, sogar mit einem Gran von Recht. »Kunst hat verständlich zu sein«, hinter dieser Parole kann sich Banausentum verstecken, denn schließlich hören wir ja alle eine Sinfonie von Beethoven, sehen ja alle ein Bild von Dürer und Holbein, lesen ein Gedicht von Goethe, und weil es uns in seinem äußeren Gewand nicht mehr befremdet, meinen wir es auch zu verstehen – und verstehen oft doch nicht. Trotzdem wird das Einfache und Tiefe bleiben, wobei Einfachheit und Tiefe nicht gleichbedeutend sind, weil das Flache und das Primitive ihnen zum Verwechseln ähnlich sehen können, und ein Gedicht, dessen Wortsinn schon schwer zu erfassen ist, braucht darum kein besonders tiefes zu sein. Man kann diese Schwerverständlichkeit den beiden letzten Gedichtbänden Rilkes nicht absprechen. Und so dankbar dafür Interpreten sein mögen, die im Dunkeln besser ihr eigenes Licht leuchten lassen können als im klaren. Gedichte, die nur mit einer Interpretation eine Bedeutung haben, kranken in ihrem Wesen. Aber die Mühe, die es kostet, einzudringen, berechtigt nicht zu diesem Urteil. Nicht alles kann in der Kunst leicht sein, eben weil die Kunst mehr als Spiel ist. Trotzdem sind die Schwierigkeiten hier keine Notwendigkeiten, sondern Anzeichen dafür, daß hier etwas gesagt werden will, was keinen Raum in der Sprache findet. Keinen Raum findet – wo doch auch das tiefste Goethe-Gedicht einen vollkommen natürlichen Raum in der Sprache findet –, weil hier etwas ausgedrückt werden will, was die Sprache nicht sagen kann. Ihre Kunst muß hier alles schaffen, was sonst vom Leben eines Volkes geschaffen wird, alles Allgemeine muß sie nennen, das sie sonst nur zu feiern braucht, das da ist ohne ihr Bemühen. Keine künftige Kunst soll und wird das mehr zu leisten brauchen. Aber innerhalb dieses Mangels, der ja keine Schuld Rilkes ist, sondern ein von ihm sehr schmerzlich gewußter Tribut an seine Zeit, steckt doch, verborgen und offener, das erste Wissen von jener anderen Existenz, die heute immer mehr zu einem tragenden Allgemeingefühl wird. Der Engel der Elegien, der nichts mit dem christlichen Engel zu tun hat, ist geradezu das Zeichen dieses neuen Lebens, dieses Lebens jetzt und hier, auf dieser Erde, einmal, nur einmal, aber von einer Innigkeit, Glut und Bedeutung, die alles weltflüchtige Leben übertreffen. Wenn ein junger Dramatiker, Curt Langenbeck, in einem programmatischen Aufsatz über die Tragödie in unserer Zeit von ihrem Dichter fordert, daß er sich aller Wünsche auf ein Leben, das nicht jetzt und hier seine einzige Existenz hat, entschlage, – wo steht schon mehr von diesem Gefühl, das mehr ist als ein Wissen, als gerade bei diesem späten und letzten Rilke? Was wird in den Raum dieser Dichtung alles einbezogen! Nicht nur das menschliche Leben und die Dinge der Natur, Antennen, Flugmaschinen, die äußeren Formen unseres Lebens, die hier nicht von außen zu der Dichtung hinzutreten, sondern die den gleichen Schwingungen entwachsen, die er überall fühlt, wie sonst keiner fühlte. Ja, es gibt Gedichte, wie jenes auf den Helden, das in den »Späten Gedichten« zu finden ist, die das Wesen dessen vorausnehmen, was wir heute sehen dürfen. Dort wird vom Helden gesagt, daß er »ungehässig zürnt« [WA 3, 213]. Wo ist genauer die Art des großen politischen Führers umschrieben, dessen Wirken wir heute erleben?

Das bringt uns auf das, was uns am wichtigsten erscheint in der reifen und gültigen Leistung Rilkes. Er hatte nie einen Begriff der Freiheit und hatte ihn im Verlauf seines Lebens immer weniger, die an die Willkür grenzt und oft in sie übertritt, um dann in ihrem Namen alles Unheil zu entfesseln. Er verehrte nicht diese Freiheit, in keinem Sinn, er sprach von Art und wußte darum, daß die höchsten Erscheinungen des menschlichen Lebens geboren werden und da sind, wachstümlich, im

Ursprung vorausgestaltet. Er wußte, was Hölderlin wußte: »Denn wie du anfingst, wirst du bleiben, so viel auch wirket die Not und die Zucht; das meiste nämlich vermag die Geburt.« (Der Rhein.) Was er Art nennt, ist ein Geistiges und Sinnliches in einem, das keine Trennung und keinen Vorrang des einen vor dem anderen kennt. Es kann kein Zweifel sein, daß wir von der Welt der Freiheit in die Welt der Art hinüberstreben. Im Geistigen wird das ganz allgemein Verfestigung, Bindung, Form in einem höheren Sinn heißen, als es eine »formale« Kunst wahrhaben konnte. Ihr war die Form letzte Rettung, das Einzige, was nach einem Inhalt, der der Bedeutungs- und Beziehungslosigkeit verfallen war, noch übrigblieb. Wo die Freiheit schrankenlos herrscht, zerbröckeln alle Werte. Hoch und tief, groß und niedrig, mutig und feige, sind nicht mehr Eigenschaften mit ganz deutlichen Werten, sondern Ansichten, die wechseln, wie der Standpunkt wechselt. Rilkes Art ist durch die äußerste Gefährdung hindurchgegangen. Erst nach ihr, nach dem »Malte Laurids Brigge«, konnte aus ihr eine Rangordnung aufsteigen, die unserer verwandt ist.

Zwar weiß sich Rilke noch beinahe zu denen gehörig, die »enterbt« sind, weil sie in einer »dumpfen Umkehr der Zeit« weder ganz zu den Früheren, noch zu den Zukünftigen gehören (7. Elegie), aber wie seltsam stehen solche Worte, die 1922 gesprochen wurden in einer Zeit, die sehr bald wieder glaubte, im Weltkrieg nur eine rasch zu vergessende Unterbrechung des gewohnten Lebens sehen zu können! Man soll in Rilke nicht hineindeuten, was nicht in ihm steht. Auch diese Zeilen versuchen nicht, ihn zu einem Vorboten unserer Tage zu machen. Wie tief muß aber die Wandlung unserer Epoche sein, wenn sie einen der suchendsten Geister erfaßt hat, der, so fern er dem Politischen stand, doch den unterirdischen Stromlauf verspürte, der allein der Kunst noch Nahrung zuführen kann. So soll man Rilke gelten lassen und ihn nicht in jedem Wort gültig nehmen. Seiner Existenz ist nicht nachzuleben, er selbst hätte das am wenigsten gewollt, aber das Reich, das immer sichtbarere Gestalt annimmt, wird groß genug sein, um auch seine geheimen Verkünder nicht von der Schwelle zu weisen, gerade weil es an einer welthistorischen Stunde teilnimmt, die den ganzen Menschen ergreift.

Das Reich (1940) H. 14, S. 17 f.

Arno Mulot

47. Aus: *Die deutsche Dichtung unserer Zeit. Teil III: Welt- und Gottschau in der deutschen Dichtung unserer Zeit*

Will man Rilke also gerecht werden, so darf man ihn nicht die peinliche Gefolgschaft schmächtiger Ästheten entgelten lassen, denn der Dichter hat in seinen letzten Werken über die Klangspiele der frühen Zeit hinaus Wege beschritten, die – so fern ihr Ziel dem unsrigen liegt – über Abgründe führten, die jeden Schwächling taumeln machen. Wir werden auch des Dichters bleibende Leistung für die deutsche Sprache nicht übersehen, »die er auf eine unerhört neue Weise durchseelt und durchgeistigt hat. Es ist schlechthin einmalig in der deutschen Dichtung, wie in den Duineser Elegien kurze Wendungen und Bilder die Wirklichkeit umfassen und bis auf die letzten Zusammenhänge und Bedeutungen durchdringen und uns vertrauteste Dinge als ein ganz Neues zu Besitz geben«[1]. Wir erkennen vielmehr in Rilke einen Dichter, den die zu Ende gehende individualistische Epoche in eine tragische Situation geworfen hat. Er wollte seine Zeit mit den Mitteln seiner Zeit überwinden: er wollte durch Verabsolutierung der Bindungslosigkeit zu neuen Bindungen kommen; er suchte das spontane, totale Leben mit den Mitteln eines rezeptiven, an der Menschenmitte vorbeilebenden Daseins zu gestalten; er wollte den individualistischen und egoistischen Menschen wieder an ein größeres Ganzes anschließen und hat ihn in den Allbezügen des Kosmos der Wirklichkeit menschlicher Gemeinschaft völlig entfremdet; er hat das Nichts des vereinsamten Menschen so tief durchkostet, daß es auf der Seite des Engels als oberster Wert erschien; er hat das gespenstige, unbewältigte Hiersein des Menschen in das gespensterhafte, nie zu bewältigende Dortsein des Engels umgesetzt. Seine absolute Kunst wiederholte das l'art pour l'art auf kosmischer Ebene; sie hielt Rilke in der Balance und bewahrte ihn vor dem Sturz in die Tiefe; dachte er der Hilfe, die sie ihm zur steten Schwebe gab, jubelte er im orphischen Lied, dachte er der Abgründe, über denen er schwebte, klagte er im elegischen Gesang. Das neue Land zu betreten war ihm nicht vergönnt. Dieses Land stieg aus dem Feuer und dem Volksschicksal des Weltkrieges empor. »Mein Schicksal ist, kein Schicksal zu haben«, klagte Rilke damals in bitterer Selbsteinsicht[2]. Damit ist ein letztes Maß gesetzt: Soweit wir teilhaben an dem gewaltigen Volksschicksal seit Ausbruch des Weltkrieges, soweit sind wir von dem Weltbild Rilkes entfernt.

(Stuttgart: Metzler 1942), S. 91 f.

1 Heinrich Cämmerer, R. M. Rilkes Duineser Elegien. Deutung der Dichtung (Stuttgart 1937), S. V.
2 Katharina Kippenberg, Rainer Maria Rilke. Ein Beitrag (Wiesbaden, 1935), S. 149.

Ernst Wolgast[1]

48. Aus: *Seemacht in der Stufenfolge der deutschen Kriegsaufgaben*

Gewiß geht der Wunsch des Lesers in diesem Augenblick sicherlich dahin, daß ich ihm Zeugnisse des neuen deutschen Idealismus vorlege als Beweis dafür, daß wir unsere geistig-moralische Kriegsaufgabe lösen werden. Der mir gegebene Platz läßt nur eine kurze Andeutung zu. Darauf vor allem verweise ich, daß unter entscheidendem deutschen Anteil die Philosophie als Weltansichtsforschung in einen Wandel hineingeht, wie sie ihn seit *Aristoteles* schwerlich weder in seiner Größe noch in der Intensität erlebt hat, mit der die Beteiligten davon ergriffen sind. In der gesamten Philosophiegeschichte nämlich ist der Mensch als ein gewissermaßen eindeutiges Wesen betrachtet worden, der so und so mit Denken, Fühlen und Wollen ausgestattet sei. Jetzt, und wohl seit etwa 1920 mit Macht, kommt ein neues Verständnis des Menschen auf, welches sieht, daß der lebende Mensch aus mehreren Schichten besteht. Vielleicht zeichne ich die neue Lehre von der Mehrschichtigkeit des Menschen am besten mit einigem Hinblick auf ihren Wert für das Verständnis des Historisch-Politischen. Da wird sich sagen lassen: Der Mensch, das Subjekt und Objekt aller Politik, erscheint der Gegenwart anders als der Vergangenheit. Weder ist er das abstrakte Individuum, das angeblich mathematischen Weltgesetzen unweigerlich folgen muß, noch ist er bloß aus der Welt des objektiven Geistes *Hegels* und aus der Beschäftigung mit den reinen Ideen faßbar. Von der neuen Lehre über die Mehrschichtigkeit des Menschen her werden sich neue und bessere Einsichten erschließen, die dem Menschen in dem Zusammenspiel von naturhafter Gegebenheit (»Gesetz« im Sinne der Naturwissenschaft) und sittlicher Freiheit (»Gesetz« des sittlichen Handelns) zeigen. Die neue Sicht hat gerade die mittlere, biologisch-emotionale Schicht des Personseins als das bedeutsame Mittelstück sichtbar werden lassen (»Gesetze« im Sinne der Biologie und biologisch orientierter Psychologie). Soweit die Geschichte vom Vitalwesen »Mensch« getragen wird, nicht von seiner stellungnehmenden Entscheidung und Tat, wiederholen sich gewisse Züge. Sie betreffen alles das, was grundgelegt ist in den tieferen Schichten, angefangen von der Geopsyche bis hin zu der emotionalen »Es«-Schicht der Person (»es drängt mich«), deren gefühlsmäßigen Wertungen und leidenschaftlichen Ergriffenheit. Stark wirkt sich dies bekanntlich in der Geschichte aus. Denn das Biologische ist nicht nur tragender Grund des Geistigen, sondern auch dessen Grenze. Damit gelangt der Mensch in die Lage, »Gesetze« der auswärtigen Politik, der Land- und Seestrategie usw. anzuerkennen und reinlich zu erkennen. Hier handelt es sich um Dinge, die dem Menschen vorgegeben sind und die seiner Entscheidung nicht unterliegen, z. B. die aus der geopolitischen Lage einer Mittelmacht, wie Deutschland, oder aus der seestrategischen Position einer Randring- und -seemacht, wie England, sich ergebenden »Gesetze«. Das gesamte Theorem des Hebelkrieges der Seemächte gegen uns erfährt von hier aus seine Begründung. Die Geschichte als Ganzes wiederholt sich nie, da in ihr außer etwa dem Zufall die menschlichen Entscheidungen enthalten sind. Diese fällt der Mensch aus der Begegnung mit dem Geistigen. In diesem Punkte der verantwortlichen und entscheidenden Aneignung der Welt erreicht der Mensch seine tiefste Freiheit dort, wo er aus der unfehlbaren Sicherheit der Natur und ihrer Gesetzmäßigkeit heraustritt, in immer neuen Vorstößen das

Seiende anders bewertet und dadurch ein anderer wird. Erst hier, in der Heraushebung einer jeweils besonderen, führenden Wertschicht, in der Begegnung mit einer ihm aufleuchtenden Sinngestalt, für die er sich einsetzt mit seiner gesamten biologisch-physischen Existenz, wird der Mensch wahrhaft individuell und »Mensch« und sein Tun einzigartig: »Ich werde, wie ich werte.« Alle Geschichtsformung ist daher einmaliges, in der geistigen Situation nie so wiederkehrendes Wagnis des zu neuen Werten vorstoßenden Menschen.

Auf diese Weise glaube ich, die neue Schau des Menschen und der Geschichte umreißen zu können. Für weiteres darf ich den Leser verweisen auf den Sammelband des »Kriegseinsatzes der deutschen Geisteswissenschaft« (1942), herausgegeben von *N. Hartmann,* der soeben erschienen ist. Sie werden fühlen, daß die neue Schau den Menschen mit einem eignen Elan erfüllt, mit einem Elan, wie er jetzt in der himmelanstrebenden Opferbereitschaft und in der soldatischen Haltung unseres Volkes Ausdruck findet. Die neue Lehre ist gelebtes Leben. Den einen oder den anderen wird es interessieren, daß vor der Wissenschaft auf seine Weise bereits ein Künstler die neuen Gesichter entworfen hat: *Rainer Maria Rilke* in seinen »Duineser Elegien«.

Marinerundschau. Monatsschrift für Seewesen 48 (1943), S. 769-782

1 Der Verfasser ist Professor für Kirchen- und Völkerrecht. Gottfried Benn schreibt zu diesem Aufsatz: »die Duineser Elegien kann man bestimmt von vielen Seiten betrachten, so vielfältig sind sie, aber sie in irgendeinem auch noch so versteckten Sinne militärisch zu deuten, rückt sie in eine schiefe Beleuchtung. Der Bezug auf Rilke ist also eine reine Bauernfängerei für die, wie der Professor mit Recht annimmt, allmählich schwachsinnig gewordene deutsche Intelligenz« (›Doppelleben‹ [1943/44], in: G. B., Gesammelte Werke, hg. von Dieter Wellershoff. Bd. 8: Autobiographische Schriften (München 1975), S. 1989).

Franz Blei

49. Aus: *Marginalien zur Literatur: Rainer Maria Rilke*

Es ist des Dichters der »*Duineser Elegien*« eigener Wunsch, daß
man ihn hier über das Wort hinaus nehme und vernehme und
sich nicht mit der sich selber genügenden Schönheit der Verse
zufrieden gebe. Sie wollen frohe Botschaft sein. Nach Jahrzehnten dichterischen Tuns ist es verständlich, daß dem heutigen
Dichter das Dasein des Dichters (und mit ihm des Menschen
schlechthin) in dieser heutigen Welt zum Problem wird. Und gar
einem, den es wie *Rilke* immer beunruhigte, daß er oft nachgie-
big seinem bloßen Kunstverstande Zierstücke fertigte, die man
vielleicht nichts als schön fand, um sie wieder zurück an ihre
Stelle zu legen. Man erinnert etwa jene Gedichte des »Stunden-
buchs«, wo der Dichter um Gott kreist oder, enger noch, um die
Jungfrau Maria, beides für Rilke dichterische Überkommenhei-
ten und nichts als das. Es stehen solche Gedichte, um Wahrheit
auch im dichterischen Sinn zu werden (innere und nicht nur
äußere), nur der gläubigen Einfalt zu, heute einem *Konrad
Weiß* etwa, nie dem Kunstverstande eines »als ob ich fromm
wäre«. Möglich bleibt jedoch immer, daß (im Einklang mit einer
Lehrmeinung der katholischen Kirche) der Dichter als ein
Magier hoffte, sich diese fromme Einfalt durch das Wort
anzuzaubern. Aber die »Neuen Gedichte«, die folgten, zeigen,
daß die Zauberei nicht gelang, der beschworene Gott keine
Wirklichkeit wurde, da er für den Dichter aus keiner kam und es
bei schönen Gedichten aus überlieferten Gebärden blieb, denen
der Dichter von sich aus nichts einblasen konnte aus gleichem
Atem. Es war ein Leerlauf gewesen. In diesen »Neuen Gedichten« schränkt sich Rilke ein auf das unmittelbar Erlebte und
gibt ihm äußerste Objektivität. Noch hält er das Objektive für
das wahre Wirkliche. Aber die Unruhe des Gefühls kehrt
wieder. Auch die Objektivität war nicht der richtige und rechte
Weg, auf dem zu gehen, um der Antwort auf die Frage zu
begegnen, das Problem des Dichters zu lösen und damit auch
den Menschen den rechten Sinn dieses ihres Lebens zu geben.
Hier stehen die »Duineser Elegien«, deren dunkle Zwiespältig-

keit autobiographische Hinzufügungen aufhellen sollten, zu denen es nicht mehr kam.

Was der Dichter der Elegien kritisch zur Lebensführung des modernen Menschen sagt: daß er sein Leben organisiere und daher sich um das wirkliche kreatürliche Leben bringe, der Zeit nachlaufe und darüber seine Lebenszeit versäume, daß er sich immer um zweckhafte Sicherungen mühe aus Furcht vor dem Leiden und dem Tode, statt diese eminenten Wirklichkeiten in sein Leben zu schließen, nur immerzu übereinander häufe, statt das Wenige, das ihm zuteil würde, zu durchdringen, daß er sich um die Gnade brächte, die ihm allein aus den Wirklichkeiten Tod, Leiden, Entsagung würden, – diese Kritik an den Werttafeln des großstädtischen modernen Menschen ist nicht neu, aber richtig. Immerhin: wenn dem abgelehnten Besitzwillen für die Wohlfahrtsgüter, die Sicherungen, die Liebe gleich wieder geraten wird, an deren Statt Leid, Entsagung, Tod in Besitz zu nehmen, so bleibt es immer noch beim Besitzenwollen und die andere vorgeschlagene Richtung kann daran nichts ändern. Aber Rilkes quietistische Lehre tritt nicht als ein orthodoxes Gesetz auf, sondern mehr als eine Empfehlung, ein guter Rat, eine Mahnung. Er weiß, daß mit dem Sein des Menschen absolut das Tun, die vita activa verbunden ist. Er mahnt nur, diese Aktivität zu retardieren, bescheidener zu machen dadurch, daß sich der Mensch von der Todesangst befreie, indem er den unausbleiblichen Tod in sein Leben einbeziehe, nicht als Angstgedanken oder so als Sonntagsgedanken des »alle Menschen müssen sterben«, sondern die Tatsache des Sterbens gewissermaßen in seinen Blutkreislauf bekomme und sich so leiten lasse durch das »heiter Geschaffene«. Aus dem Sensationsstück des Lebens, in dem der Tod als Feind des Menschen auftritt, eine Art epischen Idylls machen, in welchem der Tod als alles ausgleichender freundlicher Genosse unseres Lebens erscheint, indem der Geschmack des Todes »allem Geschauten« gemengt ist. Doch nimmt der Dichter diese Lehre vom Tode, daß man sein Reich in das Reich des Lebens zu alltäglichstem Umgang einbeziehen müsse, wieder zurück als nicht für die Menschen gültig – es gilt nur für ihn, den Dichter. Der Mensch hat also am Ende nicht mehr gewonnen als er schon zuvor besaß: den Trost im Gedanken, daß alles einmal ein Ende und er die ewige Ruhe habe. Mit der andern empfohlenen sentimentalen Hygiene, der entsagenden Liebe an Stelle der zum Besitz des geliebten Gegenüber drängenden, wird er nicht zurecht kommen. Denn der Mensch will ja nicht nur lieben, sondern auch geliebt werden, weil ihn nur dieses von der Einsamkeit des nichts als Liebens erlöst. (Zu bemerken: es gibt von Rilke nicht ein einziges wirkliches Liebesgedicht – so einsam in der Seele war er!)

[...]

Die Beliebtheit *Rilkes* dürfte angesichts der überaus geringen Neigung dieser Zeit für das magische Krystallgebilde der Lyrik vielleicht darauf zurückzuführen sein, was Exegeten des Dichters die halbreligiösen Werte des Trostes, guten Zuspruchs, der Aufrichtung nennen, die sich in den Elegien finden, deren Undeutlichkeit und Zwiespältigkeit das, was ihnen dadurch an Schönheit reinen Gebildes fehlt, für die Wirkungen frei hat, die ein weniger bescheidener Leser als sittliche Werte der Erhebung, des Trostes etc. sucht und hier findet. Ich bin weit davon, solche Wirkungen des Gedichtes als »unreine« etwa abzulehnen, insbesonders in dieser Zeit, welche die wenigen, denen die reine Schönheit des Gedichtes auch dessen Moral bedeutet, im Aussterben sieht, und die Vielen, die in keiner kirchlich geformten Religion behaust, um so intensiver vom Religiösen schlechthin erfüllt und bedrängt werden und so auch nach Gedichten greifen, um daran ihr Gefühl und damit sich selber zu fixieren. Diese Vielen sind wie der Dichter der Elegien selber in tiefsten Nöten Leibes und der Seele. Es macht ihnen nichts aus, daß sich dieses Schiff Rilke nach einem Kompaß steuert, der sich nach dem Eisen des Schiffes richtet: sie merken den verheimlichten Schaden nicht, der darin besteht (Probleme des Dichters dieser Zeit), daß der schöpferische Mensch, der Dichter, sich als Vorbild des Schöpferischen sehend, mit seinem Geschaffenen ohne jeden Einfluß auf die geläufige Welt bleibt.

Das Silberboot 2 (1946) H. 1, S. 49 f. und 51

Vgl. auch Bleis Nachruf auf Rilke in: Die Literarische Welt 3 (1927), 7. Januar, S. 1, sowie den Artikel »Die Rilke« in: F. B., Das große Bestiarium, und »Rainer Maria Rilke« in F. B., Zeitgenössische Bildnisse.

Friedrich Sieburg

50. Aus: *Rilke, das Zeitsymptom*

Wenn heute in Deutschland das Wort »Dichter« fällt, so stellt sich sogleich in der Vorstellung der Name Rilkes ein. Er beherrscht das ganze der Poesie vorbehaltene Feld und nimmt das deutsche Vermögen, sich mit Dichtung zu beschäftigen, voll in Anspruch. Er überschattet sogar Hölderlin, mit dem zwölf Jahre lang dadurch Mißbrauch getrieben wurde, daß seine Deuter bewiesen, die deutsche Jugend habe keine schönere Aufgabe, als sich in den Abgrund »des Opfers« zu stürzen. Es ist immer noch nicht vollständig gelungen, Hölderlin von dem erlittenen Mißbrauch zu reinigen. Um so ausschließlicher konnte die Wirkung Rilkes werden. Sie verdunkelt seinen lyrischen Gegenpol Stefan George, von dem augenblicklich wenig die Rede ist. Sie hat vor allem die Präsenz der größten dichterischen Figur unseres Zeitalters, Hugo von Hofmannsthals, in den Hintergrund gedrängt. In Hofmannsthals Erlöschen, in der Tatsache, daß sein Werk kaum noch zu den Heutigen spricht, offenbart sich etwas Herzzerreißendes. Das schmerzhafte Verklingen seiner Geistes- und Seelenmusik bildet den eigentlichen Abschied von der deutschen Bildung. Was ihn überlebt, was nach ihm kommt, fängt bei Null wieder an, hat keine »Welt« mehr und keine Gegebenheit außer dem Ich.

Es klingt zunächst erstaunlich, daß ein so bewußter Inhaber alter Kulturen, ein so entschiedener Liebhaber beseelter Dinge, ein so raffinierter Aufspürer gebildeter Zusammenhänge, wie Rilke dies war, keine Gegebenheit mehr habe gelten lassen wollen, daß er – in dieser durch tausend Prozesse getriebenen Schmucksprache! – gleichsam von vorne begonnen habe und bei jedem Gedicht aufs neue anhebe. Und doch liegt hierin eine Wahrheit, die seine ungeheure Wirkung bis zu einem gewissen Grade erklären mag. Allerdings gilt dies nur für seine späte Dichtung, die ja in den Mittelpunkt der Betrachtung rückt, während das »Buch der Bilder«, das »Stundenbuch«, ja selbst die künstlerisch zweifellos vollkommensten Gebilde, die »Neuen Gedichte«, mehr und mehr vernachlässigt werden.

[. . .]

Das Werk dieses Dichters wirkt in eine Welt, die keine Bindungen mehr zu fühlen vermag, die sich angstvoll um einen Standpunkt bemüht und alle Werte zerbrochen glaubt. Es ist eine Ratlosigkeit, die alle und alles erfaßt hat und an die großen kollektiven Angstzustände des Mittelalters erinnert. Alle Altäre sind leer, alle Herrscherstühle verwaist, aus dem Sternraum strömen die Gefahren herein, je mehr der Mensch um seine Persönlichkeit kämpft, um so mehr ist sie bedroht. Ein unermeßliches religiöses Bedürfnis hat die Menschen erfaßt, – bei größter Unfähigkeit zum Religiösen. In diese Spannung setzt sich die Botschaft des Dichters der »Duineser Elegien« fest, der wie kein anderer Dichter vor ihm durch die Ausschließlichkeit des Gefühls lebt und eigentlich nur einen Standort kennt, eben das Gefühl. Die Umwelt mit ihren Ideen, Erfahrungen und Spannungen kommt dagegen nicht auf. Die Landschaft und Jahreszeiten, die mythologischen Figuren und die jungen Mädchen, die Liebe und der Tod, ja schließlich Gott selbst, das alles sind nur Ausstrahlungen eines Gefühls, sind nur Beziehungen zur eigenen Erlebnisquelle. »O Herr, gib jedem seinen eigenen Tod!« heißt es schon im »Stundenbuch«; und daß jeder nur seinen eigenen Gott kennen und gelten lassen dürfe, ist ein Leitmotiv der Gedichte wie auch der Korrespondenz.

[. . .]

Der Dichter hat seine schöpferische Subjektivität als festen Standort. Seine Gläubigen haben diesen festen Punkt nicht. Sie leben weiter, weil er sie zu lehren scheint, daß das Gefühl, um den Menschen zu tragen, kein Ziel zu haben braucht. In Wirklichkeit kann er ihnen nicht helfen.

Zuerst in: Die Gegenwart 4 (1949); hier nach der geringfügig veränderten Fassung in: F. S., Die Lust am Untergang. Selbstgespräche auf Bundesebene (Hamburg 1954), S. 342 f., 344 f. und 347

51. Aus: *Über die Wirkungen Rilkes*

[. . .] die stärkste Wirkung eines Buches beruht nicht darin, daß
wir es »fressen«, daß wir vom Stoff gespannt immer weiter lesen
bis zur letzten Zeile, sondern darin, daß wir es immer wieder an
einer Stelle hinlegen müssen, zu innerst getroffen, im Innersten
gepackt, zu uns selber hingestoßen, daß wir immer wieder an
einer Stelle selber weiterdichten müssen, daß wir die Dichtung
weiterleben müssen, weil ihre innere Wahrheit auf die Wahrheit
unseres Inneren getroffen ist. Nicht der gekrümmt dasitzende
Leser, sondern der in seiner Stube auf und ab stürmende, in den
späten Abend hinausgetriebene bezeichnet den Triumph der
besten Dichter.

Rilke zählt zu ihnen. Und seine zahlreiche Gemeinde ist eine
treue Gemeinde. Man kann, man muß und man wird Rilke
immer wieder lesen, mit einer Neugier auf sich selbst: nicht
bloß, um zu erfahren, was man weiß, sondern noch viel mehr,
um zu erfahren, was man – oft nach schwerstem Erleben in
dieser Zeit – nun anders weiß: denn wer dasselbe Buch zu
verschiedenen Zeiten seines Lebens liest, der liest sein Leben
selber; vorausgesetzt, daß genug in dem Buche steht, um auch
immer wieder Neues herauslesen zu lassen, daß es wahrhaft
unerschöpflich ist und nicht einem Aufguß vergleichbar, der
immer fader schmeckt. Rilke hält der immer schwereren Prüfung, der wiederholten, spielend stand.

Aber dies alles würde noch nicht die ungewöhnliche Breitenwirkung Rilkes, zumal auch in der Generation der Jungen,
begründen. Diese Generation hat, was sich – leider! – auch in
einer zahlreichen literarischen Nachfolge äußert, zwei große
Vorlieben: Adalbert Stifter und Rainer Maria Rilke. Stifters
Einfalt hilft dieser Generation, soweit sie den unerhörten
Kompliziertheiten unserer Zeit mit der möglichsten Schlichtheit
des Menschentums begegnen will, jener Schlichtheit, die von
Stifter so schwer erkämpft und so fest verteidigt worden; Stifter
ist einer der großen Heilpriester dieser Zeit, die wie keine
andere solcher Priester bedarf. Rilke hilft dieser Generation,

indem er der Kompliziertheit und dem tausendfältigen Sondieren des ringenden Geistes dieser Zeit mit seiner eigenen Kompliziertheit und seinem eigenen Drang zu den Tiefen entgegenkommt. Sein Werk spricht all diese Ringenden und Grübelnden, all diese Zweifelnden und Verzweifelten wahrhaft brüderlich an. Rilkes Verse sagen wie die Verse Weinhebers oder Georges dem Einsamen, daß er nicht einsam ist; sie wirken wie ein frommes Lied, das den Irrenden im nächtlichen Walde grüßt. Auch Rilkes Dichtung hat eine hohe Heilwirkung. Sie ist eine homöopathische Psychotherapie, während man die Heilkunst Stifters würde als allopathisch bezeichnen müssen.

[. . .]

Die Wirkungen Stifters und Rilkes verbinden sich zu einer Kraft gegen die absolute Unsicherheit, gegen die Lebensangst unserer Zeit, in der man sich unausgesetzt zwischen Größenwahn und Selbstvernichtung bewegt: beide, Stifter und Rilke, lehren, daß jeder Mensch die ihm mögliche Größe anstreben müsse; um sie aber zu erreichen, müsse er sich vor allen Dingen bescheiden und seinen Ort als Winziges im Unendlichen sehen; im Unendlichen sich fühlen und behaupten, das ist die dem Menschen mögliche Größe. Darin – und nicht bloß darin – begegnen sich diese Geister so verschiedener Herkunft und so verschiedener Wege.

Die Pforte 2 (1949/50), S. 696 f. und 698

In seinem Aufsatz zitiert Pleyer auch die folgende Stelle aus einem Freundesbrief (S. 698):

> Vor einiger Zeit bekam ich Rilkes Duineser Elegien mit dem Kommentar der Katharina Kippenberg geschenkt. Früher waren sie mir recht unzugänglich und nebulos erschienen – jetzt reden sie in einer eigenartig eindringlichen Sprache zu mir – als nähmen sie Hüllen von eigenen Erfahrungen hinweg. Das eine müßte uns dies schwere Schicksal der letzten Jahre ja gelehrt haben: daß wir auf den äußeren Gemeinschaftswegen ins Unheil geraten, wenn wir auf den Gesang der Einsamen, der ins Innere Wandernden zu lauschen vergessen. Es gilt wohl, die goldene Mitte zwischen beiden Wegen zu gewinnen.

Gertrud Bäumer

52. Aus: *Rainer Maria Rilke*
und seine Bedeutung für die Gegenwart

Und damit komme ich zu den Elegien. Rilke hat in einem auf die *Elegien* bezüglichen Brief als eine ihrer wesentlichen Absichten genannt, *die Liebenden in den Weltzusammenhang hineinzustellen.* In dieser Verbindung allein kann das innere Leben des Menschen vor der Abstumpfung einer der äußeren Zivilisation verfallenen Welt sich erhalten.

Der Zeitgeist schafft Speicher der Kraft – Tempel kennt er nicht mehr. »Diese«, heißt es, »des Herzens Verschwendung, sparen wir heimlicher ein.« Dieses Einsparen ist das Bemühen, dem im Grunde die ganze Dichtung Rilkes gilt: die ganze sichtbare Welt als ein *innerlich* Bewegtes zu erkennen, die Essenz der Schöpfung in einem Unsichtbaren zu suchen, dem die Erscheinungen, die Dinge zum Bilde dienen. Hier nur, im unsichtbar Mächtigen, ist Ursprung und Quell unseres Lebens. In einer Welt, die ihre Kraft in den Werken der Technik verausgabt, »nehmen wir ab an Kraft wie die Schwimmer«. Im Vergleich mit einer sich erschließenden Anemone:

> Wir *Gewaltsamen,* wir währen länger,
> Aber *wann,* in welchem aller Leben,
> Sind wir endlich offen und Empfänger? [WA 2, 754]

Zwei Welten treten auseinander: die Nacht, die Erde, die Blumen, die Sterne, das Meer, die reinen Berge, die Musik, die in den Dingen verkörperten Gebärden des Frommseins – und auf der anderen Seite die Maschinen, der Lärm, die Unruhe, die ewige Flucht, das Gewollte.

Braucht man noch zu fragen nach der Bedeutung Rilkes für unsere Gegenwart? Denn seit er verstummte, ist ja das Unheil, dessen Schritt er in allen Nerven spürte, hereingebrochen: der *Sieg des Gewaltsamen,* »die Steine sind wie losgelassen, und keiner ist von Dir behau'n« [WA 1, 298], der Sieg der Machtgier, die aus dem Leerlauf des Lebens emporsteigt wie eine Giftpflanze. Aus den Angeln seines tiefsten Sinnes gehoben, hat nicht nur das Leben, sondern auch der Tod seine Größe verloren. Die Menschen haben sich, freiwillig und gezwungen, weggeworfen. Sie haben beides vergessen: die Verankerung ihres Lebens in der Ewigkeit Gottes und den damit verbundenen Auftrag in der Welt. Sie haben die »groß gewagte Existenz« verleugnet, die ihnen zugedacht war.

Und nun ist ihnen als Helfer ein religiöser Genius geschenkt, der die von ihnen verschüttete Welt des inneren Lebens sich auf *eigenen* Wegen, ringend wie kaum irgend einer der großen Beter in der Seelengeschichte der Menschheit, wieder aufdeckt.

Die Mädchenbildung 1 (1951) H. 4, S. 11 f.

Jacques-Henry Bornecque

53. Aus: *Un Européen Mystique:*
Rainer Maria Rilke (1875-1926)
[Ein mystischer Europäer: Rainer Maria Rilke]

Ausgegangen vom Symbolismus, um bei der existentialistischen Philosophie Kierkegaards und Heideggers anzukommen – wie trifft er wieder mit uns zusammen! Er bleibt jedem jungen Menschen durch sein Besessensein von der Reinheit nahe, durch seinen Kult des jungen Mädchens – oder der Frau, welche die Seele eines jungen Mädchens bewahrt –, des Mädchens, das er, wie ein Alain-Fournier (und bald ein Jean Giraudoux), als ein Wesen betrachtet, das zwischen die Erscheinung der Dinge und ihren verborgenen Gesang tritt als das einzige Geschöpf, das fähig ist, das mittelmäßige Schicksal zurückzuweisen, um der poetischen Ordnung der Welt zu korrespondieren. Geschöpf eines göttlichen Ungenügens, das alles besitzt, was die Essenz von Rilkes Dichtung ausmacht: das Verständnis der Dinge und den Schlüssel der Symbole, das fordernde Mitleid, den Sinn für die allumfassende Tragik im bescheidensten Augenblick und die alltäglichsten Worte.

Französisch in: Le Monde (1951), 26. Dezember

WILLY HAAS

54. Aus: *Duineser Elegien*

Ich muß vorerst alle Verehrer Rilkes um Entschuldigung bitten: ich bin keiner, aber ich werde mir alle Mühe nehmen, den Respekt vor einem bedeutenden, mir aber völlig fremden Rilke nicht zu verletzen. Aber ich habe seine Gedichte viel früher gelesen als vermutlich alle seine heute lebenden Verehrer, nämlich in Prager Zeitschriften und in den frühesten Buchausgaben: als Knabe und als Gymnasiast. Ich erinnere mich an eines, es hieß, glaube ich, »Parzifal« – ich habe es nie später wiedergefunden, aber ich habe noch seinen Klang (nicht mehr den genauen Wortlaut) im Ohr:

». . . *Und draußen war alles, der Tag und das Thal, und der Gral und der Stahl und das Mahl im Saal, und Gott war selber viel tausendmal* . . .« [1] – weiter geht meine Erinnerung leider nicht. Aber so geht es auch weiter, und ich habe mir damals als Vierzehnjähriger geschworen: was immer Dichtung sein mag – das hier ist keine! Das ist eine Parodie auf Dichtung.

Und dieser Eindruck hat sich noch verhärtet, als ich damals in einer Zeitschrift »Deutsche Arbeit« ein neues Werk von ihm, den »Cornet Rilke« fand. Er schien mir versnobt, prätentiös, affektiert, und also im Grunde provinziell und spießbürgerlich und zutiefst unvornehm. Ich änderte meine Meinung nicht, als das »Stundenbuch« herauskam. Ich war sehr befriedigt, als mir Hofmannsthal einmal sagte, Rilke sei »im Grunde überhaupt kein Dichter, sondern nur das Rohmaterial dazu«. Noch froher war ich, als ich hörte, Rilke sei bei Tolstoj in Jassnaja Poljana gewesen, und der alte christlich-heidnische Halbgott habe ihm geraten, das Dichten aufzugeben.

Von diesem Stadium bis zu den letzten Werken, den »Duineser Elegien« und den »Sonetten an Orpheus« geht kein Weg – es ist eine andere Welt. Die »Duineser Elegien« sind rein und groß, plastisch und einfach. Ich glaube nicht, daß ich sie »unsterblich« nennen möchte – aber sie gehören zu den edelsten Dichtungen unserer Zeit.

Die Welt (1952), 31. März

130

1 Die Verse gehören zu dem kurz vor dem 14. Juli 1899 entstandenen Gedicht ›Ritter‹ (Erstveröffentlichung zusammen mit ›Mondnacht‹ als ›Zwei Gedichte zu Hans Thomas sechzigstem Geburtstag‹ im ›Buch der Bilder‹ 1902); die ersten beiden Strophen lauten: »Reitet der Ritter in schwarzem Stahl/hinaus in die rauschende Welt.//Und draußen ist Alles: der Tag und das Tal/und der Freund und der Feind und das Mahl im Saal/und der Mai und die Maid und der Wald und der Gral,/und Gott ist selber vieltausendmal/an alle Straßen gestellt.« (WA 1, 372).

S M.

55. Aus: *Rilke – Prophet oder Dichter* [Rezension zu R. Guardini, Rilkes Deutung des Daseins (1953)]

Einer Zeit, in welcher sich das geliebte Du für viele als der letzte Halt erwies, in welcher der Tod zu massenhaft auftrat, als daß er so einfach »ins Leben hereingeholt« werden konnte, in welcher (vor allem) das Hiesige nicht schlechthin gerühmt werden konnte, da es das Böse mitenthielt und somit Entscheidung verlangte – einer solchen Zeit vermag Rilkes Botschaft fast nichts mehr zu bedeuten. Je weiter wir von den Elegien Abstand gewinnen, desto reiner wird jedoch ihre Schönheit hervortreten. Als Poesie – in jenem großen Sinn, in dem auch die Tragödie Poesie ist – sind sie gewaltig in den Dimensionen, welche ein einzelner bei dem Versuch, über sich selbst und die Unzulänglichkeiten allen Daseins hinaus zu gelangen, durchschritt, gewaltig in den Visionen, die ihm dabei zuteil wurden. Und was die Botschaft betrifft, so möge Kassners Wort gelten, »daß es keine andere wie immer geartete Lehre eines Dichters von hohem Rang gebe als die, welche aus der vollkommenen Einheit von Dichter und Gedicht, Schöpfer und Werk selbst zu uns spricht« [siehe Nr. 87]. Damit hebt sich die Verbindlichkeit von selbst auf. Was bleibt, ist Schönheit. In einer Epoche der Kunst wie der unsrigen, in welcher Schönheit als leer und flach verdächtigt wird, möge man sich daran erinnern, daß sie nur dort groß ist, wo sie, wie bei Rilke, das Stigma ihrer Geburt aus dem Schmerz am Dasein trägt.

Die Presse 28 (1954), 10. Juli

56. Aus: *Lyrik als Religionsersatz. Rainer Maria Rilke: Weisen von Liebe und Tod* [Titelgeschichte]

Die Auflageziffern weisen aus, daß Rilke als der meistgelesene Lyriker der Gegenwart gelten muß. Die 1899 entstandene »Weise von Liebe und Tod«, 1906 mit 300 Stück gestartet und 1912 als erstes Bändchen der wohlfeilen »Insel-Bücherei« erschienen, erreichte 1950 das 840. Tausend. Die beiden fast populär zu nennenden Briefsammlungen »An einen jungen Dichter« und »An eine junge Frau« hatten 1949 das 295. und das 200. Tausend erreicht. Und die vielumrätselten, bis zum Überdruß ausgedeuteten »Duineser Elegien« samt den »Sonetten an Orpheus«, anspruchsvollste lyrische Gebilde also, hatten es 25 Jahre nach ihrem Erscheinen (1923) auf Auflageziffern von 48 000 (»Elegien«) und 69 000 (»Sonette«) gebracht.

[. . .]

An diesem Wendepunkt in Rilkes innerer Entwicklung, an seinem »Einsehen unserer Trostlosigkeit« und der Abwehr gegen den »Mittler Christus«, an der Konfessionsfeindlichkeit des »rabiaten Antichristen« und einer blinden Lebensbejahung (»Hiersein ist herrlich!«) hat die moderne Existenzphilosophie angesetzt und Rilke für sich in Anspruch genommen.

Die Folgen waren fatal. Sie brachten zunächst eine neue Schwemme wolkiger Rilke-Kommentare. Sie trafen wieder auf den »deutschen Hang nach Weltanschauungsdichtung« und förderten damit die Rilke-Legende, die in einer glaubensschwachen Zeit einen pseudo-religiösen Kult begründen konnte.

Dabei berufen sich die Rilke-Gläubigen auf ein – vor allem in den »Elegien« niedergelegtes – »lyrisches Evangelium«, das sie nur als Sprachmusik genießen, im Grunde aber gar nicht begreifen: weil sich die »Sonette« und »Elegien« einer geschlossenen Deutung wohl immer entziehen.

Rilkes eigene Erklärungsversuche (»Es gibt weder ein Diesseits noch Jenseits, sondern die große Einheit, in der die uns übertreffenden Wesen, die ›Engel‹, zu Hause sind«) liefern jedenfalls zum Verständnis dieser lyrischen Paraphrasen über

»Engel« und »Puppe«, über »Held« und »Kindheit« keine besseren Hilfen als die Masse bemühter Kommentare. Worin »die unendlichen, unvermeidlichen Schwierigkeiten, die die Verse mit sich bringen« [Materialien I, S. 309], begründet sind, hat Rilke selbst geahnt: »weil ihre Ausgangspunkte oft verborgen sind wie Wurzelwerk«, weil sie häufig »lyrische Summen nennen, statt die Posten anzureihen, die zum Ergebnis nötig waren« [Ebd., S. 297].

Rilke entwirft auch das Bild einer »Bewußtseinspyramide« [Materialien I, S. 311], die gleichsam nur mit der oberen Spitze ins Faßbare ragt. Die »Sprachtrümmer« der Elegien sind wie das nur bruchstückweise ans Licht tretende Stenogramm eines immerwährenden »inneren Monologs«. Rilke hat es selbst in der Ersten Elegie so formuliert:

Stimmen, Stimmen. Höre, mein Herz, wie sonst nur
Heilige hörten . . .
. . . das Wehende höre,
die ununterbrochene Nachricht, die aus Stille sich bildet.

Dieses »Diktat« wird bei der Ver-Dichtung in ein gleichsam stenographisches Protokoll verschlüsselt, dauernd chiffriert: durch eine mit Assoziationen angereicherte Sprache. Beispiel dafür ist der Anfang der »Sonette an Orpheus«:

Da stieg ein Baum O reine Übersteigung,
O Orpheus singt! O hoher Baum im Ohr!
Und alles schwieg. Doch selbst in der Verschweigung
ging neuer Anfang, Wink und Wandlung vor.

Dieser im Unterbewußten andauernde »innere Monolog«, der alle Indisposition des Dichters unterlaufende Prozeß des Ver-Dichtens (»Überzähliges Dasein entspringt mir im Herzen«), erklärt das erstaunlich glatte »Anheilen an die Bruchstellen« [Materialien I, S. 179] sogar innerhalb einzelner Elegien. So ist zur gleichen Zeit wie der berühmte Anfang der Ersten Elegie:

Wer, wenn ich schriee, hörte mich denn aus der Engel
Ordnungen?

auch der nicht weniger oft gerühmte Beginn der Zehnten und letzten Elegie entstanden:

Daß ich dereinst, an dem Ausgang der grimmigen Einsicht,
Jubel und Ruhm aufsinge zustimmenden Engeln.
Daß von den klar geschlagenen Hämmern des Herzens
keiner versage an weichen, zweifelnden oder
reißenden Saiten. Daß mich mein strömendes Antlitz
glänzender mache; daß das unscheinbare Weinen
blühe.

Die Anfangszeilen von 1912 »heilten« bruchlos an das 1922
entstandene Übrige dieser Elegie an, und auch jene 1915
geschriebene Vierte Elegie fügt sich ohne Rest in den Kreis der
zu ganz anderen Zeiten entstandenen übrigen Gedichte ein.
Denn der Grundvorgang blieb immer der gleiche. Rilke hat
ihn in der Achten Elegie als den immer nutzlos wiederholten
Versuch bezeichnet, das Chaos – und hier sagt die Tiefenpsy-
chologie: »der verdrängten Triebe und Vorstellungen« – durch
dichterische Gestaltung zu bannen:

Uns überfüllts. Wir ordnens. Es zerfällt.
Wir ordnens wieder und zerfallen selbst.

Rilke hat diesen riesenhaften »Ordnungsversuch«, diese letzte
große »Selbstbehandlung« durch dichterische Sublimierung, nur
um wenige Jahre überlebt.

10 (1956), 28. März, S. 34 und 47

Vgl. auch die Leserbriefe im Heft vom 11. April.

HUGO FRIEDRICH

57. Aus: *Die Struktur der modernen Lyrik*

Die Verzauberung, die von modernen Gedichten ausgehen
kann, ist männlich gezügelt. Auch über ihren Dissonanzen und
Dunkelheiten waltet Apollo, das klare künstlerische Gewissen.
Inspirative Ergriffenheit als alleiniger Ausweis dichterischer
Qualität sank schon seit dem frühen 19. Jahrhundert im Kurs.

Allerdings gibt es Nachspiele. Die öffentliche Meinung ist sogar bei ihnen hängengeblieben.[1] Ihr bewundertes Muster ist[2] ein deutscher Dichter des 20. Jahrhunderts, der künstlerische Größe hat, aber geschlechtslos ist. Ihm wurde das Gedicht ›auferlegt‹ in ›Nachtstürmen‹, es sprang ihm ›ins weit offene Gefühl‹, so daß ›die Hand zitterte und die Gewebe krachten‹; nachher berichtete er dann ausführlich von ›solchem Geworfenwerden‹ an Fürstinnen, Gräfinnen, Damen, an ›sehr werte, liebe Herren‹, mit vielen ›irgendwie‹ und ›irgendwo‹ und mit den edelsten Genitiven. Das hat fatale Folgen gehabt und zu trüber Verwechslung dieses einen Falles mit dem Dichten überhaupt geführt.

(Hamburg: Rowohlt 1956), S. 116

1 In der neubearbeiteten 9. Auflage von 1966 heißt es: »Die öffentliche Meinung ist lange bei ihnen hängengeblieben« (S. 161).
2 9. Auflage: »war« (Ebd.).

Georg Mende

58. Aus: *Die deutsche reaktionäre Philosophie des XX. Jahrhunderts und die deutsche Literatur*

Eine dichterische Ausdrucksform dieses Zustandes eines ungehörigen Solipsismus waren die *Duineser Elegien* Rilkes (erschienen 1923). In ihnen stehen Sätze wie die folgenden: »Nirgends, Geliebte, wird Welt sein als innen.« (7. Elegie) »Erde, ist es nicht dies, was du willst: *unsichtbar* / in uns erstehn? – Ist es dein Traum nicht / einmal unsichtbar zu sein? Erde! unsichtbar!« (9. Elegie) Das sind Gleichnisse für die Vernichtung der Erde im Menschen. In diesem Sinne hat es Rilke auch in einem Brief vom 13. 11. 1925 an Witold von Hulewicz erläutert: »Die Erde hat keine andere Ausflucht, als unsichtbar zu werden: *in* uns, die wir mit einem Teil unseres Wesens am Unsichtbaren beteiligt sind, Anteilscheine (mindestens) haben an ihm, und unseren Besitz an Unsichtbarkeit mehren können während unseres

Hierseins, – *in* uns allein kann sich diese intime und dauernde Umwandlung des Sichtbaren in Unsichtbares, vom Sichtbar- und Greifbarsein nicht länger Abhängiges vollziehen, wie unser eigenes Schicksal in uns fortwährend *zugleich vorhandener und unsichtbar wird.* Die Elegien stellen diese Norm des Daseins auf: sie versichern, sie feiern dieses Bewußtsein«[1].

Das hat mit »Verlorenheit« nicht das geringste zu tun: das ist Oblomowtum im Zeitalter des Imperialismus!

Am 23. Januar 1919, das ist am achten Tage, nachdem Karl Liebknecht und Rosa Luxemburg von den vertierten Banden der politischen Reaktion in Deutschland ermordet worden waren, schrieb Rilke an Gräfin Stauffenberg: »Wenn ich in der allgemeinen Trübung und Unberatenheit des Menschlichen, und nun vollends des öffentlichen Lebens, noch eine Aufgabe, rein gestellt und unabhängig, vor mir sehe, so ist es einzig diese: die Vertraulichkeit zum Tode aus den tiefsten Freuden und Herrlichkeiten des Lebens heraus zu bestärken: ihn, der nie ein Fremder war, wieder als den verschwiegenen Mitwisser alles Lebendigen kenntlich und fühlbarer zu machen«[2].

Das war die Aufgabe, die sich einer der sprachbegabtesten deutschen Dichter selber stellte, in einem Augenblick, da der deutsche Faschismus geboren wurde. Für ihn gab es keine Nachbaren, keine Zeitgenossen, keine Mitmenschen, keine Klassenfronten. Das war alles ausgelöscht von dem Bedenken des Todes. Ausgelöscht war die Begründung des ersten sozialistischen Staates, ausgelöscht der unter der Führung der Arbeiterklasse und ihrer Partei sich vollziehende Befreiungskampf der werktätigen Menschen. »Unsichtbar« gemacht werden sollte die Erde. Hier war nichts mehr geblieben vom Erbe der deutschen klassischen bürgerlichen Literatur außer dem formvollendet beherrschten Instrument der Sprache.

Wissenschaftliche Zeitschrift der Friedrich-Schiller-Universität Jena. Gesellschafts- u. sprachwissenschaftliche Reihe 10 (1960/61) H. 2, S. 195

1 Vgl. Materialien Band I, S. 321.
2 Ebd., S. 153 f.

KUNIYO TAKAYASU

59. Aus: *Rilke und die Japaner*

Rainer Maria Rilke ist für uns Japaner zugleich ein vertrauter und schwer zugänglicher Dichter. Mit seiner frauenhaft feinen Sensibilität, seinem statischen und intuitiven Naturerfassen und dem Wunsch, sich mit dem All zu vereinigen, scheint Rilke fast ein ostasiatischer Dichter zu sein. Doch andrerseits, die Reflexion, die beinahe allen seinen Gedichten innewohnt, das starke Ich-Bewußtsein, das oft die Vereinigung mit dem All verhindert, und der Mangel an unmittelbaren Ausdrücken der Freude, Qual oder Trauer, empfunden mitten im Leben eines Menschen, der in der Wirklichkeit der Gesellschaft arbeitet, – dies alles gehört doch meines Erachtens zu dem, was der traditionelle Geist der Japaner noch immer nicht leicht in sich aufnehmen kann, – obwohl diese Seiten Rilkes unseren jüngeren, europäisch gebildeten Dichtern (nicht den Dichtern überhaupt) nicht mehr fremd sind und sogar von ihnen zum Teil mit Eifer erstrebt werden.

Der Prozeß, in dem Rilke in den »Duineser Elegien« zur Überzeugung gelangte, die Liebe zu den alltäglichen, schlichten Dingen sei höher einzuschätzen als große und gewichtige Ideen, die ja von den »Engeln« her gesehen doch sehr gering wären, und also sich gleichsam wieder für die Erde entschloß, nachdem er einmal mit dem Versuche, die Vergänglichkeit des Irdischen zu überwinden, zum Himmel emporgestrebt hatte, – dieser Prozeß erscheint uns Japanern doch sehr abendländisch und befremdet uns ein wenig durch seinen spekulativen Umweg.

Das pantheistische Gefühl, wie es einst Goethe eigen war, wäre uns viel vertrauter.

Doitsu Bungaku (1964) H. 32, S. 5

HANS MAYER

60. Aus: *Diskussion zu »In Sachen Rainer Maria Rilke«*

Eines ist offenkundig und kam heute abend eigentlich immer
wieder zum Ausdruck: größte Reserve von uns allen gegenüber
dem frühen Rilke. Ich spreche nicht vom »Larenopfer«, nicht
vom »Cornett«, ich meine natürlich auch das »Stundenbuch«
und das »Marienleben« – das alles ist offensichtlich nicht mehr
zu halten. Noch ein zweites war sehr merkwürdig im Verlauf des
heutigen Abends: größte Skepsis bei uns allen gegenüber dem
späten Rilke, der eine Zeitlang so überaus hoch geschätzt
wurde, gegenüber dem Rilke der »Sonette an Orpheus« und der
»Duineser Elegien«. Es bleibt die Frage, die wirklich einmal
vom »Subjekt-Objekt-Problem« her untersucht werden sollte:
was ist eigentlich mit der Epoche Rilkes, die zwischen diesen
beiden Zeitabschnitten liegt? Es ist die Epoche, die durch eben
diesen Dualismus gekennzeichnet ist, den Dualismus der »Neu-
en Gedichte« einerseits und des »Malte Laurids Brigge« andererseits. Hier liegt etwas ganz Ungewöhnliches, und ich glaube,
hier liegt auch eine große künstlerische Leistung Rilkes vor, die
eine bedeutende Reaktion auf die bisherigen Formen der
deutschen Lyrik und Prosa bedeutet.

Sprache im technischen Zeitalter (1966) H. 17/18, S. 33

WALTER HÖLLERER

61. Aus: *In Sachen Rilke – Aussicht*

In ähnlicher Weise wie die Futuristen deutet Rilke durch seine
Experimente auf die fortgeschrittene Verdinglichung seiner
zeitgenössischen Umwelt. Und er versucht seinen Gegenfeld-
zug. Tut er es tatsächlich in Weltinnenraumflucht, mit technischen Anachronismen, liefert er wirklich nur dichterische Rück-

zugsgefechte, gesteuert von seiner Abneigung gegen Technologie? Eine gesamte Generation hat sich mit diesen Gründen gegen Rilke aufgelehnt, die Generation, die gleich nach 1945 sich von Rilke abwandte und einen faktisch-näheren Kontakt zur Gegenwart suchte, keine Flucht vor den technischen Motiven, sondern Auseinandersetzung mit ihnen. Es ist die Generation Wolfgang Borcherts, der auch Rilke-Kritiker wie Peter Demetz [vgl. Nr. 62] und Erich Fried [vgl. Nr. 170] angehören. Näher besehen hat diese Generation viel mit Rilke zu tun. Borcherts Gedichte waren zum großen Teil im Rilke-Ton geschrieben. Peter Demetz befaßte sich eingehend mit »Rilkes Prager Jahren«. Erich Fried ist, seiner dichterischen Intention nach, viel mehr im »Weltinnenraum« befangen, als er in seiner oft etwas aufgesetzten Engagiertheit zugeben möchte. Kritik ist gerade von dort her, wo noch starke Befangenheit herrscht, aus der man sich nur schwer lösen kann, am heftigsten. Sie wird damit, indirekt, zum Beweis der immer noch andauernden Wirkung Rilkes. Vielleicht trägt dieses Rilke-Symposion, auf dem so viel Kritik an Rilke geäußert wurde, zu einer Wende in der Rilke-Betrachtung bei; zur Konzentration auf die poetischen Fragen; zur Nachprüfung der Ergebnisse von Rilkes Versuchen, die, wenn sie nicht mehr so sehr unter dem philosophisch-systematischen oder dem motivisch-technologischen Aspekt gesehen werden, in ihrer besonderen, für die Moderne höchst bezeichnenden Verwandlungsintensität erscheinen können. Richtigere Einschätzung statt Überschätzung oder Rilke-Feindschaft wäre die Folge.

Ebd., S. 48

Peter Demetz

62. Aus: *Weltinnenraum und Technologie*

Ralf Dahrendorf meint, daß Westdeutschland die ungewöhnliche Chance hatte, seit 1948 den Prozeß der Industrialisierung *nahezu von den Anfängen her zu wiederholen;* im deutlichen Kontrast zur ersten Industrialisierung des 19. Jahrhunderts, in dem eine nationalkonservative Wirtschaft die Lenkung des Staatswesens einer fast feudalen Führungsschicht überließ (kein

Wunder, daß die jugendbewegten Bürgersöhne in die Wälder und in den Weltinnenraum flüchteten), vollzieht sich die *zweite* Industrialisierungswelle zum ersten Male in der deutschen Geschichte unter liberal-kapitalistischen Vorzeichen; das heißt, fährt Dahrendorf fort, *daß die Strukturwandlungen der westdeutschen Gesellschaft der Nachkriegszeit den Institutionen der repräsentativen Demokratie eine größere Chance geben, als diese je zuvor in Deutschland hatten.* Kein Wunder auch, daß Weltinnenraum und Rilkekult ihre Faszination rasch einbüßten, sobald nach der Vernichtung des Faschismus die Epoche der offenen Industriegesellschaft zu tagen begann; zu dürftig die Antworten, zu funktionslos, die Rilkes Mythos auf die neuen Fragen anzubieten vermochte. Ich spreche hier nicht von Rilkes törichten Äußerungen über die Leere und Eitelkeit der parlamentarischen Demokratie, die er, fast an Ezra Pound oder den jungen Thomas Mann erinnernd, an die Herzogin Gallarati-Scotti richtete. Ich spreche von seinem Mythus der Dinge – der vorindustriellen Dinge wie *Krug, Seil, Haus, Brücke –*, die er den Gewalten der Technologie entgegenhält; von seiner fast unqualifizierten Negation des neuen Maschinenwesens, wie er sie in den *Sonetten* artikuliert, von seiner Forderung, die *längsten Transmissionen* zu überhören und dem Einverständnis der Äonen zu vertrauen. Man mag einwenden, daß ich dabei bin, dürftige Gedanken Rilkes aus dem Leib des Gedichtes zu reißen und ideologisch zu verdammen – nicht anders wie Professor Kunisch, der an der Botschaft Rilkes zweifelt, weil des Dichters Gottesbegriff nicht dem approbierten bayrischen Schulkatechismus entspricht. Nein; Rilkes Abneigung gegen bestimmte Felder der Erfahrung ist eins mit seiner Abneigung gegen bestimmte Veränderungen des lyrischen Idioms.

Ich glaube, daß sich Rilke durch seine Abneigung gegen die neue Technologie als Dichter isoliert, sich der dominierenden europäischen Entwicklung entfremdet; er hat, als Dichter, kaum Teil an jenen glorreichen Visionen des Maschinenzeitalters, am Rausch der Geschwindigkeit, an der Provokation durch den Motor, wie sie sich unausweichlich verbündet mit einer anderen Syntax, einem charakteristischen System der Rhetorik, das an Walt Whitman und Victor Hugo anschließt; mit einem kühnen Idiom, das, fast bis in die wiederkehrenden Metaphern, die europäischen Dichter von Appolinaire zu Marinetti, von Verhaeren zu Fernando Pessoa, von František Halas zu Majakowski und den Sowjetfuturisten verbindet und, im ersten und zweiten Jahrzehnt unseres Jahrhunderts, die europäische Lyrik in einer einzigen produktiven Springflut überspült. In vielen seiner Kunstetappen steht Rilke als konservativer Dichter ein wenig abseits; er beharrt (und das hat man in der Epoche des Kahlschlags sehr rasch gemerkt) auf der geordnet klassischen Syntax; der vorgeschriebenen, wenn auch ein wenig gelockerten Strophe, der genauen Interpunktion; der Funktion des Reims; auf dem *Wie* und dem *Als ob* des ausgeführten Vergleichs, welcher das Literarische der Literatur enthüllt; – während die paradoxe und sprengende Metaphorik der neueren europäischen Lyrik am Horizonte wetterleuchtete, arbeitete er, immer noch, am plastischen, am klassischen, am widerspiegelnden, am *Dinggedicht.* Zwischen Frankreichs Moderne und Rußlands Futurismus liegt die klassische Insel der deutschen Lyrik, nicht zuletzt, weil sie Rilke so bestimmte, so prägte; nur so kann es geschehen, daß in Deutschland Stramm, Goll und Celan als kühne *outsider* erscheinen, die in einem gleichsam anderen Idiome arbeiten; in Wirklichkeit sind's ja *sie,* und nicht Rilke, die die charakteristischen Interessen der neueren europäischen Lyrik in deutscher Sprache artikulieren, Geist von Geist, Sprache von Sprache Rimbauds, Appolinaires, Majakowskis, Marinettis. Viele Epochen der Rilkeschen Lyrik sind technische Anachronismen: erneuerte Butzenscheiben, Liliencron und François Coppée in den frühen Arbeiten; Gautier und die Parnassiens von 1840 in den *Dinggedichten,* die Ritterballade à la Graf Strachwitz impressionistisch, farbig, malerisch gelockert im *Cornett;* es sind dichterische Rückzugsgefechte, die in der inneren Chronologie der europäischen Lyrik zur Vor-Moderne zählen.

[...]

Der Mythus, den Rilke vor der Welt entwarf, besaß vielfältige Stränge; keiner entscheidender als sein eigentümlicher Drang, die Geschichte aufzuhalten, Zeit in Raum zu verwandeln, Augenblick in Landschaft: – nur eben hat der neue Leser und Interpret allzuviel von der prägend-verhängnisvollen Macht der Geschichte erfahren, um ihr magisch süßes Verschwinden (hastdunichtgesehn) mit ungetrübtem Beifall zu begleiten. Die Welt ist nicht allein *Baum, Fenster, Haus, Krug,* die ins Unvergängliche und Unsichtbare zu retten sind; die Welt, das sind, leider und vor allem, geplagte Menschen im reißenden Fluß der Zeit, Menschen an Schützenlöchern, Mauern, Sandsäcken, Barrikaden, Gefängnisgittern, Ghettogrenzen; wer wollte eine solche Welt ins Unveränderliche retten, ehe sie nicht menschlicher wäre? Nur der dogmatische Leser aber würde mit Rilkes Weltbegriff das *Wechselspiel* seiner Kunst negieren; das gestern Populäre ist für diesmal dahin, und die Wahl wird genau. Nichts Zukunftsträchtigeres, glaube ich, als die Aufzeichnungen des *Malte Laurids Brigge,* in welchen der Lyriker eine neue Epoche der präzisen deutschen Prosa beginnt und, in der radikalen Frage nach der Realität, seinen Zeitgenossen auf dem Wege Robbe-Grillets vorangeht [. . .]. Der Leser Eliots, Pounds und Montales ist wählerisch geworden; vielleicht wird er sich sogar zu einer unerhörten Ketzerei hinreißen lassen und behaupten, die dritte Elegie sei besser als die zehnte, weil er die Leidstadt der zehnten als ungeformte Allegorie empfindet (während er in der dritten die psychoanalytische Introspektion sich zu einer dominierenden Metapher kristallisieren sieht) – und unbeirrt fortfahren, Gedicht nach Gedicht zu prüfen anstatt ganze Etappen oder Gedichtkreise ohne Besinnung zu rühmen oder zu ignorieren. Dieser pragmatische Leser wird sich mancher Entdeckungen freuen, vor allem in den verstreuten und nachgelassenen Gedichten aus den mittleren und späten Jahren, Paris 1913-14, und aus der spätesten Epoche in Muzot; hätte Rilke nichts anderes geschrieben als sie, er wäre – *gegen Benns Votum* – als dichterische Intelligenz, als Artist erster Ordnung, legitimiert. Ich meine Gedichte wie *Hebend die Blicke vom Buch* (1914), oder: *Tränen, Tränen, die aus mir brechen / mein Tod, Mohr, Träger meines Herzens* (Paris 1913), und, ein wenig später: *O Lächeln, erstes Lächeln, unser Lächeln,* oder jenes unersetzlichste aller deutschen Vorfrühlingsgedichte aus dem Valais: *Härte schwand. Auf einmal legt sich Schonung / an der Wiesen aufgedecktes Grau* . . . Dieser glücklichen Abenteuer ist kein Ende; und erst der gründlich entmythologisierte Rilke taucht als lyrischer Proteus der Epoche auf.

Ebd., S. 6 f. und 9 f.; unter dem Titel: In Sachen Rilke auch in: Neue Zürcher Zeitung (1965), 7. August

100. Geburtstag 1975

Hans-Georg Gadamer

63. Aus: *Rilke nach fünfzig Jahren*

Rilkes Dichtung hatte ihre Zeit, in der kein ästhetisches Raffinement, kein hochgezüchteter Manierismus, keine Emphase und keine hermetische Esoterik hindern konnte, daß sie von einer wachsenden Leserschaft des In- und Auslandes wie auf Händen getragen wurde. Diese Zeit der unmittelbaren Hingabe ist vorüber. Aber Dichtung hat Zeit, und Dichtung, die ein halbes Jahrhundert solchen Widerhall zu wecken wußte, bleibt ein Angebot. Was einst wie hermetisch verschlossen und magisch bewirkend schien, mag heute fast überdeutlich geworden sein. Wir sind alle in diese Art von Sonnenferne getreten. Aber es ist eine Sonne. Wo Sprache zu Gebilde und Gefüge wurde, das in sich derart Bestand und Dauer gewann wie Rilkes Elegienwerk und was sich um es ordnet, ist ihr immer wieder, in allem Wechsel von Erblassen und Erglühen, neue Auferstehung gesichert, die ein betroffener Leser ihr bereitet.

Vortrag, gehalten am 6. 12. 1975; hier nach: Insel Almanach 1977 (Frankfurt: Insel 1976), S. 78

Rudolf Hartung

64. Aus: *Versuch über Rilke*

Dann, nach langer Pause die freilich, wie wir heute wissen, so unproduktiv keineswegs war, entstanden in schneller Folge die ›*Duineser Elegien*‹ und die ›*Sonette an Orpheus*‹. Hier nun wurde, was in dem Gedicht ›Wendung‹ aus dem Jahre 1914 bereits postuliert wurde, »Herz-Werk« getan: das Herz, um bei dieser Metapher zu bleiben, nicht der philosophische Verstand wie bei Heidegger, mit dem Rilke, bei allen Unterschieden von Metier und Medium, so vieles gemein hat –: das Herz legte das Dasein im Ganzen aus, und dies oft auch dort, wo wie in manchen der Sonette nur scheinbar Partikulares gedeutet wird. Aus der Tiefe des empfundenen Daseins steigen die mythischen Figuren und die Mythologeme herauf und finden Einlaß im Gedicht: der Engel und die Liebenden, der Held und der verborgene »Fluß-Gott des Bluts«, Orpheus und die Verwandlung der Dinge ins Unsichtbare. Die meisten dieser Figuren und Themen sind lange im Werk vorbereitet. Nun aber werden sie gleichsam kanonisiert, und Rilke wird – wie Nietzsche im ›Zarathustra‹ – zum Verkünder. Damit hängt das Deutliche, Überdeutliche der dichterischen Aussage zumal der Elegien zusammen: und dies scheint mir, jenseits von wahr und falsch, der triftigste Einwand gegen diese Arbeiten bzw. gegen manche Partien und Aspekte dieser Arbeiten zu sein. Der Leser der Elegien wird sozusagen mit *Resultaten* konfrontiert, mit einer bereits vom Dichter endgültig gedeuteten Welt: das Unüberschaubare des Daseins ist zu oft herrlichen »lyrischen Summen« (ein Ausdruck Rilkes) zusammengezogen, man könnte auch sagen: zu Sternbildern, an denen man sich orientieren kann.

Dergleichen ruft ein Wort auf, das von den Nazis korrumpiert wurde und dessen Gehalt obsolet geworden ist – das Wort ›Weltanschauung‹. Auch steht solches Verkünden in seltsamem Widerspruch zu einem der fast gleichzeitigen Sonette, in dem es heißt: »In Wahrheit singen, ist ein andrer Hauch. / Ein Hauch um nichts. Ein Wehn im Gott. Ein Wind.« Gerade *das,* nämlich »ein Hauch um nichts«, sind die Elegien nicht, wenn anders die Verse aus diesem Sonett eine *nicht* mit Sinn und Deutung schwer befrachtete, sondern eine sozusagen intentionslose Dichtung meinen. Eine Dichtung, in der Dinge und Vorgänge nicht mehr umworben und nicht mehr feierlich gerühmt werden, sondern sein dürfen, was sie sind. Von Gedichten solcher Art gibt es einige wunderbare, die vor und nach den Elegien entstanden sind.

Neue Rundschau 87 (1976) H. 1, S. 60; unwesentlich veränderter Text eines Vortrags, gehalten in der Berliner Akademie der Künste am 4. Dezember 1975, anschließend in mehreren Städten Israels

Hans Egon Holthusen

65. Aus: *Der Dichter und der Löwe von Toledo.* *Zum 100. Geburtstag Rainer Maria Rilkes*

Einerseits »Dinge machen aus Angst« (1903 in einem Brief an Lou Andreas-Salomé); andrerseits »Hiersein ist herrlich« (VII. Elegie) und »Hier ist des Säglichen Zeit« (IX. Elegie). Einerseits diese beispiellose Geschichte vom Untergang einer Seele im »Malte Laurids Brigge«, aufgezeichnet in den Jahren 1904-10 auf halbem Wege zwischen Kierkegaard und Heidegger, eine Expedition in die Tiefen der »Angst« und die äußerste Aushäusigkeit des Verlorenen Sohnes, die den Nachweis erbringt, daß »dieses so ins Bodenlose gehängte Leben eigentlich unmöglich« sei, und die eine Auslegung in der Sprache der existentiellen Philosophie gebieterisch zu verlangen scheint.

Andrerseits der dionysische Daseinsjubel in den Duineser Elegien und den Sonetten an Orpheus – »Lebens- und Todesbejahung erweist sich als Eines in den Elegien« –, dieser affirmative Enthusiasmus des produktiven Vermögens, der doch keineswegs auf eine außerhalb des lyrischen Ich liegende »objektive« Welt gerichtet ist, sondern sich selber meint, ein narzistisch gestimmtes und systematisch entwickeltes »Mir zur Feier«, das in der Inthronisation des »Sängers« als des Stellvertreters der Menschheit vor dem »Engel« kulminiert. Man kann das interpretieren als einen letzten und äußersten Triumph des L'art pour l'art-Prinzips der symbolistischen Bewegung.

*

Das alles hat uns einmal gewaltig eingeleuchtet, dreißig und vierzig Jahre ist das her, und manche haben es seinerzeit vielleicht allzu gut verstanden und in ihm eine Art Religionsersatz zu finden geglaubt, ein dichterisch artikuliertes Evangelium vom »Leben«, von Leiden und Leisten, Liebe und Tod. Andere haben schon damals geglaubt, daß nur im Gegenlicht des kritischen Gedankens Kontur gewinnen kann, was als eine so überschwengliche Feier seiner selbst sich vollendet hat.

Seitdem aber hat sich das intellektuelle Klima in unserem Lande sehr weitgehend verändert, und das Datum von Rilkes hundertstem Geburtstag trifft uns in einer Verfassung, die es zweifelhaft erscheinen läßt, ob sich das Werk dieses Dichters (der sonst überall in der Welt als ein Klassiker der modernen Literatur seinen festen und sehr hohen Kurswert hat) sich uns noch, wie ehedem, erschließen kann.

Münchner Merkur (1975), 29./30. November, S. 25

Vgl. auch Nr. 152-154 und 165.

JOACHIM KAISER

66. Aus: *Von der Schwierigkeit, Rilke zu lieben.* *Zum 100. Geburtstag des Dichters*

Da war doch immer etwas, eine Rilke-Gewißheit unterhalb aller neuen Stimmungen und Wendungen der Nachkriegsliteratur, jenseits philosophisch-akademischer Insider-Interpretationen über die Rolle des Engels in den Duineser Elegien oder des Sängers in den Orpheus-Sonetten. Es war die Erinnerung an Gelungenheiten und Differenziertheiten, wie sie die deutsche Sprache vor Rainer Maria Rilke noch nicht hergegeben hatte. Kafka oder Thomas Mann, George oder Hofmannsthal, Brecht oder Böll oder Grass: sie hatten allesamt Rilkes Wirkung, Rilkes Schatten, den riesigen Rilke-Rest nicht ungeschehen machen können, wollen. Eine Fülle von Bildern, Rhythmen, von poetisch Festgehaltenem, Unüberholtem überdauerte – allem Befremden, allem Überdruß, allem »Vernünftig-Sein« zum Trotz.

Als Hermann Hesse in modische Vergessenheit geriet, da meinten doch während der fünfziger Jahre auch seine Freunde, Verleger und Sekundär-Jünger, er wäre wohl nur ein vergangenes, ein liebenswürdig provinzielles Prosa-Ereignis ohne weiterwirkende Folgen gewesen. Rilke hatte zwar ungleich mehr Zorn, Abscheu, Kopfschütteln auf sich gezogen, nachdem man davon abgekommen war, aus den späten Visionen Ersatzreligionen für dürftige Zeiten ableiten zu wollen. Aber daß er – Rilke – ein besonderes, ein großes Dichtungsereignis gewesen sei, wußten oder konzedierten auch diejenigen, denen sein virtuos gehandhabter Feinsinn, seine universale Poetisierung und seine aristokratische Pose, kurz seine vermeintliche Unwahrhaftigkeit oft so fatal schienen. Kein Zweifel: Zumindest einige Gedichte der mittleren und späteren Zeit sowie die Prosa der »Aufzeichnungen des Malte Laurids Brigge« sind poetische Ereignisse von Jahrhundertrang gewesen.

[...]

So bleibt als gewichtigster Vorwurf doch der unwägbarste, um den sich keine Rilke-Meditation herumdrücken darf. Nämlich: Ging ihm die virtuose Sprachkunst zu leicht, zu flüssig von der Hand? Ist das Gelingen zu selbstverständlich, zu mechanisch, zu gepflegt, zu »undeutsch«, was hier heißt: der Seele unserer Sprache nicht ganz gemäß? Und Pose deshalb, weil die feinen zarten und die feinen preziösen Wörter so widerstandslos sich fügen, wie sie sich bei Hölderlin, bei Goethe, aber auch bei Trakl und George eben nicht fügen? Oder besteht gar, wie ich vermute, nach klangvoll-rauschhaftem Lyrikanfang eine Beziehung zwischen dem fast tödlichen Erschrecken vor der durchschauten Welt (im »Malte«) und dem Gegenentwurf einer gehobenen, von Engeln und Dichtern und Archetypen erfüllten Antiwelt des Spätwerks? Im Brief eines jungen Arbeiters, einem fiktiven Dokument aus Rilkes Spätzeit, heißt es diesbezüglich: »Hier ist der Engel, den es nicht giebt, und der Teufel, den es nicht giebt, und, ich kann mir nicht helfen, ihre Unwirklichkeit macht ihn mir wirklicher« [Materialien I, S. 242]. Ein Umschlag also aus dem unerträglichen Realen in gestaltete Erlösungsvisionen?

[...]

Nein, allein von den allzu gewählten Worten dieses so sorgsam wählenden Dichters hängt der Eindruck des Geschmäcklerischen nicht ab. Befremdend war und ist eher die *bedenkenlose Entschiedenheit* seiner Gott-Seligkeit, seiner Tendenz zum Aristokratischen, seines lyrisch-prophetischen Gefunden-Habens.

Süddeutsche Zeitung (1975), 29./30. November

Vgl. auch die Leserbriefe zu diesem Artikel in der Ausgabe vom 27./28. Dezember.

Ernst Leisi

67. Aus: *Rilkes Aktualität*

Rilke aktuell? – Dies mag wohl vielen von uns unglaublich vorkommen. Verkörpert er doch ungefähr alles, von dem man sich heute entschieden abgesetzt hat: Ästhetizismus mit Vasen, Rosen, Parks und weißgekleideten Mädchen; Vorliebe für die Aristokraten, an die er sich – gleichsam ein Epiphyt von Epiphyten – gerne gehalten hat; auch Militaristisches kann man ihm vorwerfen: den »Cornet«, den »Letzten Grafen von Brederode«, die Hymnen an den »hörengesagten, unglaublichen Kriegsgott«. Und das Allerschlimmste: Rilkes Individualismus! Da gibt es keine Gruppen- und Gesellschaftsprobleme; da geht es nur um das Individuum. Selbst die Liebe führt eher zum eigenen Ich zurück oder über das Geliebte hinaus, aber gewiß nicht zur Solidarität. Und die »soziale Interaktion« wird deutlich abgelehnt, etwa in der zweiten Elegie, wo von der »Vorsicht menschlicher Geste« die Rede ist und von den Händen, welche »drucklos beruhen«.

All dies mag den typischen Vertreter unserer Zeit aufs äußerste befremden, komme er nun von rechts oder von links. Von der Linken aus wird man Rilke als dekadenten, bourgeoisen Individualisten und Ästheten sehen und schelten, von der Rechten als den, der das Nichtleistende preist, als den Apostel der Ruhenden, Schlafenden, Spielenden, kurz, den Schwänzer in unserer tätigen Gesellschaft.

Wie immer, wenn sich zwei Feinde in der Abneigung gegen einen Dritten finden, ist dieser Dritte mindestens interessant. Kommt die Feindschaft vielleicht daher, daß manches an Rilke unseren Zeitgenossen zum Ärgernis gereicht – wobei der Fehler nicht unbedingt beim Ärgernis liegt? Tut man vielleicht gut daran, sich wieder einmal des Wortes aus T. S. Eliots »Family Reunion« zu entsinnen:

> *»In a world of fugitives*
> *The person taking the opposite direction*
> *Will appear to run away.«*[1]

In der Tat, spätestens mit den Sonetten und Elegien hat Rilke einen Mythos geschaffen, der unserer geschäftigen abendländischen Welt fremd, aber gerade darum auch nötig ist. Seine Verkörperungen sind Orpheus, die Engel und Narziß; in deren Umkreis befinden sich bestimmte Tiere (Löwen, Vögel, das Einhorn) und Dinge (Brunnen, Spiegel, Bäume).

[. . .]

In den Symbolen Brunnen, Spiegel und Baum/Frucht wird immer ein Kreislauf geschildert: die von einem Wesen ausgehenden Seinsäußerungen kehren zu ihm zurück; das Wesen ist für sich selbst da. Wo immer dieser Kreislauf geschlossen ist, da ist Orpheus noch gegenwärtig, da »singt« er noch. Orpheus ist also so etwas wie der Gott des reinen, unverzweckten Seins, des Seins um seiner selbst willen.

Was wir den räumlichen und den zeitlichen Aspekt genannt haben, ist in Wirklichkeit nicht voneinander zu trennen. Der orphische Kreislauf ist dann am reinsten verwirklicht, wenn das, was von einem Wesen ausgeht, gleichzeitig zu ihm zurückkommt, so wie die Erde gleichzeitig redet und hört und so wie der in den Spiegel Schauende sich gleichzeitig erblickt.

Dauernd verwirklicht ist dieser Kreislauf wohl nur in den hypothetischen Figuren der *Engel,* von denen vor allem in den ersten zwei Elegien die Rede ist. Sie haben mit der konventionellen Vorstellung von Engeln wenig gemeinsam. Wichtig ist, daß sie im Gegensatz stehen zu den sich verflüchtigenden, ihr Sein nicht wieder auffangenden Menschen; sie sind

»Spiegel: die die entströmte eigene Schönheit
 wiederschöpfen zurück in das eigene Antlitz«,

und sie befinden sich ständig im »Wirbel ihrer Rückkehr zu sich«.

Neue Zürcher Zeitung (1975), 29./30. November, S. 57

1 [»In einer Welt von Flüchtenden/Wird jeder, der die entgegengesetzte Richtung nimmt,/Davonzulaufen scheinen.« T. S. Eliot, Der Familientag. Deutsch von Rudolf Alexander Schröder und Peter Suhrkamp (Berlin 1949), S. 97]

Hans Mislin

68. Aus: *Was soll uns Rilke heute?*
Zum 100. Geburtstag von Rainer Maria Rilke

Rilkes Anliegen ist zunächst die Rechtfertigung unseres ganzen Daseins, unseres Hierseins, des Hiesigen, des Diesseits. Es ist die Bejahung der Schöpfung und Liebe zur Kreatur, die Bestätigung der Welt im Dienst an ihr und immer wieder die Natur und der rechte Gebrauch von ihr, der rechte Gebrauch des menschlichen, des irdischen Daseins. Die eigentliche Schicksalsfrage, die ihn bedrängt, beantwortet Rilke mit Versen der Neunten Elegie:

> »Oh, nicht weil Glück ist,
> dieser voreilige Vorteil nahen Verlusts.
> Nicht aus Neugier oder zur Übung des Herzens,
> das auch im Lorbeer wäre.
> Aber weil Hiersein viel ist,
> und weil uns scheinbar alles das Hiesige braucht,
> dieses Schwindende, das seltsam uns angeht,
> Uns die Schwindensten.
> Einmal jedes, nur einmal, einmal und nicht mehr.
> Und wir auch einmal. Nie wieder. Aber dieses einmal
> gewesen zu sein,
> wenn auch nur einmal:
> irdisch gewesen zu sein, scheint nicht widerrufbar.«

Hiersein ist aber zugleich bei Rilke auch Dortsein. Man vernimmt stets das Hüben und Drüben, das Diesseits und Jenseits. Die Elegien entfalten geradezu eine Gesamtbotschaft des Menschen, eine Botschaft zwischen Geburt und Tod, Sein und Nichtsein der Dinge, zwischen dem Sein und dem Nichts. [. . .]
Jetzt aber wollen wir zum Schluß versuchen auszusprechen, was Rilke mit seiner Kunst geschaffen hat, will meinen, welchen Weltimpuls er in unsere Zeit gegeben hat: »*Nirgends Geliebte wird Welt sein – als innen*«. Er hat sicher die geistig-sittliche Kompaßnadel für unser Denken und Verhalten nach innen, nach der Innenwelt gerichtet. Er prägt das Wort »Weltinnenraum«. Damit wird nicht etwa der Goetheschen Weltformel von

der »Wahrheit des Realen« die Weltformel von der »Wahrheit des Irrealen« gegenübergestellt. Weltinnenraum ist der Ort der Begegnung, ist diesseitig-jenseitige Seinsmitte. Aus dieser Seinsmitte dringt die Stimme der reinen Innerlichkeit, die aber subjektiv-objektive Selbsterkenntnis meint. Der Weltinnenraum Rilkes ist weder das Schlüsselwort für die menschliche Subjektivität noch für ein schwärmerisches Schauen, aber für eine *Ergänzlichkeit*, die eine neue Weltaussage bedeutet. Mit ihr alleine haben wir es jetzt zu tun. Sie hat allerdings nur noch wenig zu schaffen mit jenem Rilke der Zwanzigerjahre, dem Liebling der Frauen, jenem aristokratischen Weltenbummler, dem sentimental-artistischen, manierierten Dichter. Wir haben es zu tun mit dem Rilke, der ins Ursprüngliche, ins Elementare einkehrte, nicht ins Primitive oder Primitivisierende. Diese Einkehr Rilkes ins Elementare, Urtümliche, hat er einer neuen Generation als Zukunftsweg gewiesen:

Außenwelt und Innenwelt, Äußeres und Inneres, zwar für uns alle längst als Gegensätze unterscheidbar geworden, müssen wieder in die größtmögliche Einheit gebracht werden. Die Verwissenschaftlichung des Geistes und des Lebens haben Außenwelt und Innenwelt einander bis zur Beziehungslosigkeit entfremdet. Daß sie beide aber zur unteilbar einen Welt zusammenwachsen, das ist Rilkes Er-Öffnung! Dieser von ihm gewiesene Zukunftsweg der Synthese kann allerdings nur beschritten werden durch Verkörperung, durch Gestaltung in aller Schaffensfreiheit. Sie meint Selbstverwirklichung und Weltverwirklichung. Gewiß hat Rilke diesen Weg in das und durch das Elementare noch nicht selber zu Ende gehen können – aber er hat uns bewußt gemacht, daß dieser Zukunftsweg keine Rückkehr ins Naive ist, aber auch kein Rückfall ins Primitive sein kann. Daß er die Steigerung der geistigen Präzision und Integration bedeutet: das bewußte, alles zusammenschauende, allverbindende Wissen und Tun der Wahrheit.

Rilkes Nein, sein unbedingtes Nein in unserer Zeit, sagt seine Dichtung zu allem zynischen Gauklertum, zur Entmenschung und Entgottung dieser unserer Erde.

Rilkes Ja, sein unbedingtes Ja gilt einer neuen Bild- und Geistspannung, welche Ursprünglichstes und Differenziertestes umfaßt. Seine Allverbundenheit ist immer auch eine wissende Allaufschließung. Seine Kunst durchleuchtet die Natur und transzendentiert sie und dies stets als ein Zeugnis mitmenschlicher Solidarität und jeweils in der Wechseldurchdringung des Sichtbaren und Unsichtbaren. Alles bei Rilke zielt hin zur Überwirklichkeit des Wirklichen.

Das Menschenbild umspannt bei Rilke nie zuvor erreichte Gegensätze, nie zuvor erreichte Extreme von Selbstvergöttlichung und von Tiernähe und Nähe des Satanischen. Das Schöpferische wird bei ihm immer weniger um der Kunst willen als »L'Art pour l'art« erkämpft, sondern um des größten Seinsgesetzes willen. Darin erweist sich seine Kunst als das echte Geschehen der Wiedervermenschlichung im Sinne einer Wiederverwurzelung im Hier und im Dort, im Diesseits und im Jenseits.

Erweist sich als eine Partnerschaft mit der Natur im Weltaußenraum und im Weltinnenraum. Die Gewinnung dieser lebendigen Seinsmitte ist Rilkes Anliegen und der unabsehbare Anstoß für uns alle.

Text eines Vortrages, gehalten in Raron am 4. Dezember 1975; veröffentlicht als Privatdruck: Naters 1975, S. 5 und 7 f.; der Verf., ehem. Direktor des Instituts für Physiologische Zoologie, Ordinarius für Allgemeine Biologie an der Johannes Gutenberg Universität Mainz, ist Chef-Redakteur der internationalen Monatszeitschrift für das Gesamtgebiet der Biologie »Experientia« (Birkhäuser Basel).

MARCEL REICH-RANICKI

69. Aus: *Rainer Maria Rilke zum hundertsten Geburtstag*

Generationen deutscher Leser galt und gilt er als die Verkörperung des Dichterischen, sein klangvoll-rhythmischer Name – Rainer Maria Rilke – wurde zum Inbegriff des Poetischen. Sicher ist, daß seit Heine kein deutscher Lyriker so erfolgreich war, keiner eine so starke Wirkung ausgeübt hat wie er, dessen hundertster Geburtstag bevorsteht.

Doch anders als die großen Lyriker des vergangenen Jahrhunderts, anders als Heine, Mörike oder Eichendorff, wurde Rilkes Dichtung zugleich, wenn nicht vor allem als Wort eines Sehers und Propheten, als Heilsverkündung und Religionsersatz empfunden und gedeutet. In dieser Hinsicht mag er nur mit einem einzigen vergleichbar sein – mit jenem Sänger der Deutschen, dessen Name noch heute mit weihevoller Scheu genannt wird: mit Hölderlin. Und wie diesen hat man auch Rilke oft genug auf schändliche Weise mißbraucht.

Der Engländer Stephen Spender hat ihn »einen der großen Heiligen der modernen Kunst« [vgl. Nr. 120] genannt. Aber Rilke war kein Heiliger und mehr als ein Heiliger. Er war ein genialer Künstler.

Gewiß, vieles in seinem Werk ist schwach und fragwürdig, manches wirkt überlebt, ja sogar abgeschmackt. Doch hat er in zahlreichen seiner Verse ausgedrückt, was unaussprechbar schien: Seine Dichtung ist ein Triumph im Kampf gegen das Unsagbare. Er vermochte der deutschen Sprache Töne abzugewinnen und der deutschen Lyrik Bereiche zu erschließen, von denen niemand geahnt hatte. Auch der deutschen Prosa hat er mit dem Tagebuchroman »Die Aufzeichnungen des Malte Laurids Brigge« neue Wege gewiesen.

So gibt es Grund genug, Rilke zu seinem hundertsten Geburtstag zu feiern und zu rühmen. Nur sollte man dabei die gegenwärtige literarische Situation nicht aus dem Auge verlieren. Nach den Jahren der einseitigen Politisierung unserer Literatur besinnt man sich wieder auf die Kunst des Wortes, auf die Dichtung. Wieder einmal entdeckt man das leidende Individuum, man spricht von neuer Subjektivität und von neuer Innerlichkeit.

Mit dieser generellen Tendenz hängt das wachsende Interesse für Rilke zusammen. Die zwölfbändige Taschenbuchausgabe seiner »Sämtlichen Werke«, für die man vor fünf oder zehn Jahren schwerlich genug Käufer gefunden hätte, gehört – neben zahlreichen anderen Buchausgaben und Schallplatten, Veranstaltungen und Ausstellungen – zu den bemerkenswerten Symptomen der gegenwärtigen Rilke-Welle, für die der hundertste Geburtstag am 4. Dezember nur der äußere Anlaß ist.

Was soll man von dieser Welle halten? Um es kurz zu sagen: Eine Rilke-Renaissance wäre erfreulich und nützlich, doch eine Rilke-Mode belanglos und lächerlich, ein Rilke-Kult überflüssig und ärgerlich, eine Rilke-Theologie schädlich und gefährlich.

FAZ (1975), 29. November

EGON SCHWARZ

70. Aus: *Betrachtungen zur Rezeption*
Rainer Maria Rilkes

Ich habe keine Lust, mich als Prophet zu betätigen. Vielleicht wird wirklich wieder mehr Rilke in den Schulen und Universitäten gelesen werden. Die neue konservative Stimmung läßt es als möglich erscheinen. Aber die Zeiten der Rilke-Idolatrie sind wohl für immer vorbei, und eine breite Schichten des lesenden Publikums erfassende Erneuerung der Rilke-Rezeption ist unwahrscheinlich. Dazu ist sein Frühwerk zu banal, das Spätwerk zu unzugänglich und das faszinierende Bild der Persönlichkeit Rilkes als zeitgebundene Artikulation des Lebensgefühls einer ästhetisch gebildeten, größtenteils bereits untergegangenen patrizisch-aristokratischen Oberschicht durch nichts mehr wiederzuerwecken.

Neue Zürcher Zeitung (1975), 29./30. November, S. 57

Vgl. auch die einer Umfrage der FAZ zugrundegelegten ›Drei Thesen‹ (siehe unten Nr. 169, Anmerkung) und die kritische Rilke-Monographie: Das verschluckte Schluchzen. Poesie und Politik bei Rainer Maria Rilke (Frankfurt 1972); siehe auch den Aufsatz: Rainer Maria Rilke unter dem Nationalsozialismus (B 273).

PETER WAPNEWSKI

71. Aus: *Kunst, die Leidenschaft zum Ganzen.*
Überlegungen anläßlich des hundertsten Geburtstages
Rainer Maria Rilkes

In den späten Dichtungen Rilkes aber ist wohl mehr Mythos, Mystik und Magie verrätselt und verborgen, als aus ihnen erlöst werden kann. Sie sind, ihrer prophetisch-vereinnahmenden Gebärde zum Trotz, sehr einsame Dichtungen eines Einsamen, und seine Briefe zeigen (vor allem die an seinen polnischen Übersetzer), wie schwer er sich tat mit dem Versuch einer »Erklärung«. Es sind mythische Chiffren, dem zugeschrieben, der sie schrieb. Vielleicht daß sie wie Rumpelstilzchen ihre

Wesenskraft verlieren, wenn man sie beim Namen nennt, daß sie in Asche abfallen wie der Feuerreiter, wenn man sie berührt? Wahrsagungen gewiß – doch wahr für wen? Dichtungen, mit deren Hilfe der Dichter nicht die Welt verändern, nicht einmal beeinflussen will – sondern nur sich wandeln, sich selbst vollenden. Das kann groß sein und schön und erschütternd auch, aber es ist der Welt und der Gesellschaft hundert und mehr Jahre nach Rilkes Geburt befremdlich und fern. Sie kennt nicht nur Hekuba nicht, sie will ihr auch die Träne nicht opfern.

Zumutungen. Essays zur Literatur des 20. Jahrhunderts (Düsseldorf: Claassen 1979), S. 89

Hans Richter

72. Aus: *Produktivität aus der Bewunderung des Lebens.*
Zum 100. Geburtstag Rainer Maria Rilkes

Was seine Größe ausmacht, läßt sich nicht leicht fassen. Offenkundig und bedeutsam freilich ist seine völlige Freiheit von Chauvinismus und nationaler Borniertheit. Seine starke Liebe zu Rußland, sein lebhaftes Interesse an Dichtung anderer Länder, seine große Einfühlungsgabe und Ausdrucksfähigkeit ließen ihn zu einem außerordentlichen Nachdichter und weltliterarischen Vermittler werden. (Ohne ihn hätte das deutsche Lesepublikum zum Beispiel keinen rechten Begriff von dem herrlichen altrussischen Igorlied.) Aber was sein originäres Schaffen betrifft? Gern bescheinigt man ihm – trotz mancher Manieriertheit – eine bewundernswerte sprachliche Meisterschaft; und tatsächlich hat Rilke in angestrengter Arbeit die Grenzen des Sagbaren wesentlich erweitert. Aber ebenso gern paart sich mit der Anerkennung der Rilkeschen Sprachkultur gleich die Ablehnung seiner Dichtungsinhalte. Gewiß wirken in seinem Denken und Dichten allenthalben Theoreme und Gedanken, die jedem unannehmbar scheinen müssen, der um wissenschaftliche Weltsicht und wirkliche Weltveränderung bemüht ist. Selbst seine Gegenbilder zur Gegenwart und auch noch die antikapitalistischen Zukunftsentwürfe fordern Kritik heraus.

Doch man darf sich nicht allzu kurzsichtig einstellen: Rilke schafft sich eine Sprache, die in ihrer ausgeprägten Eigenart verstanden sein will. Wenn er etwa formuliert: »Wer spricht von Siegen? Überstehn ist alles« [WA 2, 664], dann mag das wie eine eindeutige Aufforderung zu nihilistischer Resignation und müder Passivität klingen. Allein diese streng bildhaft zu nehmende Schlußwendung und das gesamte Gedicht auf einen jungen selbstmörderischen Künstler fordern ganz im Gegenteil gerade die tätige Annahme des Lebens als der großen Aufgabe des Menschen.

Dieses Requiem verficht eben jene eigenartige humane Diesseitsreligion, an der Rilke im Grunde zeitlebens arbeitet, indem er immer neue poetische Negationen der christ-katholischen Jenseitsreligion schafft, von der seine Kindheit geprägt war und die er immer hartnäckiger ablehnt. Die zentralen Motive Kunst und Leben, Liebe und Tod erhalten ihren spezifischen Sinn erst aus dem Zusammenhang seines ständigen Ringens um eine antichristliche monistische Weltauffassung, seiner anhaltenden Auflehnung gegen das Christentum, gegen die Ablenkung des Menschen vom Diesseits. Aus der Verabschiedung des Unsterblichkeitsglaubens zieht Rilke keine sozialen Schlüsse, wie wir sie etwa von Heine kennen. Und es ist unbestreitbar, daß hier Ansatzpunkte nicht nur für Mißverständnis, sondern auch Mißbrauch der Rilkeschen Werke liegen.

Aber er erstrebt diese Leistungen über ein äußerst intensives Erschauen und Erfühlen des Wirklichen (wobei ihm Cézanne und vor allem Rodin zu wichtigen Lehrern werden), über die gestalterische Bejahung des Irdischen, konsequent verfolgt auf wechselnde Weise: in den heimlich ketzerischen Beschwörungen des »Stunden-Buches«, in der streng gestalteten gegenständlichen Vielfalt der »Neuen Gedichte«, in den lyrischen Summen der »Duineser Elegien« mit ihrer Zeitkritik und dem diesseitssüchtigen Satz »Hiersein ist herrlich«, in den heidnisch-weltfreudigen »Sonetten an Orpheus«.

[. . .]

Überhaupt: Wer, wenn nicht wir, sollte das poetische Vermächtnis Rilkes angemessen wahrnehmen können? Die aus seiner Zeit gewonnene und groß gestaltete Erfahrung der Entfremdung und Selbstentfremdung begünstigt ein prüfendes Bewußtmachen unseres ganz anderen Lebens- und Weltgefühls ungemein. Sehr unterschiedliche Dichter wie Fürnberg [vgl. Nrn. 133 und 134] und Maurer [vgl. Nr. 156] haben uns das längst demonstriert. Und wenn Rilke darin auch nur annähernd recht hat (ich glaube es), daß seine »Produktivität aus der unmittelbarsten Bewunderung des Lebens, aus dem täglichen unerschöpflichen Staunen vor ihm hervorgeht« [Materialien I, S. 201], dann sollte kein Zweifel mehr sein, daß wir an seinem Werk etwas haben, was sich nicht minder als manche andere ererbte Kunst wirklich brauchen läßt.

Neues Deutschland (1975), 4. Dezember, S. 4

Timothy J. Casey

73. Aus: *Rainer Maria Rilke. A Centenary Essay* [Ein Aufsatz zum 100. Geburtstag]

Am Anfang zitierten wir die Meinung, Rilkes Philosophie sei mittlerweile »ihres Nimbus beraubt« worden[1]. Vielleicht gab es überhaupt nie eine Philosophie, aber es gab bestimmt eine existenzielle Konfrontation von ganz außergewöhnlicher Intensität. Trotz seiner extremen Ichbezogenheit, oder vielleicht gerade wegen der völligen Hingabe, mit der er Dichtung lebte, wird Rilke wie nur wenige andere Dichter zum Erlebnis. Es geht nicht darum, sein Werk in einem entrückten Zusammenhang, jenseits der Frage nach »wahr« oder »falsch« zu sehen. Im Gegenteil: seine Dichtung fordert vorrangig dazu heraus, zur »Richtigkeit« oder »Falschheit« dieser Lebensmythologie Stellung zu nehmen. [. . .] Skeptiker und Gläubige haben, so scheint es, gleichermaßen eine persönlichere Begegnung mit Rilkes Werk lohnend gefunden. Es würde schwerfallen, diesen Zugang zur Dichtung als den allgemein gültigen zu verteidigen. Aber vielleicht sollte man sich nicht zuviel Gedanken über das Prinzip machen, wenn es sich, im speziellen Falle Rilkes, in der Praxis als fruchtbar erweist.

Englisch: (London: Macmillan 1976), S. 106

1 Michael Hamburger, The truth of poetry (Harmondsworth 1972), S. 111; deutsch: Die Dialektik der modernen Lyrik. Von Baudelaire bis zur Konkreten Poesie (München 1972), S. 139.

PHILIPPE JACCOTTET

74. Aus: *Centenaire de Rilke: Une tendance à prêcher
l'art comme on prêche Dieu*
[Zum 100. Geburtstag Rilkes: Eine Tendenz,
die Kunst zu predigen, wie man Gott predigt]

Aus der 1910 beginnenden Krise (die sich mit dem Krieg
verschlimmern und bis 1922 nicht lösen wird) steigen die mit
Trauer beladenen Gedichte auf, die heute für uns mehr zählen
als all das, was ihnen vorausgegangen ist – die »Gebete« des
Stunden-Buchs oder selbst die schönen und subtilen Übungen
der *Neuen Gedichte* –, diese Gedichte, von denen man sagen
könnte, daß sie auf dem höchsten Hang eines Gebirges des
Innern geboren seien, wohin sich nur noch eine letzte Blume
oder der Schatten eines Raubvogels vorwagen würden.[1]
[. . .] Die Härte dieses mit verzweifelt geöffneten Augen und
sehr langsamen Schritten begangenen Bodens wird später den
Flügelschlägen der *Duineser Elegien* wie den anmutigen und
ernsthaften Schritten der *Sonette an Orpheus* ihre Wahrheit
verleihen – Werken, die besser, wenn auch noch immer wenig
bekannt sind.

Französisch in: Le Figaro (1975), 20. Dezember, S. 15

1 Der Verfasser spielt auf Rilkes Gedicht ›Ausgesetzt auf den Bergen
des Herzens‹ an (vgl. Materialien Band I, S. 118 f.).

CLAUDIO MAGRIS

75. Aus: *Dall'estetismo allo sperimentalismo.
Rainer Maria Rilke nel primo centenario della nascita*
[Vom Ästhetizismus zum Experimentalismus.
Rainer Maria Rilke im Jahre seines 100. Geburtstages]

Rilke begann mit der Abfassung der *Duineser Elegien* im Jahre
1912, als er Gast der Prinzessin Marie von Thurn und Taxis auf
Schloß Duino bei Triest war. Diese *Elegien* – einem Geistesblitz

des Dichters entsprungen und höchstwahrscheinlich im Jahre 1922 im Schloß Muzot in der Schweiz beendet – sind das Ergebnis von geduldiger und genauer architektonischer Arbeit sowie von Momenten genialer Erleuchtung. Diese schwierigen und esoterischen *Elegien* sind ein Gesang, der nur sich selbst singt, stellen die Stimme des Daseins dar, die nur Stimme, Zeichen, Wort, Gesang ist. In den *Elegien* wird die Poesie selbst zur Struktur der Welt, zum Rhythmus einer Lebenswoge, die jedes Individuum und insbesondere die Individualität des Dichters transzendiert. Diese versinkt in ein finsteres atavistisches Strömen, das sie ganz und gar aufnimmt. In den *Elegien* existiert der Einzelne, jeder Einzelne nicht mehr; er verschwindet durch das Auftreten des Eros, der eine grenzenlos umfassendere Realität als das kleine Individuum darstellt, durch seine Empfindungen und seine Teilnahme am Leben des Universums, durch die Unruhen der pränatalen Tiefe und durch die blendende und furchterregende Erscheinung der Schönheit, die als vernichtender und schrecklicher Engel erscheint. Die *Elegien* sind eine andauernde Frage, eine Befragung des Seins, die in sich schon die Antwort enthält, weil das Sein nur Sagen und Singen ist. Und man sagt und singt nicht etwas, das vor oder außerhalb des Gesanges liegt, sondern nur den Schwung des Sagens oder Singens selbst. In den *Elegien* bestehen Einfachheit und Komplikation, erweitertes Empfindungsvermögen und intellektuelle Abstraktion, breiter syntaktischer Atem und synkopierter Rhythmus nebeneinander; sie äußern sich durch dieses vollständige Rauschen, das mit der Totalität des Seins übereinstimmt oder übereinstimmen will. In dieser ontologischen Dichtung verschwindet das Menschliche fast, weil »Mensch« das Synonym zu Gottlosigkeit und Unstimmigkeit ist, im Gegensatz zum Tier, das in seiner Unwissenheit harmonisch lebt.

Italienisch: zunächst als Rundfunkvortrag im ›Terzo Programma‹, 27. 2. 1975; gedruckt in: L'Approdo Letterario 21 (1975), S. 119. Ins Deutsche übersetzt von Gabriella Thieme

IV. Produktive Rezeption –
zur Wirkungsgeschichte
der ›Duineser Elegien‹

ALBRECHT SCHAEFFER

76. *An Irma Bilek, 18. 1. 1924*

Mir fällt hierbei ein, daß ich Rilkes Duineser Elegien bekam und darin las, fast mit Grausen. Das ist nun die heilloseste Geschwätzigkeit, ein unendliches süßes Geriesel der seltensten Worte und Wendungen, die aber alle so süß und leicht dahinplappern wie Kinder-Gefrage. Und diesem Frommen, diesem Schein-Heiligen, der sich nur noch mit Gott und Engeln unterhält, ist Nichts heilig und nun zerreißt er die ewigen, heilignotwendigen Bindungen des Hexameters, edelste Schöpfung des edelsten Volkes, nach seiner Spiel-Laune und versetzt sie mit seinen Freien Rhythmen, daß es ein Gräuel ist, die Unnatur der Verfilzung zu sehn. Es ist die zu lyristischem Geschwätz gewordene Impotenz, denn herausgesogen ist Alles aus dem einen Nihilismus: Man kann nicht; man ist ohnmächtig, sich, Andre, das Leben zu halten; Alles ist Nichts, nur die Engel sind, ein wenig, wie aus Versehen . . . Denn er ist haltlos, ihm schlüpft Alles aus den Fingern heraus, es ist Alles nur ein Gepladder von Assoziationen. Es macht mich unsagbar grimmig, und ich kann die Worte nicht hart genug finden, um die Fetzen in das zu zerreißen, was sie sind. Es ist Hermann Bahrs ›Talent‹ im äußersten Auswuchs der Heillosigkeit.

Teilveröffentlichung bei: Schnack, S. 890; hier überprüft und ergänzt nach der Handschrift im Deutschen Literaturarchiv, Marbach

Hans Carossa

77. *An Rainer Maria Rilke, Ostersonntag 1924*

Lieber Rainer Maria Rilke!

Das ärztliche Treiben ließ mich doch nicht so völlig los wie ich gehofft hatte, und so ist auch dies nur ein einfacher Dank für Ihre unbeschreiblich herrlichen Bücher; besonders für die Duineser Elegien! Diese sind das langsam gewachsene Gold vieler vieler Jahre. Welche Unzahl Bücher schleudert jetzt mancher heraus, und jedes ist gut, jedes geht einem ein und verklärt oder beleuchtet einem auf irgend eine Weise das Leben. Hätte man aber alle gelesen, so stünde man auf keiner andern Stufe als vorher. Wie ganz anders setzen einem diese Elegien zu. Nur nach und nach vereinigen sie sich mit der Natur des Lesenden; hat man aber die ersten Zeilenreihen in sich aufgenommen, so erschrickt man und weiß, man wird sein Leben ändern. Ja, lieber Rilke, Sie bräuchten keinen Vers, keine Zeile mehr zu schreiben und würden doch immer mächtiger wirken.

Wie wunderbar sind auch die Verse, die Sie mir in das Buch geschrieben haben![1] Ich könnte meinen, sie seien auf mich gedichtet; verlieren und loslassen zu müssen, ist ja Tag um Tag mein Schicksal.

Vor einer Woche kehrte, von Köln her durchreisend, Ernst Bertram[2] noch spät bei mir ein und bekannte überaus lebhaft seine Bewunderung der Duineser Elegien. Es seien Stellen darin, meinte er, bei denen er zornig über sich werde, weil er sie nicht selbst geschrieben habe. Im Stillen weiß er ja so gut wie ich, daß solche Stellen vom Ganzen nicht lösbar sind und daß dies immer nur Einer hervorbringen kann, dennoch begriff ich ihn, hab ich darüber nachgedacht. Aber auch da: kurz und bündig! Sonst wirds ein literarischer Abend, und die Hauptsache ist und bleibt doch der Gesang!

Mit herzlichem Gruß und Dank

Ihr H. Carossa[3]

Briefe, Bd. II. Hg. von Eva Kampmann-Carossa (Frankfurt: Insel 1978), S. 65 f.

Liebe, herzlich verehrte Frau Kippenberg!

Bei der Nachricht vom Tode Rilkes, die mich als einen völlig Unvorbereiteten soeben traf, gedenke ich Ihrer und Anton Kippenbergs und der Stunde, da Sie mir Korrekturen der Duineser Elegien zeigten[4]; von ihnen, so fühlten Sie damals, war Ihre Genesung ausgegangen. Ich kann heute keinen Brief schreiben, wollte Ihnen Beiden nur ein Zeichen geben, daß ich im Geiste bei Ihnen bin und mit Ihnen trauere. Für eine Natur wie die Rilkes gibt es keine Zufälle, und wer die Elegien aufmerksam gelesen hatte, der spürte: dieses Leben ist erfüllt, aufs herrlichste erfüllt.

Ebd., S. 107 f.

79. Aus: *Führung und Geleit. Ein Lebensgedenkbuch*

Je näher ich kam, um so stärker fiel mir das Erloschene seines Gesichtes auf; ein großer Waldvogel, den ich einmal sterben gesehen, hatte mir einen ähnlichen Eindruck hinterlassen. Mich konnte es keineswegs befremden, daß ein Mensch, der sich an ungewöhnliche Leistungen hingab, auch einmal ungewöhnlich ermüdet aussah, und hätte ich vollends gewußt, daß damals[5] bereits jene sieghaften Klagen in ihm zu erklingen begannen, die später als »Duineser Elegien« berühmt geworden sind, so wäre mir sein Aspekt noch begreiflicher gewesen. Wer an solchen Dichtungen spann, der mußte sich immer wieder wie ein Perlentaucher auf den Grund seiner eigenen Seele hinunterlassen, wo er Gefahr lief, dem Druck der oberen Schichten zu erliegen und den Rückweg zu verfehlen.

[. . .]

Jeder minder Begabte, der sein inneres Sehvermögen so schonungslos ausnützen, die Dichtung solchermaßen wie höhere Mathematik betreiben wollte, wie bald käme er in Gefahr, von den strömenden Kräften des Alls abgeschnitten zu werden! Und ob nicht sogar die »Duineser Elegien« selbst auf Kosten eines lebenswichtigen Organs erwachsen sind, das ist eine Frage, die manchmal den ärztlichen Sinn beschäftigt.

(Leipzig: Insel 1933), S. 91 und 97 f.

1 Vgl. Materialien Band I, S. 304.

2 Ernst Bertram (1884-1957): Schriftsteller und Literarhistoriker; Mitglied des George-Kreises.

3 Im Dezember 1925 entsteht das folgende Dank-Gedicht (Briefe II, S. 90 f.):

> Stern muß verbrennen
> schlaflos im Äther,
> damit um Erden
> das Leben grünt.
>
> Blut muß versinken,
> viel Blut, viel Thränen,
> damit uns Erde
> zur Heimath wird.
>
> Wo Kräfte rasen
> in wundem Hasse,
> quillt lautre Heilkraft
> aus gutem Tod.
>
> Solang wir irren,
> wachen die Mächte.
> In bitterer Eintracht
> suchen wir Licht.
>
> Und alle Wunder
> geschehn an Ufern.
> Wir drängen alle
> zum freien Strand.
>
> Wir sind beladen
> mit Stoff der Sonne.
> Wir müssen schwinden,
> so stark sind wir.
>
> Es giebt kein Ende,
> nur glühendes Dienen.
> Zerfallend senden
> wir Strahlen aus . . .
>   Hans Carossa
>
>   Rainer Maria Rilke
>   in immer tieferer Erkennung
>   und Verehrung der Duineser Elegien

4 Im Februar 1923; vgl. Briefe II, S. 56.

5 Die erste Begegnung Carossas mit Rilke fand am 16. Mai 1915 in

München statt, unmittelbar bevor Carossa seinen »Weg zu den europäischen Schlachtfeldern einschlug« (Führung und Geleit, S. 90).

OSKAR LOERKE

80. *Rainer Maria Rilke.*
Zum fünfzigsten Geburtstage am 4. Dezember 1925

»Wir leben wahrhaft in Figuren, und mit kleinen Schritten gehen die Uhren neben unserem eigentlichen Tag.« [WA 2, 738] – Die Uhren haben einem Dichter des Zeitlosen in einer Sprache, die er nicht spricht, ein halbes Jahrhundert zugezählt. Seine eindringliche Wirkung rührt daher, daß er mit allen seinen Worten den Schatz des Schweigens vermehrte.

Seines Wesens ist es, nicht seine Zeit, sondern seinen Ort zu suchen. Diesem Orte rücken alle seine Bücher zu, und es fällt darum nicht sehr auf, daß seine Kunst durch vielerlei Verwandlung gegangen ist, es fällt auch nicht sehr auf, daß er in den letzten Jahren mit seinen Gaben sparsam geworden ist. Alles diente dazu, die Weltfigur zu entdecken, in deren Mittelpunkt er lebt.

Die Figur ist ein System der Beziehungen (das Wort Bezug ist einer der häufigsten Ausdrücke in Rilkes Versen, es findet sich früh und spät, es findet sich an magischen und trockenen Stellen), sie ist kein System der Dinge, kein Bau der Erscheinung, keine Ordnung der Begriffe. Die Beziehungen sind unsichtbar – aber das anschaulich zu machen, braucht Rilke die unabsehbaren Heerzüge von Sichtbarkeiten, sie sind unhörbar, dazu braucht er den ganzen Aufwand seiner Musik, die in seiner mittleren Periode sich nicht genugtun kann mit End- und Binnenreimen, mit konsonantischen und vokalischen Gleichklängen, mit Zerstörung der Versschlüsse, der Pausen, die etwas Definitives beschließen, etwas Einzelnes gewinnen lassen könnten – denn sonst würde vielleicht das Einzelne gelten wollen, zu sehr Wirklichkeit oder Gleichnis eines Teils. Die Namen dürfen nicht eine Substanz von der anderen unterscheiden, weil alle

Dinge außer der Diesseitigkeit eine Jenseitigkeit haben. Es ist dem Dichter, als ob ihm selbst zuweilen jemand seinen Namen nähme, und sein Glück ist dann das Wissen: er braucht keinen mehr. Dann erst ist er gelöst genug, um den zweckbefreiten Zusammenhang alles Nennbaren zu empfinden. Beziehen wir die Lebewesen und noch die toten Dinge auf uns, nach ihrer Nutzbarkeit, nach ihrer Fähigkeit, uns Erkenntnisse und Ahnungen zu vermitteln, so setzen wir uns im Grunde an ihre Stelle. Sie sind alsdann unser selbstsüchtiges Ich in anderer Form, verkappt, entfremdet. Es ist einerlei, ob wir sie als Ich oder Du anreden, als Du bliebe doch nur ein zweites, wenngleich unbekanntes Ich. Die Dinge sind als Ich oder Du nicht sie selbst: nicht sie blicken uns an, sondern immer wir sie, gleichviel mit welchem Ergebnis.

Vielmehr: auch sie haben ihren Blick auf uns, ihr Erlebnis mit den Nebendingen, bis in die Unendlichkeit hinein. Dessen gilt es inne zu werden. Das Inneseins der Dinge ist einfaches Dasein, ohne Bestimmung, das Innewerden im Menschen ist Gesang. Rilke sagt: »Gesang ist Dasein«. Dahinter jedoch erhebt sich die Frage: »Wann aber sind wir?« [WA 2, 732]. Wann wendet der Gott an unser Sein die Erde und die Sterne? – Dann, wann wir von ihnen aus auf unser Diesseits schauen, nicht mehr pantheistisch, d. h. anthropomorph. Geschnittene Blumen etwa haben nicht das Erlebnis unserer Freude und Rührung, sondern sie haben ihr Erlebnis, im Wasser aus dem begonnenen Tode erweckt zu werden, die Wärme aus der Frauenhand, die sie berührt, an sich zu dulden und aufzunehmen. Die Hingebung an solcherlei Ereignis, die Bereitschaft dazu ersetzt die Selbstsucht durch Weltoffenheit im Gesange. Dann verdämmert das Diesseits in einem mit ihm gleichartigen Jenseits, dann gebärt sich aus jenem Jenseits das Diesseits bereichert wieder. »Die kleinen Dörfer, die sich nahn, vergehen wieder wie Geläute und wie ein Gestern und ein Heute und so wie alles, was wir sahn. Aber an dieses Stromes Lauf stehn immer wieder Städte auf und kommen wie auf Flügelschlägen der feierlichen Fahrt entgegen.« [WA 1, 322].

Der Kürze halber mit einer Vergröberung gesagt: Die durch unsere Trägheit larvenhafte sichtbare Welt wird unsichtbar gemacht, damit die unsichtbare sichtbar werde. An den Schnittpunkten dieses Hin- und Wiederzuges entspringt das poetische

Wort. Geht es von hier aus, so wird es immer poetisch sein, ob es, auf dem öffentlichen Markte der Worte gewendet, geprüft und gewogen, einmal naturalistisch, einmal romantisch, einmal philosophisch, einmal mathematisch, scheint. Das verwandelnde Aussagen bedeutet für Rilke orpheisches Singen. Der Kraft gewiß, als ein Orpheus auch nichtmenschliche Wesen seine Stimme verstehen zu lehren, läßt sich der Dichter nicht abschrecken, um der Wahrheit willen auch einmal in dozierenden Tonfall zu verfallen. »Nur mach die Armen endlich wieder arm. Sie sind es nicht, sie sind nur die Nicht-Reichen.« [WA 1, 355]. Es erkältet ihn nicht, wenn er in den Reim Fremdwörter setzt wie Blasphemie, Embryos, Charlatan, der Leprose, Kulturen, Monogramme, Motiv, Figuren, Antennen, transparent, Apparate, Profile, Ekstase. Wenn das Verborgene gegen das Offenbare andringt, ist die Rettung in eine allen verständliche und gerechte Schönheit schwer. Rilkes Gedichte sind auf das Essentielle aus, »das mit Anfang oft schließt und mit Ende beginnt.« Das einleuchtende Gleichnis gewinnt den Vorrang vor dem einschmeichelnden, »indem sein Wort das Hiersein übertrifft« [WA 2, 734]. Die verwandelte Daphne will ja, seit sie auf Lorbeer-Art fühlt, daß sich ihr Liebhaber in Wind verwandelt. In der neunten Duineser Elegie heißt es: »Preise dem Engel die Welt, nicht die unsägliche, ihm kannst du nicht großtun mit herrlich Erfühltem; im Weltall, wo er fühlender fühlt, bist Du ein Neuling, drum zeig ihm das Einfache, das, von Geschlecht zu Geschlechtern gestaltet, als ein Unsriges lebt neben der Hand und im Blick. Sag ihm die Dinge.« Die Dinge jedoch tragen den drängenden Auftrag uns zu, daß wir sie im unsichtbaren Herzen ganz in uns verwandeln. Das wäre ihre, der Vergänglichen, Rettung durch uns Vergängliche. »Erde, ist es nicht dies, was du willst: unsichtbar in uns erstehn? – Ist es dein Traum nicht, einmal unsichtbar zu sein? – Erde, du liebe, ich will. – Immer warst du im Recht, und dein heiliger Einfall ist der vertrauliche Tod.«

Der Tod ist für Rilke ein höheres Wissen des Weltsinns ohne die irdische Gestalt der Welt. Der Tote trinkt aus der Quelle, die wir nur hören. Wie es am Anfang ein fruchtbares Nichts gab, ist das Ziel ein fruchtbares Nichts. Der Dichter sieht eine Brunnenmündung. Ihr Strahl rauscht. Er rauscht Fernes der Erde. Die Schale unter dem Brunnenmunde dünkt ihn ein Ohr der Erde. Erde vernimmt Erde; sie führt ein Zwiegespräch mit sich selbst: die Erkenntnis des Tones vertritt ihm nun mächtig die Gegenstände, welche den Ton hervorbrachten – Wasser, Berge, Brunnenmund, Schale [vgl. WA 2, 760 f.]. So jagt er oft dem Unbeachteten als dem Eigentlichen nach, Blicken in das Kaminfeuer, einsamen Blicken in einen Spiegel. Er singt vom verborgenen Flußgotte des Blutes, er enthüllt in der Umarmung der Liebenden die Vorzeit, die im süßen Gefühle von heut das Schreckliche der toten Geschlechter heraufwühlt. In seiner Wachsamkeit über das unsichtbar gewordene Vergangene, aus dem doch alles Gegenwärtige entstiegen ist, wird ihm das Schöne ein Ungeheures: »des Schrecklichen Anfang, den wir noch grade ertragen«. Immer geringer schwindet ihm darüber das Außen.

Wer im Außen trotzdem eine Weisheit verehrt, die höher ist als alle sie durchschauenden und gläsern machenden Kräfte, der wird sich nicht gewöhnen können, den Inhalt der Rilkeschen Innerlichkeit ohne Verweilen bei den sinnlichen Vorstellungen aufzunehmen. Dann muß zuweilen erst der Eindruck des Skurrilen und Grotesken bekämpft und überwunden werden. Stufen, Wölbungen, Portale, Dome, technische Konstruktionen sind nicht sofort mit ihrer universellen Idee zu durchdringen. Der Profane wird an einem »Tempel im Gehör« keinen Anstoß nehmen, schwieriger wird ihm schon werden, gläubig mitzusprechen: »O hoher Baum im Ohr!« Einer willkürlichen Versenkung und Begeisterung bedarf er aber, wenn er ein Mädchen sich ein Bett im Ohr machen, schlafen, die Welt schlafen hören und nicht sehen soll [WA 2, 731 f.]: Rilkes enorme Fähigkeit zur Zartheit und seine enorme Anspannung, darin zu verharren und die Zartheit nun leicht ins Wort zu zwingen – dieses Beides überwiegt freilich oft ein Schwergewicht, überscheint eine Häßlichkeit, berauscht eine Nüchternheit, zieht das Komische hinauf in das Sonderbare, dieses ins Einprägsame. Die Assoziationen haben einen philosophischen Grund. Spräche die Philosophie sich gedanklich aus, so wäre sie bald erschöpft; während sie es assoziativ tut, wächst sie sich in die Fülle und Tiefe welthaft aus. Damit sind selbst die entlegensten Gleichnisse nicht nur entschuldigt, sie wirken sogar stiefbrüderlich verwandt mit der Weise der orientalischen Dichtung. Wären sie von ihrem Dichter kritisierbar, so wäre der Dichter nicht geworden.

Die Gleichnisse insgesamt wiederum sind wie ein großes Gleichnis für den Gott, wie ihn Rilke verkündet. Gott beginnt am »Saum der Sinne«, vieler Sinne, die alle anders durstig sind. Er bedarf des Menschen, wie der Mensch seiner. »Ersonnen ist ein jeder Sinn.« Das Nichts ist eine Wunde für Gott, die er mit der Welt kühlt. Der Mensch ist Welt. »Wer bin ich und wer bist du, wenn wir uns nicht verstehn.« Gott ist der dunkle Unbewußte von Ewigkeit zu Ewigkeit, er ist der allen Maßen Ungemäße, der Wald der Widersprüche. Seine »Engel ziehn wie Vogelschwärme, und sie erfanden alle Früchte grün«. Er ist, wie Rilke kühn und großartig sagt, »das Minaret, von dem noch nie der Abendruf erschallte«.[1]

Dieser Weltgeist ist ein ins Ungeheure perspektivisch vergrößertes Wunschbild des Dichters Rilke; er lebt in seinen magischen Figuren.

Zuerst in: Berliner Börsen-Courier (1925), 2. Dezember, 1. Beilage, S. 5; hier nach dem unveränderten Abdruck in: Reden und kleinere Aufsätze von Oskar Loerke. Hg. von Hermann Kasack [= Abhandlungen der Akademie der Wissenschaft und der Literatur] (Wiesbaden: Steiner 1957), S. 147-150

1 Alle Rilke-Zitate in diesem Absatz stammen aus dem ›Stunden-Buch‹.

ANDRÉ GIDE

81. *An Rilke, 6. 7. 1926*

Gestern »Vergers«[1] erhalten. Das ist Ihre Stimme, Ihre Geste, das ist der Charme Ihres Blicks. (Ich meine die Verse, nicht das Porträt!) Dieses kleine köstliche Buch entreißt mich den »Duineser Elegien«, die in einer Reiseausgabe mir nochmals zu schicken Sie die Güte hatten und die ich gerade wieder las. Ich verstehe jetzt mehr davon, und was ich schon verstanden hatte, wird mir jetzt klarer, zu meiner größten Freude.

Rilke/Gide, Briefwechsel 1909-26. Eingeleitet und mit Anmerkungen versehen von Renée Lang. Deutsche Übertragung von Wolfgang A. Peters (Wiesbaden: Insel 1957), S. 180

Zum Verhältnis Gide – Rilke vgl. auch B 445 sowie:
– Renée Lang, Rilke and Gide: their reciprocal translations, in: Yale French Studies 7 (1951), S. 98-106,
– J. J. Anstett, André Gide et Rainer Maria Rilke, in: Dialog (1973), S. 164-183.

1 Gedichtzyklus Rilkes in französischer Sprache; WA 4, 515-553.

KLAUS MANN

82. *An Rilke, 19. 10. 1926*

Ich lese seit Wochen *jeden* Tag in den Sonetten an Orpheus und in den Duineser Elegien. In einem kleinen Aufsatz für die »Literarische Welt« habe ich versucht, kurz zu beschreiben, was Sie für mich bedeuten. Es ist ein Trost für uns alle, die wir heute beginnen, daß diese Gedichte entstehen durften, in dieser Zeit.

Briefe und Antworten. Hg. von Martin Gregor-Dellin (München: Ellermann 1975) Bd. I, S. 38

83. *Dank der Jugend an Rainer Maria Rilke †*

Nun, da sein fünfzigster Geburtstag schon ziemlich lange vorüber ist, kommt es mir vor, als hätten wir, als hätte die Jugend ihn nicht festlich genug begangen, ihn noch nicht hinreichend gefeiert, und als hätten wir unsere Verehrung ihm an diesem Tage deutlicher und stärker darbringen sollen. Er müßte unserer Dankbarkeit *ganz* sicher sein, er dürfte keinen Zweifel an ihr haben können – denn keiner Stimme vielleicht sind wir so tief wie der seinen verpflichtet.

Ich lese seit Wochen täglich in den »Sonetten an Orpheus« und in den »Duineser Elegien« – das heißt, ich lese nicht eigentlich in ihnen, wie man wohl sonst in Büchern liest, ich nehme nur von den beiden dünnen Bändchen jeden Tag eines zur Hand und spreche vor mich hin ein paar von den Gedichten,

die ich schon auswendig weiß, so wie jemand sich jeden Tag ans
Klavier setzt und ein geliebtes Musikstück immer wieder spielt
oder ein Stückchen Melodie singt, das schöner wird, je öfter
man es hört.

Es ist ein großer Trost für uns alle, die wir heute beginnen, daß
diese Gedichte heute entstehen konnten, heute, in unseren
Tagen. Sie sind tröstlich und hilfreich nicht durch das eigentlich,
was sie von dieser Zeit aussagen können – denn sie scheinen ihr
fremd gegenüberzustehen –, sie geben nicht direkte Antwort, ja,
zunächst sieht es aus, als rührten sie die Probleme kaum an, die
uns beglücken, peinigen und erschrecken – aber sie teilen uns
mit von ihrer eignen Beruhigtheit, ihrer Ordnung, ihrer Musik,
ihrer Trauer und ihrem Frieden. Vielleicht wurde überhaupt
noch niemals so schön gedichtet – diese Lyrik ist so kühn und
überraschend neu, wie sie gedämpft und abhold jedem Lärme
ist. Was Rilke bis dahin gegeben hatte, erscheint nun beinahe
konventionell. Wenn ich neben den »Sonetten an Orpheus« das
»Stundenbuch« lese, das ich früher so liebte, glaube ich in ihm
jetzt gewollte, unwahre, klingelnde Töne zu hören – sosehr sind
diese neuen Verse nun von allem Nur-Artistischen gereinigt.
Nun ist die äußerste Vergeistigung des Gedichtes und zugleich
seine äußerste Versinnlichung gewagt – diese Sonette und
Elegien, die auf den ersten Blick nur schwierig, abstrakt und fast
verstiegen schienen, sind von einer letzten vollkommenen Einfachheit. Die Liebe zu den Tieren und Dingen, die schon im
»Stundenbuch« sosehr angestrebt und ersehnt ist – nun
schwingt sie in jedem Rhythmus.

> »Voller Apfel, Birne und Banane,
> Stachelbeere – Alles dieses spricht
> Tod und Leben in den Mund – Ich ahne –
> Lest es einem Kind vom Angesicht,
>   Wenn sie es erschmeckt – –«

Blumen, Obst und Kinder, Tiergesichter, Gärten, Gegenstände,
Spiegel, Ring und Krug werden immer wieder angeredet,
bedankt und besungen – und auf der anderen Seite, wiederum
jenseits des Verstandes, die, von denen hier soviel und unter
solchen Schauern von Angst und Glück gesprochen wird: *die
Engel*. Ihr fürchterliches und gebenedeites Flügelschlagen
scheint durch alle diese Verse zu gehen, ja, vielleicht sind diese

überhaupt nur für die Engel gesungen. »Wer, wenn ich schrie, hörte mich denn aus der Engel Ordnungen?« beginnt von den »Duineser Elegien« die erste – und die zweite fängt an: »Jeder Engel ist schrecklich. Und dennoch, weh mir, ansing' ich euch, fast tödliche Vögel der Seele, wissend um euch.« Und weiter redet er die Engel an, huldigt ihnen, den Gefürchteten und Geliebten, mit einer Elegie von elementarer, unheimlicher Kraft und Intensität.

Er, der singen muß, steht nun wieder tragisch zwischen unbelebter Kreatur und Engel, in seiner Stimme ist die Schwermut untröstlich, wenn sie erkennt: »Mit allen Augen sieht die Kreatur das Offene. Nur unsre Augen sind – wie umgekehrt.« Mit der Gabe des bewußt machenden Verstandes verflucht und gesegnet, steht nun wieder der, der zuschauen und singen muß. »Und wir, Zuschauer immer überall – dem allen zugewandt und nie hinaus – Uns überfüllt's. Wir ordnen's. Es zerfällt. – Wir ordnen's wieder und zerfallen selbst.«

Das ist es: *daß er es ordnet.* Daß er sich singend eingeordnet fühlt und seiner Schwermut alles Anklagende nimmt. Und was bedeutet an dieser Stelle der Name, das Symbol des »Orpheus«, wenn nicht die musikalische Ordnung, das Sich-Einfügen, das demütige Teil-Nehmen, Teil-Sein? »Heil dem Geist, der uns verbinden mag – denn wir leben wahrhaft in Figuren –« Auch hier ist das Erfüllung, was das »Stundenbuch« ersehnte, forderte, wollte. Nun erst meint diese Stimme wirklich *alles*, wenn sie aus dem kreisenden System irgend etwas nimmt, sei es ein Mädchen, eine Frucht oder einen Engel.

>»Welchem der Bilder
> du auch im Innren geeint bist
> (Sei es selbst ein Moment
> aus dem Leben der Pein),
> Fühl, daß der ganze,
> der rühmliche Teppich gemeint ist.«

Unsere Dankbarkeit für den, der diese Zeilen schrieb, sollte wahrhaft keine Grenzen kennen. Wir glaubten nicht, daß dies noch möglich wäre – daß dies *schon* möglich wäre, glaubten wir nicht, schon jetzt, schon heute: diese letzte, äußerste, überraschendste Sublimierung der Sinnlichkeit, so daß die Sinnlichkeit zum Geiste wird und dabei die ganze Stärke und Innigkeit ihrer

Naivität behält. Der kühnste, heikelste Gedanke und das zarteste Gefühl finden sich zur lange erhofften, niemals gewagten Identität, in Wortgebilden von nie dagewesener Kühnheit und Süße vereint sich die Sinnlichkeit mit dem Geist. – *Auch* unsere Zeit konnte solches hervorbringen, selbst diese Zeit, selbst sie? – *Sie allein* war dazu imstande, ihr vorbehalten war dieses Wagnis, ihr zugedacht diese schwierigste und einfachste Kunst – denn sie ist die Zeit der Synthesen. Diese beiden kleinen Bücher sind nicht fremde Gewächse *neben* der Zeit. Was sie ausdrükken, was in ihnen Melodie und Dichtung wird, ist vielmehr an dieser Zeit, von deren Tagesfragen sie sich so weit entfernen, das Zukünftigste, Neueste, Beste.

Möge die Jugend achtgeben, daß sie dies Lied nicht auch überhöre – das Lied bedarf der Jugend nicht mehr, es bedarf überhaupt keiner Zuhörerschaft, es blüht ganz für sich – aber wie sehr bedarf die Jugend des Liedes. Und doppelt merke sie auf, wenn direkt an sie dieses Lied sich richtet, wenn Rilke sich an uns, an jeden von uns, wendet und warnt:

»Knaben, o werft den Mut
Nicht in die Schnelligkeit,
Nicht in den Flugversuch.
Alles ist ausgeruht:
Dunkel und Helligkeit,
Blume und Buch.«

Zuerst in: Die literarische Welt (1927), 14. Januar, S. 1 f.; hier nach dem unveränderten Abdruck in: K. M., Auf der Suche nach einem Weg (Berlin: Transmare 1931), S. 131-135

84. Aus: *Rainer Maria Rilke*

Er war, wie jeder echte Dichter, aber doch in einem noch stärkeren Grade und auf eine noch ausschließlichere Art als die meisten anderen, wirklich nur beschäftigt mit den Dingen, die den *Menschen* – den Menschen schlechthin, nicht den an irgendeine Nation gebundenen – betreffen. Es ging ihm um den Menschen und um seine rätselvolle Stellung im All, um seinen Zusammenhang mit den lieblichen, vergänglichen, einfachen und geheimnisvollen Kreaturen und Dingen der Schöpfung; um den ganzen Menschen, um das Mysterium seines Wandelns in dieser irdischen Landschaft, deren zarteste Farben er malen konnte wie kaum ein zweiter; um sein ganzes fragwürdiges und zaubervolles Hier-Sein, um die Unerklärlichkeit seines Todes, um das unergründliche Problem seiner metaphysischen Aufgabe und Verpflichtung; und da Rilke, wie Nietzsche, den Menschen – diesen ewigen Gegenstand seiner Liebe und Sorge, seines Kummers und seiner unendlichen Zärtlichkeit – als etwas nur Vorläufiges, als den *Übergang* zu einem anderen zu erkennen meinte, so erschuf er sich gewaltigere und mehr vollkommene Brüder und Gegenspieler des Menschensohnes, er erschuf sich die *Engel*, diese zarteren Verwandten von Nietzsches »Übermenschen«, diese »Träger eines bis zum Überströmen gefüllten Seins«, diese in der irdischen Gegend *und* in der jenseitigen Landschaft Beheimateten, deren zugleich zärtlich sanftes und fürchterliches Flügelschlagen durch das schönste und tiefste Gedichtbuch Rilkes, durch die »Duineser Elegien«, wie eine süße und mächtige Musik geht.[1]

Nein, er war entschieden kein »nationaler Dichter«, er interessierte sich kaum für »Vaterländer«, er lebte in ganz anderen, viel weiteren Bezügen, und es gibt wohl kaum ein zweites lyrisches Lebenswerk, in dem die patriotischen – freilich auch die sozialen – Akzente so völlig fehlen. Es ist ein *religiöses* Œuvre durch und durch, religiös auch dort, wo es die Reize des Irdischen – Wohlgerüche, Farben, das Lachen von Kindern, die Gebärde einer Frau – lobpreisend besingt. Freilich, diese Religiosität läßt sich auf keine Formel bringen, nicht einmal als »Pantheismus« dürfen wir sie bezeichnen, selbst dieses weite Wort ist zu eng, zu begrenzt, zu genau, da Gott hier ja immer nur als das gänzlich Unbekannte, als das durchaus Unbegreifliche, als das Erst-zu-Entdeckende angeredet wird. (»Du bist der Wald der Widersprüche ...« [WA 1, 283]) Rilke liebt es, die christliche Terminologie zu gebrauchen, und er verwendet häufig christliche Symbole; aber er steht dem christlichen Dogma, der eigentlich christlichen Lehre kühl, ja zuweilen beinah feindlich gegenüber. Dieses Pathos der denkbar ungebundenen, denkbar un-orthodoxen Religiosität läßt zuweilen an André Gide denken, der sich mit Rilke in dem Gefühl und in der Erkenntnis einig ist, daß »jede Orthodoxie Gott notwendig verengen und ihn also im Grunde verleugnen muß«.

Vielleicht ist es eben diese völlig ins Poetische aufgelöste religiöse Bemühung – dieser unendlich geduldig-innige Prozeß der »Wiederentdeckung Gottes«, als der sich das ganze Werk Rilkes präsentiert; vielleicht ist es eben diese neue, antidogmatische, ganz unmittelbare *Frömmigkeit* Rilkes, die dem heimlichsten Bedürfnis so vieler Herzen in so vielen Ländern entgegenkam und der er so viel Geliebtwerden in allen Ländern zu danken hat.

> Zuerst in: Das Neue Tage-Buch 5 (1937), 27. Februar; hier nach dem unveränderten Abdruck in: K. M., Prüfungen. Schriften zur Literatur. Hg. von Martin Gregor-Dellin (München: Nymphenburger 1968), S. 243-245

Vgl. auch: Klaus Mann, Der Wendepunkt. Ein Lebensbericht (Frankfurt 1952), S. 115.

1 Vgl. dazu die Anmerkung von Gregor-Dellin (Prüfungen, S. 379): Die Figur des »Engels« in den Elegien Rilkes, und auch bei George, hat Klaus Mann immer wieder angezogen, beunruhigt und fasziniert. Er fand den Engel in andrer Gestalt wieder bei André Gide (in dessen Roman »Die Falschmünzer«) und verwendete ihn selbst mehrfach: als jenseitige Freundesgestalt und »Engel mit den verbundenen Händen«, der zürnt und funkelt, in »Alexander. Roman der Utopie«, S. Fischer Verlag, Berlin 1930; [. . .] und noch einmal, Gide ähnlicher, als maßvoll-sachlichen Führer Kikjous von den Wolken herab in »Der Vulkan. Roman unter Emigranten«, Querido Verlag, Amsterdam 1939.

Rudolf Kassner

85. *An Anton Kippenberg, 29. 12. 1926*

Es ist doch etwas unfaßliches um den Tod eines wirklich bedeutenden, eines einzigen Menschen. Ich wollte ihm noch schreiben, daß seine Duineser Elegien jetzt auch die Bewunderung des George Kreises erregt haben[1] [. . .].

> Rilke. Gesammelte Erinnerungen. Hg. von Klaus E. Bohnenkamp (Pfullingen: Neske 1976), S. 84

86. Aus: *Erinnerungen an Rainer Maria Rilke*

Das, was viele in seinem Kunstwerk für Ästhetentum halten möchten, war auch nicht Mangel an Größe, sondern Fehlen des Klischees der Größe. Oder: seine wirkliche Größe war die Einheit von Form und Inhalt. Doch wollte er darüber hinaus. Zu einer neuen »Größe«, die er seiner ganzen Natur nach nicht als Größe des Helden, sondern als Mythos, als Größe des Mythischen empfinden mußte. In den späten Gedichten Hölderlins sah auch er die Überwindung der Kunst durch die Kunst, einen neuen Mythos. Die unsterblichen »Duineser Elegien« sind ein Versuch, denselben Weg zu gehen: den Weg der Überwindung der Kunst durch die Kunst.

Zuerst in: Frankfurter Zeitung (1927), 6. Januar; hier nach: Rilke, S. 11

87. Aus: *Rainer Maria Rilke zu seinem sechzigsten Geburtstag*

Aus dieser Idee der von mir bedeuteten Raumwelt[2] können und müssen wir alles andere für die seelische Welt des Rilkeschen Gedichtes Entscheidende und Bestimmende gewinnen. [. . .]

Ganz entscheidend für Rilke und als beinahe logische Folge aus dem Begriff der Raumwelt erscheint mir, daß der Mensch Rilkes, und das ist immer ein Liebender, eine Liebende (»ihr in einander Genügten«), daß Rilkes Seele, wenn das einmal so formuliert werden darf, nie aus dem Paradies herausgegangen ist oder daraus herauszubringen war. Von jener berühmten Vertreibung hat er sich tatsächlich nicht betroffen gefühlt. Gott war (für die allerlängste Zeit wenigstens) herausgegangen oder hat sich unsichtbar gemacht, die Engel sind daraus verschwunden und hinter die Sterne getreten, nicht so der Mensch. Darum hat sich dieser auch nicht vom Tier wesentlich oder, besser, wesenhaft getrennt oder ist es zwischen Mensch und Tier zu kaum mehr als einer Entfremdung gekommen. Das ist wichtig, aber nicht so wichtig, wie daß darum dem Menschen Rilkes unter allen Umständen eines fehlt: der Trotz, der Trotz Kains, der Trotz Luzifers und aller Lichtbringer und Ausgestoßenen. Gibt es eine Welt, worin Trotz so unvorstellbar und so sinnlos wäre, wie in jener Rilkes? Freilich ist dieser Mangel an Trotz darum noch nicht Demut oder wozu sonst die eifrigen Prediger über Rilke so etwas machen möchten. Dafür aber ist daraus ganz und gar der Engel der Elegien zu verstehen, der Umstand, daß dieser nichts mit dem christlich-katholischen Engel zu tun hat, worauf übrigens Rilke in einem Briefe des letzten Bandes zu sprechen kommt.

»Jeder Engel ist schrecklich.«

Es ist evident, daß darum auch zwei weitere Begriffe oder Ideen oder Vorstellungen bei Rilke nicht vorkommen: die Schuld und noch weniger die Sünde. Der »sündhafte« Mensch innerhalb seiner Raumwelt kann wohl lasterhaft sein, wie die Tiere, von denen sich der Mensch, wie gesagt, nie wirklich getrennt hat, wie etwa Affen Laster haben, aber niemals Sünder. Ich kann mir denken, daß Rilke so etwas wie den Amfortas im »Parsifal« als unerträglich empfunden haben würde, wenn er je den Versuch gemacht hätte, auf die Welt Richard Wagners, die ihm fremdeste, einzugehen. »Sünder« in seiner Welt ist der Versäumende, der »Verfehlende«, der Mensch des unreinen Widerspruchs, der Ungenaue, derjenige, der nicht bis zum Sein (als dem einzigen Ziel in einer Welt der Einheit und Einigung der Lebendigen und der Toten) gelangt. Davon handelt mit größter Eindringlichkeit die vorhin zitierte zweite Elegie:

Denn wir, wo wir fühlen, verflüchtigen; ach wir
atmen uns aus und dahin; von Holzglut zu Holzglut
geben wir schwächern Geruch. Da sagt uns wohl einer:
ja, du gehst mir ins Blut, dieses Zimmer, der Frühling
füllt sich mit dir ... Was hilfts, er kann uns nicht halten,
wir schwinden in ihm und um ihn. Und jene, die schön
        sind,
o wer hält sie zurück? Unaufhörlich steht Anschein
auf in ihrem Gesicht und geht fort. Wie Tau von dem
        Frühgras
hebt sich das Unsre von uns, wie die Hitze von einem
heißen Gericht. O Lächeln, wohin?

Indem sich nach der Vorstellung und Angabe der Genesis das Paradies hinter dem ersten Menschenpaar schloß und der ausgeschiedene Mensch sich auf der übrigen, auf der freien Erde verteilte, geschah es auch, daß sich Körper und Seele oder Seele und Geist schieden und eine neue Welt sich formte: die Welt des Geistes, die Welt der Ideen, die Welt auch des Monumentalen, jene Welt, in welcher ein Strich gezogen ist zwischen Genuß und Arbeit, Genuß und Pflicht.

Rilkes Raumwelt ist nun im bestimmtesten Sinne weder eine des Geistes noch eine der Ideen oder der Monumentalität, sondern ganz und gar eine der Seele. Geist ist wie der Rand der Seele, wie Entzweiung, wie die Entzweiung Liebender. Die Verfasserin des zu Anfang genannten neuen Buches über Rilke[3] sagt sehr richtig, bei ihm gebe es nur Liebende und Geliebte, aber nicht die Liebe als solche, Eros. Rilke ist ein völlig unplatonischer Mensch, für welch letzteren die Liebe, deren Idee und Begriff wesenhafter ist als die Liebenden selber, als Gaspara Stampa, als die portugiesische Nonne oder wie sie sonst heißen. Oder wenn man bei Rilke von Platonismus reden darf, so ist es einer des Fleisches, worin irgendwo und irgendwann einmal Entbehrung Genuß wird:

> Liebende, euch, ihr in einander Genügten,
> frag ich nach uns. Ihr greift euch. Habt ihr Beweise?

Wie erschütternd ist nicht dieses: Habt ihr Beweise? Der echte Platoniker hat sie: in der Idee und in der Ordnung durch Begriffe, in der Monumentalität der Ideen und Ordnungen, und lebt davon sozusagen a priori. Weshalb er auch das unsägliche »Ihr greift euch« von den oft allzu säglichen Beweisen getrennt haben will. Rilke aber möchte, daß wir durch unser Greifen, durch den »unendlichen« Genuß hindurch zum Beweis kommen. Woraus natürlich niemals Sünde in irgendeinem dogmatischen Sinn, wohl aber allerhand Laster entstehen können.

Soviel ich weiß, ist Rilke der Geisteswelt Chinas zu keiner Zeit näher getreten, doch lebt in ihm etwas von dieser, denn auch sie sieht oder findet keinen Grund, das Vernünftige und das Paradiesische zu trennen, oder vermöchte in einer solchen Trennung nur den Ausdruck der Flachheit zu erblicken.

Rilkes Raum- und Seelenwelt aber fände ihr hohes Beispiel weniger in der des alten Chinas, als in jener des alten Ägyptens, ferner, wenn auch auf einem tieferen Niveau, in der Gräberwelt der Etrusker. Daher bewußt-unbewußt seine Vorliebe für beide. Die schon erwähnte Vorstellung vom Tode, die Idee vom Gebären des eigenen Todes ist über Jahrtausende hinweg dem Gräberkult der alten Völker verwandt.

Zuerst in: Frankfurter Zeitung (1935), 4. Dezember; hier nach: Rilke, S. 21-24

88. Aus: *Erziehung*

Die Welt ist aber nicht nur in Liebende und Geliebte, sondern auch in Lebende und Tote eingeteilt, sie ist zwischen den letzteren so ausgewogen, daß sich sagen läßt, das Gewicht der Toten sei genau so groß wie das der Lebenden.

Ist das richtig? Rilke wollte es jedenfalls in seinen »Duineser Elegien« als seine Lehre hinstellen. In der Tat gilt oder stimmt es nur für die Seelenwelt. Und Rilkes Welt war, vielmehr ist Seelenwelt. Aus welcher er nicht herausgeschritten ist oder herausschreiten konnte. Darum ist der Vers für ihn das Primäre, die gegebene Sprache und strebt auch seine Prosa nach dem Vers, besser: ist seine Prosa dem Vers verfallen. Ich habe sehr lange nach der höchsten und letzten Deutung, nach dem letzten Sinn des Verses an sich im Geiste geforscht, und ich glaube, ihn jetzt gefunden zu haben: Er bedeutet in seinem letzten Sinn die Sprache jener Welt, die geteilt ist zwischen Liebenden und Geliebten, Lebenden und Toten und von da allein ihr Gleichgewicht und ihre Freiheit hat. Was sich bis in die Details der Verskunst und Verslehre, ins Künstliche derselben verfolgen ließe. Ich könnte von hier von neuem, aus einer anderen Gegend, den Weg finden zu Rilkes Mißverständnis oder Nichtverstehen des Sohnes, denn die Seelenwelt, die pure, ist die Welt des Vaters, in welcher allein Rilke zu leben und leben zu können meinte.

Meine Welt ist primär die des Geistes, und ich habe von ihr erst den Zugang in die Seelenwelt finden können. Die Welt des Geistes mit dem Übergewicht des einen über das andere: ebensosehr, heißt das, der Lebenden über die Toten wie der Toten über die Lebenden, denn darauf kommt es in der Tat an: auf dieses Übersteigen des einen über das andere, auf ein Überhandnehmen des einen vor dem anderen. In der Welt des Geistes ist die Lehre der »Elegien« vom Gleichgewicht zwischen den Lebenden und den Toten, zwischen denen im Licht und denen im Dunkel, falsch. So ist die Welt des Geistes. Nur aus dem, was ich das Übergewicht des einen über das andere nenne, aus dem Übersteigen, Überhandnehmen ist schließlich die Welt der Ideen als solche einzusehen, die Welt der Scheidung von Mensch und Idee, von Oben und Unten, die Welt endlich des Einen und Einzelnen so, wie ich den Einzelnen verstehe: in dessen Beziehung zum Unendlichen.

[...]

Diesen Einen und Einzelnen jener Welt der Umkehr, der Welt des Sohnes, den im letzten, tiefsten und einzigen Sinne Freiheitschaffenden, sah Rilke nicht, gegen den wehrte er sich und an den glaubte er auch nicht. Daher steht dann bei ihm statt der Umkehr etwas anderes: eine sehr merkwürdige, eine oft unheimliche Mischung von Kindlichkeit und Überreife. Aus welcher wiederum, aus welcher allein seine Beziehung zur Psychoanalyse und zu deren Begründer eingesehen werden kann. Rilke ist dazu ganz allmählich geführt worden. In seiner Vaterwelt. Der Weg ist eine Sackgasse. Ich bin den Weg in der entgegengesetzten Richtung gegangen, weil ich um keinen Preis in eine Sackgasse geraten wollte.

Zuerst in: Buch der Erinnerung (Leipzig: Insel 1936); hier nach: Rilke, S. 91-93

89. Aus: *Erinnerungen an Rilke*

In Rilkes Sprachschatz kommt – und das scheint mir viel bedeutsamer als alles, was sonst über ihn zu sagen wäre – das Wort Idee nicht vor; ich behaupte nun, daß statt dessen bei ihm der Engel steht. Damit haben wir viel gewonnen sowohl für den Engel als auch, was mich augenblicklich mehr in bezug auf Rilke, dessen Sprache, Kunst, Knabenthum und so weiter, interessiert, auf die Idee. Auch als er die wenigen Jahre vor seinem Tode in die Klage seiner Elegien ausbrach, blieb es beim Engel.

Geschrieben 1946; Rilke, S. 42

Weitere Äußerungen von Kassner zu den ›Elegien‹ finden sich in Materialien Band I, S. 105 und in: R. K., Rilke, S. 7, 28 f., 31 ff., 50 f. und passim.

Das Verhältnis Kassner – Rilke ist vielfach untersucht worden; vgl. die Literatur-Hinweise Ernst Bohnenkamps in: R. K., Rilke, S. 109.

1 Siehe dagegen unten Nr. 101.
2 Unter »Raumwelt« versteht Kassner die Welt der Seele und des Mythos; der »Welt des Sohnes« dagegen, die eine Zeitwelt ist, sind Geist und Logos zugeordnet.
3 Katharina Kippenberg, Rainer Maria Rilke. Ein Beitrag (Leipzig 1935).

Hugo von Hofmannsthal

90. *An Eduard Korrodi, 22. 2. 1927*

Ich schrieb Ihnen neulich recht trocken, ich hätte keine Freude an Rilkes Schriften – sicher, daß Sie eine solche Äußerung nicht mißverstehen. Es steht aber nicht so einfach damit. Seine ersten Sachen freilich und noch das Stundenbuch[1] waren mir wirklich beinahe verhaßt. – Ich höre, er habe sich in den letzten Jahren selber davon abgewandt, auch von dem wirklich abstoßend morbiden Prosabuch M. L. Brigge – aber im ganzen, und auch zu den schönsten Sachen der mittleren Zeit ist mein Verhältnis ein sehr schwieriges, und ich möchte versuchen, es mir durch Nachdenken klar zu machen. Denn diese deskriptiv-transcendenten Gedichte der mittleren Zeit sind wirklich *etwas,* etwas in der deutschen Sprache sehr Besonderes und Isoliertes (vielleicht als *deutsche* Gedichte nicht ganz Legitimes). Die Elegien dann sind, glaube ich, einfach nicht gut – es fehlt ihnen an jener seltensten rhythmischen Inspiration, welche allein diese höchste Dichtungsart legitimieren könnte. – Es ist mir sonderbar, wieviel bei solchen Anlässen geschrieben wird und wie wenig darunter stichhaltige Kritik ist. Alles bleibt bei den Deutschen im Guten und Bösen am Stoff haften.

Rudolf Hirsch, »Schwieriges Verhältnis«. Hofmannsthal und Rilke und was nicht in ihrem Briefwechsel steht, in: Süddeutsche Zeitung (1978), 1./2. April, Wochenendbeilage

Die 1. Elegie wurde Hofmannsthal schon 1912 von Marie Taxis vorgelesen; vgl. Materialien Band I, S. 58 f. Zum Dank schickte er Rilke den ›Jedermann‹ mit der Widmung: »R. M. R. in stetem Gedächtnis und als ein Gegengeschenk für die Duineser Elegie/Hofmannsthal Rodaun. Januar 1912« (Rilke/Hofmannsthal, Briefwechsel. Hg. von Rudolf Hirsch und Ingeborg Schnack (Frankfurt 1978), S. 68). Vgl. auch Rilkes Widmungsgedicht in Hofmannsthals ›Elegien‹-Exemplar: Materialien Band I, S. 304 f.

Zum Verhältnis Hofmannsthal – Rilke vgl. auch: Joachim W. Storck, Hofmannsthal und Rilke. Eine österreichische Antinomie, in: Rilke heute. Beziehungen und Wirkungen. Zweiter Band (Frankfurt 1976), S. 115-167. Siehe auch den interessante Parallelen aufzeigenden Beitrag von Richard Exner (B 442).

1 In einem Brief an Rilke vom 7. März 1906 nennt Hofmannsthal dieses dagegen »Ihr wunderschönes neues Buch« (Briefwechsel S. 45).

CARL JACOB BURCKHARDT

91. *An Wilhelm Altwegg, 6. 12. 1927*

Darin war Rilke für mich ein Romantiker, daß ihm der Begriff der Zeit, der sich schlangenartig um uns schlingt, daß ihm der Tod als Ende der Zeit, der Tod in seiner Heiterkeit und auch des Todes Melancholie soviel bedeutete, und daß das Leiden einen so eigenen Sinn für ihn erhielt. Mir ist immer, die Romantik sei dem Zeitbegriff unlösbar verbunden, das der Romantik Entgegengesetzte aber dem Begriff des Raums.

Nicht so sehr eine Vorahnung des eigenen Geschicks gipfelt in den Elegien: der Frühvollendete ist für Rilke – und dies beschäftigt sein ganzes Leben und sein ganzes Werk – der von der Feindin, von der Zeit Befreite. Die Angst vor der Zeit erfüllt Rilkes ganzes Verhältnis zu Lou Andreas. Der Glaube an die Zeit macht ihm Ehe und Vaterschaft unmöglich, da diese doch nur als Mysterien in der Zeitlosigkeit bestehen können. Er ist sehr fern von diesem Wissen des unromantischen Genius

Hölderlin, dem Zeit und Raum zum ewigen Raume des Helden werden, des Helden, in welchem Schicksal und Gestalt kongruent sind, in welchem das Tragische zum tief Freudigen wird, in welchem die große weltüberwindende Synthese vollbracht ist.

Die dritte Begegnung umfaßt meinen dreitägigen Aufenthalt bei Rilke in Sierre [Anfang März 1923]. Was ich soeben auszusprechen versuchte, wurde mir klar an den Abenden, an denen Rilke mir die damals fast vollendeten Elegien vorlas. Aus seinen katholischen Voraussetzungen war ein Zusammenschluß, die Schließung einer Wunde nun fast völlig gelungen, der Riß zwischen Geist und Materie hatte sich hier geschlossen. Der Begriff der Zeit aber klaffte beinahe noch, und Rilkes Seiltänzer gingen ihren gefahrvollen Schritt darüberhin und »Madame Lamort«, romantisch lugubre, saß und warf den Abfall von ihren Rüschen und Bändern in den Abgrund hinunter.

Es gibt in Rilkes Leben noch einen reiferen Zustand als den der Elegien: der Zustand, in welchem der eigene Tod ihn traf.

Memorabilien. Erinnerungen und Begegnungen (München: Callwey 1977[2]), S. 340 f.

Die bekannteste Äußerung Burckhardts über Rilke ist wohl sein Essay ›Ein Vormittag beim Buchhändler‹, z. B. in: C. J. B., Reden und Aufsätze (Zürich 1952), S. 73-97.

Paul Alverdes

92. Aus: *Rainer Maria Rilke*

Wäre Rainer Maria Rilke abgeschieden, ohne die Duineser Elegien vollendet und der Nachwelt übergeben zu haben, so hätte sein Tod die deutsche Poesie ungleich ärmer zurückgelassen, als sie es nun, mit dem Vermächtnis dieser zehn großen Gedichte von dem Menschen und seiner Welt in den Händen, sein darf.

[...]

Heiligung und Feier, sie sind die großen Themen der letzten Dichtungen Rilkes, der Sonette an Orpheus und der Duineser

Elegien. Noch ist in den Sonetten zuweilen eine gewisse Künstlichkeit, ein mehr erstaunendes als erschütterndes Spiel der Formen, eine manchmal allzu vielfältig verschlungene und fast verzwickte Führung der Gedanken. Aber schon ist alle Anschauung groß und unmittelbar auf den innersten Menschen zielend, schon der tragischen Seelenlandschaft der Elegien angenähert. Da stehen schon, nur in wenigem noch an Sonette erinnernd, schmalstrophige Lieder, deren klare und karge Sprache mit ihrem Verzicht auf jeden überflüssigen Schmuck und Putz von errungener Meisterschaft zeugt. Und dann, völlig im Besitze aller seiner Mittel, zu sagen, was er leide mächtig, wie nie zuvor, durchwandert der Dichter in den Duineser Elegien noch einmal seine ganze Welt. Es ist die Welt des Menschen schlechthin: des Liebenden, des Ratlosen, des Irrenden und Verzweifelnden, des Handelnden und Erleidenden, des Wissenden und des Nichtwissenden, Tod und Verstrickung hinter ihm, Tod und Verstrickung vor ihm unausweichlich, inmitten einer uralten Landschaft voll Geheimnis, selige Tiere und umgetriebene Geister ringsum und über ihm Engel und die unsterblichen Sterne. Es ist schwer und eigentlich unmöglich, die Themen dieser Elegien im Einzelnen zu nennen und zu umgrenzen. Denn fast in einer jeden singt der Dichter wie aus der Herzmitte dieser Welt heraus, alles scheint ihm gleich nahe und gleich ferne zu sein, nur lose bindet er die Gedanken aneinander, fast wie im Traum. Aber welche wahrhaft unerhörte Sprache redet er nun: Abgründe aufgrabend, ferne Gipfel dieser Welt mit leichten Händen zueinander biegend, mit welcher gedrängten Inbrunst im gebändigtsten, im gefaßtesten aller, im sogenannten freien Rhythmus! Nirgends, seit den großen Jahrzehnten der deutschen Poesie, gab es Verse von so großartiger Anschaulichkeit, wie etwa diesen von dem träumenden Knaben, von dem es heißt, daß er liebte.

Liebte sein Inneres, seines Inneren Wildnis
diesen Urwald in ihm, auf dessen stummem Gestürztsein
lichtgrün sein Herz stand . . .

Oder wann vernahm man je einen so mächtigen Auftakt wie den dieser dritten Elegie, drei Themen zueinander bündelnd, sie unbegreiflich fast zugleich erklingen lassend, wie es sonst nur der Musik vergönnt sein mochte? Oder wann ward, ach seit wie

langem schon, über den Helden Bündigeres und Tieferes gesagt
als in der sechsten?

Indessen, es ist hier nicht Raum, dieses Vermächtnisses im
Einzelnen zu gedenken. Vielleicht ist es ein Wort, wenn man es
weltlich und geistig zugleich nennt. Nie zuvor hat Rilke die
Seligkeit dieser Welt so hoch gepriesen, niemals im Augenblicke
die Ewigkeit so inbrünstig umarmt. »Hiersein ist herrlich«,
bekennt er in der siebten.

Der Kunstwart 40 (1926/27) H. 7, S. 8 und 13 f.; wieder in: P. A.,
Dank und Dienst. Reden und Aufsätze (München: Langen/Müller
1939)

Hermann Hesse

93. Aus: *Rainer Maria Rilke*

Als vor einigen Monaten der Dichter Rilke starb, konnte man
aus dem Verhalten der geistigen Welt – teils aus ihrem Schweigen, teils und noch mehr aus dem, was sie äußerte – deutlich
sehen, wie in unsrer Zeit der Dichter, als reinster Typus des
beseelten Menschen, zwischen Maschinenwelt und der Welt der
intellektuellen Betriebsamkeit gleichsam in einen luftlosen
Raum gedrängt und zum Ersticken verurteilt ist.

Diese Zeit deswegen anzuklagen, haben wir kein Recht. Diese
Zeit ist nicht schlechter noch besser als andere Zeiten. Sie ist ein
Himmel für den, der ihre Ziele und Ideale teilt, und ist eine
Hölle für den, der ihnen widerstrebt. Da nun der Dichter, wenn
er seiner Herkunft und Berufung treu bleiben will, sich weder
der erfolgstrunkenen Welt der Lebensbeherrschung durch Indu-
strie und Organisation anschließen und hingeben darf, noch der
Welt rationalisierter Geistigkeit, wie sie etwa unsre Universitäten beherrscht, sondern da es des Dichters einzige Aufgabe und
Sendung ist, Diener, Ritter und Anwalt der Seele zu sein, sieht
er sich im heutigen Welt-Augenblick zu einer Vereinsamung
und einem Leiden verurteilt, welches nicht jedermanns Sache
ist. Wir wehren uns alle gegen das Leiden, jeder von uns hat es
gern ein bißchen gut und warm auf der Welt, und sieht sich gern

von seiner Umwelt verstanden und bestätigt. So sehen wir denn die Mehrzahl der heutigen Dichter (ihre Zahl ist ohnehin klein) sich irgendwie der Zeit und ihrem Geiste anpassen, und gerade diese Dichter sind es, denen die größten Erfolge an der Oberfläche zufallen. Andere wieder verstummen und gehen im luftleeren Raum dieser Hölle still zugrunde.

Noch andere wieder – zu ihnen gehörte Rilke – nehmen das Leid auf sich, unterwerfen sich dem Schicksal und wehren sich nicht dagegen, wenn sie sehen, daß die Krone, welche andere Zeiten für den Dichter hatten, heut zum Dornenkranz geworden ist. Bei diesen Dichtern ist meine Liebe, sie verehre ich, ihr Bruder möchte ich sein. Wir leiden, aber nicht um zu protestieren und zu schimpfen. Wir ersticken in der für uns nicht atembaren Luft der Maschinenwelt und der barbarischen Notdurft, die uns umgibt, aber wir lösen uns nicht vom Ganzen, wir nehmen dies Leiden und Ersticken an als unsern Teil am Weltgeschick, als unsere Sendung, als unsere Prüfung. Wir glauben an keines von den Idealen dieser Zeit, nicht an das der Diktatoren noch an das der Bolschewiken, nicht an das der Professoren noch an das der Fabrikanten. Aber wir glauben, daß der Mensch unsterblich ist und daß sein Bild aus jeder Entstellung wieder genesen, aus jeder Hölle geläutert wieder hervorgehen kann. Wir glauben an die Seele, deren Rechte und Bedürfnisse, wenn auch noch so lange und noch so hart unterdrückt, niemals sterben können. Wir suchen unsere Zeit nicht zu erklären, nicht zu bessern, nicht zu belehren, sondern wir suchen ihr, indem wir unser eignes Leid und unsere eigenen Träume enthüllen, die Welt der Bilder, die Welt der Seele, die Welt des Erlebens immer wieder zu öffnen. Die Träume sind zum Teil arge Angstträume, diese Bilder sind zum Teil grausige Schreckbilder – wir dürfen sie nicht verschönern, wir dürfen nichts weglügen. Wir dürfen nicht verhehlen, daß die Seele der Menschheit in Gefahr und nah am Abgrund ist. Wir dürfen aber auch nicht verhehlen, daß wir an ihre Unsterblichkeit glauben.

[1927] Zuerst in: Der Bund (1928) Beil. Nr. 1; hier nach: H. H., Gesammelte Werke. Bd. 12: Schriften zur Literatur 2. Ausgewählt und zusammengestellt von Volker Michels (Frankfurt: Suhrkamp 1970), S. 444-446

94. Aus: *Rainer Maria Rilke*

Oft schien Rilke sich zu wandeln für die, die ihn lange lasen, oft schien er eine Haut abzustreifen, zuweilen sich zu maskieren. Jetzt zeigt die Gesamtausgabe ein überraschend einheitliches Bild, die Treue des Dichters zum eigenen Wesen ist weit größer, die Kraft dieses Wesens weit stärker als das, was wir einst Wandlungsfähigkeit oder auch Wandelbarkeit nannten.

[. . .]

Im dritten Band, dem letzten der Gedichtbände, weht die klassische Frömmigkeit der »Neuen Gedichte« und steigert sich in den Duineser Elegien zum Gipfel des Werkes. Merkwürdig, dieser Weg vom böhmisch-volksliedhaften Jugendklang bis hierher und bis zum Orpheus, merkwürdig, wie dieser Dichter so folgerichtig mit dem Einfachsten beginnt und mit der wachsenden Sprache, mit der wachsenden Meisterschaft der Form tiefer und tiefer in die Probleme hinabsteigt! Und auf jeder Stufe gelingt ihm je und je das Wunder, wird seine zarte, zweifelnde, der Sorge bedürftige Person entrückt und wird durchtönt von der Musik der Welt, wird wie die Brunnenschale Instrument und Ohr zugleich.

Zuerst in: Neue Rundschau 39 (1928), S. 222 f.; hier nach: Ges. Werke, Bd. 12, S. 442 f.

Zum Verhältnis Hesse – Rilke vgl. auch:
- R. J. Kilchenmann, Hermann Hesse und die Dinge unter Bezugnahme auf Rilke, in: GQ 30 (1957), S. 238-246,
- Klaus W. Jonas, Rilke und Hesse. Versuch einer Dokumentation, in: Philobiblon 23 (1979), S. 171-189.

HERMANN KASACK

95. Aus: *Rainer Maria Rilke*

Der Tod eines großen Menschen läßt uns innehalten.

In dem Augenblick, der uns belehrt, daß nun dieses Leben vorüber ist, und der uns um so heftiger trifft, weil ein Mund, der vieles zu sagen wußte, jetzt sprachlos bleibt, überkommt es uns, Rechenschaft von dem abzulegen, was nun ganz für sich besteht und abgeschlossen ist, vom Werk. Wir waren so gewohnt, es einfach hinzunehmen; das Erscheinen oder Bekanntwerden seiner Bücher fiel in die Zeit unserer Entwicklung, unserer Jugend; das Rilkesche Gedicht war uns Begleiter auf dem eigenen Wege; es war selbstverständlich, in Rilke zwar nicht den einzigen, aber einen der immer nur wenigen großen Dichter einer Zeit zu sehen und: einen ganz bestimmten unserer Zeit.

Denn sein Werk (Insel-Verlag, Leipzig) stellt innerhalb der deutschen Literatur nicht nur als Kunst-Form, sondern auch rein weltanschaulich das bedeutendste geistige Zeugnis des Impressionismus dar. Wenn hier das Weltbild des Impressionismus in drei großen Namen umschrieben wird: Rodin, Rilke, Simmel –, so soll damit zugleich der Trieb ausgedrückt werden, über die rein artistischen Möglichkeiten des Impressionismus zu einer neuen Gültigkeit zu gelangen.

Wie die Malerei von der optischen, so geht das Gedicht Rilkes zunächst von der akustischen Impression aus. Nur in den *Erscheinungen des Lebens* ist das Leben selbst spürbar, sichtbar, deutbar. Denn es geht natürlich darum, den Prozeß des Lebens einzufangen, dem fließenden Dasein die Gestaltung abzulauschen und, da ja nicht das Werden, vielmehr das ewige Geschehen im Sein die Substanz der Dinge bildet, im Gestalteten selbst: nicht das Tote, Maskierte, Erstarrte, sondern das Lebendige, das Schöpferische neu heraustreten zu lassen. Beobachtung also; Analyse; seelische Differenzierung; nervöse Reize; unpersönlich werden vor dem Objekt. In der Sprache: Auflockerung der Grammatik, der Form; Nuancierung; Verdichtung von Sinn, Klang und Bild.

Gewiß: da sich das Leben in jedem Augenblick äußert, ist jeder Augenblick geeignet, das Leben zu repräsentieren. Indessen: bleibt an der Erscheinung nur die Fläche erkennbar, wie ist die innere Bewegung des ruhenden Steins zu ermessen? Das vertiefte Betrachten, das vertiefte Schauen, die Beschäftigung des Dichters also mit den Dingen, läßt allmählich ihre Oberflächen durchsichtig, durchscheinend sein. Das Merkmal, das wesentliche Eigentum vor allem des späten Rilke ist die *Transparenz der Gestaltung*. Damit nämlich ist das gewonnen, wovon die innere Entwicklung der Rilkeschen Kunst Zeugnis ablegt, und was hier als Trieb bezeichnet wurde, über das Impressionistische hinaus eine Gültigkeit zu finden: eben sein Suchen, zu einer Absolutierung der Erscheinung zu gelangen. Gleichzeitig aber daran als Schicksal-Formender, Schicksal-Seiender zu scheitern.

[. . .]

[. . .] es geht wohl in den späten Gedichten um das Erlebnis einer Welt, deren Raumgefühl von antikischer Größe ist. Die Dinge sind nicht mehr Teile der Welt noch Spiegelungen des eigenen Ich. Der Raum ist in sie einbezogen, die Konturen werden nicht mehr durch sichtbare (stoffliche) Grenzen bestimmt, sondern erscheinen als Ränder der immanenten Bewegung. Nur im Überdauern, »Überstehn« des Zustandes bleibt das Fließende des Lebens, das nicht zu Fassende gewahrt. Da, wo das Überfließende der Welt: Gestalt wird, ist es Gedicht. So entsteht eine Identität von Dauer und Moment, von Wirklichkeit und Gleichnis.

> »Raum greift aus uns und übersetzt die Dinge:
> daß dir das Dasein eines Baums gelinge,
> wirf Innenraum um ihn, aus jenem Raum,
> der in dir west. Umgib ihn mit Verhaltung.
> Er grenzt sich nicht. Erst in der Eingestaltung
> in dein Verzichten wird er wirklich Baum.« [WA 3, 168]

Erschaubar ist nur noch, was erkennbar ist. Und der Tod, ein wesentlicher Pfeiler der Rilkeschen Welt, ist nicht Abbruch, sondern ein dem Leben identischer Begriff. Der Lebensvorgang ist zugleich ein Sterbensvorgang, denn das Leben ist, auch biologisch, gleichzeitig ein Aufbauen und ein Abbauen. So ist, wofür die Vierte der Duineser Elegien tiefes Bekenntnis ablegt, wie der Raum auch die Zeit durchsichtig für den Wissenden bis auf den Grund des Seins.

Der Dichter will künstlerische Geschlossenheit. Aber das Leben, als Sinn der Erscheinung, bleibt offen. Wie Gestaltung, die nicht selber Ausdruck des Fließens ist? So besteht Rilkes Tragik darin – wie die Tragik jedes großen Künstlers, der das Leben aus der körperlichen Erscheinung einfangen will, man denke an Michelangelo –, an seiner Formung a priori scheitern zu müssen, und nur im konkreten Fragment das Ganze der Welt wiedergeben zu können. Als er, der sich immer mehr in das

Schweigen rettete, und fremde Dichtungen in seine Sprache übertrug, sich noch einmal zur strengen Form überredete, auch von der Modernität des Zeitstils zuweilen verführt ward –: »Die Sonette an Orpheus«, die nun die Gültigkeit selbst aussagen wollen, scheitern an eben diesem Willen und sind eher philosophischer Reim als abstraktes Gedicht. Aber im Fragment vermag das Herz noch das Letzte, sich zu verwirklichen. Denn die Bedeutung jedes Wortes ist nun, um eine Bezeichnung des späten Hölderlin anzuwenden, erkannt als »buchstabengenau und allbarmherzig«. Die Fragmente des späten Rilke, etwa: Klage.[1] Christi Himmelfahrt.[2] Überfließende Himmel . . ., vor allem jenes der letzten Erschütterung: Ausgesetzt auf den Bergen des Herzens . . .[3], und, in diesem Bezug, auch einige der gewaltigen Torsi der »Duineser Elegien«, diese Stücke bedeuten wohl das Äußerste, was ihm möglich war und gehören zu dem geringen Bestande großer Kunst überhaupt.

> ». . . Plötzlich, hoch über der Mitte
> aufschäumender Schreie, auf dem langen
> Turm seines Duldens trat er hervor, ohne Atem,
> stand, ohne Geländer, Eigentümer der Schmerzen,
>
> schwieg.«
>
> [WA 3, 58]

Der aller Realität übergeordnete Begriff in Rainer Maria Rilkes Gesamt-Werk bleibt das Phainomen des Lebens. Der Gedanke der Welt, als die geläuterte Anschauung ihrer Lebendigkeit ist der Ursprung seines Gedichts. Das Erkennen, das Wissen vom Dasein, das nichts enthält als sich selber, ist das unausschöpfbare Thema. Der Geist aber war immer das fortzeugende Motiv seiner Kunst.

Neue Rundschau 38 (1927), S. 198 f. und 201-203; wieder in: H. K., Mosaiksteine. Beiträge zur Literatur und Kunst (Frankfurt: Suhrkamp 1956)

1 Materialien Band I, S. 111.
2 Recte: ›Christi Höllenfahrt‹.
3 Materialien Band I, S. 118 f.

Robert Musil

96. Aus: *Rede zur Rilke-Feier*
in Berlin am 16. Januar 1927

Als die Nachricht vom Tode des großen Dichters Rainer Maria
Rilke nach Deutschland kam und in den folgenden Tagen, wenn
man einen Blick in die Zeitungen richtete, um zu sehen, wie
diese Botschaft von der deutschen Literaturgeschichte aufgenommen werde – denn täuschen wir uns nichts vor! der Prozeß
des Ruhmes wird heute in dieser ersten Instanz entschieden, da
es so gut wie keine geistig übergeordnete weiterhin für die
Literatur gibt! – so konnte man etwas feststellen, was ich kurz
ein ehrenvolles öffentliches Begräbnis zweiter Klasse nennen
möchte.

Man schien sagen zu wollen – Sie wissen ja, wie sich durch
Stellung der Nachricht im Blatt und Art des Drucks der Grad
des Ohrenspitzens ausdrückt –: Hier ist etwas immerhin Erwäh-
nenswertes geschehn, aber weiter haben wir nicht viel dazu zu
sagen! Dieses Weitere überließ man dem Feuilleton, das es auch
ehrenvoll erledigte. Aber stellen Sie sich vor, wie das in
manchem anderen Fall gewesen wäre! Wie man eine Trauer der
Nation daraus gemacht und das Ausland aufgefordert hätte, zu
sehen, wie wir trauern! Die Spitzen des Staats hätten sich in
Ehrfurcht gebogen, Leitartikel wären gehißt worden, der biographische Salut hätte gedröhnt, und wir wären m. e. W.
untröstlich gewesen, wenn es auch nicht allen Beteiligten ganz
klar gewesen wäre, warum. Mit einem Wort, es wäre ein Anlaß
gewesen.

Rilkes Tod war kein Anlaß. Er bereitete der Nation kein
festliches Vergnügen, als er starb. Lassen Sie uns einige Augenblicke der Besinnung daran knüpfen.

[. . .]

Rainer Maria Rilke war schlecht für diese Zeit geeignet.
Dieser große Lyriker hat nichts getan, als daß er das deutsche
Gedicht zum erstenmal vollkommen gemacht hat; er war kein
Gipfel dieser Zeit, er war eine der Erhöhungen, auf welchen das
Schicksal des Geistes über Zeiten wegschreitet . . . Er gehört zu

den Jahrhundertzusammenhängen der deutschen Dichtung, nicht zu denen des Tages.

[...]

Wenn ich von der Vollkommenheit gesprochen habe, zu der Rilke das deutsche Gedicht emporgehoben hat, so ist damit zunächst nur ein äußeres Kennzeichen gemeint. Ich kann es Ihnen beschreiben, wenn ich Sie an den überaus bezeichnenden Eindruck erinnere, dem man beim ersten Lesen seiner Werke ausgesetzt ist. Nicht nur sinkt kaum ein Gedicht, kaum eine Zeile oder ein Wort sinken aus der Reihe der übrigen herab, und man hat das gleiche Erlebnis durch die ganze Reihe seiner Bücher. Es entsteht so eine beinahe schmerzliche Spannung, wie eine gewagte Zumutung, die noch dazu ganz ohne allen Aufwand an Orchester, ganz wie natürlich, nur von dem einfachen Flötenklang des Verses begleitet, geleistet werden soll.

Weder vor ihm, noch nach ihm ist diese hohe und ebene Spannung des Eindrucks, diese edelsteinklare Stille in der niemals anhaltenden Bewegung erreicht worden. Weder das ältere deutsche Gedicht, noch George oder Borchardt haben dieses freie Brennen des Feuers ohne Flackern und Dunkelheit. Das deutsche lyrische Genie wirft wie der Blitz eine Furche auf, aber das Erdreich darum häufelt es sorgsam oder nachlässig auf; es zündet wie der Blitz, aber es ritzt nur wie der Blitz; es führt auf den Berg, aber um auf den Berg führen zu können, muß man zuvor immer wieder unten sein. Damit verglichen, hat Rilkes Gedicht etwas breit Geöffnetes, sein Zustand dauert wie ein gehobenes Anhalten.

In diesem Sinn habe ich von seiner Vollkommenheit und Vollendung gesprochen. Es bezeichnet das eine bestimmte Eigenschaft und zunächst noch nicht Rang und Wert. Im Schönen haben, wie Sie wissen, auch Unvollendung und Unvollkommenheit ihre Würde. Ja, so paradox es klingt (wenn es in Wirklichkeit auch nichts anderes bedeutet als unser Unvermögen zu genauer Bezeichnung), diese innere Planheit und Faltenlosigkeit, diesen aus einem Guß geformten Charakter des Gedichts findet man oft auch in der Poesie jener Versschwätzer, die ein Gedicht so glatt hinschreiben, wie ein Barbier eine Wange rasiert. Ja, noch viel paradoxer!: man hat den Unterschied nicht immer bemerkt.

Es gab eine Zeit, wo jeder bessere junge Mann mit schwülen Augen Gedichte in der Weise Rilkes machte. Es war gar nicht schwer; eine bestimmte Art des Schreitens; ich glaube, daß Charleston schwieriger ist. Darum hat es auch immer scharfsinnige Kritiker gegeben, welche das bemerkten und Rilke einen Platz – fast bei den Kunstgewerblern des Verses anwiesen. Die Zeit, wo man ihn nachahmte, war aber kurz, und die Zeit, wo man ihn unterschätzte, dauerte sein Leben! Als er jung war, galt Dehmel für einen Mann, und er – für einen Österreicher! Wenn man ihm wohlwollte, fügte man etwas von slawischer Melancholie hinzu. Als er reif war, hatte sich der Geschmack gewendet; nun galt Rilke als ein feiner, ausgegorener Likör für erwachsene Damen, während die Jugend andere Sorgen zu haben glaubte.

Gewiß ist nicht zu leugnen, daß die Jugend auch für ihn mancherlei Liebe hatte. Aber es ist nicht zu übersehn, daß ihr da vielleicht wirklich eine Schwäche unterlief. Ich sehe nirgends heute Rilkes Geist im Wirken. Was es heute an Gewissens- und Gefühlsspannung gibt, ist nicht die Art der Spannung Rilkes. So ist es möglich, daß er noch einmal geliebt wird, weil er ent-spannt! Dazu ist er zu anspruchsvoll! Er stellt mehr als infantile Ansprüche an die Liebe! Das möchte ich, wenn nicht zeigen, so doch andeuten.

Ich könnte es tun, indem ich Sie auffordere, den Weg Rilkes von den Frühen und Ersten Gedichten bis zu den Duineser Elegien zu verfolgen.

Wir würden dabei in einer ungemein fesselnden Weise sehn, wie früh er fertig ist – genau so wie der junge Werfel; – aber wie seine Entwicklung von da an erst beginnt! Die innere wie die äußere Form erscheint von allem Anfang an (wenn natürlich auch Versuche dazwischen kommen und wieder aufgegeben werden) wie ein feines Rippenwerk vorgezeichnet; blaß; rührend verschlungen mit typischen Jugenderscheinungen; verblüffend durch die Umkehrung, daß sich weit mehr »Manier« in den ersten Anfängen findet, als in den späteren Wiederholungen! Man könnte zuweilen sagen: der junge Rilke mache Rilke nach. Aber dann erlebt man das für den Künstler ungeheure Schauspiel, wie sich dieses Schema füllt. Wie aus Porzellan Marmor wird. Wie alles, was von Anfang an da war und sich kaum verändert, von einem immer tieferen Sinn gestaltet wird: Mit einem Wort, man erlebt das ungeheuer seltene Schauspiel der Gestaltung durch innere Vollendung!

Statt dieser Entwicklung in ihren Schritten zu folgen – wobei ein jeder wohl am besten den Dichter selbst zum Führer nimmt –, möchte ich jedoch lieber versuchen, die tiefen Beziehungen, von denen ich spreche, an der Erscheinung der fertigen Rilkeschen Poesie zu verdeutlichen, indem ich noch einmal, aber diesmal nach innen hin, an den ungewöhnlichen Eindruck anknüpfe, den sie hervorruft.

Ich habe ihn, mit den ersten tastenden Worten, eine klare Stille in einer niemals anhaltenden Bewegung, eine gewagte Zumutung, ein gehobenes Dauern, ein breites Geöffnetsein, eine beinahe schmerzliche Spannung genannt, und man darf wohl hinzufügen, daß Spannungen am leichtesten dann den Charakter des Schmerzes annehmen, wenn sie sich nicht ganz begreifen und lösen lassen, wenn sie in den Ablauf unserer Gefühle einen Knoten bringen, der nicht wie die gewöhnlichen geknüpft ist. Der Affekt des Rilkeschen Gedichts hat eine große Besonderheit. Wir werden sie verstehn, wenn wir uns darüber Rechenschaft geben, daß dieses Gedicht eigentlich niemals ein lyrisches Motiv hat. Es hat auch niemals einen besonderen Gegenstand der Welt zum Ziel. Es spricht von einer Violine, einem Stein, einem blonden Mädchen, von Flamingos, Brunnen, Städten, Blinden, Irren, Bettlern, Engeln, Verstümmelten, Rittern, Reichen, Königen . . .; es wird ein Gedicht der Liebe, der Entbehrung, der Frömmigkeit, des Kampftumults, der einfachen, ja sogar der mit Kulturreminiszenzen belasteten Beschreibung . . .; es wird ein Lied, eine Legende, eine Ballade . . .: Nie ist es das selbst, was den Inhalt des Gedichts ausmacht; sondern immer ist es ein Etwas wie das unbegreifliche Dasein dieser Vorstellungen und Dinge, ihr unbegreifliches Nebeneinander und unsichtbar Verflochtensein, was den lyrischen Affekt auslöst und lenkt.

In diesem milden lyrischen Affekt wird eines zum Gleichnis des anderen. Bei Rilke werden nicht die Steine oder Bäume zu Menschen – wie sie es immer und überall getan haben, wo Gedichte gemacht wurden –, sondern auch die Menschen werden zu Dingen oder zu namenlosen Wesen und gewinnen damit erst ihre letzte, von einem ebenso namenlosen Hauch bewegte Menschlichkeit. Man kann sagen: im Gefühl dieses großen Dichters ist alles Gleichnis, und – nichts mehr nur Gleichnis. Die vom gewöhnlichen Denken getrennten Sphären der Wesensgattungen scheinen sich zu einer einigen Sphäre zu vereinen. Niemals wird etwas mit einem anderen verglichen – als zwei andere und Getrennte, die sie dabei bleiben –; denn selbst wenn das irgendwo geschieht und gesagt wird, irgendeines sei wie das andere, so scheint es schon im gleichen Augenblick seit Urzeiten das andere gewesen zu sein. Die Eigen-schaften werden zu Aller-schaften! Sie haben sich von den Dingen und Zuständen losgelöst, sie schweben im Feuer und im Wind des Feuers.

Man hat dies Mystik genannt, Pantheismus, Panpsychismus . . .; mit solchen Begriffen tut man aber etwas hinzu, das überflüssig ist und ins Ungewisse führt. Lassen Sie uns lieber bei dem bleiben, was uns vertraut ist; wie verhält es sich denn nun wirklich mit diesen Gleichnissen? Bei nüchternster Betrachtung? Es verhält sich bemerkenswert genug; das Metaphorische wird hier in hohem Grade Ernst.

Lassen Sie mich dazu mit etwas Beliebigem beginnen: ein Schriftsteller vergleiche einen bestimmten Novemberabend, von dem er erzählt, mit einem wollenen weichen Tuch; ein anderer Schriftsteller könnte ebensogut ein eigenartig weiches Wolltuch mit einem Novemberabend vergleichen. In allen solchen Fällen liegt der Reiz darin, daß ein schon etwas erschöpfter Gefühls- und Vorstellungsbereich dadurch aufgefrischt wird, daß ihm Teile eines neuen zugeführt werden. Das Tuch ist natürlich kein Novemberabend, diese Beruhigung hat man, aber es ist in der Wirkung mit ihm verwandt, und das ist eine angenehme kleine Mogelei. Nun, es liegt – eine gewisse Tragikomik in dieser menschlichen Neigung für Gleichnisse. Wenn die Spitzen der Brüste mit Taubenschnäbeln[1] oder mit Korallen verglichen werden, kann man, streng genommen, nur sagen: Gott behüte uns davor, daß es wahr sei! Die Konsequenzen wären nicht auszudenken. Man gewinnt aus den menschlichen Gleichnissen eigentlich den Eindruck, daß der Mensch niemals dort recht aushalten kann, wo er sich gerade befindet. Er gibt das niemals zu; er umarmt das ernste Leben; aber er denkt dabei zuweilen an eine andere!

Es ist ein schönes, wenn auch ein wenig altmodisches Gleichnis, zu sagen: ihre Zähne waren wie Elfenbein. Setzen Sie statt dessen einen sachlich-nüchternen, aber richtig anderen Aus-druck, so heißt das – höchst unerwünscht –: sie besaß Elefanten-zähne! Vorsichtiger, aber immerhin noch verfänglich: ihre Zähne besaßen die optischen Qualitäten von Elefantenzähnen, mit Ausnahme der Form. Ganz vorsichtig: ein ich weiß nicht was war gemeinsam. Ersichtlich ist das die übliche Tätigkeit des Gleichnisses: wir lösen das Erwünschte los und lassen das Unerwünschte zurück, ohne daß wir daran erinnert werden wollen, und wir lösen das Feste in das Gerüchtweise auf.

Was man der Kunst an Unernst, verglichen mit der Wirklich-keit, vorwirft, was in ihr auch wirklich an Divertissement liegt, Oberflächlichkeit, »letzter Neuigkeit«, an Modischem, Dieneri-schem . . .: es freut mich, schon an einem so einfachen Beispiel, das der Aufnahme in jede Schulgrammatik und -poetik gewür-digt wird, zeigen zu können, wie sich alles das in dem Gebrauch spiegelt, den man von den Gleichnissen macht,

Er hängt tatsächlich mit einer bestimmten Welt-Anschauung (dazugehörig: Kunst als Erholung, Zerstreuung, spontane Erhe-bung) zusammen. Und nun frage ich Sie: Statt zu sagen, der Novemberabend sei wie ein Tuch *oder* das Tuch sei wie ein Novemberabend, könnte man nicht beides in einem sagen? Was ich frage, Rilke hat es immerwährend getan.

Bei ihm sind die Dinge wie in einem Teppich verwoben; wenn man *sie* betrachtet, sind sie getrennt, aber wenn man auf den Untergrund achtet, sind sie durch ihn verbunden. Dann verän-dert sich ihr Aussehen, und es entstehen sonderbare Beziehun-gen zwischen ihnen.

Das hat weder mit Philosophie, noch mit Skepsis, noch mit irgendetwas anderem zu tun als dem Erleben.

Ich möchte Ihnen zum Abschluß ein Lebensgefühl beschrei-ben. Aber ich schicke voraus, daß ich es nur andeuten kann. So wenig es nach Rilke aussehen wird, Sie werden mehr davon in seinen Gedichten finden als in meinen Worten. Und ich habe bisher eigentlich nur von einer einzigen Schönheit unter den vielen seines Werks in ihren Beziehungen gesprochen; aber es muß mir genügen, darauf hinzuweisen, wie schon diese in einen großen Entwicklungszusammenhang gehört. Und eben das, dieses Einbezogensein des Kleinsten ins Größte, ist Rilke.

Eine feste Welt, und darin die Gefühle als das Bewegliche und Veränderliche: das ist die normale Vorstellung. Eigentlich aber sind beide, die Gefühle und die Welt unfest, wenn auch innerhalb sehr verschiedener Grenzen. Daß die eine zur Wand für die anderen wird, hat zwar seine guten Gründe, ist aber ein wenig willkürlich. Und eigentlich wissen wir das ja recht gut. Daß kein Einzelner heute weiß, wessen er morgen fähig sein wird, ist kein ganz ungewöhnlicher Gedanke mehr. Daß die Übergänge von der moralischen Regel zum Verbrechen, von der Gesundheit zum Kranksein, von unserer Bewunderung zur Verachtung der gleichen Sache gleitende, ohne feste Grenzen sind, das ist durch die Literatur der letzten Jahrzehnte und andere Einflüsse vielen Menschen zu einer Selbstverständlichkeit geworden. Ich möchte nicht übertreiben. Betrachten wir den Einzelnen, so ist diese »Fähigkeit zu allem« recht starken Hemmungen unterworfen. Wenn wir aber die Geschichte der Menschheit, also die Geschichte der Normalität par excellence, betrachten, so kann es keinen Zweifel geben! Die Moden, Stile, Zeitgefühle, Zeitalter, Moralen lösen einander derart ab oder bestehen gleichzeitig in solcher Verschiedenheit, daß die Vorstellung kaum abzuweisen ist, sich die Menschheit wie eine gallertartige Masse zu denken, welche jede Form annimmt, die aus den Umständen entsteht. Natürlich haben wir ein eminentes Interesse daran, das zu leugnen, nämlich das praktische und moralische des jeweiligen Zustands. Es ist die ewige Tätigkeit des Lebens und zugleich sein Selbsterhaltungstrieb, die Wirklichkeit fest und eindeutig zu gestalten. Es ist nicht zu übersehen, daß die Schwierigkeiten dafür überall dort sich verstärken, wo das Gefühl beteiligt ist. Darum schalten wir es nach Möglichkeit aus, wenn wir Wahrheit, Ordnung und Fortschritt wollen. Zuweilen schalten wir es aber vorsichtig auch wieder ein, z. B. im Gedicht oder in der Liebe. Das sind bekanntlich recht unlogische Vorgänge, aber man darf vermuten, daß die Eindeutigkeit des Erkennens überhaupt nur dort vorhält, wo die Gefühlslage im großen stabil ist. Ich kann das hier nicht weiter ausführen; aber Sie werden bemerkt haben, daß unser Umgang mit dem Gefühl nicht mehr ganz geheuer geworden ist. Und da dies dem geschärften Verständnis der Gegenwart nicht verborgen geblieben ist, läßt sich aus vielerlei Zeichen schon erwarten, daß wir einer großen Problemstellung nicht nur des Verstandes, sondern auch der Seele entgegengehn.

Und nun gibt es ein Gedicht, das in der Welt des Festen eine

Ergänzung, Erholung, einen Schmuck, Aufschwung, Ausbruch, kurz Unterbrechung und Ausschaltung bedeutet; man kann auch sagen, es handelt sich da um bestimmte und einzelne Gefühle. Und es gibt ein Gedicht, das die im ganzen Dasein versteckte Unruhe, Unstetheit und Stückhaftigkeit nicht vergessen kann; man könnte sagen, hier handelt es sich, wenn auch nur in einem Teil, um das Gefühl als Ganzes, auf dem die Welt wie eine Insel ruht.

Das ist das Gedicht Rilkes. Wenn er Gott sagt, meint er dies, und wenn er von einem Flamingo spricht, meint er auch dies; *deshalb* sind alle Dinge und Vorgänge in seinen Gedichten untereinander verwandt und tauschen den Platz wie die Sterne, die sich bewegen, ohne daß man es sieht. Er war in gewissem Sinn der religiöseste Dichter seit Novalis, aber ich bin nicht sicher, ob er überhaupt Religion hatte. Er sah anders. In einer neuen, inneren Weise. Und wird einst, auf dem Weg, der von dem religiösen Weltgefühl des Mittelalters über das humanistische Kulturideal weg zu einem kommenden Weltbild führt, nicht nur ein großer Dichter, sondern auch ein großer Führer gewesen sein.

Nachwort zum Druck

[. . .]

Was ich am Gebrauch des Gleichnisses anzudeuten vermochte, müßte sich im Großen, und dadurch viel bedeutsamer, wiederholen lassen, wenn man die Bewegtheit des Sinnes im Rilkeschen Vers überhaupt untersucht. Dieser Sinn entfaltet sich nicht gedeckten Rückens, an die Mauern irgendeiner Ideologie, Humanität, Weltmeinung gelehnt; sondern entsteht, von keiner Seite festgehalten oder gestützt, als ein der geistigen Bewegung frei und schwebend Überlassenes. Die Inseitigkeit von Rilkes Gedicht hat eine ebenso eigentümliche und auffällige Konfiguration wie die äußere Form, wenngleich sie sich in weit höherem Maß der Analyse und Beschreibung entzieht. Würde man eine Reihe aufstellen, an deren einem Ende das Lehrgedicht, die Allegorie, das politische Gedicht zu stehen kämen, also Formen eines schon vorher fertigen Wissens und Willens, so stünde am entgegengesetzten Ende Rilkes Gedicht als reiner Vorgang und Gestaltung geistiger Mächte, die in ihm zum erstenmal Namen und Stimme bekommen. Dazwischen aber lägen sowohl das

Gedicht der Erregung »großer Gefühle« wie das der Erhebung zu »großen Ideen«; beide das, was unserer Zeit schon als Ausbund der Seelenkraft erscheint, heben sie den Blick – über die Schulter zurück empor, denn sie enthalten die Kräfte der Steigerung, aber nicht die der Schöpfung.

In solcher Bedeutung habe ich Rilke einen Dichter genannt, der uns in die Zukunft führt. Denn es scheint, daß die Entwicklung des Geistes, die heute vielen als Zerfall erscheint, aber ihr Gleichgewicht doch in sich tragen muß, dieses Gleichgewicht als ein bewegliches erweisen wird; wir sind nicht wieder zu einem so oder anders bestimmten ideologischen Erstarren berufen, sondern zur Entfaltung der Schöpfung und der Möglichkeiten des Geistes! Angesichts solcher inneren Bilder, die aus Rilkes Gedichten, nicht wie eine Vorhersage, wohl aber wie ein vorwehender Duft aufsteigen, erscheint es mir allerdings nebensächlich, Formzusammenhängen oder selbst -abhängigkeiten nachzuspüren oder um die Bewertung einzelner Elemente zu streiten. Selbst die Senkung und Ausnahme, die sein Werk in den Sonetten an Orpheus erleidet und so weitgehend erfährt, daß der Dichter dabei zuweilen wie ein wählerischer Nachfahre erscheint, bedeutet wenig; denn diese Unsicherheit, die gerade im Augenblick, wo er sich der Gegenwart nähern möchte, seine Form bedroht, ist auch ungemein bezeichnend für das Entrückte seines Wesens.

Diese Auslegung – insgesamt, wie sie hier versucht worden ist –, stammt, was in den Augen mir nicht geneigter Leser zu ihren Gunsten sprechen möge –, nicht nur von mir, sondern ich folge in der Richtung auf das Wesentliche dem Weg einiger höchst erlauchter Vorbilder; auch steht nicht Rilke allein auf seinem Weg; noch ist dies der einzig mögliche und sohin einzig rechte Weg, der in die Zukunft führt; noch ist mir unbekannt, daß sehr einsichtsreiche Kritiker im einzelnen die Bewertung ganz anders austeilen würden als ich. Zu dem allen kann ich nur wiederholen, was im Vortrag scheinbar doch überhört worden ist, daß die Größe eines Dichters über allen Graden liegt und immer eine absolute ist, weshalb sie aber auch niemals Wert und Bedeutung anderer ausschließt. Man darf sagen, daß das Wesen wahrer Dichtung immer ein maßloses ist: große Dichtungen sind Weisungen, und es wäre törichte Kritik, welche zuerst auf die Abgrenzung des Auftrags gegen andere achten wollte, statt dem

Auftrag selbst über alle Grenzen zu folgen. Der eigentliche Sinn von Rilkes Werk wird heute selbst von Freunden oft noch mißverstanden; darauf war hinzuweisen. Er liegt aber schon nahe an der Oberfläche des allgemeinen Bewußtseins. Und wenn ich mit einer persönlichen Bemerkung schließen darf, es haben mir gerade diese beiden Eindrücke das Vertrauen gegeben, daß in einer solchen Lage auch dem kleinen Anstoß und in sich ungenügenden Hinweis schon ein bescheidenes Verdienst zukommen könnte.

Zuerst: Berlin 1927; hier nach: R. M., Gesammelte Werke in neun Bänden, hg. von Adolf Frisé. Bd. 8: Essays und Reden (Reinbek: Rowohlt 1978), S. 1229, 1230 f., 1235-1240 und 1241 f.

1 In der ›Versuchung der stillen Veronika‹ findet sich dieselbe Metapher: »ihre Brüste waren längst nicht mehr so spitz und neugierig rotgeschnäbelt wie damals« (Werke Bd. 6, S. 206; vgl. auch S. 227); mit der aufs äußerste angespannten Sprache der ›Vereinigungen‹ dürfte Musil wohl um eben die Vereinigung der »vom gewöhnlichen Denken getrennten Sphären der Wesensgattungen« ringen, die er in seiner Gedenkrede an Rilkes Werk beschreibt.

Stefan Zweig

97. Aus: *Abschied von Rilke. Eine Rede*

Noch einmal [. . .] ging dieser schweigsam Ringende aus, das Erschaffene und darum Leichtgewordene heroisch zu verwerfen und eine abermals neue lyrische Form aus sich zu holen und sie aufzustufen, dem unerreichbar Unendlichen entgegen.

Auf dieser Erhobenheit begannen vor zehn Jahren seine letzten Gedichte, die »Sonette an Orpheus« und die »Duineser Elegien«, jener Aufstieg in eine selbstgewählte Einsamkeit. Denn dieser äußersten Zone der Sprachluft, diesem großartig fremden Widerspiel von Überlicht und letzten Dunkelheiten, vermochte das an lindere Formen gewohnte Gefühl der meisten kaum mehr nachzufolgen. Hier ließen ihn die Deutschen allein, und wenige nur waren zur Stelle, um nachzufühlen, welch verwegener Versuchung sein bildnerischer Geist sich in diesen seinen letzten geheimnisvollsten Gedichten ergab. Denn hier, in diesem heiligen Herbst seiner endgültigen Reife fordert Rilke die Sprache zum Äußersten heraus, zum Versuche, das kaum mehr Darstellbare darzustellen: nicht das Tönen mehr, das aus den Dingen schwingt, nicht mehr ihre sinnlich gewahrsame Prägung, sondern den geheimnisvollen Bezug, der zwischen ihnen seelenhaft unsichtbar schwebt wie der Atem über der Lippe. Das Wortlose und dem Wort bisher Versagte, gerade das wollte hier sein ungenügsamer Schöpferwille erdeuten, Bildnis des bloß Begrifflichen, eine Metaphorik des Nicht-mehr-Erschaubaren. Dies zu erreichen, mußte unendlich die Sprache sich spannen bis über den eigenen Rand, sie mußte hinab sich beugen in ihre untersten Abgründigkeiten, sie mußte hinaus über das Faßliche dem Unfaßbaren und kaum mehr Sagbaren entgegen. In diesen »Duineser Elegien« ist Rilke, der einst lyrische und dann franciscanische, schließlich der orphische Dichter geworden, jenes heiligen Dunkels voll, das so großartig die Verse der andern deutschen Frühentführten, jene des Novalis und Hölderlin überwogt. Kaum konnten wir damals, selber erstaunend, den Sinn erfassen, der in jenen letzten Gedichten lag, und nun erst öffnet er sich schmerzlich unserem Erkennen: es war nicht Anrede der Lebendigen mehr, die hier sich versuchte, sondern Zwiesprache schon mit dem andern, mit dem Jenseits der Dinge und des Gefühls. Es war bereits der Dialog mit dem Unendlichen, der hier anhub, brüderliche Gegenrede mit dem Tod, seinem eigenen langbereiteten und nun reif gewordenen Tod, der fordernd sein Auge zu dem Suchenden aus dem Dunkel emporhob.

Dies war sein letzter Aufstieg, und wir vermögen kaum den Firn zu bemessen, den er einsam auf diesem letzten Wege erreichte. Wie ein Ende war schon diese Vollendung und auch er selbst fühlte Bedürfnis einer Rast. Alles hatte ihm die Sprache gegeben, ihre tiefsten magischen Brunnen hatte er ausgeschöpft in seiner lyrischen Rede, das fast Unsagbare ihr herrisch aufgezwungen [. . .].

Gesprochen im Rahmen einer Gedächtnisfeier am 20. Februar 1927 im Staatstheater zu München; gedruckt: Tübingen: R. Wunderlich 1927, hier S. 22-24.

98. Aus: *Die Duineser Elegien*

Rainer Maria Rilkes Duineser Elegien sind ganz gewiß eines der
großartigsten Denkmale des neueren Schrifttums. Der Dichter
hat uns in ihnen ein *Selbstbildnis* hinterlassen, das in seiner
ungeheuren Schwermut, in seiner seelischen Zergliederungs-
feinheit, in seiner spiegelnd geschliffenen Form, in seinem
künstlerischen Karat fast unvergleichlich dasteht.

[...]

An sprachlichen Schönheiten und an herrlichen, ja wahrhaft
göttlichen Bildern sind die Elegien reicher als fast jeder andere
Band Rilkescher Kunst. Hier finden sich Beobachtungen der
Seele, der Landschaft, der Pflanze, des Tieres, die den Vorhang
vorm Allerheiligsten der Kunst mit einem Griffe aufreißen von
oben bis unten. Und neben diesen stehen andere Wendungen,
die ganz gewiß *nicht* gut sind, Imitationen des späten Hölderlin
bis in den Tonfall und die anknüpfenden Worte hinein (»Uns
aber . . .«, »O, ihr . . .«, »Ist es nicht . . .« und dergleichen).

[...]

Eine sprachliche Unart unserer Zeit erwuchs aus einer Manier
Georges und Rilkes, und so mag sie hier beschrieben sein, wie
ein Forscher eine neue Krankheit beschreibt. Die *Substantivitis*
ist eine Vereiterung des lebendigen Zeitworts zum eingetrock-
neten Hauptwort. –

Es ist nämlich so, daß das »Hauptwort« eines Satzes das
Zeitwort ist, das lebensprühende, veränderliche, tätige, eilende.
Und daß viele Hauptwörter nur Mumien früheren Lebens sind,
starr und aufgerichtet und ungesellig. Beide müssen sein, und
jedes hat seine Aufgabe.

[...]

Ein Dekalog der Melancholie, ein gewaltiger Gesang der
Schwermut – *seiner*, Rilkes, Schwermut. Denn wir dürfen hier
am Schlusse nicht die Feststellung des Eingangs vergessen, daß
die Duineser Elegien ein Selbstbildnis sind. Wenn wir anderen
schwermütig sind, so drückt uns etwa die politische Lage, – aber
dieser Dichter lebte ja fast immer außerhalb Deutschlands.

Oder es quälen uns wirtschaftliche Sorgen, – aber Rilke lebte fern von diesen in Häusern von reichen Freunden. Oder die Wohnungsnot, – aber Rilke fand überraschend oft ein Schloß, eine Burg, einen Turm, um darin zu hausen. Oder wir sorgen uns um Frau und Kinder, – aber Rilke lebte getrennt von ihnen. So hatte er sehr viel Muße für die Melancholien der Philosophie, der Weltanschauung und anderer Dinge, die dem armen Teufel, der am Alltag leidet, fern liegen. Deshalb können die Elegien niemals Gemeingut des Volkes werden. Sie werden immer nur wenigen geliebtes Versgut sein und werden uns in unvergleichlicher Treue und Tiefe das Bild eines unserer lieblichsten Dichter, eines der in seiner kindhaften Schwäche rührendsten Menschen malen.

Und werden in einsamer Höhe über dem allermeisten Versgut unserer Tage ragen als stille Gipfel ewiger Kunst!

Der Türmer 31 (1928/29), S. 56, 57, 59 und 59 f.

RUDOLF ALEXANDER SCHRÖDER

99. Aus: *Rainer Maria Rilke*

Es ist ein dunkles und großartiges Bild, das ich hier mit wenigen raschen Zügen vor Ihnen entwerfen durfte. Möglich, daß der eine oder der andre unter Ihnen nicht einmal die Züge des geliebten und bewunderten Dichters in meiner Zeichnung wiedererkennt. Denn freilich nicht der Verfasser des *Cornet,* nicht der kunstfertige Zusammenfüger verführerisch glitzernder Wortgeschmeide, nicht einmal der Sänger des *Marienlebens* ist es, von dem ich Ihnen heute geredet, es ist der Dichter jener finsteren unter den Strophen des *Stundenbuches,* der Schilderer jenes schrecklichen Jüngsten Gerichtes, jenes vorwurfsvollen und ruhelosen Requiem für die Freundin und Künstlerin, die an ihrem Menschen- und Muttersein zugrunde gehen mußte, und zuletzt und vor allem der seherische Beschwörer des Unsäglichen, der Bildner, der über die funkelnde und zehrende Süßigkeit der *Sonette an Orpheus* hinaus vermocht hat, die *Duineser*

Elegien gleichsam mit dem Meißel aus dem Felsgestein seiner Verzweiflung herauszuschlagen. – Denn dieser und nicht der Andere, Liebliche und Spielende ist es gewesen, der mit der Verwerfung seiner selbst die Herzen der Zeit sich unterworfen hat.

Rede gehalten zu Frankfurt im November 1928, gedruckt in: Corona 1 (1930/31); hier nach: R. A. S., Gesammelte Werke in fünf Bänden. Bd. II (Frankfurt: Suhrkamp 1952), S. 931

100. Aus: *Frauen über Rilke*

[Der Weg Rilkes] ist, wenn wir etwa die Spanne zwischen dem *Stundenbuch* und den *Elegien* ins Auge fassen, in jeder Hinsicht als ein Weg vom »Schein« zum »Wesen« anzusprechen. Wer noch *Geschichten vom lieben Gott* schreibt, dem ist im Hinblick auf das unsagbar Letzte aller inneren Entscheidung nicht das Eigentliche geschehen. Wer zur Zwiesprach mit dem »Engel« gelangt ist, mit dem kommt man in der Tat zu ernster und abgrenzender Auseinandersetzung und wird aus ihr nicht ohne Gewinn scheiden, wie immer auch das Ja und das Nein auf der einen und der andern Seite fallen mögen. Denn freilich, so bereitwillig wir einem Dichter und Wahrheitssucher – und beides sollte ja eigentlich stets in unlöslicher Einheit miteinander bestehen – den Weg vom Schein zum Wesen zubilligen: das »Wesentlichste«, das auf diesem Wege zu gewinnen steht, bleibt, wo es sich äußern, wo es in Erscheinung treten möchte, um sich andern zu vermitteln, immer noch mit jenem Elemente des Trüglichen behaftet, ohne das es nach dem Stande unsres Mitteilungsvermögens nirgend geht. Mag es denn also und muß es dabei bleiben, daß die letzten Lösungen, die letzten Durchdringungen des unlösbaren und undurchdringlichen Rätsels unübertragbares Eigentum des Einzelnen sind, und daß da, wo sie in Wort und Gleichnis den Weg in die Welt des von allen gemeinsam geführten und erlittenen Daseins suchen, Zweifel ihnen mit Notwendigkeit begegnen: an einem werden sich die erkennen, denen es allen Ernstes um das Heil der Welt – mit andern Worten um ihr eigenes – zu tun ist, nämlich daran, daß es ihnen allen um etwas geht, das man je nachdem als »nackte Gewißheit« (Wahrheit) oder als »nackte Gerechtigkeit«

(Rechtfertigung) zu bezeichnen hätte. Und daß Rainer Maria Rilke auf dem Wege zu diesen Entscheidungen nach tastenden Versuchen immer bewußter vorangeschritten ist, reiht ihn und sein Werk ein in die lange Kette deutscher Sucher nach dem »Findbar-Unfindbaren«, dem »Kündbar-Unkündbaren«, deren geistige und dichterische Überlieferung nach Josef Nadlers schönem Wort die des »Tat twam asi« (»das bist du«) ist.

    [1937] Zuerst in: R. A. S., Die Aufsätze und Reden (Berlin: S. Fischer 1939); hier nach: Ges. Werke, Bd. II, S. 945 f.

Vgl. auch: Erinnerungen an Rainer Maria Rilke, in: Münchner Neueste Nachrichten Nr. 145 (1927), 29. Mai.

Zum Verhältnis Schröder – Rilke vgl. auch die Erinnerungen von Ernst Zinn an Gespräche mit R. A. Schröder, vorgetragen auf der Tagung der Rilke-Gesellschaft 1980 in Worpswede [bisher unveröffentlicht].

Stefan George

101. Aus: *Elisabeth Gundolf, Meine Begegnungen mit Rainer Maria Rilke und Stefan George*

Eine andere der zahlreichen Legenden im Zusammenhang mit Rilke und George berichtet, George habe Rilke bei einer gelegentlichen Begegnung[1] in Florenz beleidigt, und die bloße Erwähnung von Georges Namen habe Rilke seit dieser Zeit zum Erbleichen und Zittern gebracht. Das ist eine Erfindung. George hat Rilke niemals beleidigt. Und Rilke hat zu mir mit Interesse über George gesprochen, ohne zu erbleichen und ohne zu zittern. Ebenso hat George mit Achtung von Rilke gesprochen. Alle gegenteiligen Erzählungen gehören, wie gesagt, ins Reich der Legende.

    Vortrag Oxford 1944, in: E. G., Stefan George. Zwei Vorträge (Amsterdam: Castrum Peregrini 1965), S. 41

Äußerungen Georges über Rilke sind unseres Wissens nicht überliefert. Nach einer Notiz Masons »soll George einmal gesagt haben, er ›lehne

alles ab, was ihm von Rilke sicht- und hörbar wird«« (Mason, Exzentrische Bahnen, S. 337 – die Quelle für diesen Ausspruch ist leider
unbekannt), was wohl bezeichnender für Georges Einstellung ist als die
harmonisierenden Darstellungen von Elisabeth Gundolf und Rudolf
Kassner (Nr. 85). Vgl. auch die Stellungnahmen von Mitgliedern des
George-Kreises: Friedrich Gundolf (Nr. 102), Karl Wolfskehl (Nr. 126
und 127), Albert Verwey (Nr. 114) und Ernst Bertram (Nr. 77,
Anmerkung 2).

Das Verhältnis Rilke – George ist vielfach untersucht worden; vgl.
etwa:
– Eudo C. Mason, Rilke und Stefan George, in: Gestaltung und
  Umgestaltung. Festschrift für Hermann August Korff (Leipzig 1957),
  S. 248-278; wieder in: E. C. M., Exzentrische Bahnen (Göttingen
  1963), S. 208-249 und, gekürzt, in: Rilke in neuer Sicht. Hg. von
  Käte Hamburger (Stuttgart 1971), S. 9-37,
– Victor A. Schmitz, Stefan George und Rilke. Gestaltung und Verin-
  nerlichung (Bern 1978),
sowie die Literaturangaben bei Walter Ritzer (B 5), S. 272.

1 Die Begegnung fand während Rilkes Florenz-Aufenthalt vom April
1898 im Park Boboli statt; vgl. Rilke an Friedrich von Oppeln-
Bronikowski, 29. 5. 1907, in: Briefe aus den Jahren 1904-1907 (Leipzig
1939), S. 316 f.

Friedrich Gundolf

102. Aus: *Rainer Maria Rilke*

Stefan George, mein eigener Meister, hat wie kein zweiter durch
seinen Sang die Menschenwürde im All verherrlicht und damit
das hellenische Erbe behauptet wider das indische, östliche,
wenn man will christliche, für alle, deren Glaube des Menschen
als Träger und Maß der Erscheinungen bedarf. Rilke hat am
reinsten die Lösungen, Erlösungen, die Hauche und Wellen des
wankenden Alls heute in seiner Seele verfangen, aus seiner
Seele entlassen. Kein Gebieter und Lenker, kein Gründer und
Bildner, doch ein Medium der weltdurchfahrenden Gewalten.
[. . .]

Wenn die Geschichte in Aus- und Einatmungen, Bindungen und Lösungen sich bewegt (wie Goethe meint), so mögen wir in Rilke einen Dichter der Diastole, der Entlassung und Entlastung, sehen neben dem willentlichen Meister neuer Bindung. Für Rilke wäre Wille selbst schon Frevel, Vermessenheit gegen den ihm erschlossenen Sinn des Daseins gewesen, eine Überhebung des Ich, eine verarmende Zugeschlossenheit vor den zahllosen und wahllosen Spenden aus dem unendlichen All.

[. . .]

[. . .] den ganzen Stil seiner späten Werke, der »Sonette an Orpheus«, vor allem der »Duineser Elegien«, begreift man nur, wenn man darin Rilkes verzweifeltes und demütiges Stemmen gegen den ersehnten Tod vernimmt, nicht nur als Aussage, sondern gerade als Formgebung. Alle Sicherungen einem Publikum gegenüber, alle Sorge um Verständlichkeit vor Freunden oder Gemeinden sind von ihm abgefallen. Er hat nur noch das verinnerte Gedächtnis der tausend Erdensachen und den unfaßbaren Widersacher, den Einsauger und Aufheber: den Tod. Nun zieht er krampfhaft als einen dichten kühlen Panzer den bedrohten Besitz aus der lockeren Atmosphäre um sich heran, die Gleichnisse, die Worte, knickt sie, biegt sie und schmiegt sie um den schwindenden Leib. Man muß bis zu dem wahnsinnigen Hölderlin zurückgehen, um einen ähnlichen Griff des Entrückten in die Sprache zu finden, eine ähnliche Besessenheit aus Entrücktheit. In beiden Fällen hat der Tod als ein Dämon, der nach Goethes Wort von den Gipfeln der Vergangenheit herüber unerdenkliche Gesichte herleuchten läßt, die brechenden Blicke beschienen, die bald stumme Zunge ermächtigt.

Vortrag, gehalten im Juni 1931; gedruckt: Wien: Verlag der Johannes Presse 1937, S. 9, 11 und 22

ERNST KRENEK

103. Aus: *Zur Entstehungsgeschichte der Trilogie »O Lacrimosa«*[1]

Es entstand eine merkwürdige Beziehung zwischen zwei grundverschiedenen Generationen. Denn wenn auch Rilke über die
künstlerischen Bestrebungen der Gegenwart, besonders in
Frankreich, durchaus orientiert war und mit seinem Einfüh-
lungsvermögen allem zu folgen vermochte, so gehörte er doch
einer anderen zeitlichen Ebene an. Irgendwo war er nicht
fünfzig, sondern sechshundert oder zweitausend Jahre alt. Zu
jener Zeit besuchte man ihn im Château Muzot, dessen Umge-
bung in dieser frühen Jahreszeit noch lange nicht alle ihre Reize
entfaltet hatte, und Rilke las seine »Duineser Elegien« vor,
wobei er in einer bei ihm zunächst nicht zu erwartenden
intellektuell klaren und sachlichen Weise erklärende Erläuterungen gab. Aber schon hier merkte ich, bei aller Bewunderung
des Werkes, wieviel mehr die Persönlichkeit des Dichters auf
mich wirkte als die Tatsache seines Schaffens.

> Rainer Maria Rilke. Stimmen der Freunde. Ein Gedächtnisbuch.
> Hg. von Gert Buchheit (Freiburg: Urban 1931), S. 155 f.

1 WA 3, 182-184; Rilke hatte selbst um die Vertonung durch Krenek
gebeten.

KATHERINE ANNE PORTER

104. *Tagebucheintrag: Berlin, Dezember 1931*

Ein junger deutscher Dichter fragte mich, was ich im Moment
läse, und als ich ihm sagte, ich arbeitete mit meinem Lehrer an
den *Elegien* Rainer Maria Rilkes, machte er ein verdrießliches
Gesicht und sagte: »Ach, lesen sie nicht Rilke. Er gehört zu dem

alten, romantischen, schwachköpfigen Deutschland, das unser Ruin gewesen ist. Das neue Deutschland ist hart, stark, wir werden eine neue Rasse von Dichtern haben, zäh und schnell wie eure Preisboxer.«

Er gab mir einige seiner Gedichte zu lesen und ich erarbeitete sie mir mit meinem Lehrer. Das Verblüffendste daran: das Vokabular war hart, die Rhythmen schroff, alle Gedanken äußerst brutal – und doch: alles in allem war es vages, schwächliches Zeug. Ihm die Gedichte zurückzugeben wurde sehr peinlich, denn ich wußte nicht, was ich sagen sollte.

> Englisch in: Notes on writing. From the journal of Katherine Anne Porter, in: New Direction 5 (1940), S. 196

Alfred Wolfenstein

105. Aus: *Behütete Form. Zu Rilkes fünftem Todestage*

Wer die Dichtung Rilkes zur Hand nimmt, wird sogleich wieder in seinem Bann sein. Woran liegt es, da er doch in fast privatem Grade überzeitlich ist, und also im voraus auf jede Macht über die Epoche verzichtet zu haben scheint? Aber auch das Werk dieses unpolitischen großen Dichters hat eine Tendenz, nämlich beispielhaft Kunst zu sein. Stofflich werden wir weniges bei ihm finden, was sich mit der Not und Kraft des Heutigen unmittelbar beschäftigt.

Aber seine verantwortungsvolle Auffassung der Kunst tritt gegen ihre Bedrohung auf; er hilft, diese wesentliche Anlage und Habe des Menschen über ihre Gefährdung hinweg zu retten; und so ist er auch aktuell. Es gibt, als das entgegengesetzte Beispiel, die Haltung Rimbauds. Die beiden Dichtertypen Rilke und Rimbaud sind Pole der Entscheidung: Der eine warf die Dichtung zugunsten des uferlosen Lebens weg, als eine Dummheit, der andere wirft sich schützend vor die ewige Bedeutsamkeit der Form. Beide sind reinlich und entschlossen im Vergleich zu der verbreiteten Gattung, die zwar auf die Dichtung hustet, dennoch aber weiter dichten will; die alles vom

Inhalt erwartet und nicht mehr weiß, daß er nur mit der Form gemeinsam wirkt, wie Lippen und Zähne zusammen gehören.

So ist Rilkes Schaffen eine Demonstration für die Bedeutung der Form.

[...]

Das Rilkesche Gedicht ist vollkommen, das ist seine in der deutschen Literatur seltene Eigenschaft und zugleich seine Tendenz! Verteidigung der Dichtung! Wie eine Burg, lückenlos mit geformten Worten ummauert, wehrt sein Gedicht, eines für alle, die Feinde der Kunst ab. Wir brauchen, auch im Kampf für die Benachteiligten, eine solche Festung der Schönheit; wir brauchen einmal ein solches Beispiel. Es kann desto bereitwilliger entgegengenommen werden, als sich bei diesem Dichter Werk und persönliches Menschentum so bezaubernd deckte, und dann, weil sich sein letztes Schaffen doch als ein Bild der Gegenwart darstellt. Denn die Sammlung der Duineser Elegien, die herrlichste Versprosa, die sich vom Reim abstößt ins freie Meer, ist selbst so sehr Chaos, aufgewühlte und die Aufwühlung bezwingende Unruhe, daß sich hier die Wende der Zeit spiegelt, in einer durchstürmten Kunst und einem sich wandelnden Künstler.

Worauf ein so ausdrucksvoller Finger deutet, das braucht nicht noch besonders beim Namen genannt zu werden. Rilke erlebte die Wandlung in München, vor seiner letzten schöpferischen Einsamkeit lebte er inmitten jenes Suchens nach neuen Gemeinschaftsformen während des Revolutionswinters. Im Kriege hatte man oft seine Verzweiflung über die unfruchtbare Zeit verspürt, »die Leere mit dem grauen Luftzug«, an manchem Abend lief er trostlos durch die Straßen, mit hängenden Armen und auf den Schultern herumrollendem Kopf, wie durch hohle Sturmwellen. Es war kein Zufall, daß er dann während der ganzen Umwälzungszeit in München blieb, bis zur Räterepublik. Bei der Revolutionsfeier sang er neben mir im Nationaltheater die Hymne mit, die Worte Kurt Eisners. Es freute ihn, daß die Gedrückten ans Licht kamen. Er, der die Menschen »nicht anerkannt von ihrem Eigentume« sah, hatte immer gebetet, daß »die Armen nicht mehr fortgeschmissen und eingetreten werden –« [WA 1, 338 und 358]. Der Sozialismus der kleinen Dinge, der die Innigkeit Rilkescher Gedichte ausmacht, rührte sich noch einmal in seinem Herzen.

Schon aber standen die beiden ersten Pfeiler der Elegien, und während sich die Grenzen ringsum öffneten, schwang er sich in großen Bögen seiner Endschöpfung zu, eingeschlossen in Muzot. Nicht mehr Dinge, Tiere, Leute: mit einem einzigen Schritt trat über ihm der Engel hinter den Sternen hervor, der gefährlich schöne Engel einer wiedergefundenen wunderbaren Sprache, Gestalt eines kommenden lichteren Menschen. Rilke, der in einer Zeit des alles verdrängenden Willens die Empfindung dichtete, hat zuletzt einen gewaltig angespannten, dem Zweifel abgerungenen Willensakt vollbracht, als ein Vorbild, als ein Festiger der wankenden musischen Macht.

Berliner Tageblatt (1931), 20. Dezember

106. Aus: *Rainer Maria Rilke.*
Zum fünften Todestage am 29. Dezember

[...] die Einsamkeit musiziert in Rilke erst in den Duineser Elegien zu Ende, wo die schrecklichsten aller Gestalten, nämlich die Engel, hinter den Sternen hervortreten und dem schreienden Menschen in ihrer Schönheit seinen gefährdeten Leib offenbaren.

[...]

Diese große Lyrik kann zu jeder Zeit ihre Wirkung tun, was man von großen Romanen und Dramen keineswegs sagen kann. Gewiß wird man bei Rilke kaum eine unmittelbare Beziehung zur Gegenwart finden. Aber sein letztes Schaffen handelt so aufgewühlt und hindeutend von Chaos, Katastrophen und Wandlungen, daß er aus der Perspektive der Ewigkeit an die stürmische Wende der Zeit rührt, auch wenn er sie nicht bei Namen nennt. Sein Leben, sein Werk wurde durch sie in zwei Teile zerrissen, nicht so tendenziös sichtbar wie bei anderen, aber in desto schrecklicherer Höhe und Tiefe. Als ich ihm in München nahestand, sah ich die erschütternden Kämpfe, die in den Gang seiner Seele und Kunst eingriffen wie in die Entwicklung der Welt. Es trieb ihn in jener Epoche zu den Menschen, obwohl er seit 1914 ein neues Grauen vor ihnen empfand, wie einst als junger Kadett in der Militärschule von St. Pölten. Aber sein Hang zur Einsamkeit war nie Menschenhaß und das vielfältige Suchen nach neuen Gemeinschaftsformen, das gerade im München von 1918/19 seinen Platz hatte, zog ihn sehr an. Dann errang er sich nach der allgemeinen Niederlage der Menschheit seinen eigenen Sieg durch seine Dichtung. Im Turme von Muzot gelangte er zu der letzten Fruchtbarkeit der Elegien. Es sind Gebete, nicht mehr zu einem nahen Gott, sondern zu den menschlicheren und dennoch ferneren Engeln, Gebete aller stürmisch Einsamen, die zu den wunderbarsten Schöpfungen der deutschen Sprache gehören.

Der Deutsche Rundfunk 9 (1931), 25. Dezember, S. 12

JOSEF WEINHEBER

107. *Randnotizen in seinem Exemplar der ›Duineser Elegien‹*

Um dieselbe Zeit, 5. Mai 1928, bekam Weinheber von Kurt Erich Rotter Rainer Maria Rilkes »Duineser Elegien«. Keine Dichtung hat er so aufmerksam durchgearbeitet wie diese. Solche Sorgfalt muß besonders dem Vers gegolten haben. Neben »Ist die Sage . . .« [1. Elegie, V. 91 f.] steht links: »Ein reines Distichon«. An dem Verse »Schwingung geriet die uns jetzt hinreißt und tröstet und hilft« [1. Elegie, V. 95] bemängelt Weinheber mit »unerlaubt«, daß »uns« bei »hinreißt und tröstet« accusativisch, bei »hilft« dativisch genommen wird. Von den vielen Unterstreichungen fällt besonders auf »denn Schooß ist alles« [8. Elegie, V. 55]. Gegen Ende der neunten Elegie: »Preise dem Engel die Welt, nicht die unsägliche, *ihm* / kannst du nicht großtun mit herrlich Erfühltem; im Weltall, / wo er fühlender fühlt, bist du ein Neuling.« [V. 52 ff.]. Daneben steht links am Rande: »Als Motto zum Luser Buch«. Das gäbe die Jahreswende 1933/34 als späteste Frist für diese Lesung der »Elegien«.

Josef Nadler, Josef Weinheber. Geschichte seines Lebens und seiner Dichtung (Salzburg: Otto Müller 1952), S. 105 f.

108. Aus: *Im Namen der Kunst: Falsche Wertmaßstäbe*

Der skurrile, scheintiefe Morgenstern wurde seiner Zugkraft wegen von hunderten fixer Tinterln nachgeahmt, zu einer Zeit, wo die Duineser Elegien erschienen und in ihrer großäugigen Traurigkeit, einsam und unbeachtet, in die deutsche Welt starrten.

Zuerst als Teildruck 1935 und 1945 veröffentlicht; hier aus: Sämtliche Werke. Hg. von Josef Nadler und Hedwig Weinheber. Bd. IV: Kleine Prosa (Salzburg: Otto Müller 1956), S. 237

109. *An Korfiz Holm, 12. 11. 1937*

Ich arbeite schon fleißig an meinem neuen Buch[1], soweit das Wort fleißig hier am Platze ist. Denn es überrennt mich eigentlich. [. . .] Du wirst ja den Anfang des neuen Werkes im Augustheft des Inneren Reiches zu Gesicht bekommen haben. Es ist natürlich nicht zuletzt eine Sache der Nerven, einen solchen Ton, eine solche Lage durchzuhalten. Aber ich hoffe, nicht abzugleiten, und ich traue es mir zu, die Sonette an Orpheus und die Duineser Elegien – nicht sosehr im Formalen, aber in der geistigen Substanz – zu übertreffen. Ich bin ja eigentlich im Nebenberuf Denker.

Sämtliche Werke. Bd. V: Briefe (Salzburg: Otto Müller 1956), S. 286 f.

110. Aus: *Über mein Verhältnis zu Rilke*[2]

Erst nach Rilkes Tod (25. Dezember 1926), als die Flut der Nachrufe und Untersuchungen auf mich eindrang, begann ich mich Rilke, und zwar dem großen Dichter der Duineser Elegien und der Sonette an Orpheus, wieder zu nähern. Ich sah, für diese äußerst transparente Kunst noch nicht reif, vorerst freilich nur die außerordentliche sprachliche und formale Leistung, das ans Unheimliche grenzende Vermögen, mit der Sprache alles beginnen und alles vollenden zu können. Über die Welt, die hinter den Worten lag, las ich hinweg. Mit einem gewissen Widerstreben, mit der Abneigung des Rustikalen gegen den

»Kranken«, las, betete, lebte ich mich unter häufigen revoltierenden Rückfällen langsam in diese Welt hinein, die Welt des Engels, die Welt der Toten.

Um diese Zeit hatte ich mir bereits so etwas wie einen persönlichen Stil, darin die Einflüsse und Vorbilder sich amalgamierten, erarbeitet. Nicht selten überkam mich nun, Rilke gegenüber, das Gefühl einer gewissen Souveränität, das Gefühl, vor ihm als eigene Existenz bestehen zu können. Beispiel dafür ist der verhältnismäßig spät – acht Jahre nach Rilkes Tod – entstandene Hymnus auf die Gefallenen.[3] Hier habe ich mit ziemlicher Bewußtheit den Ton der Elegien als den vielleicht einmalig und einzig dem Thema gemäßen, wieder aufgenommen, und ich hatte keinen Grund, meine »Anleihe« hinter gewissen Kaschierungen, die mir sicherlich leicht gewesen wären, zu verbergen. Ja, ich übernahm sogar dort zum erstenmal die Gestalt des Engels in meine Dichtung herüber, nur in dem mir entsprechenden eignen Sinn, den Gefallenen des Weltkriegs gemäß, als Retter, als Seelenträger zum andern Dasein hin. Auch später, als ich auf dem Höhepunkt antiker Beeinflussung durch Hölderlin stand, habe ich mich nicht gescheut, den Tonfall der Rilkeschen Elegie dort anzuschlagen, wo mir das für die Deckung meiner Gedichtinhalte (»Auf das Vergängliche«[4]) förderlich schien.

Zu meinem letzten Odenzyklus »Zwischen Göttern und Dämonen«[5], in dem ich das Problem des Seins anders als Rilke, nämlich vom Menschen her, gestellt habe, wurden ganz unumwunden gewisse Anklänge der Diktion sichtbar gemacht:

Rilke: Rühmen, das ist's . . .
Weinheber: Wahrlich, Rühmen ist gut . . . Jedoch: . . .
Rilke: Denn das Schöne ist nichts
            als des Schrecklichen Anfang . . .
Weinheber: nah den Tränen. Aber das Tränennahe
            ist so schön wie schrecklich. Und beide Reiche
            gehn hinein, sich dort zu versöhnen; . . .

Wenn ich freiwillig das »Plagiat« aufdecke, das ich an Rilke (ebenso wie an Hölderlin) in diesen Oden begehe, so möge man mich nicht mißverstehen. Dort nämlich, wo ich mich über die Ebene des Zeitgebundenen im großen Gedicht erhebe, im Hymnus, der Ode, der Elegie, betrachte ich es als mein

Erbrecht, mich der Sprache der großen Vorgänger, Vorsänger, zu bedienen. Und meine Sprache ist ja in diesem höchsten Bereich auch wieder die der großen Bruderexistenzen. Mich hier eigenwillig selbständig machen zu wollen, verbietet mir ein sicherer künstlerischer Instinkt. Man wird das freilich erst später zusammensehen können.

Damit ist die Frage, was mir heute Rilke bedeutet, eine Frage der dichterischen Sprachtradition geworden. Hier handelt es sich nicht mehr um Stellungnahme, um das Austragen eines Ressentiments zwischen Schüler und Lehrer, oder gar um den Anspruch der »Thronnachfolge«, hier ist eine Selbstverständlichkeit der Verwandtschaft dokumentiert, die sich aus der natürlichen Polarität der Wert- und Weltvorstellungen einerseits, aus der Gleichräumigkeit der Leidenschaft und der Klage sowie aus der Familientradition des Genialischen anderseits ergibt.

Sämtliche Werke. Bd. IV: Kleine Prosa (Salzburg: Otto Müller 1954), S. 35-38

1 ›Zwischen Göttern und Dämonen. Vierzig Oden‹ [1938]; Sämtliche Werke, Bd. II: Gedichte/Zweiter Teil (Salzburg 1954), S. 337-368. Vgl. auch: Hermann Pongs, Josef Weinheber, ›Zwischen Göttern und Dämonen‹, in: DV 40 (1939), S. 77-84. Dort gibt Pongs die folgende Äußerung Weinhebers aus einem Gespräch über Rilke wieder:

Rilke ist für mich viel gewesen, eine große Verführung. Er war eben groß. Nicht das Buch der Bilder, nicht das Stundenbuch, aber die Elegien, die Sonette. Umgeworfen hat er mich, Zeit habe ich gebraucht, bis ich meine eigne Kraft dagegen durchsetzte. Meine ›Götter und Dämonen‹ sind die letzte Auseinandersetzung mit Rilke, mit Orpheus. Jetzt habe ich ihn hinter mir, jetzt habe ich den Weg frei! Rilke ist so etwas wie ein ungarischer Geiger mit dem Schmelz im Ton, der geht ans Herz, der verführt alle. So der leise Strich, – da ist der Osten im Blut, die Musik. Aber man darf sich nicht verführen lassen. Es heißt hart sein und den Entscheidungen nicht aus dem Wege gehen (a. a. O., S. 77).

Vgl. dazu auch: An Hermann Pongs, 2. 3. 1939, in: Sämtliche Werke V: Briefe (Salzburg 1956), S. 429.
2 Der Aufsatz geht zurück auf einen Brief an Hermann Pongs vom 8. 2. 1939 (Werke V, S. 423 ff.); Erstveröffentlichung in: DV 40 (1939), S. 74-77.

3 ›Den Gefallenen‹: Erstdruck 1935; aufgenommen in den Sammelband ›Späte Krone‹ (1936); Werke II, S. 226-230.
4 Erstdruck November 1936; aufgenommen in ›Späte Krone‹; Werke
II, S. 222 f.
5 S. o. Anmerkung 1.

GOTTFRIED BENN

111. Aus: *Lebensweg eines Intellektualisten*

Das Halten der Ordnung, das Erkämpfen der Form gegen den
europäischen Verfall! Der europäische Nihilismus: der animali-
sche Entwicklungsgedanke ohne die Ergänzung durch eine
anthropologische Herrschaftsidee, letztes Stadium der ge-
schichtlichen Bewegung, deren erstes das Abschiednehmen vom
Fühlen und Sehen der Welt in Klassen, Arten und Ordnungen
war, von den sieben Tagen, an denen das einzelne geschaffen
wurde, immer wieder: »Ein jegliches nach seiner Art.« Jetzt die
Auflösung von Arten, Rängen, Graden unter populärem
Gestammel von Müttern, rauschloser Flucht zu den Sumpfsym-
bolen, Keltern aller Samen und Säfte in einen Urbottich, kurz:
Verwischung des hochrangigen Prinzips der Form, Unterdrük-
kung des Willens zu Züchtung und Stil, Übermacht niederer,
nutzbringender Aufstiegs- und Aufbauformationen – nach der
imperialen Militärtranszendenz der Antike, dem religiösen Rea-
lismus des Mittelalters jetzt das Plausible, Flache, die Wissenschaft als die theoretische Interpretation der Welt – die Nietz-
schelage.

Innerhalb dieser Lage begann meine Generation. Sie sah Rilke
weich werden und sich treiben lassen von jeder Schwermut zu
jedem Reim und zum lieben Gott, aber George lagerte und
baute, übte Herrschaft aus, forderte geistiges Gesetz.

[1934]; Gesammelte Werke in acht Bänden, hg. von Dieter
Wellershoff (München: dtv 1975). Bd. 8: Autobiographische
Schriften, S. 1921 f.

112. *An F. W. Oelze, 14. 7. 1953*

Ihre Analyse von Rilke[1] ist gut, ich hätte eine so spezialistische Betrachtung von ihm nicht zu Stande gebracht. Ob das mit dem Geschmack stimmt, von dem Sie schreiben, er sei bei ihm unsicher gewesen, weiß ich nicht, ich habe solche Züge nicht finden können, nur gelegentlich in früheren Sachen snobige, wichtigtuerische zB. der Laurids Brigge (?) war mir immer äußerst langweilig. Er war wohl ein bischen dumm, dieser René, aber ohne diese Dummheit hätte er sich kaum entwickeln können.

> Briefe an F. W. Oelze 1950-1956. Hg. von Harald Steinhagen und Jürgen Schröder (Wiesbaden: Limes 1980), S. 174

Vgl. auch den ›Rilke‹ überschriebenen Abschnitt in den ›Figuren‹, entstanden zwischen 1940 und 1945, mit dem bekannten Schlußsatz:

> Diese dürftige Gestalt und Born großer Lyrik, verschieden an Weißblütigkeit, gebettet zwischen die bronzenen Hügel des Rhonetals unter eine Erde, über die französische Laute wehn, schrieb den Vers, den meine Generation nie vergessen wird: »Wer spricht von Siegen – Überstehn ist alles!« (Ges. Werke 7, S. 1735),

sowie oben Nr. 48, Anmerkung.

1 Oelze hatte nach Lektüre von Peter Demetz, René Rilkes Prager Jahre (Düsseldorf 1935) geschrieben:

> [. . .] eine glänzende Beobachtung scheint mir hinsichtlich R. das Imitative seines Talents, dem die ursprüngliche Inspiration, die schöpferische Sprachbegabung durchaus mangelte, so sehr, daß er zuletzt experimentell und lexikalisch mit einem künstlichen Material arbeitete; der eng begrenzte Wortschatz (es ist wohl dies, was mir bei den Duineser Elegien nie ganz wohl sein ließ), die Dürre, und – last not least – eine gewisse Unsicherheit des Geschmacks, die – unüberhörbar für den, der zu hören versteht – in Spuren bis in seine letzten verfeinerten Produkte nachweisbar ist (Briefe an Oelze 1950-56, S. 343 f.).

RICARDA HUCH

113. *An Katharina Kippenberg, 24. 11. 1935*

Ich gestehe es, und ich glaube, Sie wissen es schon, daß mir der
Sinn für Rilke ganz und gar fehlt, daß ich die Art seiner
Religiosität nicht verstehe, daß mir seine Gedichte, als ganz
unmelodiös, nicht eingehen, daß mir seine Duineser Elegieen
unverständlicher als böhmisch sind, und daß sich alles in mir
sträubt, darüber nachzugrübeln.

> Schnack, 884 f.; überprüft und berichtigt nach der Handschrift im
> Deutschen Literaturarchiv, Marbach

ALBERT VERWEY

114. *An Melchior Lechter, 30. 12. 1935*

Rilkes Seelen- und Sinnenleben fand ich immer bedeutend und
merkwürdig. Dennoch gingen meine dichterischen Ziele immer
an ihm vorüber und kamen in George's Nähe. Daß Sie ihn so
lieben, ist mir eine Warnung. Dennoch entzieht Niemand sich
den Grenzen, die ihm und seiner Kunst gegeben sind. Rilke hat
für mich etwas Schillerndes, etwas Zwitterhaftes, das meiner
Natur widerstrebt. Daß ein Seelisches es zusammenhält, ist wohl
die Ursache Ihrer Liebe, und soll es auch sein meiner Anerkennung.

> Leo Simoens, R. M. Rilke en Albert Verwey, in: Acta Germanica
> 7 (1972), S. 130

Simoens weist darauf hin, daß es im Verwey-Archiv eine handschriftli-
che Übersetzung von V. 1-35 der 1. Elegie gibt; jetzt veröffentlicht bei
Bronzwaer (B 482), S. 139 f.

Jean Cassou

115. Aus: *En écoutant la dixième élégie*
[Beim Hören der zehnten Elegie]

Mit den Dichtungen Rilkes dringt man vor in ein dunkles und symphonisches All, in dem man eher die Themen vernimmt, als die Verse liest. Und am Ende der letzten der *Duineser Elegien,* nachdem all diese Themen ihr Gefecht geliefert haben, entspannt sich die Seele des Zuhörers in der höchsten Harmonie, denn der Musiker hat schließlich zurückgefunden zur Entfaltung seines kostbarsten und geheimsten Motivs – des Todes.

Französisch in: Vendredi (1937), 9. April

Vgl. auch:
– J. C., Trois poètes: Rilke, Milosz, Machado (Paris 1954).

Louise Bogan

116. Aus: *Rilke in his age* [Rilke in seiner Zeit][1]

Obwohl ein Rilke-Kult bedauerlich wäre (was heute in wachsendem Maße für alle Kulte gilt), ist es wichtig, sein Werk allen an moderner Dichtung und modernem Denken interessierten Lesern leichter zugänglich zu machen. Denn es ist eines der stärksten Gegengifte zur Bekämpfung der Mächte der Finsternis – Haß, geteilte Solidarität, Schuld und Regression –, die unsere Zeit hervorgebracht hat.

[. . .]

Im deutschen Original sind die *Elegien* schon aus stilistischen Gründen extrem schwierig. In ihnen verschmelzen zwei Tendenzen: die deutsche, die mit gefährlicher Leichtigkeit Abstrakta personifizieren und Konkreta abstrakt machen kann, und die symbolistische, die dazu neigt, subtile innere Zustände und

218

Intuitionen durch ein Übermaß an plastischer und bizarrer Bildlichkeit auszudrücken. Rilkes Sprachmächtigkeit war immens und er konnte mit den anspruchsvollsten Formen arbeiten. Die *Elegien* sind zwar in einer auf den ersten Blick relativ ungebunden wirkenden Weise geschrieben. In Wirklichkeit ist ihr meist auf dem Hexameter aufgebauter Stil sehr durchgeformt und komprimiert. Überall ist die Sprache eng verwoben und ausgewogen, nirgends verschwommen oder diffus. In seinem Ringen, das Mysterium des menschlichen Schicksals auszusagen, ein »Universum ohne Schranken zu eröffnen«, hat Rilke die Sprache bis an äußerste Grenzen geführt, wie es der Tiefe seiner Einsicht entsprach.

[. . .]

In den *Elegien* [. . .] werden die Übel unserer Zeit bis zu ihrer Quelle zurückverfolgt: zu der geistigen Infektion einer Welt ohne Werte. Die Schäbigkeit dieser Welt ist mit tragischer Einsicht in der »Zehnten Elegie« beschrieben. Und die von Rilke vorgeschlagene Therapie ist von klinischer Exaktheit.

Englisch: zuerst in: Poetry (1937); hier nach: L. B., Selected criticism (New York: The Noonday Press 1955), S. 77, 78 und 80

1 Rezension zur ›Elegien‹-Übersetzung von Leishman/Spender [B 427a].

Wystan Hugh Auden

117. Aus: *In Time of War. A sonnet sequence with a verse commentary* [In Kriegszeiten. Eine Sonettfolge mit einem Verskommentar][1]

XIX

When all our apparatus of report
Confirms the triumph of our enemies,
Our frontier crossed, our forces in retreat,
Violence pandemic like a new disease,

And Wrong a charmer everywhere invited,
When Generosity gets nothing done,
Let us remember those who looked deserted:
To-night in China let me think of one

Who for ten years of drought and silence waited,
Until in Muzot all his being spoke,
And everything was given once for all.

Awed, grateful, tired, content to die, completed,
He went out in the winter night to stroke
That tower as one pets an animal.[2]

[1938]; in: Collected Poems. Hg. von Edward Mendelson (London: Faber & Faber 1976), S. 156

[Wenn unser ganzer Nachrichtenapparat / bestätigt den Triumph unserer Feinde, / daß unsere Grenzen überschritten, unsere Streitkräfte auf dem Rückzug, / daß Gewalt pandemisch wie eine neue Krankheit // und das Böse ein überall eingeladener Charmeur, / wenn Großzügigkeit nichts zustande bringt, / dann wollen wir uns an die erinnern, die verlassen wirkten: / Heute in China laßt mich an einen denken, // der durch zehn Jahre der Dürre und des Schweigens hindurch wartete, / bis in Muzot sein ganzes Wesen sprach / und alles ein für alle Mal gegeben war. // Ehrfurchtsvoll, dankbar, müde, bereit zu sterben, vollendet / ging er hinaus in die Winternacht, zu streicheln / jenen Turm, wie man ein Tier liebkost.]

118. *Rilke in English*

Nicht die uninteressanteste unter den Entwicklungen der letzten vier Jahre ist der steigende Einfluß Rilkes auf die englische Lyrik: In der Tat wird Rilke von Engländern und Amerikanern wahrscheinlich mehr gelesen und geschätzt als von den Deutschen, genau wie Byron und Pope größeren Einfluß auf ihre deutschen und französischen Zeitgenossen hatten als auf ihre Landsleute.

Es ist anmaßend, so zu tun, als könne man in einer fremden Sprache geschriebene Dichtung je wirklich beurteilen: man kann nur den Eindruck bestimmen, den sie auf einen macht. Jetzt, mit dem Erscheinen dieser Übersetzung der »Duineser

Elegien«[3], die zusammen mit den Sonetten an Orpheus die letzte Blüte des Rilkeschen Werkes bilden, ist der größte Teil seiner Dichtung auf Englisch erhältlich, und es ist möglich, eine solche Bestimmung zu versuchen.

Besonders direkt und auffällig ist der Einfluß Rilkes auf Diktion und Bildlichkeit. Die Frage, wie abstrakte Ideen sich konkret ausdrücken lassen, gehört zu den immer gleichbleibenden Problemen des Dichters. Die Elisabethaner fanden für ihre Zeit die Lösung der anthropomorphen Identifikation:

> That fell sergeant strait in his arrest[4],

die Metaphysical Poets für die ihre die der intellektuellen Erfindungsgabe ihres Witzes:

> For in your beauty's orient deep
> These flowers, as in their causes, sleep.[5]

Mit der Ausnahme Blakes entdeckten die Dichter der zwei folgenden Jahrhunderte keine geeignete Lösung: demzufolge sind sie auch da am schwächsten, wo sie sich an Abstraktionen versuchen. Sie gaben sich damit zufrieden, diese abstrakt auszusagen – mit dem Erfolg, daß ihre Dichtung zu oft zum bloßen Predigen entartet.

Rilke ist beinahe der erste Dichter seit dem 17. Jahrhundert, der eine neue Lösung fand. Seine Methode ist das genaue Gegenteil der elisabethanischen Lösung, doch er denkt, ganz wie die Elisabethaner und im Gegensatz zu den Metaphysicals, eher in physischen als in intellektuellen Symbolen. Während etwa Shakespeare die nicht menschliche Welt in menschlichen Bildern dachte, denkt Rilke das Menschliche in Bildern des Nicht-Menschlichen, die er »Dinge« nennt – eine Art zu denken, die (worauf er selbst hingewiesen hat) eher für ein Kind als für einen Erwachsenen charakteristisch ist. Für jenes haben Tische, Puppen, Häuser, Bäume, Hunde usw. ein Leben, das genauso real ist wie ihr eigenes oder das ihrer Eltern. Ja in der Regel begreifen Kinder das Leben eher über Dinge und Tiere als über Menschen; ein bewußtes Interesse für Menschen beginnt gewöhnlich erst mit der Pubertät.

Wenn es Ihnen möglich ist, kehren Sie mit einem Teile Ihres entwöhnten und erwachsenen Gefühls zu irgend einem Ihrer

Kinder-Dinge zurück, mit dem Sie viel umgingen. Gedenken Sie, ob es irgend etwas gab, was Ihnen näher, vertrauter und nötiger war, als so ein Ding. [. . .] War es nicht ein Ding, mit dem Sie zuerst Ihr kleines Herz geteilt haben wie ein Stück Brot, das reichen mußte für zwei?[6]

So gehört es zu den bezeichnendsten Techniken Rilkes, menschliches Leben mit Landschaftsbildern auszudrücken:

> O Mädchen,
> dies: daß wir liebten in uns, nicht Eines, ein Künftiges,
>   sondern
> das zahllos Brauende, nicht ein einzelnes Kind,
> sondern die Väter, die wie Trümmer Gebirgs
> uns im Grunde beruhn; sondern das trockene Flußbett
> einstiger Mütter; sondern die ganze
> lautlose Landschaft unter dem wolkigen oder
> reinen Verhängnis: dies kam dir, Mädchen, zuvor.
>
>   [3. Elegie, V. 68-75]

Es ist eine solche Bildlichkeit, die sich nun auch schon in der englischen Lyrik findet (z. B. in Stephen Spenders »Napoleon in 1814«) und deren Häufigkeit meiner Meinung nach wohl noch zunehmen wird.

Aber der Einfluß Rilkes ist nicht auf bestimmte technische Tricks beschränkt. Ich halte es für keinen Zufall, daß in der sich immer mehr verschärfenden internationalen Krise die Schriftsteller sich immer stärker von einem Dichter angezogen fühlen, der es für stolz und anmaßend hielt, sich in das Leben anderer einzumischen (denn jeder ist einzigartig und sein scheinbares Unglück kann gerade der Weg zu seiner Rettung sein); von einem Dichter, der sich immer und ausschließlich mit dem eigenen Innenleben beschäftigte, der schrieb:

> Kunst kann nicht dadurch hilfreich sein, daß wir helfen wollen und uns um die Nöte der anderen besonders bemühen, sondern insofern wir unsere eigenen Nöte leidenschaftlicher durchmachen, dem Überstehen einen vielleicht manchmal . . . deutlicheren Sinn geben und uns die Mittel entwickeln, das Leiden in uns und seine Überwindung genauer und deutlicher auszusprechen, als das denjenigen möglich, die die Kräfte an anderes zu wenden haben [Materialien Band I, S. 247].

Diese Tendenz läßt sich nicht mit dem munteren Ruf »Defätismus« abtun. Sie impliziert nicht, politisches Handeln sei unwichtig, sondern beruht auf der Erkenntnis, daß der Schriftsteller, will er nicht sich selbst und anderen Schaden zufügen, sich darüber klar werden muß – demütiger und geduldiger als bisher –, was für ein Mensch er ist und worin seine eigentliche Aufgabe liegen könnte. Wenn das Schiff Feuer fängt, scheint es nur natürlich, daß man, wichtigtuerisch, sofort zu den Pumpen rennt – aber vielleicht vergrößert man so nur die allgemeine Verwirrung und Panik; still dazusitzen und zu beten mag egoistisch und unheroisch erscheinen, aber es könnte das klügste und hilfreichste Verhalten sein.

Eine Rezension ist nicht der Ort, Rilkes Gedanken im einzelnen zu erörtern. Es gibt seltsame Ähnlichkeiten zu D. H. Lawrence. Beide beneideten das ungeteilte Bewußtsein der Tiere, beide fesselte der Gedanke des Todes (man vergleiche Lawrences »Ship of Death« mit der »Zehnten Elegie«), beide – um es mit Begriffen auszudrücken, die Lawrence mit Rilkes Freund Kassner gemein hatte [vgl. oben Nr. 85-89] – blickten eher zurück auf die körperliche, aristokratische Welt des Vaters als voraus auf die geistige, demokratische Welt des Sohnes und waren demzufolge dem Christentum gegenüber feindlich eingestellt, beide begeisterten sich sogar für die gleichen etruskischen Gräber. Wichtig für uns und für zukünftige Schriftsteller ist jedoch nicht die Wahrheit oder Falschheit ihrer Schlußfolgerungen, sondern ihre Vorstellung von der wirklichen Aufgabe des Schriftstellers und die lebenslange demütige Hingabe, mit der sie sich ihr widmeten.

Was ein Fachmann von diesen Übersetzungen hält, weiß ich nicht, und es ist mir auch ziemlich gleichgültig. So etwas wie eine perfekte Übersetzung gibt es nicht, jede Generation muß sich die ihre erneut anfertigen. Aber ich vertraue darauf, daß diese Übersetzung von Leishman und Spender die für unsere Zeit gültige bleiben wird.

Englisch in: The New Republic (1939), 6. September, S. 135 f.

Vgl. auch:
- ›The New Year Letter‹ [Jan.-Okt. 1940], in: Collected Poems, S. 171,
- Poet in wartime [Rez. zu: The Wartime Letters of Rainer Maria Rilke: 1914-1921], in: The New Republic (1940), 8. Juli, S. 59 f.

sowie eine spätere Äußerung Audens zu Rilke in seinem Vortrag ›Making knowing and judging‹ vom 11. Juni 1956: »I still think Rilke a great poet though I cannot read him any more« (Ich halte Rilke immer noch für einen großen Dichter, obwohl ich ihn nicht mehr lesen kann] (W. H. A., The dyer's hand and other essays (New York 1962), S. 51).

Zum Verhältnis Auden – Rilke vgl. auch:
– Dennis Joseph Enright, Reluctant admiration: a note on Auden and Rilke, in: Essays in Criticism 2 (1952), S. 180-195,
– Sigurds Dzenitis, Auden und Rilke, in: S. D., Die Rezeption deutscher Literatur in England durch Wystan Hugh Auden, Stephen Spender und Christopher Isherwood (Diss. Hamburg 1972), S. 83-114,
sowie Peter Demetz (B 420), S. 25 ff.

1 Der Gedichtzyklus entstand während einer von Auden und Christopher Isherwood im Auftrag des Faber-Verlages unternommenen Reise durch China, das damals mit Japan im Krieg stand; nähere Angaben bei S. Dzenitis (B 424).
2 Vgl.: An Anton Kippenberg, 9. 2. 1922; Materialien Band I, S. 233. Die Formulierung taucht ähnlich noch in mehreren Briefen zur Vollendung der ›Elegien‹ auf.
3 Duino Elegies, by Rainer Maria Rilke. Translated by J. B. Leishman and Stephen Spender (New York 1939) [= B 427a].
4 Vollständig und korrekt lautet die Stelle – ein Ausspruch des sterbenden Hamlet:

> Had I but Time (as this fell sergeant, death,
> Is strait in his arrest) oh, I could tell you –
>
> [›Hamlet‹ V, 2, 347 f.],

in der Übersetzung Erich Frieds:

> Hätt' ich nur Zeit (der grimmige Scherge Tod
> Führt streng mich ab) – Oh, ich könnte euch sagen! –
>
> (E. F., Shakespeare Übersetzungen:
> Hamlet/Othello (Berlin 1972), S. 85).

5 Das Verspaar stammt aus einem Gedicht Thomas Carews – der eher zu den »Cavalier Poets« als zu den »Metaphysicals« gehört – mit dem Titel: ›A Song‹; die erste Strophe lautet:

> Ask me no more where *Jove* bestows,
> When *June* is past, the fading rose:
> For in your beauties orient deep
> These flowers, as in their causes, sleep.
>
> (The Poems of T. C. Ed. with an introduction and
> notes by Rhodes Dunlap (Oxford 1970), S. 102).

[Frag mich nicht länger, wohin Juppiter gibt / nach Junos Scheiden
die welkende Rose, / denn tief im Orient deiner Schönheit / ruhen
diese Blumen wie in ihrem Grund.]
6 ›Auguste Rodin. Zweiter Teil. Ein Vortrag‹; WA 9, 208 f.

STEPHEN SPENDER

119. Aus: *Rainer Maria Rilke.*
An Appreciation [Eine Würdigung]

Seine späte Dichtung entwickelte sich auf dem Weg zu den
großen *Duineser Elegien* in zwei Richtungen: zum einen hin zu
einer weit tieferen Durchdringung der Erfahrung, zum anderen
hin zu universelleren Symbolen, insbesondere den Engeln der
Elegien.

Von dem, was Henry James »gefühltes Leben«[1] nannte, findet
sich in diesen Gedichten ungewöhnlich viel, und man kann es
nur würdigen, indem man die Dichtung selbst liest; mehr und
konzentrierter als jeder andere Lyriker hat Rilke auf physische
Empfindungen zurückgegriffen, aber er verwendet sie nicht
sensuell wie bei Keats, sondern als Mittel zum Ausdruck
geistiger Zustände. Er greift nach allem, was ihm dazu dienen
kann, den Tod, die Einsamkeit und die Nacht neu zu deuten –
Werte, die in dem »ständigen Ausgleich aller Spannungen«
bedeutungslos geworden sind. Wie Hopkins konzentriert er sich
geradezu gierig auf die Kontemplation von Dingen; während
jedoch Hopkins' Dinge opak sind, so sind die von Rilke
transparent:

Türme schaute er so,
daß sie erschraken:
wieder sie bauend, hinan, plötzlich, in Einem!
Aber wie oft, die vom Tag
überladene Landschaft
ruhete hin in sein stilles Gewahren, abends.

Doch mit den folgenden Versen:

> Denn des Anschauens, siehe, ist eine Grenze.
> Und die geschautere Welt
> will in der Liebe gedeihn.[2]

nimmt das gleichnamige Gedicht eine »Wendung«, die für Hopkins unmöglich gewesen wäre.

Rilke schaute nicht nur, er hielt nach etwas Ausschau, nach dem Symbol, das die Einheit von geschautem Ding und seiner Bedeutung ausdrücken würde. Diese Symbole waren nicht die zufälligen der französischen Symbolisten oder zeitgenössischen Surrealisten, es waren vorläufige Konstrukte, vorgeschobene Posten einer auf Ganzheit zielenden Sicht des Lebens, vergleichbar dem Aufseher, dem Richter und K in Kafkas Romanen. Wie Kafkas Gestalten sind sie der Tradition entlehnt, doch haben sie nicht die objektive, veräußerlichte Bedeutung, die sie dort hatten. Man kann nicht sagen, Kafka »glaube« an einen Gesetzgeber; ihm geht es mehr um die Notwendigkeit einer Autorität als um die Autorität selbst. Entsprechend ist Gott für Rilke die Idee eines Gottes oder, genauer, sein Versuch, eine Idee neu auszudrücken, die noch immer im Mittelpunkt des Lebens steht. Daß er die etablierten Religionen haßte, macht J. B. Leishman in seinen unschätzbaren Anmerkungen sehr deutlich[3]. Von denen, die sich der Kirche anschließen, schreibt Rilke:

> Jetzt ist hier eine Gleichgültigkeit ohne Grenzen, leere Kirchen, vergessene Kirchen, Kapellen, die verhungern, – wirklich, man soll sich länger nicht an diesen abgegessenen Tisch setzen und die Fingerschalen, die noch herumstehen, für Nahrung ausgeben [An Marie Taxis, 17. 12. 1912; Materialien Band I, S. 71 f.].

So sind die Engel der Elegien in Wirklichkeit Symbole für die Funktion seiner Dichtung – die Einverleibung der Welt in deren bedeutungstragende Form. Es war die spanische Landschaft um Toledo, die Rilke die Idee für die Engel der Elegien eingab:

> Erscheinung und Vision kamen gleichsam überall im Gegenstand zusammen, es war in jedem eine ganze Innenwelt herausgestellt, als ob ein Engel, der den Raum umfaßt, blind

226

wäre und in sich schaute [An Ellen Delp, 27. 10. 1915;
Materialien Band I, S. 133].

Englisch in: The London Mercury 38 (1938) H. 226, S. 330 f.

120. Aus: *Der Einfluß Rilkes auf die englische Literatur. Aus einer B.B.C. Sendung für den Fernen Osten*

[...] der beständigste Einfluß Rilkes wird wahrscheinlich zweierlei Form finden. Erstens zeigt Rilke, daß es der modernen
Dichtung möglich ist, innerhalb des Milieus einer völlig modernen Welt die Erfahrung überlieferter Werte auf eine Weise zu
gestalten, in der Vergangenheit und Gegenwart gleichermaßen
konkret sind. Zu zeigen, daß Symbole der Vergangenheit, wie
etwa die Engel der Gemälde El Grecos in Toledo, und abstrakte
Begriffe wie die Idee der Klage konkret erfahren und in eine
moderne Industrielandschaft gestellt werden können, ist ein so
wichtiger Beitrag zur modernen Dichtung, daß Rilkes Standes-
genossen, die modernen Dichter, ihn wahrscheinlich mit zuneh-
mendem Interesse studieren werden, bestrebt, die Welt, in der
sie leben, zu verstehen und sie zugleich zu den Werten der
Vergangenheit in Beziehung zu setzen.

Zweitens wird Rilke die modernen Dichter wohl durch seine
völlige Hingabe an seine Kunst beeinflussen, durch seinen
unerschütterlichen Entschluß, sein Leben und seine Person als
Werkzeug im Dienste der Dichtung zu benutzen. Rilke ist gleich
dem niederländischen Maler van Gogh einer der großen Heiligen der modernen Kunst, und Heilige verlieren ihren Einfluß
nicht mit den Jahren.

Neue Auslese. Alliierter Informationsdienst (1945) H. 10, S. 24 f.
[übersetzt von Erich Fried]; englisch unter dem Titel: The influence of Rilke on English poetry, in: The Listener (1946)
18. Juli

121. Aus: *Rilke and the angels, Eliot and the shrines* [Rilke und die Engel, Eliot und die Heiligtümer]

Wir können die Fiktion der Engel als geniales Symbol für
die Verfahrensweise der Kunst akzeptieren. Wir können die

Ansicht akzeptieren, daß alles Äußerliche in inneres Leben verwandelt werden muß – allerdings nur mit Einschränkungen, denn es ließe sich argumentieren, daß ein solches Verfahren das Risiko eingeht, einen der Werte des Lebens zu opfern: das Gefühl des Außenstehens, des Andersseins, daß bestimmte Dinge undurchdringbar sein sollten, nicht-symbolische Bezugspunkte. Sicherlich muß man darauf bestehen, daß nicht die ganze Welt verstanden und in unsichtbare Innenwelt verwandelt werden sollte und daß Schriftsteller wie Joyce, Proust und Rilke einen großen Fehler machten, als sie zuviel »Verwandlung« versuchten.

Das ist jedoch ein Einwand, über den sich streiten läßt. Wichtigere Bedenken gibt es dort, wo Rilkes dichterische Philosophie völlig unannehmbar wird. [. . .]

Seine Vorstellungen vom Tod sind inakzeptabel, denn schließlich ist der Tod etwas Wirkliches. Der Mißbrauch von Dichtung, der darin besteht, poetische Vorstellungen über die Toten auf den Tod oder das Totsein selbst zu übertragen, ist eine Poetisierung der Wirklichkeit – ein Unrecht, das Rilke häufig begeht.

Die Engel dagegen sind eine großartige Erfindung, die wir akzeptieren können, da sie seine Haltung der Wirklichkeit gegenüber deutlich machen, ohne den Anspruch zu erheben, die poetische Vorstellung lege fest, was wirklich ist. Die Engel sind überlebensgroße Gestalten (vielleicht der Welt Grecos entlehnt), in denen äußere Wirklichkeit mit innerer Bedeutung verschmilzt. »Der Engel«, so schrieb Rilke an seinen polnischen Übersetzer, »ist dasjenige Geschöpf, in dem die Verwandlung des Sichtbaren in Unsichtbares, die wir leisten, schon vollzogen erscheint« [Materialien Band I, S. 322]. In einem anderen Brief erinnert er sich, wie während seines Spanienaufenthaltes die Landschaft um Toledo seine Neigung aufs äußerste steigerte, die Dinge innerlich hervorzubringen, die die Forderung an ihn stellten, sie zu einem Teil seiner selbst zu machen und in seine dichterische Welt zu verwandeln: »Erscheinung und Vision kamen gleichsam überall im Gegenstand zusammen, es war in jedem eine ganze Innenwelt herausgestellt, als ob ein Engel, der den Raum umfaßt, blind wäre und in sich schaute« [An Ellen Delp, 27. 10. 1915; Materialien Band I, S. 133].

Der Engel ist so eine Projektion der Aufgabe, die ursprünglich damit begann, daß Rilke sein Inneres aus den Erlebnissen zusammensetzte, deren Ablauf er sich so leidenschaftlich hingab. Diese Erlebnisse machten es allmählich nötig, ihrer unsichtbaren Existenz in der eigenen Existenz Gestalt zu verleihen. Der Engel war die Verwandlung dieses Auftrags in den Glauben an das Vorhandensein von Mächten in der Welt, die Sichtbares und Unsichtbares verbinden und aus ihrer Verschmelzung Sprache entstehen lassen.

Die Konzeption des einsamen Dichters, der als eine Art Stellvertreter für eine geistige Instanz agiert und die Vorstellung des Engels in die Welt projiziert, in dem das Individuelle unpersönlich und die isolierte Weltsicht objektiv wird, hat etwas Erschreckendes an sich. Rilke selbst ist erschrocken.

[...]

Die *Duineser Elegien* stellen die letzte große Hervorbringung einer höchst individualistischen Ära dar. Der Dichter betrachtete die Außenwelt als ein Gefüge aus symbolischen Erfahrungen, deren Bedeutung innerhalb der subjektiven Erfahrungswelt seiner Dichtung erschaffen werden konnte. Er traute es dem orthodoxen Christentum nicht mehr zu, eine solche Verwandlung der sichtbaren Phänomene der Industriegesellschaft in Unsichtbar-Geistiges zu leisten.

Dies war eine Zeit, in der der Dichter für viele zu einer Art Held wurde. Rilke war der letzte dieser Helden. Und die *Duineser Elegien* sind vielleicht die letzte größere Leistung einer Bewegung, die schon der Geschichte angehört.

Englisch in: Sewanee Review 61 (1953), S. 570 f. und 581

122. Aus: *Rilke and Eliot*

Eine Gemeinsamkeit zwischen Rilkes *Duineser Elegien* und den *Four Quartets* Eliots besteht darin, daß zwar in beiden Gedichten die Lyrik von ihrer Sprache her die Ziele des Symbolismus und der ästhetizistischen Bewegung vom Ende des letzten Jahrhunderts verwirklicht, diese Sprache scheinbar »reiner« Dichtung sich jedoch mit Bedeutungen verbindet, die religiös sind. Die Dichtung selbst ist, so ließe es sich formulieren, nicht das einzige Ziel der Gedichte; oder, so sollte man vielleicht sagen: es gibt noch ein Ziel jenseits der »poesie pure«: religiöse Vision. Ich meine damit nicht, daß diese Gedichte keine tiefe ästhetische Befriedigung vermitteln können. Aber die ästhetische Bedeutung verschmilzt mit der religiösen. In diesen Gedichten bedienen sich Rilke wie Eliot der ästhetischen Tradition, um ihre religiöse Lebensanschauung auszudrücken.

> Englisch in: Rilke. The alchemy of alienation. Hg. von Frank Baron, Ernst S. Dick, Warren R. Maurer (Lawrence: The Regents Press of Kansas 1980), S. 47

Zusammen mit James Blair Leishman arbeitete Stephen Spender an der heute wohl bekanntesten englischen Übersetzung der ›Elegien‹ (B 427a); vgl. dazu seinen Leserbrief in: Times Literary Supplement (1957), 6. Januar. Zu Rilke siehe auch:
– Stephen Spender, The forerunner of a future poetry [Rez. zu: E. M. Butler, Rainer Maria Rilke und: Rilke, Selected poems, translated by J. B. Leishman], in: Dublin Review 209 (1941), S. 183-188.

Zum Verhältnis Spender – Rilke vgl. auch:
– P. Demetz (B 420), S. 23 f.,
– S. Dzenitis (B 424), S. 115-132.

1 »Leben« ist ein Schlüsselbegriff in der Kunsttheorie von Henry James; vgl. etwa seine bekannte Definition des Romans: »A novel is in its broadest definition a personal, a direct impression of life: that [. . .] constitutes its value, which is greater or less according to the intensity of the impression« [Ein Roman im allgemeinsten Sinne ist ein persönlicher, ein direkter Eindruck vom Leben: das . . . macht seinen Wert aus, der größer oder geringer ist je nach der Intensität des Eindrucks] (Henry James, The art of fiction [1884], in: H. J. Selected literary criticism. Ed. by Morris Shapira (Harmondsworth 1968), S. 83).
2 WA 3, 82 f.; auch in: Materialien Band I, S. 107 f.
3 In: Later Poems by Rainer Maria Rilke, translated, with introduction and commentary, by J. B. Leishman.

HERMANN BROCH

123. *An Trude Geiringer, 4. 5. 1939*

Ich muß noch außerdem mit dem *Vergil* zum Rande kommen, und so komme ich selber dabei zu Rande. Als Beweis anbei vier

Seiten[1] aus dem Ms. Vielleicht oder richtiger wahrscheinlich wird es Dir nicht sehr imponieren, indes wenn Du bedenkst, daß Rilke an seinen 10 *Duineser* fast zwei Jahre gearbeitet hat, also rund zwei Monate pro Elegie[2], während ich 4 in drei Wochen zustandegebracht habe, also in einem Zehntel der Zeit, so wirst Du es vielleicht mit mir als Rekord werten. Im übrigen meine ich, daß diese vier sich, sobald sie endgültig ausgeputzt sein werden, ruhig neben die *Duineser* stellen können.

> Materialien zu Hermann Broch ›Der Tod des Vergil‹. Hg. von Paul Michael Lützeler (Frankfurt: Suhrkamp 1976), S. 202 f.

124. Aus: *Hofmannsthal und seine Zeit*

Es geht um Sittlichkeit, nicht um Heiligkeit. Darin unterscheidet sich Hofmannsthal grundlegend von Rilke, dessen Dichtung das Heilige, ja nichts anderes als das Heilige gesucht hat, im katholischen Sinn ein Unterfangen höchster Vermessenheit, da es ein Bemühen um Selbsterlösung war, ausgeführt mit dem hierzu maßlos und vielleicht sogar blasphemisch übersteigerten Mittel der Dichtung, die freilich hierdurch und wohl nur hierdurch für Hofmannsthal unerreichbar, zur Radikalität des Dichterischen an sich vorstoßen konnte. So wahrscheinlich es ist, daß der Knabe Hofmannsthal von Heiligkeitsphantasien her zur Dichtung gelangt ist, niemals hätte er ihr solche Heiligkeits-Verwegenheit zugestanden. Rilke, den eine unglückliche Jugend Rebellion und daher auch einsames, auf sich selbst gestelltes Ketzertum gelehrt hatte, entfernte sich mehr und mehr vom Katholizismus, dessen Legendenreichtum ihm anfangs noch ästhetisches Akzessorium gewesen war; Hofmannsthal war Rebellion und Ketzertum völlig fremd, und nicht nur, daß er gemäß der katholischen Lehre dem Laienhaften, also auch der Dichtung niemals Zutritt zum eigentlichen Problem der Gläubigkeit gewährt hätte, und nicht nur, daß er in solch katholisch vorgeschriebener Demut, gleichgültig wie weit sein eigener Glaube wirklich reichte, die dichterische Pseudo-Heiligkeit (obwohl und weil sie ihn einstens verführt hatte) aufs äußerste verwarf und sie niemals als Ausgangspunkt für Erstrebung von Heiligkeitserfahrung hätte gelten lassen wollen, er war auch viel zu wissend, zu scharfäugig, viel zu skeptisch und vorsichtig und in mancher Beziehung zu wienerisch geworden, um die Dichtkunst so seelenheilsernst zu nehmen wie Rilke es getan hat: nichtsdestoweniger war Rilkes heiligkeit-erwartender Ernst vor dem Phänomen der Kunst weit weniger feierlich als die skeptische und doch überschätzende Einwertung, die ihr von Hofmannsthal widerfuhr, und das rührte daher, daß jener sie als Erkenntnisinstrument zur Glaubenserringung, dieser sie aber bloß als Erkenntnisritual betrachtete, als ein ästhetisches Ritual, mit dessen Irdischkeit man sich zu begnügen hat, wenn man – »Im Grunde ist alles, was man schreibt, indezent«[3] – nicht einer letztlich eben blasphemischen Entblößung der Seele und ihrer intimsten Heiligkeit schuldig werden soll. Und ebendarum vermag Hofmannsthal nicht, wie es die Aufgabe der dichterischen Glaubenserkenntnis Rilkes ist, den Gnadenprozeß zur Aufhebung des Todes hinzulenken, vielmehr braucht er ihn als sozusagen irdisch-sittlichen Ritual-Gipfel; er wußte, daß Glaube eine Angelegenheit der Gnade ist, und in dem Aufgabenkreis, den er der Dichtung gesteckt hatte, durfte sie das noch aussprechen, indes an die Gnade als solche durfte sie sich nicht mehr heranwagen. Denn Dichtung war für ihn: Ritual der Sittlichkeit.

Entstanden 1947/48; hier nach: Schriften zur Literatur 1: Kritik. Kommentierte Werkausgabe, Bd. 9/1. Hg. von Paul Michael Lützeler (Frankfurt: Suhrkamp 1975), S. 194-196

Zum Verhältnis Broch – Rilke vgl. auch:
– Jean Paul Bier, Rilke und Broch: Parallelen zwischen den ›Duineser Elegien‹ und den »Elegien« im ›Tod des Vergil‹, in: Paul Michael Lützeler (Hg.), Materialien zu Hermann Broch ›Der Tod des Vergil‹ (Frankfurt 1976), S. 295-305.

1 Die ›Schicksals-Elegien‹ für die vierte Fassung des ›Vergil‹.
2 Hier irrt Broch; da Rilke etwa zehn Jahre an den ›Elegien‹ arbeitete, fällt die Rechnung noch deutlicher zu seinen Gunsten aus.
3 Gemeint ist vermutlich: »Jede Darstellung eines Seienden ist schon Indiskretion«, Hugo von Hofmannsthal, ›Buch der Freunde‹, in: Gesammelte Werke in zehn Einzelbänden, hg. von Bernd Schoeller in Beratung mit Rudolf Hirsch. Bd. 10: Reden und Aufsätze III/Aufzeichnungen (Frankfurt 1980), S. 281.

125. Aus: *Die Fensterrose*

Es verstößt nicht gegen die Tapferkeit Rilkes, daß sein Leben von einer tiefen Angst erfüllt war. Es war die Weltangst, die sich immer dort einstellt, wo die geistigen Bindungen einer Welt sich lösten und eine neue Ordnung noch nicht an ihre Stelle trat. Es entsteht dann jener Weltaspekt, wie er sich in den »Duineser Elegien« ausspricht. Die Welt ist wieder in den Zustand des Dunkels und der Undurchdringlichkeit getreten. Ihre Wirkung auf den Menschen ist die der völligen Fremdheit. Sie gehört wieder einer anderen Ordnung an als der menschlichen. Das menschliche Gefühl ist außerstande, sie liebend zu durchdringen, denn in ihr herrscht das Unmenschliche, das Furchtbare. Dieses Furchtbare ist aber nicht etwa gleichzusetzen mit Tod. Denn nicht die Vergänglichkeit, sondern gerade die Existenz der Wirklichkeit, die Fremdheit der Existenz ist das Furchtbare. Diese Existenz ist an und für sich gewaltiger als der Tod, sie schließt ihn in sich ein, aber er ist doch ihre mächtigste Gegenkraft, der einzige wahre Partner gleichen Ranges.

F. U., Medusa (Dessau: Rauch 1940), S. 86 f.

KARL WOLFSKEHL

126. *An Ernst Morwitz, 8. 3. 1941*

Schmerzlich ist mir, daß ich über den englischen George nichts weiter erfahre . . . Bei meiner auch in dieser Hinsicht peripherischen Existenz kann ich nur feststellen, daß mindestens hierzulande ein sehr starkes Verlangen lebt, und daß bislang kaum mehr vom Meister [George] gewußt wird als der Name, während z. B. über Wert und Wesen etwa Rilkes ausführliche Erörterungen gepflogen werden. Und eigentlich unsereiner ausnahmslos die Frage nach der Wichtigkeit Rilkescher Dichtung vorgelegt erhält. Manchen heutigen, auf Lockerung, Zerlösung und eine gewisse äußerliche Musikalität gerichteten Tendenzen kommt ja Rilke, und nicht bloß der der »Duineser«, sehr zupaß. Und grade solchen Absichten zu begegnen wäre ein Band Meister das beste, ja einzige.

Zehn Jahre Exil. Briefe aus Neuseeland 1938-1948. Herausgegeben und eingeleitet von Margot Ruben. Mit einem Nachwort von Fritz Usinger (Heidelberg: Lambert Schneider 1959), S. 85

127. *An Siegfried Guggenheim, 26. 2. 1946*

Mit Rilke war ich bis etwa '19 in ziemlich engem persönlichem Kontakt, wir besprachen auch viel Prinzipielles, aber ich glaube nicht, daß es je zu einem wirklichen Ein-Verständnis gekommen ist. Seine Grazie indes, seine Wärme und seine Sensitivität und das stille, doch so sichere Selbstgefühl bezauberten immer aufs Neue. In englischen Ländern ist ja sein heutiger Ruhm ungeheuer, und gern stimme ich bei, obwohl ich ja selber ganz andern Weg gehe.

Ebd., S. 249

Thomas Mann

128. *An Agnes E. Meyer, 3. 10. 1941*

Ihr Urteil über ihn [Rilke] ist hart, aber wahrscheinlich nicht zu hart, obgleich unbestreitbar ist, daß er außerordentliche poetische Höhen erreicht hat. Ich hätte mich nicht über ihn ausgedrückt, wie Sie, aber ich widerspreche auch nicht. Sein lyrischer Stil war neu, reizvoll und für Gleichstrebende offenbar äußerst verführerisch. Aber sein Ästhetizismus, sein adeliges Getu', seine frömmelnde Geziertheit waren mir immer peinlich und machten mir seine Prosa ganz unerträglich. Rilke oder George – die Wahl ist schwer. Rein kulturell gesehen, sind sie beide bedeutende Erscheinungen, aber eben Erz-Ästheten alle beide

– der eine in femininer, der andere in mann-männlich-sadistisch-diktatorischer Form. Dieser war doch wohl der Gefährlichere, wenn er auch schließlich nicht Präsident der Nazi-Akademie werden wollte und sich in der Schweiz begraben ließ.[1]

> Briefe 1937-1947. Hg. von Erika Mann (Frankfurt: S. Fischer 1963), S. 213 f.

129. *An Agnes E. Meyer, 7. 10. 1941*

Liebe Freundin,

sicher ist der Brief, in welchem ich auf Ihre Rilke-Erinnerungen einging, unterdessen in Ihre Hände gelangt. Ich fürchte, wir werden beide vor der Nachwelt schlecht bestehen mit unseren kritischen Geständnissen, denn eine Art von lyrischem Genius war der Mann der Duineser Elegien ja zweifellos und künstlerisch wie, glaube ich, auch geistig-religiös (ich plappere da mehr nach, als daß ich viel von seinen Intuitionen verstünde) von großem Einfluß auf eine gewisse Jugend.[2] Nun, wir müssen nicht so klug sein wie die Nachwelt, und sie wird Sinn haben für die Reizbarkeit von uns Zeitgenossen gegen die Schwächen – nicht seiner Person, aber seiner Persönlichkeit, – ich meine das Snobische und das Preziöse darin, das mir immer höchst unbequem und eigentlicher Zuneigung im Wege war. Übrigens wissen Sie wahrscheinlich nicht, daß Rilke eine der ersten und besten Besprechungen von »Buddenbrooks« geschrieben hat.[3] Ich vergaß das das vorige Mal zu erwähnen. Er schrieb damals öfters Buch-Kritiken für eine – wenn ich nicht irre – Bremer Zeitung und kam mit einer ausführlichen Anzeige meines Romans heraus, in der er besonderes Gewicht auf die verschiedenen *Todesfälle* in der Erzählung legte: – da sehen Sie seinen religiösen Zug, den Sinn für »Kreuz, Tod und Gruft«, in dem wir uns damals begegneten. Aber bei mir, denke ich, ist das alles wohl zugleich männlicher und musikalischer, obgleich ich nicht Tom, der Reimer, bin . . .

> Ebd., S. 214 f.

Siehe auch:
– Klaus W. Jonas, Thomas Mann und Agnes Meyer [mit Textpublikation], in: Neue Deutsche Hefte 22 (1975), S. 706-718.

Zum Verhältnis Th. Mann – Rilke vgl. auch:
– Eudo C. Mason, Thomas Mann und Rilke, in: Orbis Litterarum 13 (1958), S. 15-26; wieder in: E. C. M., Exzentrische Bahnen (Göttingen 1963), S. 250-264,
– Wolfgang F. Michael, Thomas Mann und Rilke, in: Archiv für das Studium der neueren Sprachen 202 (1965), S. 112-114,
– Klaus W. Jonas, Eine Begegnung, die nicht stattfand: Rilke und Thomas Mann, in: Modern Austrian Literature 2 (1969), S. 16-22.

1 Vgl. auch Jean Rudolf von Salis / Ingeborg Schnack, Rilkes Leben und Werk im Bild (Wiesbaden 1957), S. 47: »Thomas Mann [. . .] schrieb mir vor Jahren über mein Rilke-Buch [J. R. v. S., Rilkes Schweizer Jahre (Frauenfeld 1936)], dieses habe seine Verehrung vertieft für seinen zarten und edlen Helden, dessen Weichheit so viel hohe Strenge in sich schloß und dem Guten, Rechten, Menschlichen so viel näher war als die sterile Starrheit jenes Andern (Stefan George), vor dessen schuldhafter Anmaßung mir immer tiefer graute«.
2 S. o. Klaus Manns Aufsatz ›Dank der Jugend an Rainer Maria Rilke‹ (Nr. 83).
3 WA 10, 577-581.

SIDNEY KEYES

130. *An Richard Church, Januar 1943*

Was die Frage nach meinem Symbolismus betrifft: der beste Hinweis, den ich dir geben kann, ist zu sagen, daß ich Yeats und Rilke für die bedeutendsten und einflußreichsten Dichter seit etwa 100 Jahren halte. Beide brachten Kunde aus einer Art Ultima Thule der Romantik, die es wahrscheinlich macht, daß dort noch mehr – viel mehr – zu entdecken bleibt. Der Ausgangspunkt meiner Suche ist daher die Bemühung, das von ihnen Gefundene zu verbinden. Wenn ich dies verschmolzen und mir angeeignet habe (sollte mir das je gelingen), werde ich zum eigenen Aufbruch bereit sein. In den Gedichten *Second Coming* [›Wiederkunft‹] und *Foreign Gate* [›Fremdes Tor‹][1] bin ich diesem Ziel am nächsten gekommen, ohne es jedoch zu erreichen; in der Zwischenzeit fahre ich fort zu schreiben und verwende – vielleicht in ziemlich abenteuerlicher Weise – die pastoralen und symbolischen Bilder, die mich am meisten bewegen. Wie sich daraus ganz selbstverständlich ergibt, ist die Psychologie von C. G. Jung der einzige nicht-literarische Einfluß auf mich.

> Englisch: Collected Poems. Ed. with a memoir and notes by Michael Meyer (London: Routledge & Kegan 1945), S. XVII f.

Zum Verhältnis Keyes – Rilke vgl. auch Demetz (B 420) und Morse (B 416).

1 Elegienzyklus Februar/März 1942 mit ›Elegien‹-Motto; Collected Poems S. 66-78.

Dennis Joseph Enright

131. Aus: *Rilke and Hölderlin in translation* [Rilke und Hölderlin in Übersetzungen][1]

Zusammenfassend ließe sich sagen, daß Rilkes Streben einer bestimmten Vorstellung von Kultur galt. Nicht einer Kultur, die auf Fortschritt im banalen Sinne des Wortes beruhte; vielleicht wäre es richtiger zu sagen, sie beruhte auf Bewahrung – aber Bewahrung im Gebrauch, denn es war keineswegs eine statische Kultur. Rilke verwendete die Metapher der *Verwandlung des Sichtbaren in Unsichtbares* [vgl. Materialien Band I, S. 322] für jenen Prozeß, durch den wir, in unserem Leben, irdische Wirklichkeit in unfaßbare Kräfte und Einflüsse verwandeln können, für die sich kein besserer Sammelbegriff finden läßt als *Tradition*. Eine Kultur dieser Art, die beständig sowohl aus der Tradition lebte als auch neue Traditionen aufbaute, würde sich so auch ständig weiterentwickeln. Je besser wir unsere Häuser, unsere Berge, den Wind, die Blumen verstehen, desto direkter wird uns ihre Bedeutung berühren – eine Bedeutung, die sich zu unserem Besten auswirken wird. Jede Generation könnte sich – potentiell – gegenüber der vorhergehenden eines Zuwachses an Vitalität, an Schönheit, an Subtilität des Empfindens und an

Sinn erfreuen, könnte dem ›Engel‹ der *Duineser Elegien,* dieser Figur voll prägnanter Symbolik, um ein klein wenig näherkommen [. . .].

[. . .]

Obwohl wir ihn als Philosophen nicht festlegen können, war Rilke so doch einer der vollkommensten Dichter der Weltliteratur. Ausgestattet mit – und ich hoffe, das klingt nicht abwertend – einigen wenigen allgemeinen Ideen, drang er in zahllose Tiefen und Nischen der Situation des Menschen und der Natur vor. Landschaften, Bauwerke, menschliche Psychologie, Orangen, Altertümer, Akrobaten, die Bibel, Kindheit, Tag und Nacht, das Leben der Tiere und ganz besonders die beiden zentralen Phänomene Liebe und Tod – alles bezog er in seine großartige dichterische Imagination ein.

Er trägt keine Theorie des Lebens vor, um sie dann mit Beweisen zu untermauern: er bringt den Keim einer Theorie mit den ihm eigenen dichterischen Fähigkeiten zusammen und entläßt diese sozusagen ins Leben hinaus, sich dort selbst Beweise zu finden und sie in der Form von Dichtung vorzuführen. Und in dieser Verbindung spielt die Theorie keine dogmatische Rolle: der Dichter lebt nicht so sehr aus seinen Ideen als vielmehr mit ihnen. Im Grunde ist sein Werk genau das: packende und umfassende Rechenschaft über ein »Leben mit Ideen«. Und wenn es auch, alles in allem, nicht so viele Ideen in seiner Dichtung gibt – wir dürfen nicht vergessen, daß in ihr ein Überfluß an Leben steckt, und das ist es, was zählt.

Englisch in: Scrutiny 12 (1944), S. 98 und 100 f.

Vgl. auch:
– [Rez. von] E. M. Butler, Rilke, in: Scrutiny 10 (1941/42), S. 298-304,
– Rilke George and ›Re-Integration‹ [Antwort auf einen Leserbrief], in: Scrutiny 13 (1945/46), S. 114-118,
– Reluctant admiration: a note on Auden and Rilke, in: Essays in Criticism 2 (1952), S. 180-195; wieder in: D. J. E., The apothecary's shop (London 1957), S. 187-205,
– Lives and Letters: Some recent German studies [Sammelrezension], in: Scrutiny 19 (1952/53), S. 244-252.

1 Rezension zu: Rainer Maria Rilke: Selected Poems, translated by Ruth Speirs, und: Poems of Hölderlin, translated with an introduction by Michael Hamburger.

Karl Shapiro

132. Aus: *Essay on Rime* [1944]

Rilke constructed a cosmography
For his own use in the Duino poems;
The chances are it was a Xanadu[1]
And not a real belief, and yet who knows?

(New York: Random House 1945), S. 60

[Rilke entwarf eine Kosmographie / zum eigenen Gebrauch in den Duino-Gedichten; / aller Wahrscheinlichkeit nach handelte es sich um ein Xanadu / und nicht um einen wirklichen Glauben – und doch, wer weiß?]

1 Xanadu (Shang-tu): sagenumwobene Hauptstadt des Mongolenreiches; in Samuel Taylor Coleridges bekanntem Gedicht ›Kubla Khan‹ metaphorisch für das Reich der (dichterischen) Imagination.

Louis Fürnberg

133. Aus: *Einleitung zu einem Rilke-Abend*

Aber nicht darum geht es, daß er ein Meister ist und die Erkenntnis von seiner Meisterschaft mit der Zeit immer mehr wachsen und sich verbreiten wird, nicht darum, daß er einer der großen Lehrer für Generationen von Lyrikern bleibt, daß die Dichtung der Zukunft ohne die Schau- und Formelemente, die seit der seinen in der Welt sind, gar nicht denkbar ist, daß er die Welt der Kunst endlich unsagbar bereichert hat. Es geht um die Klärung und die Erklärung seiner Weltabgewandtheit, um die Not, die ihn zwang, vor dem Dasein im Mystizismus Schutz zu suchen, um das Verständnis seines Werkes.

Entstanden zwischen 1943 und 1945; Erstdruck in: Sinn und Form 4 (1967) unter dem Titel: Gedanken zu Rilke; hier nach L. F., Reden und Aufsätze. Literatur und Kunst (Berlin [Ost]: Aufbau 1971), S. 103

134. Aus: *Das Jahr des vierblättrigen Klees.*
Skizzen, Impressionen, Etüden.

Inzwischen hatte ich auch noch das andere gelernt: daß nämlich die hüpfende Freude ihrem Wesen nach dem Menschen kein geringerer Schock ist als das Leid. Es war eine naive Erkenntnis, die mich übrigens bedeutend heiterer stimmte als das etwaige gleichzeitige Wiederlesen der »Duineser Elegien« von Rainer Maria Rilke. Immer wieder kehrte ich zu der ersten zurück, deren Beginn mir schon seit Jahren monströs erschien, in seiner morosen Aggressivität: »Denn das Schöne ist nur des Schrecklichen Anfang.« Welch spielerisches Paradoxon! Welch unverantwortlicher erhabener Tiefschwatz mit unabsehbaren Folgen! Sollte meine demütige Liebe zu diesem Meister, der mir immer wie ein seraphischer Realist erschien, nachgelassen haben? Weigerte ich mich zu verzeihen, weil ich nicht mehr verstehen konnte?

Ich stellte mir diese Frage nicht zum ersten Male. Sie bewegte mich in den letzten Jahren oft genug, wenn sie auch nicht so scharf und unbarmherzig klang wie diesmal. Sie war bisher kaum mehr als einer jener konventionellen Zweifel, die so oberflächlich sind und so flüchtig auftauchen, daß sie eine gewisse Routine hinlänglich zu besänftigen vermag.

(Berlin [Ost]: Aufbau 1959), S. 203 f.

Vgl. auch:
- Gedanken zu Rilke, in: Die Wahrheit (Berlin [Ost]) Nr. 286 (1975), 6./7. Dezember, S. 15
und die sich mit Rilke beschäftigenden Gedichte Fürnbergs, etwa: ›Château de Muzot-sur-Sierre 1926‹, in: L. F., Gesammelte Werke in sechs Bänden. Bd. II: Gedichte 1946-1957 (Berlin [Ost] 1965) S. 36-38.

Zum Verhältnis Fürnberg – Rilke vgl. auch:
- Gerhard Wolf, Ein kleines Kapitel Rilke, in: L. F. Ein Buch des Gedenkens zum 50. Geburtstag (Berlin 1959), S. 241-254,
- Hans Richter, L. F. und Rainer Maria Rilke, in: Weimarer Beiträge 10 (1964), S. 851-856
und H. Nalewski (B 403), S. 54-56.

ALFRED ANDERSCH

135. Aus: *Fabian wird positiv*[1]

Es ist natürlich leichter, über das Mythische bei Hölderlin oder die etymologischen Bezüge der Duineser Elegien zu schreiben, als mit heißem Herzen den Kampf zu verfolgen, den Erich Kästner und einige andere »Literaten« der Weimarer Republik um eine deutsche realistische Literatur geführt haben, eine Literatur, die die unselige deutsche Unterscheidung zwischen Dichter und Schriftsteller aufhebt, eine Literatur, die so würdelos ist, Humor zu haben, eine Literatur, in der Telephone, Wasserklosetts, Autos und Untergrundbahnen nicht nur vorkommen, sondern auch ohne alle Kunst der metaphorischen Umschreibung so genannt werden, eine Literatur, die keine andere Form kennt als die Form der Wahrheit, und in der Herz und Verstand keine Einkleidung in Sentiment und Ästhetik nötig haben, eine Literatur, die, mit einem Wort gesagt, lesbar ist.

Der Ruf 1 (1946), 15. September, Nr. 3

Vgl. auch Anderschs autobiographische Notiz über seine Rilke-Lektüre im 3. Reich in ›Die Kirschen der Freiheit‹ (Frankfurt: S. Fischer 1952), S. 47 f.:

> Damals unterlegte ich meinem Dasein die Stimmungen Rilkes, machte auch Gedichte dieser Art und geriet, umklammert von einer versteckten Verfolgungs-Neurose, in tiefe Depression. Ich haßte die Arbeit, die mich jeden Morgen um acht Uhr vor den Kontenrahmen einer Verlagsbuchhandlung zwang, und ich ignorierte die Gesellschaft, die sich rings um mich als Organisationsform den totalen Staat errichtete. Der Ausweg, den ich wählte, hieß Kunst. Im ganzen war es eine ziemlich dünne Beschäftigung. Da eine Kunst, die mit der Gesellschaft zusammenhing, nicht möglich war, studierte ich die Fassade des Preysing-Palais und die Vokalsetzung in den »Sonetten an Orpheus«. [. . .]
>
> Das war, im Sinne Kierkegaards, die ästhetische Existenz, marxistisch verstanden, der Rückfall ins Kleinbürgertum, psycho-analysiert, eine Krankheit als Folge des traumatischen Schocks, den der faschistische Staat bei mir erzeugt hatte.

1 Der Titel spielt auf Erich Kästners Roman ›Fabian. Die Geschichte eines Moralisten‹ (1931) an.

WOLFDIETRICH SCHNURRE

136. Aus: *Alte Brücken – Neue Ufer*

Wer Gelegenheit hat, in den Gedichtmanuskripten heutiger junger Menschen zu blättern, dem wird, abgesehen von stilistischer Geschraubtheit, mangelndem Formgefühl und innerer Substanzlosigkeit, ein Gemeinsames auffallen, das sie alle verdunkelt: Der Schatten Rilkes.

[...]

Warum löst sich der junge Mensch von heute, dem diese einzigartige, so nie wiederkehrende Fülle an Gesichten und Erlebnissen geworden ist, nicht endlich von seinen veralteten Abgöttern und wird er selbst? Soll denn ewig eine Hand voll Großer die Nachkommenden beschatten? Wie dürfte uns, den taumelnden Überlebenden dieses Krieges, den verbissenen Suchern, den abgrundtief Gestürzten heute noch ein Rilke Vorbild sein? Kannte er die Nächte des Grauens? Kannte er das Heulen der Bomben? Kannte er das Chaos? Er mag es geahnt haben. Kennengelernt aber, erlebt und erlitten haben nur *wir* es. Und aus *unseren* Reihen muß der kommen, der die Kraft der Verwandlung besitzt, aus den Trümmern und Angstträumen der Vergangenheit den Mut für die Zukunft zu läutern.

Hierzu aber taugt jetzt weder ein Hölderlin, noch ein Rilke: hierzu taugt einzig einer von uns. Rilke und Hölderlin sind Gipfel. Wir jedoch stehen am Fuß ihres Gebirges. Wir wollen hinaufschauen und sie verehren in ihrer Majestät. Aber wir wollen ihnen nicht mehr verfallen.

Rilke hatte den Auftrag, das Unsagbare seiner künstlerischen Einsamkeit zum Sagbaren, das Sagbare zum Lied, das Lied zum Leide zu steigern. *Wir* haben die Aufgabe, neue Massen zu finden. Meiden wir daher die lockenden Gemeinplätze der Epigonen. Beginnen wir, andere Wege zu suchen. Ein Gebirge hat viele Gipfel. Einer heißt Goethe, einer heißt Hölderlin, einer heißt Rilke. Hunderte aber sind namenlos. Hunderte ragen in den dunstigen Brodem unbekannter Regionen. Brechen wir auf, ihnen Namen zu geben. Finden wir den Mut zum Beginn. Streifen wir die Last der Traditionen von den Schultern. Was kümmern uns die Älteren und Besserwisser. Sie hätten früher genau so gedacht? Unmöglich. Die heutige Situation, die Gelegenheit, aus einer völlig neuen, dem Erlebnis dieses Krieges entwachsenen Schau heraus, sich von Rilke, ja, überhaupt von jedem altgewordenen Vorbild zu lösen, – ganz anders und neu zu beginnen, – ist einmalig.

Wir müssen unsere Chance jetzt wahrnehmen; wenige Jahre später, und das Gras träger Überlieferung ist darüber gewachsen. Nur jetzt, nach diesem gewaltigen Zusammenbruch, ist der Augenblick so günstig. Nicht lang, und der Schlamm stagnierender Gewohnheit wird wieder zur fließenden Lava. Noch ist es Zeit . . .

Steigen wir offenen Auges in die Schächte unserer aufgerissenen Seelen; läutern wir den empfangenen Schmerz; erheben wir den lastenden Pessimismus zur tröstlichen Schau. Beginnen wir endlich, das verpflichtende Erbe erlittenen Grauens bejahend einzustufen in die Leiter zum Licht. Es darf nicht sein, daß, wie es heute bereits aller Orten geschieht, vor unserer jüngsten Vergangenheit Barrikaden errichtet werden mit siebenfachen Riegeln. Wir, die wir glauben, einmal zu Kündern des Kommenden und zu Deutern des Bleibenden berufen zu sein, wir haben, wie niemand sonst, die Verpflichtung, die geschlagene Wunde nicht verharschen zu lassen. Mag die Hände vors Antlitz heben, wenn wir unsere Gesichte beschwören, wer will. Wir können den Zusammenbruch einer Scheinwelt nicht überlebt haben, nur, um auf ihren Trümmern eine neue Welt des Scheins zu errichten. Und daher hat auch nur der heute ein Recht zu schreiben und vor die Öffentlichkeit zu treten, der, was er sagt, aus dem Wissen geschöpft hat, das die jüngste Vergangenheit ihm aufbürdete.

Es hat keinen Sinn, die Nacht zu leugnen. Es ist sinnlos zu tun, als sei nichts geschehn, als könne da wiederbegonnen werden, wo – irgendwann einmal – aufgehört wurde. Wer heute noch schreibt, wie seine Väter schrieben, der belügt sich und uns. Wie dürfte es auch sein, daß eine Zeitwende größten Ausmaßes angebrochen ist und wir, die Kommenden, bedienten uns, unsere Freuden und Schmerzen, unsere Sehnsüchte und Zweifel auszudrücken, noch der gleichen Vokabeln, wie sie schon Generationen vor uns gebrauchten?

Nein, das Alte ist abgetan. Vor uns liegt, wenn auch noch unter Trümmern verborgen, eine neue und morgendliche Welt. Eine

Welt, wie sie so jungfräulich, aber auch so schwer an Verantwortung noch vor keiner Generation sich erstreckte. Taumeln wir nicht mit Scheuklappen, stolpern wir nicht, Strophen der Vergangenheit lallend, in sie hinein. Unsere Sprache, unser Denken sei ihr gemäß. Unsere Lieder seien neue Lieder. Finden wir die Ausdrucksform, finden wir die Klarheit, die sie bedingt.

Der Ruf 1 (1947) Nr. 16, S. 12

In der nächsten Nummer des ›Ruf‹ wurde ein längerer Leserbrief von Egon A. Krauss abgedruckt, der sich kritisch mit Schnurres Artikel auseinandersetzt; Krauss schreibt u. a.:

> In einer der letzten Ausgaben des »Ruf« beschäftigte sich W.-D. Schnurre mit einigen Fragen unserer zeitgenössischen Dichtung. Dieser Artikel ist überall, wo ich ihn in künstlerisch und literarisch-lyrisch interessierten Kreisen zur Diskussion gestellt habe, auf eine klare und entrüstete Ablehnung gestoßen.
>
> Stellen wir zunächst einmal fest, daß es Herrn Schnurre nicht zusteht, Rainer Maria Rilke mit einer blasierten Geste zum alten Eisen zu werfen. Das Wunderbare an den Werken eines Rilke liegt in ihrer Zeitlosigkeit. Was er gesagt hat, bleibt gültig, solange es Menschen mit einer fühlenden Seele geben wird. Ist es nicht herrlich, daß in unserer Zeit ein Dichter gelebt hat, dessen Worte und Gedanken für viele Tausende dieser schier unerträglich belasteten Generation Trost und Hoffnung, Glaube und Inbegriff der Sehnsucht nach einem besseren und tieferen Sinn unseres Daseins bedeuten?
> [. . .]
> Ist es wirklich so schwer zu begreifen, daß Rilkes Gedankenwelt heute einen Grad der Allgemeingültigkeit erreicht hat, der nahezu beispiellos im literarischen Geschehen des 20. Jahrhunderts ist? Der Abscheu vor einem als durch und durch verlogen erkannten Lebensnimbus, der Ekel vor Schlagworten, vor Massenbegriffen und vor dem gesamten tagespolitischen Komplex fordert die von ihm Betroffenen gebieterisch auf zur Abkehr von diesem und zur Einkehr in eine neue Besinnlichkeit. Dieser Vorgang ist zumal bei feinfühlenden Menschen ein so natürlicher, daß es eine an nationalsozialistische Gepflogenheiten erinnernde Vergewaltigung wäre, wenn man sich an dieser keimenden Innenschau vergreifen wollte (Der Ruf 1 (1947) Nr. 17, S. 13).

Vgl. auch Schnurres Gedicht ›Rainer M. Orpheus‹ in: ›Abendländler‹ (München 1957), S. 48-50.

137. Aus: *Erinnerungen an Rilke*

Rilkes »Stundenbuch« war es, das uns so bannte, und obwohl schon einige Jahre vor dem ersten Weltkriege erschienen, war es damals[1] gar nicht sehr bekannt. Man muß sich vorstellen, in welch eine Welt diese Verse kamen, wie diese oft artistisch ineinanderklingenden Reime in unsere willigen Herzen fielen. Unsere Welt in Weimar war wohl arm im Materiellen, und viele lebten fast wie Bettler in feuchtdüsteren Parterreateliers. Wir waren auch nicht kirchlich fromm, aber gläubig in einem guten, eigentlich mit Worten kaum ausdrückbaren Sinn. Da kamen uns denn die Rilke-Verse in einer Weise nahe, waren unmittelbar uns gesagt, daß uns der Vorleser fast wie ihr Dichter erschien und Dichter und Vorleser hinter der sanften Gewalt der Gedanken und Worte zurücktraten. Ich glaube, daß nicht oft derart umweglos eine Dichtung aus einer geistigen Situation in eine andere gewirkt hat. Wohl kannten manche von uns die Dichter der Gegenwart, aber eben etwas entrückt, als »Dichter«. Sie erkannten sie nicht so wie wir an jenem Abend als eine Stimme, die nur zu uns sprach, und die eigentlich unsere eigene geheimste Stimme war – wenigstens glaubten wir das aus tiefster Überzeugung. Seit jenem Abend lebte Rilke mit manchem von uns weiter, ein heimliches, eigentlich zufälliges Leben. Wir wußten nicht, wer er war, wo er sein Haus haben mochte, er war der Mund, der uns manchmal im Dunkel der Allee, wenn wir von einer späten Zusammenkunft oder allein und sehnsüchtig aus einem Konzert kamen, von einer Begegnung mit einem Mädchen zuraunte: »Der Tod ist groß, wir sind die seinen / Lachenden Munds / Wenn wir uns mitten im Leben meinen / Wagt er zu weinen / Mitten in uns« [WA 1, 477]. Oder das Lied der Abelone aus dem Schlußkapitel des »Malte« fiel uns ein. »Ach, in den Armen hab ich sie alle verloren / Du nur, du wirst immer wieder geboren / Weil ich niemals dich anhielt / Halt ich dich fest« [WA 11, 936]. Diese Einsicht bestimmte unsere Beziehungen zu Frauen viele Jahre hindurch und hielt uns fern von Erfahrungen, die von manchem als ebenso notwendig wie wenig sauber hingestellt wurden. Damals waren wir kaum zwanzig.

Damals! Vielleicht sehe ich diese ganze, wunderbar erregende Zeit in einem verklärten Licht. Wir begegneten bewußt dem Leben, dessen bester Teil Dichtung war, Musik, Malerei. Damals. Ich entsinne mich auch noch des Morgens im Kranken- bett, als mich die Zeitungsmeldung aufschreckte, daß Rilke gestorben sei, vier Tage nach Weihnachten, am 29. Dezember 1926. Ich weiß noch, daß mich das Gefühl beklemmend über- kam, etwas versäumt, ein Unwiederbringliches erfahren zu haben. Zum ersten Male wurde ich mir des langgehegten Wunsches, diesem Manne einmal zu begegnen, und wäre es auch nur in einem Briefe, bewußt. Ich glaube, im Frühling des Jahres hatte ich die Elegien gekauft und auf eine Reise in das Taubertal mitgenommen, zusammen mit den französisch geschriebenen Briefen an Rodin, die in einem Sonderdruck herausgekommen waren. Noch weiß ich die morsche Bank am Waldrand in der Nähe Rothenburgs, wo ich meiner Begleiterin die Elegien vorlas. Später, als die Deutungen und Kommentare erschienen, verwirrte sich mir der Eindruck des großartig einfachen Bildes von damals. Seither sind Jahre vergangen, das Brett im Bücherschrank faßt die Rilke-Literatur nicht mehr. Manches von dem erscheint unnötig, viele Interpretationen sollte man dem Leser selber überlassen. Aber die Person des Dichters fesselte mich weiterhin.

Der Tagesspiegel (1947), 28. Dezember.

1 In den Jahren nach dem ersten Weltkrieg; Pfeiffer-Belli war damals Schüler des »Bauhauses«.

Leopold Ziegler

138. Aus: *Menschwerdung*

Wer mit uns Rilkes Begegnung mit dem Engel in den »Duineser Elegien« als religiösen Durchbruch wertet, wird hier einen Hinweis auf den Kschatriya[1]-Charakter des Engels als solchen vielleicht doch vermissen, wie er für den johanneischen Michael merkmalgebend ist. Indessen, und gleichsam zum Ersatze, weiß Rilke um des Engels Schrecknis, die ihm selber sozusagen in die Glieder fuhr, und dies wiederum rückt den von ihm erlittenen Durchbruch in eine immerhin beachtliche Nähe zu dem fast gleichzeitigen Durchbruch in der Theologie Rudolf Ottos.[2] Denn wie hier endlich der Gott wieder als das Tremendum erlebbar wird – Kierkegaards mächtige Theologie »Unter Furcht und Zittern« nicht zu vergessen –, so dort der Engel. (Rilke selbst verstand Dänisch und hatte Kenntnis von Kierkegaard.) Ein jeder Engel ist schrecklich; ein jeder Engel haust, laut Rilkes erstaunlich genauer Auslegung seiner eigenen, in den Briefen aus Muzot niedergelegten Texte, im Unsäglich-Unsichtbaren, während wir Menschen uns, dem Säglichen dankbar zugewendet, im Sichtbaren bewegen und tummeln. Aus dieser rein im Wesen begründeten Schrecknis des Engels (JHVH[3], die Schrecknis Israels) folgert Rilke jedoch mitnichten eine grundsätzliche Unbezüglichkeit zwischen Engel und Mensch. Sondern er folgert ganz im Gegenteil eine sehr ähnliche Seins- und Sinnverwobenheit beider, wie sie die Johannesapokalypse ihrerseits für die zwei Tatsachen Reich und Gericht, Krieger und Priester, *potestas temporalis* und *auctoritas spiritualis* unterstellt.

Bd. I (Olten: Summa 1947), S. 357

1 Altindisch: Krieger.
2 Rudolf Otto (1869-1937): evangelischer Theologe; Hauptwerk: ›Das Heilige‹ (1917).
3 Name des alttestamentarischen Gottes; Lesung mit Vokalen nicht überliefert, heute als »Jahwe« vokalisiert, früher als »Jehova«.

Thomas Stearne Eliot

139. Aus: *Caspar Kuhlmann, Besuch bei T. S. Eliot*

»Von Rilke kenne ich [Eliot] nur Einiges aus den ›Duineser Elegien‹. Ich darf auch nicht mehr von ihm lesen, ohne nicht befürchten zu müssen, in meinen eigenen Gedanken gestört zu werden durch die zu unmittelbare Verwandtschaft, die mich mit ihm verbindet.«

Göttinger Universitätszeitung 3 (1947/48), S. 3

contradicts

140. Aus: *Goethe der Weise*

Den *Duineser Elegien* gegenüber erlebe ich das andere Extrem: Es würde mir im Grunde genügen, mich an der Schönheit der Worte zu freuen, mich von der Musik der Verse bewegen zu lassen, und ich muß mich zwingen, wenigstens den Versuch zu machen, in Gedankengänge einzutreten, die für mich nicht nur schwierig, sondern auch fremd sind.

Zuerst: Goethe as the sage (1955); hier nach: Werke. Bd. II: Essays 1 (Frankfurt: Suhrkamp 1967), S. 322

Zum Verhältnis Eliot – Rilke vgl. auch:
- F. Wood, Rilke and Eliot, in: GR 27 (1952), S. 246-259,
- Stephen Spender, Rilke and the angels, Eliot and the shrines, in: Sewanee Review 61 (1953), S. 557-581 [s. o. Nr. 121],
- H. P. Pickman, Das Vergängliche und die Dichtung. Eine vergleichende Studie von Gedankengängen in Rilke und Eliot, in: Die Sammlung 12 (1957), S. 178-196,
- Hans Reiss, Tradition in modern poetry. T. S. Eliot and Rainer Maria Rilke. A comparison, in: Actes du IVe Congrès de l'Association International de litterature comparée (1966), S. 1122-1127,
- Richard W. Sheppard, Rilke's ›Duineser Elegien‹ – A critical appreciation in the light of Eliot's ›Four Quartets‹, in: GLL 20 (1966/67), S. 205-218,
- Stephen Spender, Rilke and Eliot, in: Rilke. The alchemy of alienation. Hg. von Frank Baron, Ernst S. Dick, Warren R. Maurer (Lawrence 1980), S. 47-62 [s. o. Nr. 122].

EMIL BARTH

141. *An Georg Gusmann, 27. 12. 1948*[1]

Mein eigenes Verhältnis zu Rilke [. . .] ist im Laufe der Jahre aus dem ersten jugendlichen Zustand schrankenloser Bewunderung und Verehrung mehr und mehr in das der kritischen Absetzung meiner selbst von den fremden Grundzügen des Rilkeschen Wesens getreten, die mir so konträr sind, daß ich z. B. seine Briefe kaum ohne inneren Widerstand zu lesen vermag; seine Sprache, die dem Deutschen so unerhört sublime Ausdrucksmöglichkeiten hinzugewonnen hat, erscheint mir zumal in seiner Briefprosa von einem derart »privaten« Charakter, daß ich sie teilweise ausgemacht ruinös für ein Deutsch von allgemein-verbindender Natur und Artung empfinde. Was ich hier »privat« nenne, und was als solches am offensten in den Briefen erscheint, ist das gleiche, was auch in seiner Dichtung und zumal in den Duineser Elegien hervortritt und sich als allein dem Individuum zugehörig kundgibt, bis auf die Elemente einer Privat-Religion, eines Privat-Mythos.

Briefe aus den Jahren 1939-1958. Hg. von Hans Peter Keller (Wiesbaden: Limes 1968), S. 115 f.

1 Georg Gusmann hatte in seinem Brief versucht, Barths ›Xantener Hymnen‹ und Rilkes ›Duineser Elegien‹ voneinander abzugrenzen.

EDMOND JALOUX

142. Aus: *La dernière amitié de Rainer Maria Rilke. Lettres inédites de Rilke à Madame Eloui Bey* [Die letzte Freundschaft Rainer Maria Rilkes. Unveröffentlichte Briefe Rilkes an Madame Eloui Bey; Vorwort]

In Frankreich bleibt heute jenes Werk [›Die Aufzeichnungen des Malte Laurids Brigge‹] das bekannteste. Man muß bewundernswert deutsch können, um der Poesie Rilkes in all ihren Nuancen, all ihren Feinheiten, selbst in ihren Dunkelheiten zu folgen, und, was die *Duineser Elegien* oder die *Sonette an Orpheus* anbelangt, so kommt es vor, daß die Interpreten nicht mehr völlig einer Meinung sind.

Französisch: (Paris: Robert Laffont 1949), S. 54 f.

MARTIN BUBER

143. *An Werner Hollmann, 16. 9. 1949*

Ihre Absicht, die Wandlungen des Persönlichkeitsbegriffs in der neueren deutschen Literatur darzustellen, scheint mir sehr begrüßenswert, und was Sie in Ihrem Brief darüber sagen, entspricht durchaus meiner eigenen Auffassung – mit einer einzigen Einschränkung: der Hauptton ist nicht auf »Liebe« zu legen, die ein Gipfel und eine Gnade ist, sondern auf Unmittelbarkeit und Ganzheit in der Beziehung zum Andern überhaupt, von der zulänglichen Vergegenwärtigung seines Daseins bis zum rückhaltlosen »Auf-ihn-Eingehen«.

Mit Recht weisen Sie besonders auf die Wandlung in Hesses späteren Werken hin; die Linie beginnt wohl mit der »Morgenlandfahrt«. Den eigentlichen Ausgangspunkt sollte aber, meine ich, die Wandlung bei Rilke bilden, die mit »Requiem« ansetzt und ihren Höhepunkt in den »Elegien« erreicht.

Briefwechsel aus sieben Jahrzehnten. Bd. III (Heidelberg: Lambert Schneider 1975), S. 210 f.

144. *An Benjamin Joseph Morse, 13. 7. 1950*

Vielen Dank für Ihren Aufsatz[1], den ich mit besonderem Interesse gelesen habe. Er hat mir an der 9. Elegie einiges, was ich bisher im Siriuslicht gelesen habe, in dem neuen eines nahen Sterns gezeigt. Mit Recht aber weisen Sie auf den bleibenden Unterschied hin. Ich würde, wenn ich das Anliegen der Dinge heute auszusprechen hätte, etwa sagen, sie wollten, wir sollten ihnen ganz im wesenden Zwischen begegnen, und von der Erde, sie wolle wesend mit uns bestehn.

Ebd., S. 256 f.

1 B. J. M., Martin Buber's ›Baalschem‹ and Rilke's ›Ninth Duino Elegy‹ [Schreibmaschinenmanuskript, 28 Blatt; Exemplar vorhanden im Martin-Buber-Archiv, Jewish National and University Library: Ms. Var. 350/Sekundärlit. B. J. Morse]. Vgl. auch den Brief von Morse an Buber vom 13. 7. 1947 (Briefwechsel III, S. 136 f.) und dessen Antwort vom 26. 7. 1947 (Ebd., S. 141).

Martin Heidegger

145. Aus: *Wozu Dichter?*

Das gültige Gedicht Rilkes zieht sich in geduldiger Sammlung auf die beiden schmalen Bände der Duineser Elegien und der Sonette an Orpheus zusammen. Der lange Weg zu diesem Gedicht ist selbst ein dichterisch fragender. Unterwegs erfährt Rilke das Dürftige der Zeit deutlicher. Dürftig bleibt die Zeit nicht nur, weil Gott tot ist, sondern weil die Sterblichen sogar ihr eigenes Sterbliches kaum kennen und vermögen. Noch sind die Sterblichen nicht im Eigentum ihres Wesens. Der Tod entzieht sich in das Rätselhafte. Das Geheimnis des Schmerzes bleibt verhüllt. Die Liebe ist nicht gelernt. Aber die Sterblichen sind. Sie sind, insofern Sprache ist.

[. . .]

Zur Auslegung der Elegien und Sonette sind wir nicht vorbereitet; denn der Bereich, aus dem sie sprechen, ist in seiner metaphysischen Verfassung und Einheit noch nicht hinreichend aus dem Wesen der Metaphysik gedacht. Dies zu denken, bleibt aus zwei Gründen schwierig. Einmal weil Rilkes Dichtung in der seinsgeschichtlichen Bahn nach Rang und Standort hinter Hölderlin zurückbleibt. Sodann weil wir das Wesen der Metaphysik kaum kennen und im Sagen des Seins unbewandert sind.

Zu einer Auslegung der Elegien und Sonette sind wir nicht nur nicht vorbereitet, sondern auch nicht berechtigt, weil der Wesensbereich der Zwiesprache zwischen dem Dichten und dem Denken nur langsam erkundet, erreicht und durchdacht werden kann. Wer möchte sich heute anmaßen, im Wesen der Dichtung so gut wie auch im Wesen des Denkens einheimisch zu sein und dann noch stark genug, um das Wesen beider in die äußerste Zwietracht zu bringen und so ihre Eintracht zu stiften?

Als Vortrag gesprochen in engstem Kreis zum Andenken an Rilkes zwanzigsten Todestag [26. 12. 1946]; gedruckt in: Holzwege (Frankfurt: V. Klostermann 1950), S. 252 f. und 254

Vgl. auch:
– Heinrich Wiegand Petzet, Ein Geburtstagsbrief [für Ernst Zinn]. Anmerkungen zu Rilke und Heidegger [mit unveröffentlichten Briefen Heideggers], in: Blätter der Rilke-Gesellschaft 7/8 (1980/81), S. 8-10.
Die häufig in der Forschung zitierte Äußerung Heideggers, Rilke habe in den ›Duineser Elegien‹ in poetischer Sprache dieselben Ideen ausgedrückt, wie er in seinen Schriften (z. B. Joseph-François Angelloz, Rainer Maria Rilke. L'évolution spirituelle de poète (Paris 1936), S. 322), dürfte – nach Auskunft von Dr. Joachim W. Storck – wohl apokryphen Charakter haben.

Das Verhältnis Heidegger – Rilke ist vielfach untersucht worden; vgl. besonders:
– Else Buddeberg, Heideggers Rilkedeutung, in: DVjs 27 (1953), S. 387-412,
– Eckhard Heftrich, Das Dichten des Dichtens und die Vollendung der Metaphysik, in: E. H., Die Philosophie und Rilke (Freiburg 1962), S. 109-132,
– Joachim W. Storck, Rilke und Heidegger. Über eine »Zwiesprache« von Dichten und Denken, in: Blätter der Rilke-Gesellschaft 4 (1976), S. 35-71.

146. Aus: *Der Kampf mit dem Engel*[1]

Im neueren deutschen Schrifttum sind Rilkes »Duineser Elegien« wohl ein einzigartiger Fall von Inspiration. Es steht keine Zeile in diesem aus zehn Gesängen gefügten Gedicht, die nicht eingegeben ist. So ist es zu verstehen, daß ein Deutungsversuch dem anderen folgt. Mancher muß von verwirrender Wirkung sein. Gewiß sind Einzelheiten schwer zu enträtseln, ist selbst das Hauptmotiv des Engels in kein erklärendes Wort zu fassen; es ist eben Gestalt. Wenn Edmée de la Rochefoucauld in ihren Erinnerungen an Paul Valéry (Das goldene Tor, Heft 4, Jahrgang 1950) berichtet, eine Pariser Zeitung habe ihre Leser aufgefordert, sich über die völlige Unverständlichkeit eines Gedichtes Valérys – des »Meer-Friedhofs« – zu äußern, aber die überraschende Erfahrung gemacht, daß die Mehrzahl der Leser den Sinn des Gedichtes klar erfaßt habe, so liegt der Gedanke nahe, daß eine Umfrage über die Duineser Elegien zu demselben Ergebnis führen könnte: die Summe des Gedichts, die in ihr mitgeteilte Daseinserfahrung, wird wahrscheinlich von vielen Lesern verstanden, erlebt; das Gedicht faßt auf großer Höhe ein Lebensgefühl zusammen, das uns alle durchschauert hat.

Die Furche 6 (1950), Beilage ›Die Warte‹, S. 3

147. Aus: *Anton Kippenberg*

So oft ich Rilkes Bücher in die Hand nehme, befällt mich eine Traurigkeit, die mir kein zweiter zuträgt. Die »Elegien« ergreifen mich als Ausdruck des Schicksals, der Zeit. Von dem Orte vor 1914 wird ein Ausblick getan, eine Frage, vielleicht sogar ein Entschluß gefaßt: der ins Dunkle. Aber ich sehe nicht das Freiwerden von dieser schon abgesunkenen Zeit. Damit ist nichts gegen die Kunst, nichts gegen die Folgerichtigkeit in der Befolgung des Auftrags, die geschichtliche Bedeutung, die betörende Melodie gesagt. Mir widerstrebt diese Melodie: und es ist klar, daß sie sich nicht von der Aussage lösen läßt. Niemals läßt mich die Magie des Novalis los: aber eben deshalb finde und suche ich keinen Weg zu Rilke.

> Die Zeit in uns. Zwei autobiographische Werke: Verhüllter Tag/Winter in Wien (Frankfurt: Suhrkamp 1978), S. 94 f.; zuerst erschienen in: Verhüllter Tag (Köln 1954)

Vgl. auch: R. S., Rilkes absolutes Dichtertum: Katharina Kippenberg, Rainer Maria Rilke [Rez.], in: Eckart 15 (1939), S. 34-35; wieder in: R. S., Begegnung und Bekenntnis (Freiburg 1963), S. 97-102. Zum ›Malte Laurids Brigge‹ merkt Schneider bezeichnenderweise an:

> das Buch ist mir ganz fremd, konträr: Ich konnte es nicht zu Ende lesen (Die Zeit in uns, S. 94).

1 Rez. zu: Heinrich Kreutz, Rilkes Duineser Elegien. Eine Interpretation (München 1950).

Max Picard

148. Aus: *Zerstörte und unzerstörbare Welt.* Eintrag vom 10. 8. 1949 (abends)

Ich lese einige Seiten der italienischen Übersetzung von Rilkes Duineser Elegien. Es gibt keinen allmählich ansteigenden Weg zu Rilke, man muß einen Sprung hinaufmachen, es ist so, wie wenn ein Flugzeug nicht zuerst sich langsam abrollte von der Erde, sondern schon oben sich befindet, sobald der Motor läuft.

Ist es das Dichterische, das sehr Dichterische, das die Menschen zu Rilke treibt? Ich glaube es nicht, es ist die große Einsamkeit bei Rilke, die die Menschen anzieht, sie holen bei ihm das Quantum Einsamkeit, das sie brauchen, um sich selber damit aus der eng aufeinander sich drückenden Masse herauszuholen. Rilke ist zum Lieferanten der Einsamkeit in einer vermassten Gesellschaft degradiert, so, wie Anfang der zwanziger Jahre Dostojewskis innere Leidenschaft dazu degradiert wurde, die expressionistische Dynamis zu motorisieren. Der

Dichter gilt nicht als Dichter, man benützt ihn nur für die eigene psychologische Apparatur. Das Gedicht aber fängt an, sich selber zuzusingen, es über-singt das psychologische Gewirr unter ihm.

(Erlenbach: Rentsch 1951), S. 15

Johannes R. Becher

149. Aus: *Tagebuch 1950*. Eintrag vom 3. April

Mit dem »zugleich«[1] bei Rilke fühle ich mich tief verwandt. »Duineser Elegien« mir fremd, mehr noch: stehe diesen Abstraktionen ablehnend gegenüber. Aber es gibt herrliche Gedichte – unnachahmliche, Überragend-Bleibendes.

Auf andere Art so große Hoffnung (Berlin [Ost]: Aufbau 1969), S. 210

Vgl. auch die Tagebucheintragung vom 25. September anläßlich des Todes von Anton Kippenberg, in der Becher sich an V. 39 der 7. Elegie: »Hiersein ist herrlich« erinnert:

(»Hiesig sein ist herrlich.«) Auch dieses herrliche Rilke-Wort. (Ebd., S. 445),

und den Eintrag vom 30. November, wo Becher ohne Quellenangabe Rilkesche Wendungen aus den ›Elegien‹ und ›Sonetten‹ zitiert (S. 509).

Zum Verhältnis Becher – Rilke siehe auch:
– Horst Nalewski (B 403), S. 50-54.

1 Becher bezieht sich hier auf zwei Verse aus ›Rose, du thronende‹ (›Sonette an Orpheus‹ II, 6; WA 2,754):

aber dein einzelnes Blatt ist zugleich die Vermeidung
und die Verleugnung jedes Gewands.

GABRIEL MARCEL

150. Aus: *Rilke et la philosophie de l'existence* [Rilke und die Existenzphilosophie][1]

Wollen Sie zu verstehen geben, wird man mich fragen, daß für Rilke der Engel wirklich eine metaphysische Existenz besitzt? Ich werde einfach antworten, *daß die Frage sich nicht stellen muß*, daß man zwischen dem, was metaphysisch real, und dem, was es nicht ist, keine Unterscheidung treffen kann, ohne der spezifischen Qualität des betrachteten Gedichts als Gedicht Abbruch zu tun. Es gibt, mit einem Wort, ein Grundgesetz des dichterischen Werkes, das respektiert werden muß. Aber was die Situation seltsam kompliziert, ist, daß die Existenzphilosophie, besonders bei Jaspers, selbst Ausfälle in unbestimmte Bereiche und über undeutlich gezogene Grenzen hinweg wagt und daß sie durch Ansteckung den Dichter selbst in Versuchung führen kann, so daß sich in diesen Randbezirken ein unsicheres Denken herausbildet – unter Bedingungen, die in intellektueller Hinsicht schwerlich nicht als verdächtig gewertet werden können. Ich möchte jedoch zu behaupten wagen, daß mir die eigentliche Funktion des Interpreten zu sein scheint, dort, wo es sich um Werke wie die *Duineser Elegien* oder die *Sonette an Orpheus* handelt, im Rahmen des Möglichen solchem Eindringen entgegenzuwirken, anstatt eine riskante Transkription des lyrischen Ausdrucks in eine spezifisch philosophische Sprache vorzunehmen. Ich füge übrigens hinzu, daß ich diese Bemerkungen nicht ohne Zögern und ohne Skrupel formuliere. Denn ich räume gern ein, daß die Versuchung, hier die Grenzen zu verwischen, fast unüberwindlich ist; aber vielleicht werden wir ihr eben nicht ohne Schaden – auf dem einen wie dem anderen Gebiet – erliegen.

[...]

Erde, ist es nicht dies, was du willst: *unsichtbar*
in uns erstehn? – Ist es dein Traum nicht,
einmal unsichtbar zu sein? – Erde! unsichtbar!
Was, wenn Verwandlung nicht, ist dein drängender Auftrag?
Erde, du liebe, ich will.

Es genügt, scheint mir, den Geist ganz auf diese Anrufung zu richten, auf die innere Bewegung, die sie wiedergibt, um zu erkennen, daß sie die philosophischen Kategorien hinter sich läßt, mit deren Hilfe sich unser Interpret [Otto Friedrich Bollnow] bemüht, sie verständlich zu machen. Sagen wir, in einer anderen Ausdrucksweise, daß man einer Art von Verrat schuldig wird, wenn man darauf aufmerksam macht, daß der Dichter sich ausdrückt, *als ob* er an ein innerstes und unausgesprochenes Wollen der Erde glaubte, das im dichterischen Werk seine Erfüllung fände. Ich denke, daß im vorliegenden Fall die Wörter »als ob« jeder Bedeutung entblößt sind. Sie enthalten in der Tat die unerlaubte Transposition einer Denkweise, deren Gültigkeit an die Erfahrungsbedingungen eines Gelehrten oder wenigstens an die eines Geistes, der das wissenschaftliche Bewußtsein als Norm nimmt, geknüpft ist. In diesem, und nur in diesem Bereich ist es ganz sicher legitim, im Hinblick auf eine solche figurative Hypothese zu sagen: »in der Wirklichkeit ereignen die Dinge sich nicht wirklich so, aber es ist für uns bequem, uns dieses Bild eines Ereignisses zu entwerfen, dessen innerste Natur sich uns entzieht«. Aber wie kann man denn nicht sehen, daß das Eigentümliche eines echt lyrischen Denkens darin besteht, keine Bezugnahme dieser Art zuzulassen? Die Frage, ob die Dinge sich so oder nicht wirklich so ereignen, kann sich für den echten Dichter nicht einmal stellen – und zwar um so weniger, je mehr er wahrhaft Schöpfer ist. Man könnte auch sagen: *je mehr er Prophet ist.* Hier erhält die Bezeichnung »Prophet« wieder ihre volle Bedeutung. Wenn der Dichter sich dazu ermahnt (indem er sich – durchgehend in der 9. *Elegie* – an sich selbst wendet), zu reden und zu künden, ja sogar die Dinge auszusprechen [proférer] – denn das Verb »dire« ist zu schwach oder zu abgenutzt, um das deutsche »sagen« auszudrücken, das mir dem lateinischen »*fari*« zu entsprechen scheint –, dann stellen sich diese Ermahnung und die geheimnisvolle Anordnung, auf die er sich beruft, jenseits der Welt der Objekte, der objektiven Bezüge und sogar jenseits der nach ihnen entworfenen Fiktionen; denn man kann von Fiktion nur als dem Gegensatz zu irgendeiner »Wahrheit« sprechen.

Französisch in: Table ronde 49 (1952), S. 60-62

Zum Verhältnis Marcel – Rilke vgl. auch:
- R. Montigny, Gabriel Marcel und Rilke, in: Antares 4 (1956) Nr. 7, S. 15-19,
- Die Birne birnt, in: Der Spiegel 11 (1957) Nr. 17, 24. April, S. 60-62 [Marcels Drama ›La dimension de Florestan‹ als Satire auf Heideggers Philosophie und den Rilke-Kult].

1 Vortrag zum 25. Todestag Rilkes am 15. 12. 1951, gehalten an der Sorbonne in Paris.

Boris L. Pasternak

151. *An Kaysyn Kuliev, 10. 8. 1953*

Rilke ist der größte moderne Dichter Deutschlands und wird jetzt als der größte Dichter Europas anerkannt . . . seine letzten, posthum erschienenen Gedichtbände schrieb er auf Französisch. Wahrscheinlich glaubte er, im Ausdrucksbereich der deutschen Sprache die äußersten und endgültigen Verallgemeinerungen und Abstraktionen erreicht zu haben, und hielt es für unmöglich, zu den elementaren Einzelheiten zurückzukehren, auf die künstlerischer Ausdruck nicht verzichten kann, während er in französischer Dichtung wieder von vorne anfangen konnte.
Christopher J. Barnes, Boris Pasternak and Rainer Maria Rilke: Some missing links, in: Forum for Modern Language Studies 8 (1972), S. 76 f. [russisch] und S. 77 [englisch]; aus dem Englischen übersetzt

Vgl. auch:
- Pasternak an Rilke, 12. 4. 1926; Barnes S. 77 f. [englische Übersetzung],
- Leonid Pasternak, Begegnungen mit Rainer Maria Rilke, in: Der Literat 17 (1975), S. 173-175.

Zum Verhältnis Pasternak – Rilke vgl. auch:
- Horst Röhling, Boris Leonidovic Pasternak und die russische Rilke-Rezeption, in: Die Welt der Slaven 17 (1972), S. 118-154.

Hans Egon Holthusen

152. Aus: *Nachwort* zu: *Ergriffenes Dasein.*
Deutsche Lyrik 1900-1950.
Ausgewählt von H. E. H. und Friedhelm Kemp

Wenn man versuchen will, über die Bewußtseinslage der jungen und jüngsten Generation etwas Allgemeines zu sagen, so wird man zunächst feststellen dürfen: weltanschauliche Systeme in lyrischer Form gibt es nicht mehr, der Wille zu großen Entwürfen einer Seins- und Lebenslehre im Sinne Rilkes und Georges hat abgedankt. Auch das revolutionäre Pathos vieler Autoren der expressionistischen Ära, dieses im Grunde hochoptimistische, die ganze Menschheit betreffende, auf Veränderung und Erlösung der Wirklichkeit durch den Geist versessene »Weltfreund«-Gefühl, wird heute nicht mehr empfunden. Eine allgemeine Ernüchterung bis in die Tiefen der Seele hinein hat stattgefunden. Über das Ganze, möchte man sagen, hat der heutige Dichter keine Meinung mehr, auch ist er nicht mehr geneigt, sich für die Welt schlechthin verantwortlich zu fühlen oder das Amt eines Stellvertreters der Menschheit für sich zu beanspruchen, wie noch der Autor der »Duineser Elegien« es tut. Bescheidung und Beschränkung ist sein Teil. Er hält sich an Einzelnes, an eine besondere sinnliche oder seelische Erfahrung und deren präzise Vergegenwärtigung in der Sprache. Seine Aufmerksamkeit entzündet sich wieder am unbezwinglichen Widerstand der äußeren Welt, und wo er ihr heimliches Bröckeln und Zerfallen, und ihr gespenstisches Verwehen spürt, da genügt es ihm schon, ein kleines Stück Sicherheit in vier Strophen verfestigt und drei Schritte Wirklichkeit als Existenzgrund für sich gewonnen zu haben. Es herrscht eine ausgesprochen nachsintflutliche Atmosphäre. Der kosmische Aufruhr ist verebbt. Die großspurige, mit Sonnen und Gestirnen Ball spielende Demiurgengeste hat im allgemeinen einer Art von kleinmeisterlicher Haltung Platz gemacht. Man nimmt ein bescheidenes Stück Welt an sich, um es in der Sprache abzubilden und dann »dem Unerfahrbaren zurückzugeben« (Piontek). Damit endet für den Augenblick eine Entwicklung, die mit

Hofmannsthals »Lebenslied« einsetzte und trotz krisenhafter Schübe und radikaler Umwälzungen erstaunlich viel energische Kontinuität beweist. Auch bei den jüngsten Autoren dieser Anthologie bestätigt es sich, daß die deutsche Lyrik ihren heimatlichen Boden nicht verlassen hat und ihren klassischen Traditionen treu bleiben konnte, ohne doch jemals in epigonaler Stagnation zu verharren.

(Ebenhausen: Langewiesche–Brandt 1953), S. 353 f.

153. Aus: *Vollkommen sinnliche Rede*

Reimwörter wie »oder« und »weil« sind mir unbehaglich, das hemmungslose Schwelgen in Enjambements, das wir etwa in Rilkes Lyrik nicht selten beobachten können, scheint mir einen wesentlichen Ausdruckswert des Reims zu zerstören. Es gibt dem Gedicht eine schlängelnde, gleichsam knochenlose Gelenkigkeit, die in extremen Fällen kaum noch genießbar ist. Rilke hat durch seine geniale Arbeit an der Sprache gewiß ganz einzigartige Fortschritte erzielt, aber es ist unter seinen Händen auch manches verloren gegangen. Vor allem eben jenes schöne Gleichgewicht zwischen Freiheit und Bindung, das dem einzelnen Verse – noch bei Mörike – den quantitativen und qualitativen Eigenwert gibt, den gemessenen Schritt, der etwas Schweres mit Anmut bewältigt. Der geheimnisvolle Zauber der Form tritt dort am glücklichsten zutage, wo sie als die Herrschaft über das Elementare erscheint, nicht wo sie in eine virtuose Alleskönnerei hypertrophiert. Hier liegt die Chance einer produktiven Kritik an Rilke. Gerade diejenigen Dichter, die ihn als einen Meister verehren, sollten es als eine Pflicht erkennen, der von seinen Ausschweifungen ausgehenden suggestiven Verführung im Namen älterer Überlieferungen entgegenzuwirken.

Mein Gedicht ist mein Messer. Lyriker zu ihren Gedichten. Hg. von Hans Bender (München: List 1969), S. 56; zuerst: Heidelberg 1955

154. Aus: *Rilke und die Dichtung der Gegenwart*

Die Rilke-Nachfolge der dichtenden Jugend nahm damals, in den dreißiger Jahren, geradezu epidemische Ausmaße an. Der

Dichter von Muzot schien als beinah einzig maßgebender Stifter eines neuen lyrischen Sprachgebrauchs für Deutschland die gleiche Bedeutung zu besitzen wie etwa T. S. Eliot für England und Amerika: so wie dieser mit dem »Wüsten Land« eine Magna Charta der modernen Poesie erlassen hatte (die noch heute anerkannt wird), so jener mit den »Duineser Elegien«. Rilke mußte übrigens um so stärker in den Vordergrund rücken, als ja viele andere Quellen der neueren Überlieferung durch den Kulturterror des Hitler-Regimes gewaltsam verstopft worden waren. Er war einer der wenigen Repräsentanten der expressionistischen Ära, die geduldet wurden, aber er war auch, wie kaum ein anderer zeitgenössischer Autor, die Erlösung von der Barbarei des offiziellen Literaturbetriebs. Sein Werk hatte den großen, freien Atem weltgültiger Dichtung, es war unpolitisch, überprovinziell, es stand für die Souveränität des fühlenden Menschen und die Unabhängigkeit eines gesteigerten, über den propagandistisch gesteuerten Literatur-Ramsch jener Tage weit erhabenen Bewußtseins. So fand man im Gepäck der Jugend des zweiten Weltkrieges mehr Rilke als Goethe und Hölderlin, und in gehobenen Nazi-Blättern las man Gedichte von jungen Kampffliegern, die ihre Erlebnisse im Tonfall des Elegikers von Duino und Muzot darzustellen versuchten.

Doch ist es kaum einem von den Epigonen der zwanziger, dreißiger und vierziger Jahre gelungen, aus seiner Rilke-Begeisterung ein eigenständiges dichterisches Muster herauszubilden. Man hat also kein Recht, im strengen Sinn von einer »Rilke-Schule« zu sprechen. Rilkes sprachliche Errungenschaften sind vielmehr auf deutschem Sprachgebiet in einem ganz erstaunlichen Grade allgemein und objektiv verfügbar geworden, so daß man sie heute, wenn man nicht allzu schwerhörig oder voreingenommen ist, in ganz verschiedenen Lagern der zeitgenössischen Lyrik wiederfinden kann, bei den Naturlyrikern so gut wie bei ihren Gegenspielern, den »spirituell« oder intellektualistisch gestimmten, den geschichtlich und zeitkritisch interessierten Dichtern, und ebenso bei den surrealistisch getönten Experimenten der jüngsten Generation. Gerade ein so hervorragender und erklärter Repräsentant der Lehmann-Schule wie Karl Krolow verrät in seiner Sprachgebarung, wie sehr das Rilkesche Erbe schon Allgemeingut geworden ist.

[...]

So ist das Werk Rilkes zwischen zwei Feuer geraten: die eine Seite, die Poe- und Benn-Partei, die Verfechter der kalkulierenden Bewußtheit, verwirft an ihm die strömende Gefühligkeit seiner Diktion, alle seine Unsäglich- und Unendlichkeiten, und der berühmte briefliche Bericht über die Entstehung der Elegien ist ihnen ein Greuel. Die andere Seite, die Claudius- und Eichendorff-Partei, verwirft sein artistisches Raffinement, seine modernistisch gebrochene Kunst der Nuance, die chromatischen Töne, die chopinhafte Sensibilität. Jeweils wird, was die eine Seite tadelt, von der anderen vermißt.

[...]

Nur vor diesem Horizont kann der Dichter verstanden, gewürdigt und kritisiert werden, als der Schöpfer einer Welt, die er ganz ohne Ideenhilfe von außen, ohne vorgegebene Gültigkeiten ins Werk gesetzt hat, allein durch die Einbildungskraft des fühlenden Ichs. Seine Umwelt ist Einsamkeit und Angst, sein Kernthema: Liebe und Tod. Diese beiden urgewaltigen und doppelgängerisch zusammenhängenden »Existentialien« sind es, die seinen Ausdruckswillen beherrschen und ihn befähigen, ein wahrhaft Ganzes zu schaffen, eine innere Welt. Was für eine Welt? Eine außerordentlich vieldeutige und leidenschaftlich belebte Welt, hierarchisch aufgebaut zwischen Tieren und Engeln, »Natur« und »Unsichtbarkeit«, wie ein mittelalterlicher Kosmos, besiedelt mit den kanonisierten Leitfiguren, den »Heiligen« einer persönlichen Mythologie, den Helden, den großen Liebenden und den jungen Toten, und dargestellt in einer Sprache, die sich selbst durch reichlichen Gebrauch von Leit- und Kernworten gewissermaßen selbst kanonisiert und mythisch erhöht hat.

Diese poetische Welt eines Heimatlosen, die sich durch fühlende Selbstentzündung, durch das, was er »Innigkeit« nannte, eine Heimat gleichsam aus dem Nichts erschaffen hat, sie ist seither für unzählige Leser zur geistigen Wahlheimat geworden. Viele haben in der Seinslehre der Elegien und Sonette so etwas wie eine Anweisung zum Leben entdecken wollen, andere haben sie von religiösen, philosophischen, politischen und ideologischen Standpunkten her bekämpft. Das Kunstwerk als Gestalt hat aber ein Wahrsein eigener Art, das durch ideenkritische Gründe wohl in Frage gezogen, doch niemals erledigt werden kann. Rilke hat durch die revolutionäre Gewalt seiner

Sprache und durch die faszinierende Eigentümlichkeit seiner Ideen einen neuen Umkreis möglicher Sinngebung entworfen, in dessen Bereich der moderne Mensch in geschichtlicher Ergriffenheit nach sich selber fragen kann.

Universitas 12 (1957), S. 1159 f., 1165 und 1170

Vgl. auch Holthusens ›Trilogie des Krieges‹, in: Prisma 1 (1946/47) H. 2, S. 26-28, die deutlich den Einfluß der ›Duineser Elegien‹ zeigt.

Eine Zusammenstellung der zahlreichen Veröffentlichungen Holthusens zu Rilke findet sich bei: Walter Simon, Verzeichnis der Hochschulschriften über Rainer Maria Rilke (Darmstadt 1978), S. 73; vgl. außerdem:
– Rilke nach 25 Jahren, in: St. Galler Tagblatt (1951), 29. Dezember,
– Zur literarischen Situation in Deutschland: Rilke nach 30 Jahren, in: Neue Zürcher Zeitung (1957), 25. August,
sowie Nr. 65 und 165.

Karl Krolow

155. Aus: *Rilkes Ruhm in unserer Zeit.*
Zum 80. Geburtstage des Dichters

War es nicht eben noch, daß wir in Bombennächten seine Briefe und Gedichte bei uns hatten und in den Kellern lasen, während wir in Todesgefahr schwebten? Er hatte uns ein Beispiel gegeben und Beistand geleistet. Wir hatten bei ihm Zuflucht gesucht, und sie war uns gewährt worden aus dem unerschöpflichen Vorrat an Gaben, die er vielen unter uns manches Jahr über machte durch das bloße Vorhandensein seiner Dichtung.

Als Rilke in den letzten Dezembertagen des Jahres 1926 starb, war das Eigentliche seiner Bedeutung für die deutsche Poesie des Jahrhunderts allenfalls einer Elite bekannt. Dann begannen die Jahrzehnte seines ständig wachsenden Ruhmes, die Jahre einer sich ins schier Unermeßliche, ins Unabsehbare verlierenden Gemeinde von enthusiastischen Verehrern. Rilke wurde einer unserer volkstümlichsten Lyriker. Seine Erscheinung wurde legendär, wenn sie es nicht da und dort schon zu ihren Lebzeiten gewesen war. Sein Einfluß auf die ausländische Lyrik begann, vor allem auf gewisse Angelsachsen und Franzosen. Das Phänomen seiner Sensibilität übte hypnotischen Zauber aus. Ihre Wirkungen sind bekannt. Bei uns verfiel fast eine ganze Generation junger Dichtender der unwiderstehlichen Gewalt seiner Verse, der Suggestion seiner Reime, der zarten Süße und Kraft seiner Sprache. Erst in den letzten zehn Jahren wurde dieser Einfluß – wiederum von der Elite – »abgebaut«. Damit begann sich – aus der inzwischen gewonnenen Distanz – allmählich ein anderes, durch Enthusiasmus unverzerrtes, gerechteres Bild des Dichters Rilke abzuzeichnen.

Man wird heute sagen können, daß eine zweite Phase im Nachleben Rilkes eingesetzt hat. Seine Größe konnte ihm kein Einwand, keine Rilke-Philologie nehmen. Die Bedeutung Rilkes für die Literatur der Epoche weist sich auf eine andere Art aus. In einen größeren Zusammenhang, in eine verzweigtere Beziehung gesetzt, bewährte sich sein Gedicht, wie es auf uns kam, unterdessen zum zweiten Male: nicht als ein non plus ultra, wohl aber durch das Besondere seiner Stellung innerhalb der Entwicklung des deutschen Gedichts der letzten fünfzig Jahre als eine Art von Wasser- und Wegesscheide. Weiterhin wird man vielleicht von einer vor- und nachrilkischen Ära des Gedichts bei uns sprechen können. Rilke blieb für uns derjenige, der die Möglichkeiten unserer Kunstsprache im Gedicht aufs äußerste verfeinerte, auf eine bis dahin nicht gekannte Weise sensibilisierte. *Nach* Rilke mußte jeder, der Verse schrieb, sich mit dieser Steigerung der Sensibilität einer Sprache auseinandergesetzt haben, wenn er zählen wollte. Das ist – bis auf wenige Ausnahmen – bei allen bemerkenswerten Dichtern der letzten dreißig Jahre geschehen, noch dann geschehen, wenn sie sich ausdrücklich in ihrem Werk unabhängig von Einflüssen hielten. Rilke wurde für unsere Lyrik zum Problem von ähnlichem Umfang wie es das Problem Wagner für die Musik in der zweiten Hälfte des 19. Jahrhunderts gewesen war.

Die spirituelle »Fühlung«, die Rainer Maria Rilke im Gedicht mit den »Dingen«, mit den Menschen hatte, bereitete eine dichterische Imaginationsfähigkeit vor, die seit seinem Tode – sieht man vom Rückfall in die Sprachsimpelei der »Offiziellen« unter Hitler ab – zu einer damals noch ungeahnten Ausdrucks-

Variantenreihe in der Lyrik führte. Rilke gab – wider Willen –
dem Virtuosentum als einer Zuflucht in der Unsicherheit zeitgenössischer Dichtung das Stichwort. Heute weiß man, daß sich
auch die geisterhafteste Sprachempfindlichkeit im Gedicht
durch einen merkwürdig emotionell »gefilterten« Bewußtseinsakt erreichen läßt. Genau das ist es, was man bei Rilke lernen
konnte. Der Rilke der späten Gedichte, der »Sonette an
Orpheus«, der »Duineser Elegien« und der französischen Verse
der letzten Jahre war deshalb ein »intellektueller« Dichter im
heutigen Verstande, weil er die phantastisch schweifende Unruhe seiner Vorstellungskraft zu »organisieren« und damit zu
präzisieren vermochte. Weit hatte er gewisse Peinlichkeiten des
Anfangs hinter sich gelassen. Dieses »Mißverständnis Rilke« ist
heute nicht mehr der Rede wert, nicht mehr der »Cornet« und
nicht mehr das »Stundenbuch« und manches andere, was einmal
junge Menschen entzückt hatte. Rilke ist für uns heute das
große Exempel für eine Bewußtseinslyrik, die den durch die
unablässigen geistesgeschichtlichen Veränderungen hervorgeru-
fenen Komplikationen standzuhalten sucht. Rilke, der Achtzig-
jährige, triumphiert heute nicht mehr als Verführer. Seine
Dichtung triumphiert als eines der »Muster« moderner Welt-
auslegung im Gedicht mittels einer an ihre Grenzen vorange-
triebenen sensiblen Mitteilungskraft, wie sie vor ihm bei uns
nicht erhört worden war.

Hannoversche Presse (1955), 3. Dezember

Vgl. auch unten Nr. 175.

Georg Maurer

156. Aus: *Zur deutschen Lyrik der Gegenwart*

Unsere Kritik an diesem großen Dichter würde ich so zu
formulieren versuchen: Rilke mußte in seinem heißen Bestre-
ben scheitern, die Widersprüche, an denen er tief litt, in einem
neuen Ganzen aufzuheben. Er, der sich von Kind an zwischen

den Engel und eine ihn beunruhigende Welt gestellt sah, hat in einer großartigen dichterischen Leistung den erst religiös gefaßten Dualismus in die moderne brennende Frage nach dem Verhältnis von Sein und Bewußtsein aufgelöst. Der Engel seiner »Duineser Elegien« ist nichts als das in seiner Vollendung an den Himmel projizierte menschliche Bewußtsein mit all seinen Kräften. In diesem Bewußtsein sollte nun das ganze Sein, Zukunft und Vergangenheit, Leben und Tod, als bewältigt erscheinen. Rilke aber hat nicht gesehen, daß das menschliche Bewußtsein kein abzulösendes mystisches Etwas, sondern an die menschliche Wirklichkeit gebunden, gesellschaftlich bestimmt ist. Die echte Bewältigung der Wirklichkeit in der Poesie kann heute nur vom Bewußtsein jener Lyriker aus geschehen, die dort stehen, wo die arbeitende Menschheit, wo die unterdrückten Völker stehen. Rilke beharrte auf der Position des Spätbürgertums. Der ehrliche Dichter geriet so in Not. Aus eben dieser Not erfolgte jene Projektion, vor der er erschrecken mußte als einem Unerreichbaren, weil er selbst den gesellschaftlichen Standort nicht wechselte. Von hier aus blieb ihm nichts anderes übrig, als in Abwehr gegen den Engel von einer überholten Position aus das Leben zu rühmen, wie es nun einmal ist – in der rührenden Hoffnung, es allein durch Verinnerlichung zu humanisieren. So ist literaturgeschichtlich gesehen die Poesie Rilkes erst durch die Lyrik Bechers und Brechts abgelöst und die deutsche Lyrik von einer neuen Position aus fortgesetzt worden, wobei der Expressionismus mit seiner Vermengung vom Alten und Neuen eine Art Zwischenglied ist.

Zuerst in: Aufbau (1956) H. 3; hier nach: G. M., Essays 2 (Halle: Mitteldeutscher Verlag 1973), S. 89 f.

Der Einfluß der ›Duineser Elegien‹ zeigt sich besonders in Maurers ›Das Unsere‹ [1961/62], in: G. M., Gestalten der Liebe (Halle 1965), S. 119-135.

Zum Verhältnis Maurer – Rilke vgl. auch:
– Horst Nalewski (B 403), S. 56-58.

Hans Erich Nossack

157. *Am 28. 12. 1956*

Der Begriff Lebensgefahr ist hier ein paar mal verwendet worden, um den höchsten Grad der Notwendigkeit und Hingabe damit zu kennzeichnen. Rilke ermahnt einen jungen Dichter: »Erforschen Sie den Grund, der Sie schreiben heißt; prüfen Sie, ob er in der tiefsten Stelle Ihres Herzens seine Wurzeln ausstreckt, gestehen Sie sich ein, ob Sie sterben müßten, wenn es Ihnen versagt würde zu schreiben.« [AB, 46] Und Rilke hat bewiesen, daß ihm der Rat keine Phrase war. Er hat zehn Jahre lang geschwiegen, aus der Einsicht heraus, daß ihm das, was er und wie er es bisher gemacht hatte, nicht mehr ausreichte. Zehn Jahre lang, ohne auf die zu hören, die seine bisherige Leistung für meisterhaft hielten. Eine ungeheure, schöpferische Tat, dies Warten und Schweigen, einzigartig in einem Zeitalter, das auf raschen Verzehr des jeweils Modernsten aus ist. Aber welch ein Risiko! Man wagt nicht daran zu denken.

> Jacob Steiner, Stimmen über Rilke, in: Insel-Almanach 1967, S. 92

In ›Jahrgang 1901‹ schreibt Nossack über sein Verhältnis zu Rilke:

> Ich meinerseits habe weder der Jugendbewegung angehört noch jemals für Rilke geschwärmt. [. . .] was Rilke betrifft, der mir von Gleichaltrigen, die ich für fortgeschrittener und literarisch gebildeter hielt als mich, empfohlen wurde, so habe ich ihn immer wieder ungelesen aus der Hand gelegt. Erst sehr viel später habe ich mich aus wissenschaftlichen Gründen mit ihm befaßt, aber stets ohne jede persönliche Teilnahme. Er war und ist mir ganz einfach zu luxuriös (Pseudoautobiographische Glossen (Frankfurt 1971), S. 142).

Karl Kerényi

158. Aus: *Tage- und Wanderbücher*.
Eintrag vom 14. 11. 1957: Im Zug nach Rom

Erschrocken und erfreut – nur 11 Tage seit Ostia. Damals noch in der großen Duineser-ähnlichen Erfahrung, die mir den Ansturm, den Rilke erlitt, auf einer anderen, antiken Ebene begreiflich machte: Es ist klar: die »Engel« sind ein echtes, mythologisches Früherlebnis Rilkes. Sie sind nicht allegorisch oder symbolisch aufzulösen. Sie sind als ein dem Geist möglicher Standort erfahren worden, von dem aus Grenzen fielen, aber die Dinge nach ihrer Wichtigkeit oder Unwichtigkeit anders, als hier unten, sich scheiden ließen. Solch ein Standort kann auch im Heiligtum einer antiken Gottheit, etwa in dem des Hermes, eingenommen werden. Offenbar war dies der Fall mit meinem »Hermes, der Seelenführer«, vielleicht auch mit meinem »Prometheus« und meiner »Niobe«.

(München: Langen/Müller 1969), S. 197 f.

Vgl. auch:
- K. K., Geistiger Weg Europas. 5 Vorträge über Freud, Jung, Heidegger, Th. Mann, Hofmannsthal, Rilke, Homer und Hölderlin (Zürich 1955), bes. S. 20-23.

Ernst Bloch

159. Aus: *Das Prinzip Hoffnung*

Wo immer Existieren seinem Kern nahekommt, beginnt Dauer, keine erstarrte, sondern eine, die Novum ohne Vergänglichkeit, ohne Korrumpierbarkeit enthält. [. . .] Ja der Satz von der währenden Nichtbegegnung beider [Tod und Kern des Existierens] erfüllt sich in einem viel tieferen Sinn, eben in Ansehung des noch ungeborenen, also auch der Gruft unzugänglichen

Grundimpetus, der in den Menschen, wenn auch verschieden stark, konzentriert ist. Kindheit und Zukunft werden in ihm nicht weniger, noch jenes überzählige und ungemessene Dasein, das sein Resultat nicht dahin hat.[1]

> Geschrieben 1938-1947; erstmals vollständig publiziert: Frankfurt 1959; hier nach der dreibändigen Ausgabe (Frankfurt: Suhrkamp 1974) Bd. III, S. 1391

1 Bloch bezieht sich hier, ohne Rilke zu nennen, auf V. 78-80 der 9. Elegie:

> Siehe, ich lebe. Woraus? Weder Kindheit noch Zukunft
> werden weniger . . . . . Überzähliges Dasein
> entspringt mir im Herzen.

Den Hinweis auf diese Stelle verdanken wir Klaus Mühl; vgl. seine Arbeit: »Verwandlung« im Werk Rilkes. Studien zur inneren Genese der Duineser Elegien (Nürnberg 1981), S. 220.

Theodor W. Adorno

160. Aus: *Jargon der Eigentlichkeit*

Zur Einverleibung des Wortes Auftrag in den Jargon dürfte die erste der Duineser Elegien von Rilke, einem seiner Stifter, animiert haben, die auszulegen jahrelang jeder ehrgeizige Privatdozent als Pflichtübung betrachtete: »Das alles war Auftrag.«[1] Die Zeile drückt das vage Gefühl aus, daß ein Unsagbares an Erfahrung von dem Subjekt etwas will wie schon die des archaischen Torsos Apollos[2]: »Es muteten manche Sterne dir zu, daß du sie spürtest.«[3] Noch fügt dem das Gedicht den Ausdruck des Unverbindlichen und Vergeblichen solchen Gefühls von Weisung bei, freilich als Unzulänglichkeit des poetischen Subjekts: »Aber bewältigtest du's?«[4] Rilke verabsolutiert das Wort Auftrag unterm Schutz des ästhetischen Scheins und beschränkt im Fortgang den Anspruch, den sein Pathos bereits anmeldet. Der Jargon muß bloß, mit einem leisen Ruck, den Vorbehalt durchstreichen und das mit fragwürdiger Poeterei verabsolutierte Wort wörtlich nehmen [. . .] Rilkes Sprache steht noch auf dem Grat, wie vieles Irrationalistische aus der Ära vor dem Faschismus. Sie verdunkelt nicht nur, sondern verzeichnet auch Unterschwelliges, das der dinghaften Rationalität entgleitet, und protestiert so gegen diese. Das Gefühl des Angerührtseins, wie es das Wort Auftrag in jener Elegie beseelen soll, ist solchen Wesens. Ganz unerträglich wird es erst, sobald es sich vergegenständlicht, als Bestimmtes und Eindeutiges gerade in seiner Irrationalität sich aufspielt, vom hörigen und vernehmenden Denken Heideggers bis zu all dem Aufrufenden und Anrufenden, mit dessen kleiner Münze die subalterne Wichtigtuerei des Jargons um sich wirft. Dadurch, daß Rilke in dem Gedicht das Vieldeutige des Auftrags, ganz simpel, bekennt, will die Vieldeutigkeit entsühnt werden. Andererseits jedoch ist der Auftrag ohne Auftragenden schon wie im Jargon gebraucht und eine Vorstellung von Sein überhaupt erweckt, welche diesem paßt. Das wiederum fügt sich zu der kunstgewerblichen Religiosität des früheren Rilke, zumal des Stundenbuchs, die mit theologischen Wendungen Psychologisches einer Art von Veredelungsverfahren unterwirft; Lyrik, die jede Metapher sich erlaubt, selbst das schlechthin Unmetaphorische als Gleichnis, wird weder von der Frage nach der Objektivität dessen gestört, was dem Subjekt dessen Regungen angeblich zuraunen, noch von der, ob die aus der Bildung aufgelesenen Worte irgend die Erfahrungen decken, deren Objektivation die Idee solcher Lyrik ist. Dadurch, daß sie sich abstumpft gegen die Wahrheit und Genauigkeit ihrer Worte – noch das Vageste müßte als Vages bestimmt, nicht als Bestimmtes eingeschmuggelt sein –, ist sie auch als Lyrik schlecht trotz ihrer Virtuosität; die Problematik dessen, wohin sie sich zu erheben beansprucht, ihres Gehalts, ist auch die der Form, die glauben macht, sie wäre der Transzendenz mächtig, und dadurch Schein wird in verhängnisvollerem Sinn als dem des ästhetischen.

Zuerst: 1964; hier nach der Ausgabe: Frankfurt: Suhrkamp 1974, S. 71-73

1 1. Elegie, V. 30.
2 WA 2, 557.
3 2. Elegie, V. 26 f.
4 2. Elegie, V. 31.

Paul Celan

160a. Aus: *Eingedunkelt*

Mit uns, den
Umhergeworfenen, dennoch
Fahrenden:

der eine
unversehrte,
nicht usurpierbare,
aufständische
Gram.

Aus aufgegebenen Werken (Frankfurt: Suhrkamp 1968), S. 161

Nach Auskunft von Prof. Beda Allemann, der die historisch-kritische Celan-Ausgabe vorbereitet, war Rilke besonders für den jungen Celan maßgebliche poetische Leitfigur. Anfang der 60er Jahre, vielleicht auch angeregt durch mehrfachen Aufenthalt im Wallis, plante Celan, in einer Dichtung an die Tradition der ›Elegien‹ anzuknüpfen. Es entstand der Fragment gebliebene Zyklus ›Eingedunkelt‹, aus dem das obige, auf die »Fahrenden« der 5. Elegie anspielende Gedicht stammt.

Zwölf Lyriker betrachten Rilke. Antwort auf eine Umfrage der ›Welt der Literatur‹ anlässlich des 40. Todestages des Dichters

Es wurden folgende Fragen gestellt:
1. Welche Bedeutung hat Rilke für Ihr eigenes Werk?
2. Welchen Einfluß hatte Rilke – Ihrer Ansicht nach – auf die moderne Lyrik?
3. Was halten Sie von der Beständigkeit seines Werks?
Neben den hier in Auszügen abgedruckten Antworten finden sich noch Beiträge von Walter Höllerer, Karl Krolow, Johannes Poethen, Kuno Raeber und Karl Alfred Wolken.

161. Horst Bingel

Rilke, wer ist das? Rilke gibt es nicht!

Rilke, das ist passé, das ist 19. Jahrhundert. Das ist der Traum von einer heilen Welt. Vielleicht meinte Adorno diese Rilke-Epigonen, als er an keine Nach-Auschwitz-Lyrik mehr glaubte. Rilke ist in den Schornsteinen von Auschwitz geblieben . . . bis ihn Söhne und Enkel wieder ausgraben. Warum nicht? Im Jahre 1966 ist Rilke vom Einfluß auf die Moderne weiter entfernt als Erich Kästner vom Nobelpreis. Was ich übrigens schade finde.

Die »Sonette an Orpheus«, das »Stundenbuch«, der »Malte Laurids Brigge« und vor allem die »Duineser Elegien« werden Bestand haben. Dies bereitet mehr als nur ästhetisches Vergnügen. Und sonst? Mädchen sind schön, wenn sie bei Rilke träumen. Siegfried Unseld (Insel-Verlag) kennt sich da aus, doch für eine billige Rilke-Ausgabe spricht noch mehr.

Die Welt der Literatur (1966), 22. Dezember, S. 12

162. Walter Helmut Fritz

Daß Rilke an einem für die Entfaltung der Lyrik unseres Jahrhunderts weitreichenden Vorgang, der Entindividualisierung, entscheidend beteiligt war, gibt seinem Werk eine Bedeutung, die von wechselnden Beleuchtungen, Mißverständnissen und literarhistorischen Stilisierungen unabhängig ist; die auch nicht berührt wird von der Ungeduld, die sich – geschichtlich folgerichtig – ergeben hat als Ausdruck der Distanzierung von einer Sprechweise, die durch Jahrzehnte Mode gewesen und dadurch in besonderem Maß gefährdet war.

Eine direkte Beeinflussung durch Rilke habe ich nicht erfahren. Von seinem Einfluß auf die »moderne« Lyrik überhaupt ließe sich nur im Hinblick auf einzelne Autoren sprechen. Daß man freilich, wenn man nach Rilke schreibt, im Wirkungsbereich des angedeuteten Wandels von der Ich-Aussprache zu den Möglichkeiten der »objektiven« Rede steht (wenn auch an einem von Rilke mehr oder minder weit entfernten Punkt), ist bei unvoreingenommener Beurteilung außer Frage.

Auch die »Beständigkeit« eines Teils des Rilkeschen Werks wird vor allem im Weiterwirken des genannten Impulses begründet sein; in der geistig-sprachlichen Konstellation, mit der dieser Schriftsteller über die Darstellung individuellen Bewußtseins hinausgriff.

Ebd.

Vgl. auch die Antwort von Walter Helmut Fritz auf eine Umfrage im ›Tagesspiegel‹ vom 4. 12. 1975, in der es heißt:

> Innerhalb der Lyrik Rilkes sind es in erster Linie die späten, nach den »Duineser Elegien« und den »Sonetten an Orpheus« entstandenen Strophen, die mir heute von Bedeutung sind, Zeilen, die »ins lautlose Abenteuer / des Zwischenraums« [WA 3, 179] führen oder über »Brücken, die ruhen auf Pfeilern von Licht« [WA 3, 177], ganz zurückgenommene Zeilen:
>
> > An der sonngewohnten Straße, in dem
> > hohlen halben Baumstamm, der seit lange
> > Trog ward, eine Oberfläche Wasser
> > in sich leis erneuernd, still' ich meinen
> > Durst . . .
> > [WA 3, 166],

sowie:
– ». . . daß aus den Hemmungen erst die Bewegung entsteht«, in: Rilke? (B 315), S. 69-71.

163. HELMUTH DE HAAS

Die »Prager Elegien« [1949] als Lieder gegen den Krieg sind eine Antwort auf die Kultur des »Weltinnenraums« in Rilkes Duineser Zeit. Meine Generation sah Bomben, wo Rilke Engel sah. Die Bedeutung Rilkes für meine ersten Versuche erklärt sich aus diesem Bezug. Unmittelbare Inspiration, Aufnahme von Themen und Motiven, liegt nicht vor. Rilke ist Gift für Anfänger, verführt zu technischen und psychischen Tricks, zur Überschätzung des Enjambements, zu Swinburneschem Reimspiel.

Wenn der Dichter den Dichter erzeugt, hatte Rilke großen Einfluß auf die moderne Lyrik. Er hat die Benutzung des Fremdworts (im Reim) ermöglicht, die Straße freigemacht zu

Benn. Eine Art Lyrik der vorelektronischen Ära, ohne ironische Brechung, ohne die Klauen der Minerva – Rilkes Pathosformel hat in den Nachkriegsjahren (der »Verinnerlichung«) manchen Poeten beeindruckt – von H. E. Holthusen bis Dagmar Nick.

Ebd.

164. Peter Härtling

Eine Weile hatte ich Rilkes schwermütig-gezogene, aufs Enjambement versessene Verse im Ohr, Sirenenklänge, kunstvolle Girlanden; doch nie habe ich ihm nachschreiben wollen: er schien mir zu entrückt, wie hinter alterdunklem Kristall. So wie er zu klagen, zu beklagen, war nicht meine Sache, und als ich mit sechzehn Jahren meine ersten Verse schrieb, gehorchte ich anderen, kräftigeren Göttern – Heym und Trakl –, und was ich mir baute, war eine Galerie von Narren, von ironisch gebändigten Lanzenträgern: die Pierrots von Verlaine und Don Quixote: ihnen galten dann meine ersten Gedichte, die in dem 1953 erschienenen Heft »Poeme und Songs« stehen.

Dennoch habe ich viel Rilke gelesen, oft den »Malte« und die Dinggedichte, in denen sich seine verzärtelnde Ausschweifung beschreibend härtet. Auch die Elegien, obwohl mich hier der Schwall tiefsinniger Gedanken unsicher macht und nur einige Bilder bleiben, diese jedoch fest, zum Beispiel die Straßenartisten.

In der jungen Poesie redet er nicht mit. Er wird angefochten, und manche entlarven seine Stilisierungen als schiere schöne Geste. Das könnte sich wieder ändern, für den »Malte« vor allem und für die Pariser Gedichte.

Ebd.

165. Hans Egon Holthusen

Der sprachgeschichtlichen Rolle dieses Dichters wird man nicht gerecht, wenn man auf die ausgesprochenen Rilke-Epigonen der dreißiger und vierziger Jahre verweist. Rilkes Bedeutung für die Nachgeborenen liegt nicht darin, daß er nachgeahmt, sondern darin, daß er verarbeitet worden ist: daß er neue Voraussetzungen, eine neue Lage geschaffen hat. Vergleichen wir die Sprache der Spätromantiker und letzten Klassizisten, von Hermann Hesse und Ina Seidel bis zu Schröder und Hofmannsthal, mit der Sprache der Lyriker der fünfziger und sechziger Jahre: was steht dazwischen? Rilke und die Expressionisten (und Brecht). Daß es vor allem der Autor des »Malte« und der »Duineser Elegien« war, der für das deutsche Gedicht neue Lebensbedingungen geschaffen hat, das läßt sich präzise nachweisen an so verschiedenartigen Talenten wie Karl Krolow, Ingeborg Bachmann und Paul Celan. Selbst die allermodernsten Verfechter einer »language de l'absence« (Heißenbüttel und die »Text«-Hersteller) ziehen, so scheint es, nur die Konsequenzen aus einer poetologischen Grenzsituation, die Rilke schon um 1925 wahrgenommen hat. (Den Hinweis verdanke ich Beda Allemann.)

Die Rilke-Blindheit der großen Mehrheit der heute das Wort führenden jungen Lyriker und Kritiker läßt sich gewiß sehr weitgehend aus der beinahe epidemischen Brecht-Begeisterung und aus allem, was ideologischerweise damit zusammenhängt, erklären. Das bekannte Ensemble der »linken« Leitbegriffe, als da sind: Aufklärung, Gesellschaft, Analyse, Kritik, hat die Leute kopfscheu gemacht gegenüber der Größe eines Dichters, der den »Welt-Innenraum« besang und sich in mythischen Vorstellungen erging.

Zugänglich bleiben wird er, wenn nicht alle Zeichen trügen, auch in Zukunft für das strikte Qualitätsgefühl, das vor etwa 40 Jahren einen Robert Musil zu der Bemerkung veranlaßte, Rilke habe das deutsche Gedicht »zum ersten Male vollkommen gemacht« [s. o. Nr. 96]. Zugänglich bleiben werden vor allem die Meisterwerke seiner mittleren Zeit, der »Malte« und die »Neuen Gedichte«, dies auch aus der Ferne noch imponierende Wunderwerk an souveräner Leistungskraft, leidenschaftlicher Objektbesessenheit und sprachlicher Präzision.

Ebd.

Vgl. auch Nr. 65 und 152-154.

166. Marie Luise Kaschnitz

Nur der späte Rilke hat, wie ich glaube, Einfluß auf meine lyrische Arbeit gehabt. Die Sonette an Orpheus also und die Duineser Elegien. [. . .]

Ich glaube nicht, daß Rilkes Gedichte auf die heute jungen Lyriker noch einen direkten Einfluß haben.

Rilkes Werk wird untergehen, wieder auftauchen, wieder untergehen, wieder auftauchen, wie das für alle großen Dichter gilt. Es gibt auch unter seinen frühen Gedichten Meisterwerke, die, wie auch der »Malte«, ihre Bedeutung nie verlieren können. Wer sich durch die Lektüre von Rilkes allzu behutsamen »feinsinnigen« Briefen den ganzen Rilke verderben läßt, ist selber schuld. Er sollte darauf achten, was für eine stürmische Entwicklung der Seraficus in seinen Versen durchgemacht und daß er trotz seiner klassischen Formen- und Bilderwelt die deutsche Lyrik über die Schwelle des wüsten Landes getragen hat.

Ebd.

167. Wilhelm Lehmann

Es hat frühe Zeiten gegeben, da eine mythische Gesamtempfindung die Menschen so band, daß die Einbildungskraft des einzelnen – es gab ihn deshalb noch gar nicht – nicht aufgereizt zu werden brauchte. »Die äußeren Dinge, die ganze Natur war groß, indem sie dem Menschen angemessen war, und der Mensch wiederum groß (von da bis dorthin, genau bestimmt), indem er den Dingen der Natur und der Welt, die um ihn wie ein Kreis liefen, angemessen blieb.« Aber dann schien es den Menschen geboten, die Welt in ein Dies- und ein Jenseits zu spalten: Sie ermüdeten an den Objekten und erfanden ein Innen. Rainer Maria Rilke sah alle Dinge nur auf ihre Tauglichkeit zur Verinnerlichung an: Er entpreßte sie ihnen, oft gegen ihre eigene Natur. Da er die sinnlichen Phänomene nicht ganz ernst nahm, sah er sie mit Vorbehalt, eben daraufhin an, ob von ihnen ein Weg »nach innen« führe. So meinte er, die Feige trage Früchte, ohne vorher blühen zu müssen – und sie wurde ihm

gleich zu einem Denkbild. Sein Werk ist voll von Gedankenhaf-
tigkeit. Meist siecht Lyrik an ihr dahin.

[. . .]

Einfache Beschreibung? fragte ich mich und fand sie selten in
Rilkes Gedichten. Meine Dichtung versuchte stets zu geben,
was da ist; konkret sein ist mir dichterisch alles. Die Körperhaf-
tigkeit der Wesen und Dinge hat mich von allem Anfang an hin-
und mitgenommen. Sie brauchte keine Zutat: Auch was ich
ihnen zudichtete, verdankte ich der Natur der Geschöpfe. Kann
Dichtung nicht zu einem natürlichen Bedürfnis zurückverwan-
delt werden?

Für Rilke war die Materie nicht ein inspiriertes Phänomen; sie
war ihm Hinderung, die Erde sollte unsichtbar werden. Er
erfand ein System von Beziehungen der Dinge untereinander:
Immer steuert er auf ein Innen zu. Rilke ist mir deshalb, zumal
in meinen Entwicklungsjahren, so gut wie fremd geblieben; was
ich von ihm, zufällig meist, las, forderte mich auf, die Dinge
gegen diese Verinnerlichung in Schutz zu nehmen, hatte ich
doch Mühe genug, mich ihres Äußeren zu versichern. Wenn es
in seinen Gedichten vorkommt, daß sich ein Gebilde, ein
Geschöpf sozusagen von selbst, etwa eine Rose als »hochstäm-
mig« vorstellt, so leuchtet an solchen Stellen die Zündekraft des
Konkreten auf: Dann entsteht reine Lyrik.

Rilke versucht immer den Sprung vom Einzelnen zum Allgemeinen. Gelingt er? In der achten Elegie heißt es: »O Seligkeit
der kleinen Kreatur, die immer bleibt im Schoße, der sie
austrug; o Glück der Mücke, die nach innen hüpft, selbst wenn
sie Hochzeit hat: denn Schoß ist alles.« Konkretes und Abstraktes geraten hier nicht zueinander. Der Dichter ist ungenügsam,
unheiter. Er beklagt sich und uns: »Und wir Zuschauer immer,
überall/, dem allen zugewandt und nie hinaus.« Das einge-
schlossene Gleichnis, der Gedanke an »die Belastung seines,
Rilkes, inneren dichterischen Allmachtsgefühls durch die engen
Schranken der stumpfen äußeren Alltagswelt« (Mason), tingiert
selbst das schöne Panthergedicht. Ein anderes beginnt: »Hinter
den schuldlosen Bäumen / Langsam bildet die alte Verhängnis
Ihr stummes Gesicht aus« [WA 3, 61]. Bäume sind so vollendet
Kreatur, daß es, sie zu vernehmen, des vielberedeten »Weltinnenraums« nicht bedarf. Lyrik als Theologie? Dichtung als
Ersatz für Religion? Ein uneigennütziges Wohlgefallen am

Sinnlichen liegt gewiß völlig außerhalb des Gesichtskreises der Religion. Rudolf Kaßner wagte den Satz, daß das Absolute ohne Anschauung sinnlos sei; Oskar Loerke äußerte: »Wer im Außen eine Weisheit verehrt, die höher ist als alle sie durchschauenden und gläsern machenden Kräfte, der wird sich nicht gewöhnen können, den Inhalt der Rilkeschen Innerlichkeit ohne Verweilen bei den sinnlichen Vorstellungen aufzunehmen« [s. o. Nr. 80].

Ich habe mich nicht gewöhnen können und bin kein guter Rilke-Leser. Wenn aber in jungen Jahren Wendungen wie »mit verneinender Gebärde«, »der unerschöpfliche Gegenstand«, »von unten lächeln macht mit Übergängen«, »auf den Bergen des Herzens« als outriert und geziert, als eigentlich noch nicht Sprache geworden, befremdeten, so scheinen sie mir heute leise wehmütig beglänzt. Es ist, als ob ein von Natur blasses Gesicht erröte.

Ein Berufsmelancholiker, ein Bewohner von Schlössern, die ihm reiche Frauen zur Verfügung stellten? Von Weg und Werk Rilkes handelt musterhaft der Edinburgher Germanist Eudo C. Mason. Wenn es heute schon möglich ist, über Rilke »das letzte Wort« zu sagen, von Mason scheint es mir gesprochen zu sein. In die Lyrik des Augenblicks wirkt Rilke nicht mehr. Aus dem Rauch des Kultfeuers, aus der Mode gar, gelangte er heraus, und sein Gesicht wird deutlich. Es geht etwas Ergreifendes von ihm aus.

Ebd., S. 13

Vgl. auch die folgenden Absätze aus einer Rezension Lehmanns mit dem Titel ›Schwierigkeiten des Gedichts. Zu Gedichten von Hans H. König‹:

Rilke, der Meister, hat manche Narren gezüchtet. Man duldet sie heute, weil sie stets von Gott reden. Auch diejenige Lyrik, welcher die Dinge nicht wie für Rilke verdampfen, machte Schule. Man schrieb die prallen Substantiva ihrer Stofflichkeit ungeniert ab. Eine ergötzliche Rolle spielt bei gewissen jungen Lyrikern der Kürbis als mastiger Ausdruck des Daseins gegen die dünnen, vom Dasein nicht verunreinigten Engel Rilkes.

Wer heute ein Gedicht wagt, muß sich siebenfach rüsten. Eine der empfindlichsten Stellen des Gedichts, geradezu der neuralgische Punkt, ist diejenige, an welcher Allgemeines und Individuelles ineinander verfließen. Während diejenigen, die das Mienenspiel der Erde nachzeichnen, als Idylliker oft der Platitüde verfallen, geraten andere, die mit Rilke meinen, es bleibe der Erde nichts übrig, als unsichtbar zu werden, ins Schwärmerisch-Leere. (Zuerst in: W. L., Dichtung als Dasein (Darmstadt: Luchterhand 1960); hier nach: Sämtliche Werke in drei Bänden. Bd. III (Gütersloh: Mohn 1962), S. 322)

und den Brief an Kurt Sundermeyer vom 9. 3. 1968, in dem Lehmann schreibt:

Ich selbst bin, während er [Rilke] lebte und wirkte, an ihm vorüber-gegangen. Das hat natürlich seine Gründe. Manchmal ist's gut, nicht zu lesen, was alle andern lesen. Jedenfalls ließ mich vor 3 Jahren (zusammen mit meiner Frau) meine Ignoranz ganz naiv Rilke ganz neu, eigentlich zum 1. Mal, lesen: und da fand ich dann doch ein paar ergreifende Gedichte (weniger das Outrierte als die sorgsame Hand-habung des Worts tat mir jetzt wohl: Anlaß zum Wieder- oder überhaupt Lesen war mir die ganz ausgezeichnete Schrift des Edin-burgher Germanisten Eudo C. Mason [vermutlich: E. C. M., Rainer Maria Rilke. Sein Leben und Werk (Göttingen 1964); vgl. auch: Materialien Band II] (Kurt Sundermeyer, Briefwechsel und Gesprä-che mit W. L. Privatdruck 1972, S. 54).

H. C. Artmann

168. Aus: *Rilke als Voyeur.* Umfrage der Neuen Kronen-Zeitung

In den fünfziger Jahren waren wir Rilke-Gegner, aus der Zeittendenz heraus. Die Dadaisten und ihre literarische Revo-lution war für uns interessanter. Rilke war uns zu geschniegelt. Heute finde ich Rilke sehr elegant. Ich schätze ihn wegen seiner ›Herbstlichkeit‹ ... Außerdem ist er in der Atmosphäre für meine frühen Gedichte wichtig geworden, die viel von der Stimmung des Fin de siècle atmen. Nur Rilkes strenge Form habe ich nie gemocht.

(1975), 18. November

169. *Gegen seine Leser lesen*

Meistens, wenn ich die Lust verlor, einen bestimmten Dichter zu lesen, hatte das mit dem Dichter selber wenig zu tun. Solange ich lediglich seine Texte las, konnte ich mich mit seiner Welt auseinandersetzen; sobald ich aber merkte, daß mein unmittelbarer Zugang verstellt wurde etwa dadurch, daß sich Markt und Mode, Ideologie und Interpretation in seinem Werk breitmachten, ließ ich es liegen. Dabei wird es für jemand, der mit der Literatur einen professionellen Umgang hat, immer schwieriger, zwischen den eigenen Lesebedürfnissen und den Anpassungen an berufsbedingte Lesenotwendigkeiten Distanz zu halten.

Im Falle Rilkes bestand die Schwierigkeit darin, einen Dichter zu entdecken, zu verlieren und wiederzufinden, der wie wenige andere ausgebeutet wurde – und das nicht allein von der Literaturwissenschaft. Wenn Rilke im Sinne von Egon Schwarz[1] weniger als literarisches denn als kulturhistorisches Ereignis galt, versuchte ich das immer aufs neue zu vergessen. Dennoch konnte ich mich dem Gewisper und Geraune um Rilke nicht konsequent entziehen, und so wurde ich irgendwann regelrecht so wütend, daß ich jahrelang keine Zeile mehr las.

Meine Wut richtete sich dabei auf bestimmte Typen von Schöngeistern, die ein Beben in die Stimme bekamen, wenn sie den Namen Rilke nannten; noch wütender wurde ich, wenn die Arroganz ankam, der Spott, die Verhöhnung. Neben der Wut die Langeweile, wenn ich die Deutungen der Wissenschaft vernahm; neben der Langeweile schließlich das Mißtrauen, wenn ich Rilke dem ideologischen Test unterworfen sah.

Wodurch immer, mein Verhältnis zu Rilke wurde lange Zeit auf eine Weise gestört, daß ich mich fragte: Habe ich mich geirrt, habe ich nichts verstanden, habe ich mir was vorgemacht? Ich kann sehr plötzlich, nachts aus dem Bett springend, nach einem Buch greifen, das ich jahrelang nicht angesehen habe – und das passierte irgendwann mit Rilkes »Malte«, der eines meiner liebsten Bücher war und längst wieder ist.

Das Wiederlesen wurde zu einem ganz neuen Lesen – ich

erkannte freilich, daß ich alles vergessen mußte, was den Namen Rilke an Legende, Ideologie und Interpretation begleitete. Daß Rilke von einer bestimmten Sorte Leser okkupiert wurde oder umgekehrt, daß man sein Werk bestimmten konservativen Kreisen überlassen wollte, dies mußte mich dazu bringen, sicher zunächst kritischer zu lesen, in jedem Fall aber Rilkes Texte mit meinen eigenen literarischen Erfahrungen zu durchdringen. Rilke zu lesen hieß ja einer Verführung zu erliegen, und so hieß es jetzt, gegen all das anzulesen, was seine Gedichte und seine Prosa umstellt.

In diesem Sinne erscheinen mir die Thesen von Egon Schwarz zwar als notwendige Fragen, die man stellen muß, wenn man nach der Wirkung von Rilke fragt – darüber hinaus jedoch stehen sie der Erneuerung im Weg, die Rilkes Werk nötig hat. Wenn wirklich eine bestimmte Generation vor lauter Innerlichkeit die politischen Realitäten nicht gesehen hat, dann ist das unsere Sache nicht mehr. Denn Rilke läßt sich nicht auf eine veränderte Weise verstehen, wenn man ihn weiter allein als Symptom für etwas versteht, das in die Katastrophe geführt hat.

Indem wir die Fatalitäten und Gefährdungen kennen, können wir uns wieder frei machen für eine Poesie, die selber der Befreiung bedarf, können wir mit unseren Erfahrungen an einen Poeten herangehen, der auch nur von seinen Erfahrungen gesprochen hat.

Antwort auf eine Umfrage in: FAZ (1975), 29. November

Vgl. auch:
– Insel-Almanach auf das Jahr 1977 (B 321), S. 17 f.

1 Der Umfrage lagen die folgenden drei Thesen des Germanisten Egon Schwarz (vgl. auch oben Nr. 70) zugrunde:

  1. Rilke war ein christlicher Dichter, Heide, Epikureer, Pantheist, ein Heiliger, Narziß, Existentialist, Psychopath, Religionsstifter, ein Mönch und Asket, ein Don Juan. All das wurde in gelehrten Abhandlungen behauptet, Rilkes Werke wurden nachgeahmt, vertont, verfilmt, parodiert. Es gibt Rilke-Gedenkstätten, -museen, -ausstellungen, Sparkassen veranstalten Rilke-Feiern. Daraus ist zu folgern: Rilke ist weniger ein literarisches als vor allem ein kulturhistorisches Ereignis.

2. Rilke artikuliert das Lebensgefühl einer Generation, die sich aus aufsässigen kleinbürgerlichen und aristokratischen Elementen – also aus den Verlierern der Industrierevolution – zusammensetzt und die das satte kapitalistische Bürgertum, die Kommerzialisierung, Mechanisierung und Vermassung des Kontinents bekämpfte. Man weiß, wohin dieser Wunsch nach einer Rückkehr zu agrargesellschaftlichen Wertvorstellungen führte: zum Faschismus.

3. Rilke war kein Faschist. Dazu wären mehr als zwei Mussolini preisende Briefe nötig. Aber mit seinem Haß auf die großen Städte, seiner Verachtung des demokratischen Parlamentarismus, seiner Ablehnung der Technik, seinem Antisemitismus, der Verwerfung sozialer Reformen – alles das in der festen Überzeugung völlig unpolitisch zu sein – ist Rilke doch symptomatisch für die konservative Revolution, die den Faschismus vorbereiten half.

ERICH FRIED

170. Aus: *Höhepunkte dichterischer Humanität*

Die Sprache entwickelt sich auch nie wirklich, wenn der Sprechende nicht etwas zu sagen hat. Was namentlich der späte Rilke uns zu sagen hat, ist mit der Sprache unserer Politiker, Technokraten und Kulturmanager nicht vereinbar, genausowenig wie das, was Brecht und Karl Kraus, die beide Rilke nicht wirklich gerecht wurden, uns zu sagen haben. Brecht und Kraus gingen stärker, wenn auch nicht ausschließlich, von der Ratio aus. Rilke hat versucht, auf dem Wege über ständige, wenn auch keineswegs gedankenlose Sensibilisierung gegen das Zerstörende anzukämpfen. Unsere Zivilisation versucht alle drei, Rilke, Kraus und Brecht, erst zurechtzumachen und zuzubereiten, um ihr Werk besser fressen zu können, ohne »ihr Leben ändern«[1] zu müssen. Ohne diese Zubereitung aber ist Rilke ebenso wie Kraus und Brecht Teil der Reserven, die wir brauchen, um als Menschen diese Zivilisation vielleicht überleben zu können.

Antwort auf eine Umfrage in: FAZ (1975), 29. November

Vgl. auch Frieds Vortrag beim Berliner Kritiker-Colloquium 1965:
– Rilke – Zauber, Täuschung, Enttäuschung, in: Sprache im technischen Zeitalter (1966) H. 17/18, S. 11-19,

sowie den Radio-Essay vom 21. 12. 1976:

– Ist Rilkes Dichtung lebendig? Lese-Erfahrungen von Erich Fried [Typoskript, 33 Blatt, vorhanden beim NDR, Funkhaus Hannover, und im Deutschen Literaturarchiv, Marbach].

1 Vgl. den Schluß von ›Archaischer Torso Apollos‹: »Du mußt dein Leben ändern« (WA 2, 557).

CHRISTOPH GEISER

171. Aus: *Überzeugen wollen.*
Antwort auf eine Umfrage

Rilkes Gedichte (und ich kenne nur seine Gedichte, sein übriges Werk will ich gar nicht kennenlernen) standen bei mir ganz am Anfang, am Anfang der Pubertät und überhaupt, gleich nach Mörike: Bis einer, der mir damals hätte Mathematik beibringen sollen, mir einen Gedichtband von Brecht mitbrachte, weil er fand, ein Dichter wie Rilke, der sein Leben lang in Schlössern gewohnt und seinen Freundinnen Briefe mit verschiedenfarbiger Tinte geschrieben habe, sei nichts für mich. Ich habe dann Brecht gelesen, ganz und gründlich, habe Rilke, mit Ausnahme der unangenehmen Sätze, ebenso gründlich verdrängt und bin schließlich, wegen Brecht, Marxist geworden.

[. . .]

Rilke ist ein Suchtmittel. Aber wahrscheinlich ist auch daran nicht er schuld. Ich habe nämlich, beim Wiederlesen, entdeckt, daß viel wichtiger als die schön klingenden Wörter der Tonfall dieser Gedichte ist: es sind keine Gebete, keine Beschwörungen, keine Hymnen, sie wollen nicht berauschen, beweihräuchern, überreden, sondern »nur« überzeugen, in ruhigem Ton, ihrer Sache sehr sicher. In ihnen ist »die Sprechweise des Verfassers« enthalten – und nichts sonst, und von nichts anderem, als von eben dieser »Sprechweise«, läßt man sich überzeugen. Diese Absicht, zu überzeugen, verbindet Rilkes Gedichte mit den Gedichten von Brecht. Und so entsteht aus Rilke plus Brecht ein nützlicher Widerspruch.

Basler National-Zeitung (1975), 29. November, S. 3

ALDONA GUSTAS

172. Aus: *Wie keine Lyrik zuvor.*
Zum 100. Geburtstag Rainer Maria Rilke.
Eine Umfrage unter Autoren von heute

Zu Rilke gab es für mich keinen Königsweg. Seit mehr als zwanzig Jahren lese ich ihn sporadisch. Als gebürtige Litauerin, die dem Deutschen nicht ohne kritische Distanz gegenübersteht, hat es mich immer wieder beeindruckt, wie raffiniert, ja virtuos Rilke mit der deutschen Sprache umgeht. Ich glaube aber nicht, daß Rilke meine eigene Schreibart direkt beeinflußt hat. Heute – um Bilanz zu ziehen (was immer ein fragliches Unternehmen ist) – fällt mir als erstes sein Requiem »Für eine Freundin« ein, in dem er den Tod Paula Modersohn-Beckers beklagt. Die berühmt gewordene selbstverfaßte Grabschrift, »Spätherbst in Venedig« und mindestens zehn weitere Texte aus den »Neuen Gedichten« und dem »Buch der Bilder«, schließlich die »Duineser Elegien« kann ich ebensowenig entbehren. Die »Duineser Elegien«, Novalis' »Hymnen an die Nacht« und einige Hölderlin-Gedichte möchte ich in einem Atemzug nennen, weil sie mir besonders viel bedeuten und an Rang gleichwertig erscheinen. Beim Durchblättern meiner Rilke-Bände stoße ich auf manche Bleistiftunterstreichungen, Randbemerkungen, die ich schon vor Jahren gemacht habe. Ein Zeichen, wie viele Gedichte, oft auch nur einzelne Zeilen und Wortprägungen, mich beeindruckten. Wohl jeder Leser, der Zeit und Geduld für Rilke aufwendet, kann auch heute noch von ihm profitieren. Ich tu's.

Der Tagesspiegel (1975), 4. Dezember, S. 4

PETER HENISCH

173. Aus: *Rilke als Voyeur.*
Umfrage der Neuen Kronen-Zeitung

Als ich zu schreiben begann, schrieb ich Gedichte im Rilke-Stil.
Der Zauber der Sprachmusik ist für Lyrik zweifellos wichtig –
kann aber auch gefährlich sein, weil man sehr leicht an der
Realität vorbeischreibt. Ich glaube, Rilke ist das mitunter selbst
passiert.

(1975), 18. November

RAINER KIRSCH

174. Aus: *Nach Rilke gefragt*

Ich rechne Rilke zu den großen deutschen Dichtern, d. i. zur
»ersten Reihe«, in die Gryphius, Günther, Goethe, Hölderlin,
Trakl, Heym, Brecht gehören. Letzten Monat erläuterte die
»Literaturnaja Gazeta« eine soziologische Studie über die
Gleichgültigkeit britischen wissenschaftlichen Personals gegen-
über schöner Literatur mit dem Satz, die Leseunlust der Dokto-
ren betreffe nicht allein nur wenigen Eingeweihten zugängliche
Autoren wie Rilke, sondern auch leichte wie Dickens. Das
Urteil, Rilke sei hermetisch, ist wahrscheinlich von dummen
Verehrern aufgebracht und wird nun nachgeredet, weil keiner
mehr die Texte liest. Sieht man vom Training ab, das alle
Dichtung braucht, wüßte ich keines von Rilkes wichtigen
Gedichten, das schwer verständlich wäre. Wenig zugängliche
Stücke – so die ersten beiden Duineser Elegien, in denen die
Engel-Metapher erst entschlüsselt werden muß und der dreitak-
tige Vers noch unsicher gehandhabt ist – gehören nicht zum
Besten, das Dunkle ist vage statt wie bei Hölderlin präzis.

Rilke? (B 315), S. 81

285

KARL KROLOW

175. Aus: *Rilkes neue Zukunft.*
Seine Rückkehr zur Leserschaft.
Rede zur Verleihung des Rilke-Preises 1975[1]

In dem, was Rilke geschrieben hat, in frühen Arbeiten, im Höhepunkt des späten Werks aus der ersten Hälfte der zwanziger Jahre des Jahrhunderts, steckt gleichsam ein Arsenal sensitiver Kräfte. Man entdeckt einen halb verschüttet gewesenen Schatz empfindlichster, hochgradiger Gefühls»materie« wieder. Dieser wieder ans Licht gezogene, von neuen Veröffentlichungen geförderte Vorrat hat für den Unbefangenen, den jungen Leser mit seiner sensitiven Bereitschaft etwas durchaus Neues und Unverbrauchtes.

Rheinischer Merkur (1975), 14. März; auch in: Die Tat (1975), 22. Februar, S. 25; Der Literat 17 (1975), 22. Februar; Insel Almanach 1977, S. 82-85 [mit kleineren Veränderungen] und anderen Tageszeitungen

Vgl. auch:
– »Die Zeit der anderen Auslegung wird anbrechen«. Rainer Maria Rilkes produktives Zögern, in: Rilke? (B 315), S. 90-104,
– Prüfung der Sensitivität. Antwort auf eine Umfrage, in: Der Tagesspiegel (1975), 4. Dezember, S. 4,
– Hommage à Rilke: 11 Lyriker lesen und kommentieren Rilke, in: Insel Almanach 1977, S. 40-42,
– Zwölf Lyriker betrachten Rilke. Antwort auf eine Umfrage, in: Die Welt der Literatur (1975), 22. Dezember, S. 12 f.,
sowie oben Nr. 155.

1 Die späteren Rilke-Preisträger sind:
  1976: Hilde Domin [siehe unten Nr. 181 und 182]
  1977: Ernst Meister
  1978: Christoph Meckel [siehe unten Nr. 178]
  1979: Nicolas Born [siehe B 321].

Kurt Marti

176. Aus: *Der Respekt bleibt.*
Antwort auf eine Umfrage

Rilkes mediale Unkontrollierbarkeit, seine verbalen Kaskaden sind mir unheimlich geblieben, lösen Abwehrreflexe aus, erwekken ob ihrer leichten Gekonntheit oft auch Verdacht. Aber meinen Respekt kann ich diesem Mann nicht versagen. Intensität und Konsequenz seiner Existenz und seiner Poesie bleiben einzigartig, auch heute noch oder heute erst recht, da die deutschsprachige Lyrik doch eher provinziell geworden ist, als Nachklang Brechts oder neuerdings der »New Sensibility«. Der »Große Gesang«, den Rilke mindestens noch anzustimmen versuchte, scheint inzwischen in die Dritte Welt ausgewandert zu sein. Das hat freilich weder mit Rilke noch mit unseren jetzigen Lyrikern etwas zu tun, sondern mit den historisch-gesellschaftlichen Bedingungen, unter denen Gedichte entstehen und rezipiert werden.

Basler National-Zeitung (1975), 29. November, S. 3

Friederike Mayröcker

177. Aus: *Rilke als Voyeur.*
Umfrage der Neuen Kronen-Zeitung

Rilkes Sprache hat auf mich während der Jahre 1945/46 maßgebenden Einfluß ausgeübt. Das hat sich aber bald verloren ...

(1975), 18. November

Vgl. auch:
– Erste Lese-Erlebnisse. Hg. von Siegfried Unseld (Frankfurt 1950), S. 69, wo F. Mayröcker einen Tagebucheintrag aus dem April 1945

zitiert:
>   wieder einmal in meinem wunderbaren Romain Rolland gele-
>   sen, und in den *Duineser Elegien,*
– F. M., Erinnerung an Rilke, in: Rilke? (B 315), S. 67 f.

CHRISTOPH MECKEL

178. Aus: *Rilke?*

Ich hatte ihn nie gemocht, aber immer wieder gelesen. Die
ständig gespreizte, fortwährend salonfähige und selbstgefällig
gurrende Schöngeisterei, die prätenziöse Korrespondenz, das
zeitraubende, delikate und feingestimmte Räsonieren über Bil-
dungserlebnisse, Arbeitsschwierigkeiten, Liebe und Tod, mani-
kürte Grammatik und blendende Perfektion der Reime, die von
unechten Tönen unerträglich glitschig klingende Manier seiner
lyrischen Sprache – zum Teufel damit.
[. . .]
Danach entdeckte ich sein letztes Gedicht, geschrieben ein
paar Tage vor seinem Tod, als das Leiden alle Nachempfindun-
gen ausschloß und der Schmerz konkret, das Elend nicht mehr
zu beschönigen war: »Komm du, du letzter, den ich anerken-
ne, / heilloser Schmerz im leiblichen Geweb: / wie ich im Geiste
brannte, sieh, ich brenne / in dir; das Holz hat lange widerstrebt, / der Flamme, die du loderst, zuzustimmen, / nun aber
nähr' ich dich und brenn in dir. / Mein hiesig Mildsein wird in
deinem Grimmen / ein Grimm der Hölle nicht von hier« [WA 3,
511] etc.
Dieses Gedicht hat mich wie kein anderes von Rilke überzeugt. Es überzeugt mich, weil unabänderliches Leiden ihn
wahrhaftig, rückhaltlos und stark machte. Seither, und von
diesem Gedicht aus, entdecke ich immer mehr Großartiges: die
präzise und inspirierte Optik, die fast grenzenlose Musikalität in
den Stücken ohne Manier, ein paar einfache Verse aus seinen
letzten Jahren, den Anfang des Malte Laurids Brigge, die
unerhörte Weiträumigkeit in der Konzeption der Duineser
Elegien. Die vielen Unmöglichkeiten seines Werkes und seiner

Erscheinung, das zeitbedingte Marzipan sind mir gleichgültiger geworden. Er ist ein großer Lyriker des Jahrhunderts.

Rilke? (B 315), S. 79 f.

Christoph Meckel ist Rilke-Preisträger des Jahres 1978; vgl.:
– Jedes Wort ist eine Tätlichkeit. Christoph Meckel sprach zur Rilke-Preisverleihung an Nicolas Born, in: FAZ (1979), 6. Dezember.

Elisabeth Meylan

179. Aus: *Schöne Gebärde*. Antwort auf eine Umfrage

Blättere ich heute in Rilkes Gedichten, wundere ich mich erst einmal, daß ich das, was ich als preziös und der Romantik entnommen erkenne, einst als verblüffend neu empfinden konnte. Der Grund dafür lag wohl darin, daß mir damals die Lyrik des Expressionismus noch unerschlossen war und daß ich auch die Gedichte eines Cendrars und eines Apollinaire nicht kannte. Heute stört mich das dichterische Sendungsbewußtsein, das immer wieder aus Rilkes Versen spricht, die Pose einer fast schutzbedürftigen Bescheidenheit, hinter der sich im Grunde Anmaßung verbirgt.

Basler National-Zeitung (1975), 29. November, S. 3

Wolf Wondratschek

180. *Abstoßend und verdammt gut*

Der 100. Geburtstag von Rilke ist für mich kein Anlaß, ihn auf einer Rangliste zu plazieren und konkurrieren zu lassen mit den Begriffen der politischen Geschichte; zu den drei Thesen[1] kann ich deshalb nichts sagen, sie erscheinen mir zudem ziemlich eintönig und eitel, auch wenn es sich um ein Beispiel progressiver Germanistik handeln sollte.

Ich besitze kaum noch Bücher und keines von Rilke. Für mich ist er heute eine Erinnerung an seine besten Gedichte, die ich auswendig kann. Für mich war er ein entrücktes Lese-Erlebnis, als ich als Junge, statt ins Freibad zu den Mädchen zu gehn, nachmittags die Vorhänge zuzog, um den »Malte Brigge« zu lesen.

Später belegte ich als Student Erich Hellers grandioses Seminar über Rilkes »Duineser Elegien«, wieder fasziniert von ihm, über den so viele nur lächelten. Dann später die Lektüre der frühen und der »Neuen Gedichte«, Beispiele hoher Kunst, absolute Poesie, wenn er persönliche Erfahrungen beschrieb. Aber Rilke war abstoßend, wenn er (wie ein ungeheurer Dandy der Melancholie) im Schwulst zirkulierte.

In Prag traf ich einen alten Literaten, der Rilke pissen sah, mit weißen Handschuhen, neben ihm Werfel, dem er die neuesten Verse vortrug. Sicher, Rilke ist in München nicht über Brechts Zigarren gestolpert, sondern im Rosenbeet über Regentropfen. Sicher, er war nicht in der »Morgue«, nein, er ging frühmorgens im *Jardin du Luxembourg* spazieren.

Aber er schrieb ein paar verdammt gute Gedichte. Und die werden weitere hundert Jahre überdauern.

Antwort auf eine Umfrage, in: FAZ (1975), 29. November

1 Siehe Nr. 169, Anmerkung.

Hilde Domin

181. Aus: *Hommage à Rilke:*
11 Lyriker lesen und kommentieren Rilke

Nachträglich wird mir klar, ich habe mit der Neunten Elegie Rilkes Antwort auf *Wozu Lyrik* gewählt. *Wozu Dichter*, das ist bei ihm keine Frage nach der Rechtfertigung oder auch Selbstrechtfertigung vor der Gesellschaft, sondern vor dem Leben.

Die Frage nach dem Sinn der Existenz, Sagen und Sagbar-Machen des Unsagbaren – des »Unsäglichen«, wie er es nennt – im Gedicht versteht Rilke als die irdische Hauptaufgabe. Benennen, auch Bekennen wird gefordert. Ein Akt von Mut. »Sprich und bekenn.« Sagen, Benennen, Bekennen, das ist für den heutigen Lyriker, meine ich (und schließe immer den Leser mit ein), mindestens so dringend wie zur Zeit, als diese Elegie geschrieben wurde, in den frühen zwanziger Jahren.

Ich breche ab vor dem letzten Teil, bei dem der »Engel« ins Zimmer kommt. Ohnehin sind die Elegien ja *ein* großes Gedicht, bei dem die Stimme wieder und wieder neu anhebt. So daß ich (schon der Lesezeit wegen) abbreche bei der Forderung des »Dennoch«: »die Zunge zwischen den Zähnen . . . dennoch die preisende«. Das ist für mich ein Abschluß und ein Höhepunkt. Nicht nur das »Dennoch«, auch das »Preisen« gilt – trotz allem – auch für uns. Weil Dichtung, noch die widerständige, noch die negative, von einem JA lebt, dem JA ihres Glaubens an die Fortdauer des Menschseins und an die Fortdauer des befreienden Worts. Ohne diese geheime Utopie ihrer eigenen Möglichkeit würde keine Zeile mehr geschrieben werden. Deswegen ist der Lyriker, noch der Neinsager, auch heute, in Wahrheit ein »Preisender«. Als sei Schwarz eine helle Farbe.

Insel Almanach auf das Jahr 1977 (Frankfurt: Insel 1976), S. 31 f.

182. Aus: *Dank bei der Entgegennahme des Rilke-Preises 1976*

»Was haben Sie empfunden, als Sie den Rilke-Preis bekamen?«, fragten mich viele. Ich versuche, Rechenschaft zu geben von meinem Verhältnis zu Rilke. Sehr früh begann er ja in meinem Leben eine Rolle zu spielen. Das erste Werk, das ich mir als Schülerin selbständig anschaffte, das war der Insel Goethe: 17 Bände Dünndruck. Ich halbierte meine Ersparnisse: 150 Reichsmark für den Goethe, 150 für einen kleinen blonden Hund, an dem mein Herz hing. Gleich danach kam der Insel Heine. Und dann schon der Rilke: die wunderbaren Ausgaben der Gedichte, mit Pergamentrücken und Florentinerpapier, jeder Band mit anderm Dessin. Die Elegien und Sonette in Erstausgaben, der Malte, das Stundenbuch.

Der Verlag »Die Insel« hat, wie Sie sehen, in meiner Schulzeit eine große Rolle gespielt (wie er es vielleicht heute, für viele, wieder tut). Die letzte Tat vor dem Abitur war dann die Subscription der Goyertschen Ulysses Übersetzung (beim Züricher Rhein Verlag). Und der Buchhändler der Familie teilte seine Mißbilligung dieser Initiative meinen Eltern promptest mit. – Goethe, Heine, Rilke, Joyce bildeten den Grundstock meiner eigenen Bibliothek und waren dann auch eine Hauptsache in der kleinen Bücherkiste, die mich bei der Auswanderung aus Deutschland, 1932, begleitete. (Hölderlin, Proust, dazu kam ich erst viel später.)

Von den vielen Rilke-Lektüren erinnere ich mich besonders an zwei: den Malte, den ich kurz vor oder kurz nach dem Tode Rilkes gelesen haben muß. Denn ich erinnere mich, daß, als ich aus der Lektüre auftauchte, die Todesnachricht ganz frisch gewesen oder gleich gefolgt ist. Im übrigen interessierte ich mich damals nicht genug für Autoren, als daß die Nachricht ein Schock gewesen wäre. Ich interessierte mich nur für die Bücher. Ein Buch war etwas Absolutes für mich, hinter dem der Autor verschwand. Und das möchte ich noch nachträglich billigen. Das Buch ist die Hauptsache, es ist das Buch des Lesers, immer von neuem. Der Autor hat das Seine getan und er ist ja auch nur gelegentlich auf der Höhe seiner Bücher. Einzige Ausnahme war, damals, für mich, Goethe. Die Sammlung *Der junge Goethe* hatte mir, ein oder zwei Jahre früher, eine unwiderstehliche Lust gemacht, ihn zu treffen. Dabei war mir zum erstenmal bewußt geworden, wie irremediabel Geburtsdaten sein können.

Was den *Malte* angeht, so beeindruckte er mich so, daß ich mich fragte, was nach diesem Buch denn überhaupt noch geschrieben werden könne. (Der *Cornet*, den ich Jahre zuvor in Berlin gelesen hatte, war im Vergleich dazu an mir vorbeigegangen.) Und ich bin sicher, daß bei jedem Trümmerhaus, das ich bei der Rückkehr 1954 in Deutschland sah, Malte durch meine Augen mit auf diese furchtbar entblößten Innenwände starrte, die ihn in Paris so entsetzt hatten. Jetzt, wenn ich die Stelle im Malte wiederlese, fällt mir auf, wie unverhältnismäßig brutaler die Zerstörung der Intimität ist, mit der wir täglich konfrontiert werden. Und was Malte wohl zu dem Riesenrachen eines Bulldozers gesagt hätte, der einem vor den Augen eine halbe Häuserwand wegfrißt?

Die nächste Rilke-Lektüre, die mir ebenso direkt gegenwärtig ist, ist das Studium der Elegien und Sonette, auf dem Reschenpaß, im Sommer 1937. Wir lasen diese Gedichte, als seien es antike Texte, Tag für Tag und Wort für Wort: wie es dem Training Erwin Walter Palms durch die klassische Philosophie entsprach. Es ist merkwürdig, daß die italienische Literatur zu keiner Zeit, in den sieben Jahren unseres Italienaufenthaltes, interferiert hat mit der Liebe zur deutschen, und auch die englische nicht, als wir 1939 aus Italien nach England weiterwanderten. Das wurde erst anders mit der spanischen. Daß ich kein Rilkeaner geworden bin und überhaupt kein »ianer«, das verdanke ich – wie ich eben jetzt entdecke – diesem Sprachwechselbad, und der Tatsache, daß die zeitgenössische spanische Poesie, also die der spanischen Republik, einen so mächtigen Einfluß auf mich ausübte, als ich 1951, relativ spät im Leben, in Santo Domingo, gleichsam über Nacht zu schreiben begann.

Nichtsdestoweniger war es unfaßlich, 1954 hier diese einmütige Abkehr von Rilke zu finden. »Trakl!«, hieß es immer wieder. »Rilke kommt nicht in Frage, neben ihm!« Aus vielem muß sich diese heftige Reaktion zusammengesetzt haben, vergeblich versuche ich, von heute her den Finger darauf zu legen. Ein Germanist, glühender Rilke-Verehrer während der Nazizeit, der vor den NS-Studentenführer der Universität Marburg zitiert worden war, wegen eines diesem »entwurzelten« Dichter gewidmeten Lesezirkels, und der dann, in den Nachkriegsjahren, die allgemeine Abkehr mitgemacht hatte, gab mir ein wenig das Gefühl für die damalige Stimmung: »Nun schrei doch mal, sagten wir zueinander« (»Wer, wenn ich schriee, hörte mich denn . . .«) und »Vielleicht war es der hohe Ton, wir hatten die großen Worte satt«. Und doch kam fast gleichzeitig die Celan-Verehrung auf, Celan, der, wenn irgendwer, ein Nachfolger Rilkes war (was zu sagen allerdings ein Tabu war und vielleicht auch noch ist). Denn es war ja mitnichten so, als sei damals Günter Eichs »Inventur« in aller Munde gewesen: »Dies ist meine Mütze / dies ist mein Mantel.« Eich war, als wir zurückkamen, im wesentlichen *der* Hörspielautor. Die »Todesfuge« war dernier cri, gewiß ein »hoher Ton«. Einzig Hugo Friedrich war konsequent [s. o. Nr. 57]. Celan kam bei ihm nicht vor, nachdem er Rilke so drastisch abwertete. Er inthronisierte

Benn, und, nach ihm, als Fortführer der Franzosen, Karl Krolow. Benn hatte sich noch verbeugt vor dem Können Rilkes, aber Vorbehalte angemeldet [s. o. Nr. 111 und 112].

All dies Auf und Ab, wie es fast jedes bedeutende Werk kennt, ist unterdessen wieder gleichgültig, oder doch gleichgültiger geworden: Und das ist dem Insel Verlag zu verdanken, wo Unseld die Rolle der Kippenbergs gleichsam wieder aufgenommen und das Werk Rilkes erneut und auch erfolgreich zur Diskussion gestellt hat – die gute Stunde, den kairós nutzend, in dem die Politparolen zum Klischee verkommen waren und eine neue Identitätssuche spürbar wurde. Wobei sich von selbst versteht, daß Rilke heute nüchterner gelesen werden wird. Verblaßt ist »die Summe der Mißverständnisse, die sich um einen Namen sammeln«, wie er selbst das nannte. Und die bei Rilke ja besonders groß war. Der Kult ist verrauscht. Und die nüchternere Lektüre, aus der neuen Distanz, bekommt den Gedichten vorzüglich.

Die Horen (1977) Nr. 106, S. 72-74

Vgl. auch:
– Weit weg und nah genug, Antwort auf eine Umfrage in: FAZ (1975), 29. November,
– Zur Rilke Rezeption im Jahre 1975. Rilke, Fragezeichen? Eine Rilke-Renaissance im Jahre seines 100. Geburtstags?, in: Rilke? (B 315), S. 60-66.

HELMUT HEISSENBÜTTEL

183. *Gelegenheitsgedicht zum 100. Geburtstag Rilkes*

großgeworden mit Rilke
Stichwort Großgewordenmitrilke
wagt er zu weinen mitten in uns
2 Bände Auswahl zum 18. Geburtstag contra Schirach Goebbels & Co.
Reizklima Rilke

singe der Jüngling die Tödlichen wenn sie ihm hoch durch den
Herzraum wandeln
Reizklima Rilke ich bin allergisch dagegen geworden
an der Kreuzung Rilke George Abzweig Einbahnstraße George
Borchardt
überholt und spät so drängen wir uns plötzlich Winden auf
Hans Georg Gadamer Seminar über die Duineser Elegien
Leipzig 1944
dann hat es mich nicht wirklich mehr interessiert
Brecht contra Rilke
nicht ernste Hergereiste archaische Apollos Engel tödliche
Vögel Orpheusse mehr
kein uraltes Wehn mehr kein überzähliges Dasein kein bläuli-
cher Absud in einer Tasse ohne Untersatz uns war kein neues
Maß gegeben mit unsrem rechten Winkel unsres Knies
Brecht contra Rilke als sie einmal mit uns fix und fertig waren
hatten sie uns auf dem Arsch und auf den Knien
auch das ist nun alles historisch geworden Brecht contra Rilke
Benn contra Rilke Pound contra Rilke Gertrude Stein contra
Rilke
ein fremdes Land das in der Ferne liegt vergessen
und dieser Trampelpfad zurück nie richtig ausgemessen
plötzlich des Entfremdeten ansichtig geworden umgedreht
plötzlich in lang verlorene Jünglingsgefühle verdackt
Vergeßnes entblößt erinnerungsnackt
von der Markierung verdrängter Verstörung ausgezackt
plötzlich in würgendem Griff an der Grundlage angepackt
lese ich ein Gedicht das ich nie gelesen habe
das ich nie gelesen habe habe ich das nie gelesen habe ich das
nie gelesen

Hommage à Rilke: 11 Lyriker lesen und kommentieren Rilke, in:
Insel Almanach 1977 (Frankfurt: Insel 1976), S. 37 f.

184. Aus: *Hommage à Rilke:*
11 Lyriker lesen und kommentieren Rilke

Rilkes Begriff der Poesie ist in mancher Hinsicht naiv und traditionell, in anderer Hinsicht äußerst gewagt und problematisch. Poetische Sprache bleibt, mit Varianten, sakrale Sprache. Das Gedicht kann, unter Umständen, Einsicht vermitteln, Einsicht in das finstere Gewebe geschichtlicher Existenz, indem es dieses Sakrale an der Sprache als wellenartige Grundfigur allen Bewußtseinsschichten hervorschimmern läßt.

Unmögliches versuchte er, oder was sagen die Rilke-Gegner: der soziale Wert seines Versuchs sei minimal, der Versuch sei trotz allem Glanz undialektisch, menschenfremd, sublime Monomanie. Doch ist Rilke während seiner erstaunlich kurzen Reifezeit (kaum mehr als zwanzig Jahre) zu einem Wortkünstler ohnegleichen geworden, den wir noch lesen. Oder sagen wir: er ist zu einem kaiserlichen Botschafter im kafkaschen Sinn geworden, einem Botschafter aber, dem gelungen ist, aus dem kaiserlichen Palast am Ende auszubrechen.

Was ich an Rilke bewundere, ist sein Zerbrechen der Klischees, die zauberhafte Energie, die Gestik und die Grazie seiner Sprache. Zu der Schönheit seiner besten Gedichte, von der man kaum mehr ohne Verlegenheit sprechen kann, wäre zu sagen, sie habe nichts mit Künstelei zu tun, sie sei eher Abglanz als Kern seiner Kunst, und sie komme nicht vom »Gegenstand« her. Diese Schönheit ist die Aura selbst, oder besser, das Spiel von psychischen Spannungen, die wir unmittelbar wahrnehmen, nämlich an Tonalitäten, die zugleich Bild, Figur, syntaktische Gestalt sind. So unterscheidet sich, irgendwie magisch, die lyrische Struktur von allen anderen Sprachstrukturen. Darin litt Rilke, er litt an diesem Tatbestand, und es kamen aus seinem Leid beides: seine Schwächen, die Forciertes und Falsches hervorbrachten, und seine echte Vision der lyrischen Verwandlung einer leidvollen Welt.

Nun ist Rilke oft genug als Dichter mit einer großen Botschaft gefeiert worden. Über äußerst delikate Erlebnisbereiche hat er

Wesentliches und Schwieriges ausgesagt. Doch basieren viele seiner besten Gedichte auf Fragen; oder sie basieren auf dem Konjunktiv, und letzten Endes auf Grundfiguren, die sich kaum in Begriffe umsetzen lassen. Diese geheimnisvollen Grundfiguren sind auch fragmentarisch geblieben. Man könnte sagen: solche Figuren sind reine Zeichen eines im Wesen fragmenthaften Weltbilds.

Insel Almanach 1977 (Frankfurt: Insel 1976), S. 45 f.

MARCEL MARCEAU

185. *Mein Gedicht*

Eines Tages las eine Freundin mir aus den Duineser Elegien vor. Das war eine wahre Offenbarung. Ich fand, daß Rilke vieles in Worte gebannt hat, was ich pantomimisch auszudrücken versuche. In der ersten Elegie: ›. . . Wirf aus den Armen die Leere zu den Räumen hinzu, die wir atmen.‹ Das ist ein mir kongenialer Bewegungsablauf. Oder: ›Ist es nicht Zeit, daß wir liebend uns vom Geliebten befrein und es bebend bestehn: Wie der Pfeil die Sehne besteht, um gesammelt im Absprung *mehr* zu sein als er selbst!‹ Dieses ›mehr zu sein‹ ist gleichsam das Motto meiner Kunst.

In der zweiten Elegie: ›. . . seht, mir geschiehts, daß meine Hände einander inne werden.‹ Ich selbst habe einmal geschrieben: ›In meinen Händen halte ich die ganze Welt!‹

Dann noch: ›Erstaunte euch nicht auf attischen Stelen die Vorsicht menschlicher Geste!‹

›Pantomimisch‹ par excellence die fünfte Elegie: Rilke versetzt, was im Bild statisch ist, in Bewegung. Der ›niemals zufriedene Wille‹, der die ›Fahrenden wringt, biegt, schlingt und schwingt‹, ist auch in mir lebendig.

. . . des Dastehns großer Anfangsbuchstab, ist das nicht Pierre Verry, mein stummer Ansager, der seit 30 Jahren mit mir zusammenarbeitet! In der Elegie kontrastiert ›der welke, faltige Stemmer‹ mit dem jungen Mann, ›Sohn eines Nackens und einer

Nonne‹. Den ›Baum der gemeinsam erbauten Bewegung‹, hab'
ich ihn nicht selbst realisiert: ›In wenigen Minuten Lenz,
Sommer und Herbst‹?

Und wenn ich das lese, ›Paris, unendlicher Schauplatz‹, wo
›Madame Lamort ... endlose Bänder schlingt und windet ...
Schleifen erfindet, Rüschen, Blumen, Kokarden‹, kommen mir
die Zeilen in den Kopf, die ich 1959 für das Mimodram ›Paris
qui rit, Paris qui pleure‹ schrieb: ›Suchen wir nicht das fotogra-
fische Paris, das von der Wirklichkeit bei weitem überholt wird,
sondern das elliptische Paris, das dem Traum einen großen Platz
einräumt.‹

Westermanns Monatshefte (1976) H. 9, S. 48

JEAN ORIZET, RAINER MARIA RILKE
ET LA NOUVELLE POESIE FRANÇAISE

[Umfrage unter französischen Gegenwartslyrikern; neben den hier
abgedruckten Antworten finden sich noch Beiträge von Luc Bérimont,
Serge Brindeau, Jacques Reda, Jean Joubert, Pierre Oster, Pierre Dalle
Nogare, Jean Luc Maxence, Alaine Borne und Roger Kowalski]

186. ALAIN BOSQUET

Ich kenne niemanden in diesem Jahrhundert, der so gut ein
banales Leben mit einem so reinen Sinn für das Absolute
vereint hätte. Auch ist niemand in der Trennung von Fleisch
und Geist so weit gegangen: das, was der Dichter *ist*, muß sich
unterscheiden von dem, was er zu sein erstrebt. Man schreibt
nur mit dem Luxus von sich selbst.

Die *Duineser Elegien* sind die abendländische Dichtung
schlechthin, in der sich die Esoterik im Dienste einer zukünftigen Idee des Ideals und nicht eines eindeutig anerkannten
Ideals entfaltet. Das ganze Buch ist eine Suche: eine Art
Mallarmé der Ekstase und nicht des Sprachspiels. T. S. Eliot,
der dieses Buch in seinem *Waste Land* nachgeahmt hat, hat sich
darin nicht getäuscht.

Fast ebenso sehr liebe ich die *Sonette an Orpheus*. Rilke spricht in ihnen von der Schwierigkeit des Sagens: ein Gesang zur Ehre dessen, was man nicht singen kann, weil man sich wundstößt an den Grenzen des eigenen Verstehens.

Ich halte mir Rilke für den Titel eines Halbgottes. Ich weiß dafür nur zwei andere in dieser Zeit: Fernando Pessoa und Saint-John Perse.

Französisch in: Centro studi ›Rilke‹ 4 (B 287), S. 74 f.

187. Jean Claude Renard

Weil er vor allem ein Mensch des Innern war, eine zäh und verborgen duldsame Seele, ist Rilke heute für uns vertraut und unbekannt zugleich, fruchttragend wie ein Baum in der Strahlung dessen, was nicht mehr entschwindet.

Weil er begriffen hat, daß es Welt nur in uns gibt, ist Rilke so nah und so notwendig geworden. Er hat gegen ein zerfallendes Universum ein Werk errichtet, in dem die Bedeutung und die geistigen Ordnungen des Menschen die tragenden Pfeiler sind. Rilke hat sich, wie wir uns heute, inmitten des Schrecklichen vorgefunden und nach und nach mit der Strenge dessen, der sich zu öffnen sucht, im Schmerz das überwinden müssen, was ihn zerstörte, um in der Harmonie der Welt und des Geistes einen lebendigen Menschen aufzubauen. Vielleicht sind es auch die *Aufzeichnungen des Malte Laurids Brigge*, durch die er am empfindlichsten unsere Zeit trifft. Denn dieses Buch, seltsam auflösend und erwartungsbeladen zugleich, paßt genau zu unserer heutigen Unruhe.

Diesem Dichter ist alles als Verwandlung und Verwandeltes erschienen, vom Sichtbaren hin zu »la grande ruche d'or de l'invisible«.[1]

Und in dieser mystischen Sicht der Welt, in dieser Ekstase, in welcher der Geist und die Materie verschmelzen, ist das Abenteuer des Menschseins möglich geworden, weil das Leben jetzt »offen« ist.

Indem er sich so, von Leben zu Leben, durch eine zunehmende Läuterung zu seiner nur im Unsichtbaren existierenden vollen Wirklichkeit erhebt, gebiert und vollendet der Mensch Gott.

Das ist die Botschaft der *Duineser Elegien* und der *Sonette an Orpheus.*

Die Bedeutung Rilkes scheint mir also in der gegenwärtigen Stunde in dieser zugleich heidnischen und mystischen Ekstase eines Mannes ohne Religion zu liegen, für den die wahre Weise, Mensch zu sein, darin besteht, das Göttliche im Menschen hervorzubringen.

Französisch: ebd., S. 75 f.

1 [der große goldene Bienenkorb des Unsichtbaren]; vgl.: Rilke an Witold Hulewicz, 13. 11. 1925 (Materialien Band I, S. 321).

188. ANDRÉ MARISSEL

Unter den Dichtern deutscher Sprache ist Rilke sicherlich derjenige, der mich am tiefsten berührt hat. Als ich zum Beispiel ein Gedicht wie »Das Buch von der Armut und vom Tode« entdeckte, löste das einen Schock aus: Begegnung, Zusammenfall. Jemand sprach – besser als ich – ein entscheidendes Wort.

Soll ich mir überlegen, ob und in welchem Maße Rilke eine Rolle bei der Herausbildung meiner Sensibilität gespielt hat? Ich gebe zu, es nicht zu wissen. Mit seinen *Briefen*, mit dem *Malte*, mit den *Elegien* hat Rilke Wege eröffnet; ich glaube, was mich betrifft, in geringerem Maße als (bleiben wir auf deutschem Gebiet) Hölderlin und Trakl, um nur diese zwei Namen zu nennen.

Die Ausbildung des Empfindungsvermögens hängt bei einem Dichter von zahlreichen »Ursachen« ab, von Ereignissen und stark unterschiedlichen Lektüren. Sicherlich fühle ich mich innerlich zuhause in Mitteleuropa und der Österreicher Rilke ist mir nahe, wie auch der Tscheche Franz Kafka.

Ich habe Rilke geliebt in der Beziehung des großen Dichters zu Lou Andreas Salomé. Das geht über die Anekdote hinaus. Es scheint mir, als könne man, als müsse man sich sogar in von anderen erlebte Situationen hineindenken. Es liegt hierin eine dichterische Handlung, die ohne Zweifel der persönlichen Schöpfung vorausgeht. Ich möchte hinzufügen, daß für einen

Gläubigen (dazu geführt, an Gott zu glauben, die Vermittlung einer Gnade zuzugestehen) die Dichtung in meinen Augen in Zusammenhang mit dem steht, was man ›Theologie der Inkarnation‹ nennt. Jeder Dichter nimmt sich allein wahr (die Arbeit an der Sprache ist außergewöhnlich einsam); aber in Wirklichkeit ist und wird er das, was ein anderer aus ihm macht, von gestern *(undenkbar entfernt)* bis heute.

Französisch: ebd., S. 79

189. Joseph-Paul Schneider

Ich habe später und in der Originalsprache den Dichter, der *in diesem Jahrhundert* vielleicht *am ausschließlichsten Dichter* war, (wieder)entdeckt, den Mann, bei welchem Dichter zu sein und von dieser Welt zu sein (»Dichter und Dasein«) ein und dasselbe werden mußte. Ich war fasziniert, dann überwältigt, als ich mit einem Werk und einem Leben bekannt wurde, beide ganz der Askese gewidmet, deren unversöhnlich fordernde Kraft auf die Erfüllung einer Art Aufgabe gerichtet sein mußte, die von einer gebieterischen Stimme erteilt worden war.

[. . .]

Durch die Widersprüche eines Lebens hindurch, das ganz seinem dichterischen Werden geweiht war, und ungeachtet der manchmal legitimen, oft aber übertriebenen Vorbehalte gegenüber seiner Person (nach einer Periode der Lobeshymnen, für die das gleiche gilt), wird Rainer Maria Rilke der Dichtung deutscher Sprache ein unauslöschliches Siegel aufgedrückt haben: er hat es unter anderem verstanden, in der deutschen Dichtung eine Kraft und eine formale Perfektion nutzbar zu machen, umzusetzen und zu entfachen, wie sie oft in der französischen Schule gelehrt wurden, die er so bewunderte. Er hat die Dichtung gelebt – und in Dichtung gelebt – und so die Welt, das Universum, das er, mit einer Sprache von einzigartiger Schönheit und Magie, nicht abließ zu besingen und zu rühmen, verwandelt und erlöst.

Für mich ist Rilke am größten, wenn er dieser Virtuosität entsagt, die diesen Ursprungssucher und Zauberer [so(u)rcier] der Sprache und der Empfindung nur in Versuchung führen konnte. Die *Duineser Elegien* (1912-1922) und die *Sonette an Orpheus* (1923), daneben zu einem geringeren Grad die *Aufzeichnungen des Malte Laurids Brigge* (1910), werden Rilke für lange Zeit, wenn nicht für immer, einen auserwählten Platz in der Weltliteratur sichern.

Französisch: ebd., S. 84 und 85

190. JEAN ORIZET

Ich habe auch jüngere Dichter befragt. Und es ist festzustellen, daß dort die Antworten ausweichender waren: sie hatten Rilke wenig oder gar nicht gelesen, und wenn sie ihn gelesen hatten, so hatte diese Lektüre gar keine Spuren hinterlassen. Sein Werk entfernt sich.

Aber wenn die junge Generation Rilke weniger kennt, so verbietet doch nichts zu glauben, daß sich dies ändern wird und daß durch einen der Umschwünge, mit denen die Literaturgeschichte übersät ist, die jungen Dichter eines Tages Rilke und die Fülle seiner Klassizität – im besten Sinn dieses Wortes – wiederentdecken werden.

Französisch: ebd., S. 88

RENÉ CHAR

191. *An Michel Guérin, 25. 10. 1976*

Rilke hat mich seit vierzig Jahren nie lange verlassen. Die *Duineser Elegien* sind in dem Exemplar in Ehren vergilbt, in dem ich sie für eine unsagbar erneuerte nächtliche Begegnung wiederfinde.[1]

Französisch: Dossier: Présence de Rilke, in: Les Nouvelles Littéraires (1976/77), 30. Dezember/6. Januar, S. 15

1 Erläutert wird dies im folgenden eher prosalyrischen Satz: »Mais là, l'esprit a grandi la matière et lui a appris à marcher à ses côtés en se

taisant et en lui versant de loin un verre d'alcool pourpre tiré d'elle, dont il a besoin pour ne pas être mensonger.« [auf deutsch hieße das in etwa: »Und siehe da: der Geist hat die Materie wachsen lassen und sie gelehrt, mit ihm Schritt zu halten, schweigsam und von ferne ein Glas ihr abgewonnenen purpurnen Alkohols für ihn hingießend, dessen er bedarf, um nicht Lügner zu sein.«]

MICHEL GUÉRIN

192. Aus: *Le poète dans l'éclipse*
[Der Dichter in der Zeit der Verfinsterung]

Die *Duineser Elegien* und die *Sonette an Orpheus*, die zu trennen Willkür wäre, durchlaufen die Verwandlungen, an deren Endpunkt der Mensch zur Erde geboren wird: als Dichter. Verwandlung! Das ist wohl dabei das Schlüsselwort des Rilkeschen Denkens. »*Wolle die Wandlung*«, sagt ein *Sonett an Orpheus*. Die Erde ist für uns zunächst nicht vertraut und »*freundlich*«; sie führt uns irre und entfremdet uns am stärksten von uns selbst. Die erste Erfahrung ist die der Unstimmigkeit unseres Daseins, die, daß alles sich hier unten »*einig ist, uns zu verschweigen*«. Auch der Mensch muß das »*Fremde*« befragen, bevor er das »*Freundliche*« findet. In dieser Suche, sowohl nach seinem Wesen wie nach dem des Sichtbaren, endet das Dasein-in-der-Verfinsterung, das der Mensch ist (wie anders ließe sich das unübersetzbare »*schwinden*« wiedergeben), mit dem Erkennen seiner Wohnstätte – dort, wo das Außen in Innen, der Raum in Figuren, die Existenz in Rühmung verwandelt ist: der Mensch bewohnt die Erde im Gesang ...
[...]
Bei Rilke tun der Denker und der Künstler (der Dichter) ein und dasselbe. Auch die metaphysische Frage nach dem Wesen des Menschen läßt als Ergebnis immer nur die Ethik des Werkes gelten. Die *Elegien* hatten uns schon darauf vorbereitet: der Weg zum Heil, das ist nicht die Liebe, das ist das Werk. Aber der Denker trennt sich nie vom Künstler. Das Werk ist verkündend – oder es ist nicht. Jedes große Werk ist Werk der

Wahrheit. Ebenso antworten die *Sonette* an Stelle des Engels: unsere Wohnstätte und unser Maß ist das Gedicht, das heißt: jener erhabene Raum, in dem die Wahrheit der Welt aufgeht. Rühmen ist die höchste Form des Denkens. Fern von jeder unerbittlich ihren Verfall betreibenden Hast *(»das Eilende«)* macht der Dichter-Denker seinen stolzen Kult zu einer Religion des Bleibenden *(»das Verweilende«)* [›Sonette an Orpheus‹ I, 22]. Er allein weiht uns ein.

Französisch: ebd., S. 20

MANFRED DURZAK

193. *»Wer, wenn ich schriee, hörte mich denn ...«*

Manchmal bezweifle ich, ob es das noch gibt: Lieblingsgedichte, Lieblingsgedichtbücher. Meines war die schmale, großformatige Ausgabe des Insel-Verlages von Rilkes *Duineser Elegien*, auf die mich mein hochverehrter Deutschlehrer – ob es auch das noch gibt? – Franz Seewald bereits früh auf der Schule aufmerksam gemacht hatte. Diese bannenden und verrätselten Verse, besonders der ersten Elegie, konnte ich fast alle auswendig.

Kein Wunder, daß ich am Anfang meines Studiums in Berlin wie elektrisiert die verspätete Ankündigung auf dem Schwarzen Brett im Germanistischen Seminar las, daß da ein Peter Szondi[1] aus Zürich im Auftrag von Walther Killy ein Hauptseminar über Rilkes Elegien abhalte. Ich war selbstverständlich zur Stelle wie etwa zwanzig andere Studenten auch, die alle nicht wußten, wer dieser große, immer ein wenig vornübergebeugte Peter Szondi eigentlich war, der von Zeit zu Zeit mit blitzenden Brillengläsern unter einem dunklen Haarschopf aufsah und ein wenig verloren und ratlos die kleine Rilke-Gemeinde anblickte, die auf seine Exegese wartete.

Mühsam, mühsam. Ein Dialog des Schweigens besonders zu Anfang dieser Sitzungen, wenn Szondi, häufig ein wenig zu spät und außer Atem, von der Bushaltestelle herüberhastete und dann viele Minuten vergingen, bevor ein erstes Wort fiel. Ein

Freund, Tilmann Moser, und ich hatten es uns stillschweigend zur Aufgabe gemacht, dieses Schweige-Eis zu brechen, indem wir uns immer vorneweg mit Fragen meldeten. Aber auch ihn, Szondi, tauten wir nur mit Mühe auf. Und wenn er dann wachgeworden war, monologisierte er ähnlich vieldeutig und verrätselt wie die Rilkeschen Daktylen selbst.

In einer Zeit, in der alles auf didaktische Stromlinienform gebracht ist und die ›Operationalisierung des Lehrstoffs‹ in Form von ›Lernzielorientierungen‹ – möglichst schwarz auf weiß nach Hause zu tragen – im Lehrbetrieb dominiert, klingt das wie graue Vorzeit. Und unter didaktischem Aspekt war das ganze Seminar denn auch die reinste Katastrophe. Nicht nur, daß wir während des ganzen Semesters nicht über die ersten 40 Verse der ersten Elegie hinauskamen, geschweige denn die Struktur des ganzen Zyklus auch nur annähernd bestimmt hätten, Szondi verfiel in seiner Hilflosigkeit am Ende des Semesters auch noch auf den grotesken Einfall, für diejenigen, die einen benoteten Seminarschein haben wollten, eine Klausur über die halb interpretierte erste Elegie anzusetzen.

In meinem ungebremsten Rilke-Enthusiasmus sprang ich auch noch durch diesen Reifen, sehr zu seiner Freude übrigens, wie ich widerstrebend hinzufügen muß. Das, was mir selbstverständlich war, hätte gar nicht seines überschwenglichen Lobes bedurft.

Wenn ich zurückblicke auf meine Studienzeit und mich frage, welche Universitätsveranstaltung mir am lebendigsten vor Augen steht, dann ist es dieses so völlig mißglückte, aber dennoch von der Aura des Mannes Szondi nicht abzulösende Rilke-Seminar. Die meisten andern, hervorragend organisierten Seminare habe ich vergessen, dieses ist mir als denkwürdig in Erinnerung geblieben, ist auf schwer zu bestimmende Weise Teil geworden der Faszination, die die Rilke-Verse nach wie vor umgibt.

Als ich dann fast anderthalb Jahrzehnte später von seinem trostlosen Tod in den dunklen, schmutzigen Wassern des Berliner Lietzensees hörte und sich plötzlich wie auf Verabredung eine Flut von wohlmeinenden Nekrologen über ihn ergoß und ihn – im nachhinein ist das immer einfacher –, postum lobhudelnd, zum neuen Walter Benjamin stilisierte, standen mir plötzlich die Verse der ersten Duineser Elegie vor Augen:

»Wer, wenn ich schriee, hörte mich denn aus der Engel /
Ordnungen?« Und: »O und die Nacht, die Nacht, wenn der
Wind voller Weltraum / uns am Angesicht zehrt —«

Der Reiz der Wörter. Eine Anthologie zum 150jährigen Bestehen
des Reclam-Verlages (Stuttgart: Reclam 1978), S. 57-59

1 Vgl. Materialien Band II, Bibliographie Nr. 132, 157, 158.

BOTHO STRAUSS

194. Aus: *Paare, Passanten*

Daß die hymnische Schönheit, wenn sie nur tief genug, auf dem
krausesten Grund entsteht, zu jeder Zeit das höchste Ziel der
Dichtung sei, die das Gerümpel sichtende Schönheit, davon
möchte man sich immer aufs neue überzeugen, wenn man den
Angstträumen des Alltags entfliehen will, in den geschredderten
Formen der Gegenwartslyrik keinen Halt findet, wohl aber in
den Rilkeschen Elegien. Auch daß die Entgleisung, der
Schwulst einbezogen, als Gärstoff unerläßlich sind für die
Fügung plötzlich einer unvergleichlichen Zeile, für die Präzision
des Triumphs, für die herrliche Ausstrahlung.

(München: Hanser 1981), S. 119

BIBLIOGRAPHISCHER ANHANG

0. Vorbemerkungen

Die Rezeption des Rilkeschen Werkes ist von der Forschung bisher nur am Rande behandelt worden, so daß in diesem Band in mancherlei Hinsicht Neuland beschritten werden mußte. Das folgende Literaturverzeichnis, das den Textteil ergänzen soll, bleibt daher durchaus vorläufig und ergänzungsbedürftig. Stärker als bei den aufgenommenen Materialien waren hier auch zahlreiche nicht ausschließlich auf die ›Duineser Elegien‹ bezogene Studien und Dokumente zu berücksichtigen. Die Beiträge sind – mit Ausnahme der Teile 1 und 2.4. – chronologisch nach dem Jahr ihrer ermittelten Erstveröffentlichung, innerhalb des gleichen Erscheinungsjahres alphabetisch geordnet und mit dem bibliographischen Anhang zu Band II, dessen Grundprinzipien auch hier gelten, fortlaufend durchnumeriert.

Zur leichteren Benutzung seien die folgenden Hinweise vorangestellt:

1. Die Literatur zur *Rezeptionstheorie und -geschichte (1.)* ist heute kaum mehr zu überblicken. Zur ersten Orientierung werden in Teil 1 der Bibliographie deshalb nur einige wenige grundlegende und einführende Arbeiten genannt; ein ausführliches und übersichtlich gegliedertes Literaturverzeichnis findet sich bei Gunter Grimm (B 260), S. 352-418.

2. Die wenigen *Studien zur Rezeption Rilkes (2.1.)* und die vorhandenen Zusammenstellungen von *Stimmen zu Rilke (2.2.)* wurden möglichst vollständig aufgeführt. Das vielfältige Echo dagegen, das Rilkes Werk in Zeitungen und Zeitschriften gefunden hat und aus dem die Textbeiträge für Kapitel III ausgewählt wurden, konnte hier nicht umfassend belegt werden. Für die Rezensionen wäre auf die kommentierte Bibliographie von Fullenwider (B 278) zu verweisen; Nachrufe (vgl. auch B 385) und Gedenkartikel vor 1951 sind zum großen Teil in Ritzers Bibliographie (B 5) verzeichnet. Die Forschung kann sich darüber hinaus noch der vorzüglichen Zeitungsausschnitt-Sammlungen im Rilke-Archiv von Dr. Karl Klutz, Bad Ems, im Rilke-Archiv der Schweizeri-

schen Landesbibliothek, Bern und besonders im Deutschen Literaturarchiv, Marbach bedienen.

Nur in zwei Einzelbereichen wurde eine umfassende bibliographische Erfassung dieser noch weitgehend unerschlossenen Materialfülle versucht: die *Rezensionen zur Erstausgabe der ›Duineser Elegien‹ von 1913 (2.3.)*, die auch in Kapitel II des Textteils Aufnahme fanden, sind der besseren Übersicht halber und als Ergänzung zur Bibliographie der Sekundärliteratur in Band II noch einmal in chronologischer Folge aufgelistet. Ebenso wurde die Aufnahme der Jubiläumsjahre 1975:*100. Geburtstag* und 1976:*50. Todestag (2.4.)* in den Medien ausführlich dokumentiert, da sich daraus wichtige Rückschlüsse auf das Rilke-Bild der Gegenwart ziehen lassen.

3. Die *Rezeption und Wirkung* Rilkes im allgemeinen und der ›Duineser Elegien‹ im besonderen *im Ausland* konnte im Textteil nur sehr unvollkommen belegt werden. Diese Lücke soll Teil 3 des bibliographischen Anhangs schließen helfen. Nach Sprachen geordnet finden sich hier *Bibliographien,* Arbeiten zur *Rezeptions- und Wirkungsgeschichte, Übersetzungen der ›Duineser Elegien‹* – nicht berücksichtigt wurden dabei die Übertragungen einzelner ›Elegien‹ und ›Elegien‹-Übersetzungen in Werkausgaben, Auswahlbänden und Anthologien (aufgeführt bei Kunle, B 2) – nebst zugehörigen *Rezensionen* und *übersetzungskritischen Studien.* Letztere, wie auch die nach Möglichkeit genau nachgewiesenen Einleitungen, Nachworte und Kommentarteile in den fremdsprachigen ›Elegien‹-Ausgaben ergänzen zugleich die Bibliographie zur Forschungsgeschichte der ›Duineser Elegien‹ in Band II.

4. Angaben zur Wirkungsgeschichte im engeren Sinne, also zu dem *Einfluß* den Rilkes Werk *auf Schriftstellerkollegen und Philosophen* hatte, sind in die Anmerkungen des Textteils integriert. In einem ersten Absatz wird jeweils auf zusätzliche, nicht abgedruckte Materialien verwiesen, die das Verhältnis des betreffenden Autors zu Rilke und seinem Werk näher beleuchten, in einem zweiten Absatz auf die Untersuchungen der Sekundärliteratur zu diesem Thema. Solche zusätzlichen bibliographischen Angaben lassen sich über das Textteil wie Literaturverzeichnis erschließende alphabetische

Verfasserregister auffinden; wie in Band II wird dabei auf Rezensionen mit der kursiv gedruckten Kennziffer des rezensierten Beitrages verwiesen.

M. E.

1. Zur Einführung in Rezeptionstheorie und -geschichte (alphabetisch)

258 Wolfgang Iser, Der Akt des Lesens. Theorie ästhetischer Wirkung (München 1976).

259 Hans Robert Jauß, Literaturgeschichte als Provokation der Literaturwissenschaft, in: H. R. J., Literaturgeschichte als Provokation (Frankfurt 1970), S. 144-207.

260 Gunter Grimm, Rezeptionsgeschichte. Grundlegung einer Theorie. Mit Analysen und Bibliographie (München 1977).

261 Rainer Warning (Hg.), Rezeptionsästhetik. Theorie und Praxis (München 1975).

262 Harald Weinrich, Für eine Literaturgeschichte des Lesers, in: Merkur 21 (1967), S. 1026-1038.

2. Zur Rezeptionsgeschichte Rilkes

2.1. Studien und Materialien zur Rezeption

263 Friedrich Sieburg, Rilke und kein Ende, und: Noch einmal Rilke, in: Die Gegenwart 4 (1949) H. 78, S. 16-19 und H. 85, S. 17-19 [siehe Textteil Nr. 50].

264 Wilhelm Pleyer, Über die Wirkungen Rilkes, in: Pforte 2 (1949/50), S. 694-700 [siehe Textteil Nr. 51].

265 Hans Egon Holthusen, Rilke nach 25 Jahren, in: St. Galler Tagblatt (1951), 29. Dezember.

266 Rudolf Hagelstange, Deutsche Lyrik nach Rilke [Vortrag, gehalten im Oktober 1954], in: Deutsche Akademie für Sprache und Dichtung, Jb. 1954, S. 63-80.

267 Hans Egon Holthusen, Rilke und die Dichtung der Gegenwart, in: Universitas 12 (1957), S. 1157-1170.

268 Ders., Zur literarischen Situation in Deutschland: Rilke nach 30 Jahren, in: Neue Zürcher Zeitung (1957), 25. August.

269 Peter Demetz, In Sachen Rilke, in: Neue Zürcher Zeitung (1965), 7. August [wieder in B 270; Textteil Nr. 62].

270 In Sachen Rainer Maria Rilke: Berliner Kritiker-Colloquium 1965, in: Sprache im technischen Zeitalter (1966) H. 17/18, S. 1-48; enthält die folgenden Beiträge:
– Peter Demetz, Weltinnenraum und Technologie, S. 4-11 [identisch mit B 269; vgl. Textteil Nr. 62]
– Erich Fried, Rilke – Zauber, Täuschung, Enttäuschung, S. 11-19
– Eudo C. Mason, Die Inspiration und der Begriff des »Ordnens« bei Rilke, S. 19-26
– Diskussion, S. 27-38 [vgl. Textteil Nr. 60]
– Walter Höllerer, In Sachen Rilke – Aussicht, S. 46-48 [Textteil Nr. 61].

Rez.:
– Lucie Schauer, Zwischen Rettung und Verdammnis. Kritiker-Kolloquium saß zu Gericht über Rilke und Th. Mann, in: Die Welt (1965), 25. Mai.

271 Hans Egon Holthusen, Rilke nach 40 Jahren. Zur Geistesgeschichte eines Nachruhms, in: FAZ (1966), 22. November; wieder in: H. E. H., Plädoyer für den Einzelnen. Kritische Beiträge zur literarischen Diskussion (München 1967), S. 155-162.

272 Ingeborg Hysek, Das Rilkebild in der Memoirenliteratur (Diss. Wien 1967).

272a Dominick F. Rossi, Rainer Maria Rilke and the metamorphosis of Women's Lib, in: Germanic Notes 4 (1973), S. 34-36.

273 Egon Schwarz, Rainer Maria Rilke unter dem Nationalsozialismus, in: Rilke heute. Beziehungen und Wirkungen. Hg. von Ingeborg H. Solbrig und Joachim W. Storck (Frankfurt 1975), S. 287-314.

274 Joachim W. Storck, Emanzipatorische Aspekte im Werk und Leben Rilkes, in: Rilke heute [wie B 273], S. 247-286.

275 Joseph P. Strelka, Rilke heute, in: Rilke heute [wie B 273], S. 13-26.

276 Manfred Müller, Wo beginnt die Rilke-Legende? Die Konsolidierung einer literaturgeschichtlichen Wertung, in: Rilke-Studien. Zu Werk und Wirkungsgeschichte (Berlin [Ost] 1976), S. 231-257.

277 Manfred Starke, Stationen der marxistischen Rilke-Rezeption, in: Rilke-Studien [wie B 276], S. 258-275.

278 Henry F. Fullenwider, Rilke and his reviewers. An annotated bibliography (Lawrence 1978).

279 Viktor Zmegač, Bemerkungen zur Rezeptionsgeschichte Rilkes, in: Literatur und Theater im Wilhelminischen Zeitalter. Hg. von Hans Peter Beyerdörfer, Karl Otto Conrady, Helmut Schanze (Tübingen 1978), S. 62-77.

280 Fritz Kunle, Bibliographie der Vertonungen von Texten Rainer Maria Rilkes (Selbstverlag; Druck: Kehl 1980); zu den DE vgl. dort: Nr. 48, 95, 281, 301, 327 und 340.

280a Reinhold Grimm, Von der Armut und vom Regen. Rilkes Antwort auf die soziale Frage (Königstein 1981).

280b Elegien gegen die Angstträume des Alltags. Hellmuth Karasek über die fällige Wiederentdeckung Rainer Maria Rilkes [anläßlich der neuen Rilke-Biographie von W. Leppmann (B 280c)], in: Der Spiegel 35 (1981) H. 47, S. 218-231.

280c Wolfgang Leppmann, Rainer Maria Rilke. Leben und Werk (München 1981).

[Siehe auch B 385 und 387]

2.2. Stimmen zu Rilke

281 Reconnaissance à Rilke, in: Les Cahiers du Mois 23/24 (1926), 5. September; enthält die folgenden Beiträge:
– Paul Valéry, À Rainer Maria Rilke, S. 9 f.
– Edmond Jaloux, Entrevues avec Rilke, S. 11-16
– Francis de Miomandre, Nostalgie de Rainer Maria Rilke, S. 17 f.
– Jean Cassou, Rilke et le monde des sentiments, S. 19-23
– Daniel Rops, Inquiétude et dispersion du Moi chez Rilke, S. 24-38
– Félix Berthaux, Image du Poète, S. 39-43
– Franz Hellens, Rilke et le mystère humain, S. 44-47
– Jacques Benoist-Méchin, Lettre sur Rilke, S. 48-51
– André Germain, Hommage à Rilke, S. 52 f.
– André Berge, Rilke et Proust, S. 54-56
– Geneviève Bianquis, Rilke et Rodin, S. 57-64

- Marcel Brion, Rilke et la vie secrète du cœur, S. 65-68
- Maurice Betz, Reconnaissance à Rilke, S. 69-72
- Helene von Nostitz, Quelques souvenirs, S. 73 f.
- Paul Zech, Rilke et le sentiment de l'universel, S. 75-79
- Inga Junghanns, Hommage à Rilke, S. 80-82
- Christian Rimestad, Rilke, Jacobsen et Obstfelder, S. 83 f.
- José Bergamin, Hommage, S. 85
- Antonio Marichalar, Trance dans le Ciel, S. 86-88
- H. Marsmann, Les deux Rilke, S. 89 f.
- Tivadar Raith, Le poète de l'enfance, S. 91 f.
- Nino Frank, Rilke et l'harmonie, S. 93 f.
- Witold Hulewicz, Hommage, S. 95 f.
- Ellen Key, Rilke et l'idéalisme scandinave, S. 97-99
- Max Rychner, Hommage, S. 100 f.
- Camille Hoffmann, Le Poète de la mélodie slave, S. 102-104.

282 Gert Buchheit (Hg,), Rainer Maria Rilke: Stimmen der Freunde. Ein Gedächtnisbuch (Freiburg 1931); enthält die folgenden Beiträge:
- Fred Hildenbrand, Geleitwort, S. 5 f.
- Felix Braun, Trauer um Rilke, S. 7-25
- Paul Leppin, Der junge Rilke und Prag, S. 26-34
- Hermann Blech, Rilke, Rußland und die slawische Melodie, S. 35-42
- Fritz Mackensen/Otto Modersohn, Worpswede, S. 43-55
- Rolf Hetsch, Begegnung und tröstlicher Abschied, S. 56-65
- Oskar Walzel, Vom Beschauen zum Bekennen, S. 66-81
- Martha Vogeler/Wilhelm Hausenstein/Helene von Nostiz/Hedda Sauer/Inga Junghanns/Dora Heidrich/André Gide und Regina Ullmann, Erinnerungen an Rilke, S. 82-121 [siehe Textteil Nr. 16]
- Maria Paschen, Die weiße Rose, S. 122-128
- Rudolf Thiel, Die Sonette an Orpheus, S. 129-136
- Otto Heuschele, Die Duineser Elegien, S. 137-143 [siehe Textteil Nr. 35]

- Gert Buchheit, Die Landschaft der Duineser Elegien, S. 144-154 [B 11]
- Ernst Krenek, Zur Entstehungsgeschichte der Trilogie »O Lacrimosa«, S. 155-163 [siehe Textteil Nr. 103]
- Otto Heuschele, Rilkes Briefe, S. 164-172
- Paul Valéry, Gedenken und Abschied, S. 173-175.

283 Zwölf Lyriker betrachten Rilke. Antwort auf eine Umfrage der Welt der Literatur, in: Die Welt (1966), 22. Dezember, Beilage, S. 12 f. Mit Beiträgen von: Horst Bingel, Walter Helmut Fritz, Helmuth de Haas, Peter Härtling, Walter Höllerer, Hans Egon Holthusen, Marie Luise Kaschnitz, Karl Krolow, Wilhelm Lehmann, Johannes Poethen, Kuno Raeber, Karl Alfred Wolken [siehe Textteil Nr. 161-167].

284 Jacob Steiner, Stimmen über Rilke, in: Insel Almanach auf das Jahr 1967, S. 69-93.

285 Rilke im Insel Verlag (Frankfurt 1975) [Verlagsprospekt mit zahlreichen Äußerungen zu Rilke, zusammengestellt von Joachim W. Storck].

286 Heinz Ludwig Arnold, Über Rilke. 1900-1961, in: Rilke? [B 315], S. 27-58.

287 Jean Orizet, Rilke et la nouvelle poésie française [mit Umfrage unter französischen Gegenwartslyrikern], in: Centro studi Rainer Maria Rilke e il suo tempo. Atti del quinto convegno 1976 (1977), S. 59-88; enthält Stellungnahmen von : Luc Bérimont, Serge Brindeau, Jacques Reda, Jean Joubert, Pierre Oster, Pierre Dalle Nogare, Jean Luc Maxence, Alaine Borne, Roger Kowalski, Alain Bosquet, Jean Claude Renard, André Marissel, Joseph-Paul Schneider [siehe Textteil Nr. 186-190].

[Vgl. auch die Umfragen zum 100. Geburtstag: B 308 und 315-326]

2.3. Rezensionen zur Erstausgabe der ›Elegien‹ von 1923 [siehe Textteil Nr. 20-35]

1923

288 Adolf von Grolman, Die Duineser Elegien von Rainer Maria Rilke, in: Karlsruher Tageblatt (1923), 21. Dezember.

289 Erhard Jurian Bruder, Über Rilkes Duineser Elegien, in: Orplid 1 (1924), S. 115-117.

290 Kurt Busse, Duineser Elegien, in: Preußische Jahrbücher 195 (1924), S. 303-305.

291 Hans Franck, Rilkes Duineser Elegien, in: Frankfurter Zeitung (1924), 22. Januar, S. 1.

292 Pierre Loving, Rainer Maria Rilke, in: Saturday Review of Literature (1924), 11. Oktober, S. 188.

293 R. S., Duineser Elegien, in: Die Bücherstube 3 (1924), S. 55 f.

294 Martin Rockenbach, in: Der Gral 18 (1923/24), S. 208.

295 Camille Schneider, in: Revue germanique 15 (1924), S. 299 f.

296 Karl Viëtor, in: Österreichische Rundschau 20 (1924), S. 509-514.

297 Hanns Martin Elster, in: Die Horen 1 (1924/25), S. 388 f.

298 Emil Gasser, Zu den Duineser Elegien, in: Der Berner Bund 6 (1925) Beilage 49, 6. Dezember, S. 387 f.; wieder in: Der Ausblick 11 (1946), S. 3-7.

299 Christiaan Graaff, Duineser Elegien, in: De Amsterdammer (1925) [verzeichnet bei Kunle (B 2); nicht zu ermitteln].

300 Robert Faesi, Rilkes Duineser Elegien, in: Berliner Tageblatt (1926), 19. Juni; leicht gekürzt wieder in: Neue Zürcher Zeitung (1927), 16. Januar.

301 Wilhelm Sulser, Rilkes Duineser Elegien, in: Schweizerische Monatshefte 6 (1926/27), S. 339-342.

302 Anonymus, Rainer Maria Rilke, in: Times Literary Supplement (1927), 28. Juli, S. 518.

303 Heinrich Bachmann, in: Literarischer Handweiser 64 (1927/28), Sp. 12.
304 Otto Heuschele, Die Duineser Elegien, in: Breslauer Zeitung (1927) Nr. 607; wieder in: Der Gral (1928/29), S. 402-410 und in: Rainer Maria Rilke: Stimmen der Freunde [B 282], S. 137-143.

2.4. 100. Geburtstag 1975 / 50. Todestag 1976

Bibliographie
305 Karl Klutz, Rilke-Bibliographie des Jubiläumsjahres 1975, in: Blätter der Rilke-Gesellschaft 5 (1978), S. 63-80.

Fernsehen
306 Walter Bittermann/Doris Rümmele, Rainer Maria Rilke – Versuch einer Annäherung. Fernsehfilm ARD (1975), 4. Dezember.
Rez.:
– Momos [Walter Jens], Rilke aus vielerlei Sicht, in: Die Zeit (1975), 12. Dezember
– Joachim W. Storck, Rilke in den Massenmedien. Analyse und Kritik eines Werbetextes [für obigen Film] – ein Nachtrag zum Jubiläumsjahr, in: Blätter der Rilke-Gesellschaft 5 (1978), S. 45-58.
307 Helmut Pfandler, »Überstehn ist alles«. Filmdokumentation über Rainer Maria Rilke. Fernsehfilm; Erstsendung ORF; ZDF (1976), 28. März.
Rez.:
– Marcel Reich-Ranicki, in: FAZ (1976), 30. März, S. 20.

Tagung der »Österreichischen Gesellschaft für Literatur«: Rilke in der Welt (10.-14. 11. 1975)
308 M. F., Abschluß des Rilke-Symposiums 75. Rilke als Voyeur [mit Äußerungen zu Rilke von H. C. Artmann, F. Mayröcker, Peter Henisch, Peter Turrini; siehe Textteil Nr. 168, 173 und 177], in: Neue Kronen-Zeitung (1975), 18. November.
309 Elisabeth Freundlich, Lebenshilfe für die Welt von heute?, in: Mannheimer Morgen (1975), 21. November, S. 40.
310 Klaus Gruber, Lieber sich mit Versen herumschlagen. Das Rilke-Bild des Jahres 1975, in: Südwest Presse (1975), 26. November.

311 Magda Kerényi, Eine friedliche und eine stürmische literarische Woche in Wien. Rilke-Symposion und Pen-Kon-
greß, in: Die Tat (1975), 5. Dezember, S. 41.
312 Rudolf Klaus, Wien: Diskussion zum 100. Geburtstag des
Dichters. Wie links ist Rilke? So weit kommt's noch:
Sozialisierung des Elfenbeinturms, in: Münchner Merkur
(1975), 18. November.
313 Lothar Sträter, Neuer Anfang in der Aneignung Rilkes, in:
Badische Neueste Nachrichten (1975), 4. Dezember.
314 Konrad Zobel, Rilke heute, in: Die Furche (1975), 29. November, S. 13.

Umfragen und Sammlungen

315 Heinz Ludwig Arnold (Hg.), Rilke? Kleine Hommage zum
100. Geburtstag. Edition Text und Kritik (München
1975); u. a. die folgenden Beiträge:
– Ernst Jandl, der gewöhnliche rilke. 1-17 [Gedichte],
S. 7-26
– Hilde Domin, Zur Rilke Rezeption im Jahre 1975.
Rilke, Fragezeichen? Eine Rilke-Renaissance im Jahre
seines 100. Geburtstags?, S. 60-66
– Friederike Mayröcker, Erinnerung an Rilke, S. 67 f.
– Walter Helmut Fritz, ». . . daß aus den Hemmungen erst
die Bewegung entsteht«, S. 69-71
– Karin Struck, Rilke. Eine Notiz, S. 72-78
– Christoph Meckel, Rilke?, S. 79 f. [Textteil Nr. 178]
– Rainer Kirsch, Nach Rilke gefragt, S. 81-84 [Textteil
Nr. 174]
– Hugo Dittberner, Flucht in die Form, S. 85-89
– Karl Krolow, »Die Zeit der anderen Auslegung wird
anbrechen«. Rainer Maria Rilkes produktives Zögern,
S. 90-104
– Peter W. Jansen, Rilkes Roman, S. 105-115
– Wolfgang Bittner, Ein Reiterfähnrich namens Christoph
Rilke, S. 116-120
[Siehe auch B 286 und 425].
316 Basler Nationalzeitung (1975), 29. November, S. 3: Chri-
stoph Geiser, Kurt Marti und Elisabeth Meylan beschrei-
ben ihre Einstellung zu Rilke [siehe Textteil Nr. 171, 176
und 179].

317 Brunnen [jap. Zeitschrift, Tokio] (1975) Nr. 177, S. 2-20: Riruke seitan 100 nen kinen tokushugo [Sondernummer zum 100. Geburtstag des Dichters Rainer Maria Rilke]:
   – Shin'ichi Hoshino, [Rilke und ich], S. 2-4
   – Shizuo Ishimaru, [Ich denke an Rilke], S. 5 f.
   – Kei Kajino, [Rilke und Dogen], S. 15-17
   – Yoshio Kōshina, [Ich und Rilke], S. 10 f.
   – Tetsumaro Minamoto, [Rilke und ich], S. 7-9
   – Manshichi Saito, [Rilke und Basho], S. 12-15
   – Bibliographie [deutsch], S. 18-20.
318 Hermann Boventer (Hg.), Aus der Engel Ordnungen. Comeback für Rainer Maria Rilke [Veröffentlichungen der Thomas-Morus-Akademie] (Bensberg 1975):
   – Wilhelm Gössmann, Die Feier der Erde. Versuch einer Wiederbegegnung mit Rilke, S. 7-49
   – Joseph A. Kruse, Der junge Rilke oder über die Schwierigkeiten, ein Dichter zu werden, S. 50-71.
319 Cahiers Charles Du Bos (1975) Nr. 19: Numéro spécial Rainer Maria Rilke:
   – Jenny de Margerie, Deux grands Européens: Charles Du Bos et Rainer Maria Rilke, S. 5-11
   – Michèle Leleu, Poésie et critique. Rainer Maria Rilke et Charles Du Bos, S. 12-40.
320 Frankfurter Allgemeine Zeitung (1975), 29. November: Rainer Maria Rilke zum hundertsten Geburtstag: Drei Thesen [von Egon Schwarz] und sieben Antworten [von Hilde Domin, Erich Fried, Peter Rühmkorf, Jürgen Bekker, Wolf Wondratschek, Beda Allemann, Harald Weinrich. Mit einer Vorbemerkung von Marcel Reich-Ranicki; Textteil Nr. 69, 169, 170 und 180].
321 Insel-Almanach auf das Jahr 1977: Rainer Maria Rilke 1875 bis 1975. Eine Dokumentation. Enthält:
   – Hommage à Rilke: 11 Lyriker lesen und kommentieren Rilke [Walter Höllerer, Jürgen Becker, Nicolas Born, Pierre Emmanuel, Zbigniew Herbert, Franz Fühmann, Hilde Domin, Eugen Gomringer, Helmut Heißenbüttel, Karl Krolow, Christopher Middleton, Marin Sorescu, Sándor Weöres; siehe Textteil Nr. 181, 183 und 184], S. 7-54
   – Festakt zu Rainer Maria Rilkes 100. Geburtstag [Sieg-

fried Unseld, Verwandlung – drängender Auftrag; Hans-Georg Gadamer, Rilke nach fünfzig Jahren; Christoph Sieber-Rilke, »Armut ist ein großer Glanz aus innen«; Karl Krolow, Zum Dank; siehe Textteil Nr. 63 und 175], S. 57-85

– »Rainer Maria Rilke 1875 bis 1975«. Eine Ausstellung [Joachim W. Storck, Die Marbacher Jubiläums-Ausstellung; Eine Dokumentation in Bildern], S. 87-133.

Rez.:

– Sigrid Gent, Lyriker – lebensgroß, in: Börsenblatt für den Deutschen Buchhandel. Frankfurter Ausgabe (1975), 4. November, S. 1509 f.

322 Les Nouvelles Litteraires (1976/77), 30. Dezember/ 6. Januar, S. 15-20: Dossier: Présence de Rilke; enthält:
– Michel Guérin, Présence de Rilke, S. 15
– Edmonde Charles-Roux, Rilke de Prague, S. 16
– Gil Jouanard, J'apprends à voir, S. 17
– Philippe Jaccottet, Métamorphose d'un souvenir parisien, S. 17 f.
– Alain Jouffroy, Une astronomie du réel, S. 18
– André-Louis Rouquier, Requiem pour un cornette de l'an 1663, S. 19
– Marie-Paule Sébastien, À Paris il faut créer ou mourir, S. 19
– André-Louis Rouquier, Aussi le desireux de notre langue hautaine, S. 19
– Michel Guérin, Le poète dans l'éclipse, S. 20.
[Siehe Textteil Nr. 192].

323 Secolul 20. Revista de literatura universala [Bukarest] (1975) Nr. 179: Un orfeu modern: Rainer Maria Rilke. Mit Übersetzungen von Gedichten Rilkes [S. 7-22], sowie:
– Maria Banus, Descoperirea lui Rilke, S. 24-27
– Wolf Aichelburg, Poetul inexprimabilului, S. 27-30
– Gheorghe Grigurcu, Rilke între criza orfica şi umanism, S. 30-34
– N. Steinhardt, Rilke si Cézanne, S. 35-37
– Dan Constantinescu, O, trandafir, împotriva-ti cuvînt pur, bucurie . . ., S. 44 f.

324 Sowjetliteratur 12 (1975), S. 142-146: Zum 100. Ge-

burtstag Rilkes. Beiträge der Lyrikerin Rimma Kasakowa
und des Rilke-Übersetzers Wjatscheslaw Kuprijanow.
325 Der Tagesspiegel (1975), 4. Dezember, S. 4: Wie keine
Lyrik zuvor. Zum 100. Geburtstag Rainer Maria Rilkes –
Eine Umfrage unter Autoren von heute [Aldona Gustas,
Walter Helmut Fritz, Harald Hartung, Karl Krolow; F. C.
Delius hat die Antwort verweigert; siehe Textteil Nr. 162,
Anmerkung und 172].
326 Wegwarten. Eine literarische Zeitschrift für Einzelne [Hg.
von Walter Lobenstein] 15 (1975/76) H. 57:
  – Karl Krolow, Ein Comeback für Rilke, S. 1-4 [s. a.
    B 367]
  – Eberhard Thieme, Marbach 1975, S. 4-6 und: Rilke und
    seine Leser, S. 11 f.
  – Walter Lobenstein, Rilke heute, S. 6 f.; Rilke und Paris,
    S. 12-15; Wegwarten. Zum 100. Geburtstag Rainer
    Maria Rilkes, S. 16-19
  – Erwin Jaeckle, Aus »Zum Erlebnis der Maske«, S. 8-
    10
  – Ruth Mayer, »Ich bitte die, die mich lieben, um Scho-
    nung . . ., daß sie mich nicht verbrauchen für ihr Glück«,
    S. 10 f.
  – Frank Zwillinger, Französische Gedichte Rainer Maria
    Rilkes in deutscher Nachdichtung, S. 15 und 29-31
  – Inge Meidinger-Geise, Der geflüsterte Rilke, S. 20-22
  – Franz Liebl, ›Spätzeit‹ [Gedicht], S. 22
  – Friedrich Rasche, Grab, o reiner Widerspruch. Die
    Rilke-Stätten in Raron und Muzot, S. 24-28
  – Monika Mann, ›Rilkes PANTHER‹ [Gedicht], S. 28.

[Siehe auch B 287 und 308]

Buchpublikationen
327 Timothy Joseph Casey, Rainer Maria Rilke. A Centenary
Essay (London 1976); siehe Textteil Nr. 73.
Rez.:
  – Friedrich Aspetsberger, in: Germanistik 19 (1978), S. 203 f.
  – John Locke, in GQ 51 (1978), S. 107 f.
  – Klaus Phillips, in: Monatshefte 70 (1978), S. 444 f.
  – Linda S. Pickle, in: JEGPh 74 (1977), S. 427 f.
  – Egon Schwarz, in: MLJ 62 (1978), S. 70 f.

328 Konstantin Asadowski, Rilke und Rußland. Zum 100. Geburtstag des Dichters, in: Sowjetunion heute 20 (1975), 16. Dezember, S. 30 f.

329 Hans Bänzinger, Rilke und die Schweiz. Mit einem Beitrag zu seiner Mussolini-Anerkennung, in: Basler Nachrichten (1975), 6. Dezember, S. 24.

330 Charlotte Behrisch, Eine Rose namens Rainer Maria Rilke. Das Rilke-Jahr in der Schweiz: Mehr Zukunft als Vergangenheit, in: Schwäbische Zeitung (1975), 17. April.

331 Schalom Ben-Chorin, Rilke und der Midrasch. Ein Beitrag zum 50. Todestag des Dichters, in: Zeitschrift für Religions- und Geistesgeschichte 28 (1976), S. 260 f.; auch in: Berliner Allgemeine Jüdische Wochenzeitung (1976), 10. Dezember.

332 Frederico Bermudez-Canete, En el cincuentenario de Rilke, in: Ideal [Madrid] (1976), Dezember.

333 Bild (1975), 1. Dezember, S. 2: Der junge Dichter der Liebe wird am Donnerstag 100. Rainer Maria Rilke: Als Kind trug er Mädchenkleider und spielte mit Puppen.

334 Walter Bittermann, Heimkehr des »Verlorenen Sohnes«? Rainer Maria Rilke. Ein Versuch, in: Die Waage 15 (1976), S. 178-183.

335 Wolfgang Bittner, Ein Reiterfähnrich namens Christoph Rilke. Überlegungen zum 100. Geburtstag von Rainer Maria Rilke, in: Die Tat (1975), 20. Dezember; leicht erweitert in: Die Horen 22 (1977), S. 67-69.

336 Bernhard Blume, Rainer Maria Rilke. Existenz und Dichtung. Eine Rede [gehalten am 4. 12. 1975 am Goethe Institut in San Francisco], in: Rilke heute. Beziehungen und Wirkungen. Zweiter Band (Frankfurt 1976), S. 168-186.

337 Wilhelm Bones, Rainer Maria Rilke – der Verwandler, in: Der Humanist 9 (1975), S. 199-202.

338 Pierre Brunel, Les amitiés françaises de Rilke. À l'occasion du centiéme anniversaire de la naissance de Rilke, in: Revue des lettres (1975) Nr. 110, S. 25-36.

339 Dan Constantinescu, Centenar Rainer Maria Rilke, in: România Literatură 4 (1975), S. 20.

340 Drutmar Cremer, »Unter so viel Liedern«. Zu einem Besuch am Grab Rainer Maria Rilkes, in: Erbe und Auftrag. Benediktinische Monatsschrift 52 (1976) H. 1, S. 36-40.

341 Peter Demetz, Man kann Rilke auch anders lesen, in: Die Zeit (1975), 5. Dezember, S. 33 f.

342 Alfred Frankenstein, Rainer-Maria-Rilke-Feiern in Israel, in: Emuna. Israel-Forum (1976) H. 1, S. 67 f.

343 Louis Fürnberg, »Du mußt dein Leben ändern«. Gedanken zu Rilke (Zum 100. Geburtstag Rainer Maria Rilkes), in: Die Wahrheit (1975), 6./7. 12. 1975, S. 15 [siehe Textteil Nr. 133].

344 Barbara Glauert, Rainer Maria Rilke 1875-1975. Ausstellung in Marbach und Ausgaben seiner Werke, in: Börsenblatt für den Deutschen Buchhandel. Frankfurter Ausgabe (1975), 31. Oktober, S. A 311-A 318.

345 Rudolf Grimm, Still verehrt und nie vergessen, in: Neue Westfälische Zeitung (1975), 4. Dezember.

346 Peter Haage, Verführer mit schönen Versen, in: Stern (1975), 4.-10. Dezember, S. 86-90.

347 Käte Hamburger, »Rühmen, das ists«. Zur Eröffnung der Rainer-Maria-Rilke-Ausstellung in Marbach a. N. am 10. 5. 1975, in: Jb. der Deutschen Schillergesellschaft 19 (1975), S. 501-509.

348 Rudolf Hartung, Versuch über Rilke [Vortrag, gehalten am 4. 12. 1975], in: Neue Rundschau 87 (1976), S. 41-61 [siehe Textteil Nr. 64].

349 Hans Jürgen Heise, Rilke – mehr Zukunft als Vergangenheit, in: Die Tat (1975), 5. Dezember, S. 29.

350 Werner Helwig, Nach den Religionen – vor der Religion, in: Basler Nachrichten (1975), 6. Dezember, S. 24.

351 Ders., Rilke – auf der Suche nach der inneren Zukunft, in: Westermanns Monatshefte (1975) H. 12, S. 86 bis 92.

352 Ders., Rilke oder: Blick voraus im Zorn, in: Basler Nachrichten (1976), 29. Dezember, S. 15.

353 Ders., Rainer Maria Rilke (4. Dezember 1875 – 29. Dezember 1926), in: Die Waage. Zeitschrift der Chemie Grünthal 15 (1976), S. 173-177.

354 Bert Herzog, Rilkes »rabiate Antichristlichkeit«. Zu Rai-

ner Maria Rilkes 100. Geburtstag, in: Schweizer Rundschau (1975), S. 327-330.

355 Werner Hilzinger, Auf den Spuren Rainer Maria Rilkes. Zu seinem 50. Todestag, in: Rhein-Neckar-Zeitung (1976), Weihnachtsausgabe.

356 Maria Norberta Hoffmann, Rilke als Dichter der Transzendenz. Zum 100. Geburtstag des Dichters am 4. Dezember 1975, in: Stimmen der Zeit 193 (1975), S. 813 bis 826.

357 Hans Egon Holthusen, Der Dichter und der Löwe von Toledo. Zum 100. Geburtstag von Rainer Maria Rilke, in: Münchner Merkur (1975), 29./30. November, S. 25 [siehe Textteil Nr. 65].

358 Ders., Rilke-Finsternis? Gedanken anläßlich des 100. Geburtstages, in: Merkur 29 (1975), S. 1042-1053.

359 Paul Hübner, Rilkes Provokation, in: Christ in der Gegenwart (1975), 12. Oktober.

360 Felix Philipp Ingold, Zur Rezeption Rainer Maria Rilkes in der UdSSR. Sowjetische Veröffentlichungen zum 100. Geburtstag des Dichters, in: Osteuropa 26 (1976), S. 1058-1063.

361 Philippe Jaccottet, Une tendance à prêcher l'art comme on prêche Dieu, in: Le Figaro (1975) Nr. 1544, 20. Dezember, S. 15 [siehe Textteil Nr. 74].

362 Klaus W. Jonas, Rainer Maria Rilke in Amerika. Gedenkausstellung und Kolloquium in Kansas, in: Die Tat (1975), 14. November, S. 38.

363 Johanna Jung, »Wie ein Kind . . .« – Zum 100. Geburtstag von Rainer Maria Rilke, in: Theorie und Praxis der Sozialpädagogik 83 (1975), S. 337-344.

364 Joachim Kaiser, Von der Schwierigkeit, Rilke zu lieben, in: Süddeutsche Zeitung (1975), 29./30. November; Leserbriefe dazu in der Ausgabe vom 27./28. Dezember, S. 47 [siehe Textteil Nr. 66].

365 Hiroo Kamimura, [Rilke heute. Zum 100. Geburtstag], in: Satoshi Tsukakoshi (Hg.), [Aufsatzsammlung über Rilke] (Tokio 1976), S. 284-306.

366 Edwin Klingner, Dichtung als Existenzdeutung. Zum 100. Geburtstag von Rainer Maria Rilke, in: Buchhändler heute (1975), S. 1167-1169.

367 Karl Krolow, Ein Comeback für Rilke. Der Dichter für sehr junge Leute, in: Der Literat 17 (1975), S. 25 f.

368 Ernst Leisi, Rilkes Aktualität, in: Neue Zürcher Zeitung (1975), 29./30. November [siehe Textteil Nr. 67].

369 Manfred Leist, Zum 50. Todestag Rainer Maria Rilkes, in: Erziehungskunst 40 (1976), S. 584-590.

370 Rätus Luck, Rainer Maria Rilke: Ruhm und Wirkung. Zum 100. Geburtstag, in: Der Bund 126 (1975), 30. November, Beilage.

371 Claudio Magris, Dall'estetismo allo sperimentalismo. Rainer Maria Rilke nel i centenario della nascita [Rundfunkvortrag vom 27. 2. 1975], in: L'Approdo Letterario 21 (1975), S. 111-120 [siehe Textteil Nr. 75].

372 Gerhard Mahr, Newcomer Rilke, in: Die Horen 20 (1975) H. 4, S. 113-115.

373 Johann Mauthner, Vom Spielerischen zur Vollendung. Zum 100. Geburtstag des Dichters Rainer Maria Rilke, in: Oberhessische Presse (1975), 4. Dezember.

374 Hans Mislin, Was soll uns Rilke heute? Zum 100. Geburtstag von Rainer Maria Rilke [Vortrag, gehalten in Raron am 4. 12. 1975, Privatdruck] (Naters 1975) [Exemplar vorhanden: Universitätsbibliothek Saarbrücken: ML 4078; siehe Textteil Nr. 68].

375 Ingrid Mittenzwei, »Immerhin ein Daseinsentwurf«. Zum thematischen Zusammenhang in Rilkes Dichtung [Vortrag zum 100. Geburtstag, gehalten am 25. 2. 1976], in: Jb. des Freien Deutschen Hochstiftes (1976), S. 454-477.

376 Norbert Ney, Der aufpolierte Glanz der Dekadenz. Nachtrag zu den Rilke-Feiern anno 1975, in: Die Horen 22 (1977) H. 2, S. 69-72.

377 Jürgen Petersen, Die Wiederkehr eines Rausches. Der letzte reine Dichter hat seine Verurteilung überlebt, in: Deutsche Zeitung (1975), 5. Dezember, S. 11.

378 Ernst Pfeiffer, Zugang zu Rilke, in: Literaturwissenschaftliches Jahrbuch NF 18 (1977), S. 203-218.

379 Valentin Polcuch, Texte für übermorgen, in: Die Welt (1975), 4. Dezember, S. 15.

380 Prager Nachrichten 26 (1975) H. 11/12, S. 21-23: Rainer Maria Rilke. Zum 100. Geburtstag.

381 Hans Richter, Produktivität aus der Bewunderung des

Lebens. Zum 100. Geburtstag Rainer Maria Rilkes, in: Neues Deutschland (1975), 4. Dezember [siehe Textteil Nr. 72].

382 Piero Rismondo, »Wandelt sich rasch auch die Welt . . .« Zur 100. Wiederkehr von Rainer Maria Rilkes Geburtstag, in: Die Presse (1975), 4. Dezember, S. 5.

383 Werner Ross, Das Schöne – des Schrecklichen Anfang. Zum 100. Geburtstag Rainer Maria Rilkes, in: Rheinischer Merkur (1975), 5. Dezember, S. 15.

384 Wolfgang Schirmacher, Die Versöhnung von Mensch und Natur in der Dichtung. Zum 100. Geburtstag des in Prag geborenen deutschen Lyrikers, in: Mannheimer Morgen (1975), 4. Dezember, S. 48.

385 Renate Schostack, Rilkes Tod und die brüllenden zwanziger Jahre. Zum 50. Todestag des Dichters [Analyse der Nachrufe von 1926/27], in: FAZ (1976), 28. Dezember, S. 15.

386 Hanns Lothar Schütz, Rilke-Ferien in Frankfurt. Ein Lyriker für alle Lebenslagen, in: Börsenblatt für den Deutschen Buchhandel. Frankfurter Ausgabe (1975), 12. Dezember, S. 1686 f.

387 Egon Schwarz, Betrachtungen zur Rezeption Rainer Maria Rilkes, in: Neue Zürcher Zeitung (1975), 29./30. November, S. 57 f. [siehe Textteil Nr. 70].

388 Hellmut Seemann, Er suchte Heimat in seiner Einsamkeit. Reflektionen eines jungen Germanisten, in: Deutsches Allgemeines Sonntagsblatt (1975), 7. Dezember, S. 13.

389 Enrique Sordo, Rainer Maria Rilke, in: Estafeda Literaria (1975) Nr. 560, S. 4-6.

390 Joachim W. Storck, Ein europäischer Dichter – ein deutsches Problem. Lyrik an der Grenze des nicht mehr Sagbaren: Vor 100 Jahren wurde Rainer Maria Rilke geboren, in: Badische Zeitung (1975), 4. Dezember, S. 25.

391 Ferenc Szász, Rilke centenárium – Rilke irodalon, in: Helicon [Budapest] 22 (1976), S. 415 f.

392 Ders., Rilke a milleniumi ünnepsége kröl, ebd., S. 417-420.

393 Kurt Lothar Tank, »Der Schläge Rhythmen sagen«. Rilkes Werk aus der Retrospektive der letzten Station, in: Deut-

sches Allgemeines Sonntagsblatt (1976), 26. Dezember, S. 20.

394 Jürgen P. Wallmann, Rilke in der DDR [Bericht über eine Feier zum 100. Geburtstag], in: Deutschland Archiv 9 (1976), S. 20; zuerst in: Die Tat (1975), 19. Dezember, S. 33.

395 Peter Wapnewski, Kunst, die Leidenschaft zum Ganzen. Überlegungen anläßlich des 100. Geburtstages Rainer Maria Rilkes, in: P. W., Zumutungen. Essays zur Literatur des 20. Jahrhunderts (Düsseldorf 1979), S. 66-92 [siehe Textteil Nr. 71].

396 Herbert Wessely, Dem Geheimnis von Lebenstraum und Wirklichkeit Ausdruck geben, in: Sudetendeutsche Zeitung (1975), 28. November, S. 7.

397 Gert Westphal, Zum 100. Geburtstag von Rainer Maria Rilke, in: Du (1975) H. 12, S. 70 f.

398 J. J. Zuber, Rilke tel q'uen lui-même. Notes à l'occasion du centenaire de sa naissance, in: 13 Étoiles. Reflets du Valais 25 (1975) H. 4, S. 14 f.

[Siehe auch B 403]

3. Zur Rezeption im Ausland
Auswahlbibliographie der Übersetzungen
der ›Duineser Elegien‹

3.1. DDR

Rezeptions- und Wirkungsgeschichte

399 Hans Kamnitzer, Rainer Maria Rilke, in: Neues Deutschland (1946) 5. Dezember.

400 Sarkasmus, Die Neutönerei in der Lyrik. Teil 1: Einladung zu einer Diskussion; Teil 2: Analyse eines Rilke-Gedichts [›Das Abendmahl‹], in: Die Weltbühne (1957) H. 8, S. 245-249 und H. 9, S. 280-283.

401 Günther Deicke, Zur Diskussion »Neutönerei in der Lyrik«: Antwort an Sarkasmus und einige Bemerkungen zur Sache, in: Die Weltbühne (1957) H. 13, S. 401-405.

402 Georg Mende, Die deutsche reaktionäre Philosophie des XX. Jahrhunderts und die deutsche Literatur, in: Wissenschaftliche Zeitschrift der Friedrich-Schiller-Gesellschaft

Jena 10 (1960/61) H. 2, S. 189-201 [siehe Textteil Nr. 58].

403 Horst Nalewski, Rainer Maria Rilke (1875-1926). Bezug und Abstand [mit Bemerkungen zur Rezeption Rilkes durch Becher, Fürnberg und Maurer], in: Weimarer Beiträge 21 (1975), S. 48-68.

Textausgabe

404 Werke in drei Bänden. Hg. von Horst Nalewski (Leipzig 1978). Einführung vom Herausgeber: Dichtung und Werk R. M. Rilkes. Versuch einer Annäherung, in: Bd. I, S. 7-66.

Rez.:

– Ernst-O. Luthardt, Ein Suchender und Bangender, in: Der Morgen [Berlin-Ost] (1979), 31. März.

– Joachim W. Storck, in: Blätter der Rilke-Gesellschaft 7/8 (1980/81), S. 135-138.

[Zur Rezeption in der DDR siehe auch B 276, 277, 343, 381, 394 sowie Textteil Nr. 58, 72, 137, 138, 149 und 156]

3.2. Fremdsprachige Rezeption
(alphabetisch nach Sprachen)

3.2.1. Chinesisch

Übersetzung

405 Li K'uei Hsien, Tu Ying No Pei Ko [Duineser Elegien] (Taipei [Taiwan] 1968) [Text mit Kommentar].

3.2.2. Dänisch

406 Steffen Steffensen, Rainer Maria Rilke paa Dansk, in: Bogrevyen og samleren (1948), S. 43-47.

Übersetzung

407 Thorkild Bjørnvig, Duino Elegier/Udvalgte digte (Kopenhagen 1957); mit einem Kommentar versehen erschien diese Übersetzung auch als Band 2 der Werkauswahl: Rilke, Sene Digte (Glydendal 1958).

3.2.3. Englisch

Bibliographien

408 Herbert Steiner, Rilke in English. A tentative bibliography (Cambridge [Mass.] 1947).

409 Adolf E. Schroeder, Rainer Maria Rilke in America. A bibliography, 1926-1951, in: Monatshefte 44 (1952), S. 31-38.

410 M. J. Comerford, Rilke in English 1946-1966, in: GR 42 (1967), S. 301-309.

[Siehe auch Ritzer (B 5), S. 264 f.]

Rezeptions- und Wirkungsgeschichte

411 Hans Galinski, Deutsches Schrifttum der Gegenwart in der englischen Kritik der Nachkriegszeit (München 1938).

412 Stephen Spender, Der Einfluß Rilkes auf die englische Dichtung. Aus einer BBC Sendung für den Fernen Osten, in: Neue Auslese. Alliierter Informationsdienst (1945) H. 10, S. 21-25; englisch unter dem Titel: The influence of Rilke on English poetry, in: The Listener (1946), 18. Juli, S. 84 [siehe Textteil Nr. 120].

413 Julian Hirsch, Rilke in England, in: Deutsche Blätter 4 (1946), S. 33 f.

414 Werner Milch, Rilke und England, in: Universitas 2 (1947), S. 1463-1474.

415 Benjamin Joseph Morse, Rainer Maria Rilke and English literature, in: GLL 1 (1947/48), S. 215-228.

416 Ders., Contemporary English poets and Rilke, in: GLL 1 (1947/48), S. 272-285.

417 Karl Alban, Der Einfluß Rainer Maria Rilkes auf das englische Schrifttum (Diss. Marburg 1951) [nach Angabe von Simon (B 6) ist in Marburg nur noch ein Auszug aus dieser Dissertation vorhanden].

418 Klaus W. Jonas, Rilke und Amerika, in: EG 9 (1954), S. 55-59.

419 Regina Bretterbauer, Rainer Maria Rilkes »Sonette an Orpheus« und »Duineser Elegien« in der englischen Literatur (Diss. Wien 1956).

420 Peter Demetz, Englische Spiegelungen Rainer Maria Rilkes, in: Orbis Litterarum 11 (1956), S. 18-30.

421 Klaus W. Jonas, Rainer Maria Rilke in Amerika, in: Börsenblatt 19 (1963) Nr. 82, S. 1838-1840.

422 Gerhard Fuchs, Rainer Maria Rilke in der englischen Kritik 1909-1959 (Diss. Kiel 1967); zu den DE bes. S. 142-159.

423 E. M. und S. B. Puknat, American literary encounters with Rilke, in: Monatshefte 60 (1968), S. 245-256.

424 Sigurds Dzenitis, Erweiterung des Blickfeldes im Zeichen politisch-sozialen Wandels. Zwei Aspekte der Rilke-Rezeption in England: Rilke und Auden/Rilke und Spender, in: S. D., Die Rezeption deutscher Literatur in England durch Wystan Hugh Auden, Stephen Spender und Christopher Isherwood (Diss. Hamburg 1972), S. 83-132.

425 Gunner Huettich, Rilke in Amerika: Gestern heute morgen, in: Rilke? [B 315], S. 121-128.

426 Roy Wood, Echoes of Rilke, in: Trivium 14 (1979), S. 85-106.

Übersetzungen

427 Victoria und Edward Sackville-West, Duineser Elegien/ Elegies from the Castle of Duino (London 1931); Translator's note: S. 126-132.
Rez.:
– Anonymus, in: Times Literary Supplement (1933), 16. März, S. 180
– C. P., in: Manchester Guardian (1932), 20. Januar
– Alan Pryce-Jones, in: The London Mercury 25 (1932), S. 403
– A. W. G. Randall, in: Criterion 11 (1931), S. 536-540
– Esmé Whittacker, A German mystical poem, in: The Bookman 81 (1931), Supplement, S. 9 f.

427a James Blair Leishman/Stephen Spender, Duino Elegies [zweisprachig mit Vorwort und Kommentar] (London 1939).
Rez.:
– Anonymus, in: Times Literary Supplement (1939), 17. Juni, S. 353
– Wystan Hugh Auden, in: The New Republic (1939), 6. September, S. 135 f. [siehe Textteil Nr. 118]
– Louise Bogan, in: L. B., Selected criticism (New York 1955), S. 78-80 [siehe Textteil Nr. 116]
– Eugene Davidson, in: Yale Review NS 29 (1938/39), S. 171-175
– Babette Deutsch, Noble German verse, in: New York Herald Tribune (1939), 10. September, S. 6
– Renée Haynes, in: Time and Tide (1938), 5. August
– Lilo Linke, in: Life and Letters 22 (1939), S. 307 f.
– Kerker Quinn, in: Poetry 55 (1939), S. 96-100

- Delmore Schwartz, in: Partisan Review 6 (1939) H. 4, S. 119-121
- Elizabeth Scott-Montagu, in: Nineteenth Century and After 126 (1938/39), S. 99-101
- Basil de Sélincourt, in: Observer (1939), 28. Mai
- Ernst Sigler, in: Poetry Quarterly 11 (1949), S. 177-180.

428 Benjamin Joseph Morse, The Duino Elegies (South Wales 1941) [45 Exemplare].

429 Jessie Lemont, Sonnets to Orpheus/Duino Elegies (New York 1945); Vorwort von Henry W. Wells: S. XI-XXI.

430 Nora Purtscher-Wydenbruck, Die Duineser Elegien/The Elegies of Duino (Wien 1948).

431 Harry Behn, The Duino Elegies (New York 1957); mit Illustrationen von H. B. und einer Vorbemerkung ›A note on elusiveness‹.

432 C. F. MacIntyre, Duino Elegies [zweisprachig] (Berkeley 1961); Vorwort: S. V-XII.
Rez.:
- Robert Bly, in: Hudson Review 15 (1962), S. 469-475.

433 Stephen Garmey/Jay Wilson, The Duino Elegies (New York 1972); mit Einleitung von S. G. (S. 1 - 34) und Kommentar.

434 Elaine Emesette Boney, Duinesian Elegies [zweisprachig] (Chapel Hill 1975); mit Vorwort (S. IX-XI) und Kommentar.
Rez.:
- Robert C. Conrad, in: Germanic Notes 8 (1977), S. 47-49
- Judith Ryan, in: Germanistik 17 (1976), S. 874
- George C. Schoolfield, in: Modern Austrian Literature 10 (1977), S. 144-148
- Egon Schwarz/Hannelore Spence, in: Monatshefte 69 (1977), S. 94-97.

435 A. Poulin Jr., Duino Elegies and The Sonnets to Orpheus (Boston 1975); zuerst in: American Poetry Review 2 (Sept./Okt. 1973), S. 27-34.
Rez.:
- Arnim Paul Frank, in: Germanistik 20 (1979), S. 262 f.

436 David Young, Duino Elegies (New York 1978); mit Einleitung und Anmerkung des Übersetzers (S. 7-16) und Kommentar; zuerst in: Field, Contemporary Poetry (1971 ff.) [siehe auch: B 442].

[Siehe auch: B 182a und 440]

Übersetzungskritik

437 Gordon Lloyd Tracy, The four poetic cycles of Rainer Maria Rilke in English translation with a critical discussion of Rilke's »Marienleben« (Diss. University of Wisconsin 1955); Zusammenfassung in: Summaries of Doctoral Dissertations. University of Wisconsin 16 (1956), S. 568 f.

438 Julius Wirl, Englische Übertragungen von Rilkes erster Duineser Elegie, in: O. Hietsch (Hg.), Österreich und die angelsächsische Welt (Wien 1961), S. 432-435.

439 James Blair Leishman, Betrachtungen eines englischen Rilke-Übersetzers, in: Gestalt und Gedanke. Ein Jahrbuch 8 (1963), S. 137-155.

440 Robert Alain de Beaugrande, Linguistik und poetisches Übersetzen am Beispiel von Rilkes ›Duineser Elegien‹ [mit einer eigenen englischen Übersetzung der ›Elegien‹ und einem Wortindex] (Diss. University of California Irvine 1976); Kurzfassung in: Dissertation Abstracts 37 (1976), S. 1515-A.
Als Buch veröffentlicht in überarbeiteter Fassung unter dem Titel: Factors in a theory of poetic translating (Assen 1978).
Rez.:
– Bernhard Lindemann, in: Poetica 11 (1979), S. 481-489.

441 Jeremy Adler, Rilke auf Englisch. Zu einigen Übersetzungen der Duineser Elegien, in: Literatur und Kritik 128 (1978), S. 494-500.

442 Richard Exner, On translating late Rilke: Remarks on some recent examples [bes. zu Young (B 436); mit interessanten Parallelen Hofmannsthal – Rilke], in: Chicago Review 29 (1978), S. 153-161.

[Zur englischen Rezeption siehe auch B 327 und 362, sowie Textteil Nr. 24, 33, 73, 104, 116, 117, 118, 119, 120, 121, 122, 130, 131, 132, 139, 140 und 184]

3.2.4. Finnisch

Übersetzung

443 Aila Meriluoto, Duinon elegiat/Duineser Elegien [zweisprachig] (Helsinki 1974).

3.2.5. Französisch

Zur Rezeptions- und Wirkungsgeschichte

444 Hartmann Goertz, Fremde Spiegelung. Rilke im Urteil der Franzosen, in: H. G., Frankreich und das Erlebnis der Form im Werke Rainer Maria Rilkes (Stuttgart 1932), S. 112-121.

445 C. Dédéjan, Rilke et la groupe de la »Nouvelle Revue Française«, in: Centro studi R. M. Rilke e il suo tempo. Atti del quinto convegno (1977), S. 35-57.

Übersetzungen

446 Joseph François Angelloz, Les Élégies de Duino [mit Kommentar] (Diss. [Thèse complémentaire zu B 29] Paris 1936); als Buch in einer zweisprachigen Ausgabe zusammen mit den ›Sonetten‹: Paris 1943 und öfter [Einleitung: S. 7-33].
Rez.:
– K., in: Deutsche Allgemeine Zeitung (1936), 8. Juli.

447 Rainer Biemel, Élégies de Duino (Paris 1949).

448 Armel Guerne, Les Élégies de Duino [mit Zeichnungen Picassos] (Lausanne 1958); in einer zweisprachigen Ausgabe auch: Paris 1972.

Übersetzungskritik

449 Geneviève Bianquis, Kann man Dichtung übersetzen? Zu Rilkes Duineser Elegien [übersetzt von F. Pongs], in: DV 37 (1936), S. 470-482.

450 Fernand Desonay, Essai de traduction français de la Ve des Élégies de Duino, in: Wort und Text. Festschrift für Fritz Schalk (Frankfurt 1963), S. 492-506.

[Zur französischen Rezeption siehe auch die Angaben bei Ritzer (B 5), S. 266-268, sowie B 281, 287, 322, 338, 361; Textteil Nr. 27, 53, 74, 81, 115, 142, 150, 185 und 186-192]

3.2.6. Griechisch

Übersetzungen

451 Dēm. St. Dému, Elegeîes tu Ntuíno, in: Morphés (1951), H. 52/53, S. 3-5; H. 54, S. 59 f.; H. 55, S. 93 f.; H. 56/57, S. 137 f.; H. 58, S. 165-167; H. 59, S. 193 f.; H. 61/62,

S. 267-270; H. 63, S. 296 f.; (1952) H. 64, S. 23-25. Als Buch veröffentlicht: Thessaloniki 1975.

452 Bas. Dedúsēs, Hoi elegeîes tu Ntuíno tu R. M. Rilke, in: Morphés (1953), H. 77, S. 73-75; H. 78/79, S. 104-107; H. 80, S. 139-142; H. 81, S. 192-195; H. 82/83, S. 218-221.

453 Charílaous P. Tzannetakis, Hoi elegeîes tu Ntuíno (Athen 1953); mit Einführung: S. 9-11 und Kommentar: S. 51-73.
Rez.:
– Geórgios Phtérēs, in: To Béma (1953), 24. März.

454 Nikólaos-Jōánnes S. Mpúsulas, Xanatonisménē musikḗ [Wiedervertonte Musik]: Hoi elegeîes tu Duino – Ta sonétta ston Orphéa (Thessaloniki 1977); mit Vorwort.

[Zur Rezeption in Griechenland vgl. auch die Angaben bei Lampros (B 3a)]

3.2.7. Hebräisch

Übersetzungen

455 P. Navé, Ilyot Duinyo (Tel Aviv 1968).

456 Chanoch Kalai, [Gedichte; Sonette an Orpheus; Requiem für eine Freundin; Duineser Elegien] (Tel Aviv 1976).

[Zur Rezeption in Israel vgl. auch B 331 und 342]

3.2.8. Italienisch

Rezeptions- und Wirkungsgeschichte

457 Giuseppe Gabetti, L'Italia e la poesia di Rilke [1944], in: Studi germanici 9 (1971), S. 83-95.

458 Vito Pandolfi, Rilkes Geltung in Italien, in: Italien 3 (1944), S. 50.

Übersetzungen

459 Leone Traverso, Elegie Duinesi (Florenz 1937); Vorwort: S. 11-34. Wieder: Florenz 1959; ohne Vorwort: Mailand 1947.
Rez.:
– Oreste Macrì, in: Letteratura 3 (1939), S. 178-181
– Eva Siebels, Italienische Rilke-Übertragungen, in: DV 39 (1938), S. 350-352 [zu Traverso: S. 350 f.].

460 Vincenzo Errante, Le Elegie di Duino, in: Studi germanici
4 (1940), S. 35-74.
461 Gino Regini, Elegie di Duino (Bologna 1953); Einleitung:
S. 7-19, Anmerkungen: S. 73-75.
462 Enrico e Igea De Portu, Elegie Duinesi. Einleitung von
Alberto Destro (Turin 1978).

[Zur italienischen Rezeption vgl. auch die Angaben bei Ritzer (B 5),
S. 278 sowie B 371, Textteil Nr. 75]

3.2.9. Japanisch

Bibliographien

463 Hideo Fujikawa, [Rilke-Literatur nach dem Zweiten Welt-
krieg], in: Doitsu Bungaku (1952) H. 8, S. 58-65.
464 Keitarō Amano, [Rilke-Literatur in Japan], in: Kansai
Daigaku Gakuho (1957) H. 300, S. 2-6 und H. 302, S. 4-
8.
465 Yoshio Kōshina, [Bibliographie der japanischen Rilke-
Übersetzungen und der neueren japanischen Rilke-Litera-
tur], in: Mugen (1962) H. 11, S. 208-215.
466 Junko Hamada, [Japanische Rilke-Literatur], in: Jitsu
zonshugi [Existenzialismus] (1965) H. 33, S. 73-86.
467 Yoshio Kōshina, [Einführung in die Rilke-Literatur], in:
Yuriika 4 (1972) H. 11, S. 181-183.

[Siehe auch B 4]

Rezeptions- und Wirkungsgeschichte

468 Hideo Fujikawa, [Rainer Maria Rilke und Japan], in:
Hikaku Bungaku Kenkyu (1964) H. 8, S. 1-27 [Japanisch,
mit frz. Zusammenfassung].
469 Kuniyo Takayasu, Rilke und die Japaner, in: Doitsu
Bungaku (1964) H. 32, S. 5-13 [Textteil Nr. 59].
470 Yoshio Kōshina, Rilke in japanischer Sicht. Rezeption und
Wirkung, in: Rezeption der deutschen Gegenwartsliteratur
im Ausland (Stuttgart 1976), S. 205-212.
471 Tatsuo Hori, [Notizen zu Rilke], in: T. H., Zenshyu
[Sämtliche Werke] (Tokio 1979); vgl. bes. S. 269-428:
Rilke X-XVII [Horis Erläuterungen zu den ›Duineser
Elegien‹ und seine japanischen Übersetzungen].

472 Hiroshi Sugiura, [Rilke in Tatsuo Horis Werken], in: Hitotsubashi ronso 57, H. 2, S. 38-58.

Übersetzungen

473 Mayumi Haga, Doino no hika (Tokio 1940); zweisprachig, mit Nachwort; Teilveröffentlichung in der Zeitschrift Shiki (1938). Wieder veröffentlicht: Tokio 1953 und in: Rilke Senshū [Ausgewählte Werke] Bd. 2 (Tokio 1954).

474 Masao Asai, Doino no hika (Tokio 1954; 1978²); mit Kommentar versehen.

475 Tomio Tezuka, Doino no hika (Tokio 1957); mit ausführlichem Kommentar. Zuerst in der Zeitschrift Sekai Bungaku Zenshū (1954) Nr. 14, S. 175-196, wieder in: Sekai Meishishu Taisei. Doitsu-hen [Die besten Gedichtsammlungen der Welt. Band Deutschland] II (Tokio 1958) und in: Sekai-Bungaku-Taikei [Enzyklopädie der Weltliteratur] Bd. 53: Rilke (Tokio 1959).

476 Yoshio Kōshina, Doino no hika, in: Keisei [Werden] N. S. 17 (1956).

477 Hideo Fujikawa, Doino no hika, in: Rilke Zenshū [Gesammelte Werke] Bd. 4 (Tokio 1961); mit Kommentar.

478 Masuo Funaki, Doino no hika, in: F. M., Shishyū (Tokio 1976).

[Zur Rezeption in Japan siehe auch den Aufsatz von Kenzo Miyashita, in: Materialien Band II, sowie B 317, 365, Textteil Nr. 59]

3.2.10. Mazedonisch

Übersetzung

479 Bogomil Djuzel, Dve elegii, in: Razgledi (1970) H. 8.

3.2.11. Niederländisch

480 G. de Landsheere, R. M. Rilke en de Nederlandse kritiek, in: De Vlaamse Gids 34 (1950), S. 427-434.

Übersetzungen

481 J. C. B. Eykman, De elegieën van Duino (Amsterdam 1963).

482 W. J. M. Bronzwaer, De elegieën van Duino [zweisprachig] (Ambo 1978); Einleitung: S. 9-34.

Rez.:
– Ludo Verbeeck, Rilkes ›Duineser Elegien‹ in nederlandse vertaling, in: Dietsche Warande en Belfort 123 (1978), S. 694-699.

[Zur niederländischen Rezeption vgl. auch Textteil Nr. 114]

3.2.12. Polnisch

483 Günther Wytrzens, Zu den slawischen Rilke-Übersetzungen, in: Sprachkunst 10 (1979) Sonderband: Komparatistik in Österreich, S. 201-215 [9. Elegie in sieben slawischen Übersetzungen; Bibliographie]

Übersetzungen

484 Stefan Napierskiego, Elegije Duineziskie. Einleitung von Marianne Thalmann (Warschau 1930).
Rez.:
– Stanislav Mágr, Die ›Duineser Elegien‹ in polnischer Übersetzung, in: Prager Presse (1930), 13. Juli.

485 Mieczysław Jastrun, Elegie Duinejskie (Krakau 1962); Einleitung: S. 5-13, Illustrationen von Józefa Wilkonia.

486 Bernard Antochwicz, Elegie duinejskie (Wrocław 1973).

3.2.13. Portugiesisch

Bibliographie

487 Gerhard Mayer, Ibero-amerikanische Rilkeana. Entwurf einer Zusammenstellung (Highland Park [USA] 1972) [19 Blatt, Maschinenschrift; Exemplar vorhanden: Deutsches Literaturarchiv, Marbach].

Übersetzungen

488 Dora Ferreira da Silva, Elegias de Duino (São Paulo [Brasilien] 1956); mit Kommentar: S. 67-100. Wiederveröffentlicht: Porto Alegre 1972; Kommentar: S. 63-95.

489 Paulo Quintela, Elegias de Duino e Sonetos a Orfeu (Porto Alegre [Brasilien] 1968); Einleitung mit dem Titel: Este »erro de distinguir«: S. 15-29.

3.2.14. Rumänisch

Rezeptions- und Wirkungsgeschichte

490 Nicolae Balota, Rilke in Rumänien, in: Lenau Forum 2 (1970), S. 55-60; wieder in: Synthesis 5 (1978), S. 229-235.

Übersetzung

491 Dan Constantinescu, Elegiile duineze/Sonetele către
     Orfeu (Bukarest 1978); Einleitung von Edgar Papu (S. 5-
     10), Zeichnungen von Vasile Kazar.

[Zur Rezeption in Rumänien siehe auch: B 323 und 339]

3.2.15. Russisch

Rezeptions- und Wirkungsgeschichte

492 Alexander Fadejew in der Prawda vom 1. 2. 1950, nach
     dem Bericht: Rilke auf dem Index, in: Die Presse 5 (1950),
     18. Februar, S. 8.

493 Sergej Turajew, Rilke in russischer Nachdichtung, in:
     Sowjetliteratur (1965) H. 10, S. 185-189.

494 Marion Böhme, Rilke und die russische Literatur. Neue
     Beiträge mit besonderer Berücksichtigung der Rezeption
     Rilkes in Rußland (Diss. Wien 1967).

495 Leonid Čertkov, Rilke in Rußland. Auf Grund neuer
     Materialien (Wien 1975).

496 Konstantin Asadowski/J. W. und J. B. Pasternak, Rilke-
     Briefe an Marina Zwetajewa, in: Neue Deutsche Literatur
     27 (1979), S. 119-136.

[Eine vollständige russische Übersetzung der ›Duineser Elegien‹ konnte
nicht ermittelt werden; Teilübersetzungen sind aufgeführt bei Wytrzens
(B 483), S. 210.
Zur Rezeption in Rußland vgl. auch: B 324, 328, 360, die Angaben bei
Ritzer (B 5), S. 299 f., sowie Textteil Nr. 151]

3.2.16. Schwedisch

Übersetzungen

497 Arnold Ljungdal, Duino Elegier (Stockholm 1951); Ein-
     leitung: S. 5-45.

498 Erik Lindegren, Duinoelegierna (Stockholm 1967) [zwei-
     sprachig]; Einleitung von Artur Lundkvist: S. 5-29.

3.2.17. Serbokroatisch

Rezeptions- und Wirkungsgeschichte

499 Harald Kreid, Rilke in Jugoslawien. Symposium des öster-
     reichischen Kulturinstituts Zagreb, in: Literatur und Kritik
     (1976) H. 110, S. 584-588.

500 Mirko Krivokapić, Rilke in Jugoslawien, in: Radisav
     Cajić/Silvija Durić, [Rilke in Jugoslawien] (Belgrad 1979)
     [= B 1], S. 15-24.

Übersetzungen

501 Branimir Živojinović, Devinske elegije/Soneti posvećeni
     Orfeju (Belgrad 1969); Nachwort: S. 81-84.
     Rez.:
     – Zvonimir Mrkonjić, Uz novi prijevod »Devinikih elegija« [Zur
        neuen Übersetzung der ›Duineser Elegien‹], in: Hrvatsko
        sveučilište 1 (1971), 17. November, S. 13.
502 Zvonimir Mrkonjić, R. M. Rilke: Devinske elegie, in:
     Forum [Zagreb] 12 (1973), S. 1047-1069.

[Siehe auch die Angaben bei Wytrzens (B 483) und Cajić/Durić
(B 1)]

3.2.18. Slowakisch

Übersetzung

503 Mikuláš Sprinc, Duinské Elégie (Turčiansky Svätý Martine
     1942).

[Siehe auch Wytrzens (B 483)]

3.2.19. Slowenisch

504 Hildegard Schroeder, Anklänge. Auf Rilkes Spuren in
     Anton Vodniks slowenischer expressionistischer Lyrik, in:
     Schweizerische Beiträge zum VII. Internationalen Slavi-
     stenkongreß in Zagreb und Ljubljana (Frankfurt 1978),
     S. 225-236.

3.2.20. Spanisch

Rezeptions- und Wirkungsgeschichte

505 Jorge Bacacorzo, Rainer Maria Rilke. Su influencia en la
     poesía peruana, in: Cultura peruana 16 (1956) Nr. 101,
     S. 35-38, 62.
506 Dieter Saalmann, Die Konzeption des ›hombre invisible‹
     bei Pablo Neruda und Rainer Maria Rilke, in: Romanisti-
     sches Jahrbuch 24 (1973), S. 381-399.
507 Ders., Der Tod als Sinnbild ästhetischer Affinität zwischen
     Rainer Maria Rilke und Pablo Neruda, in: DVjs 48
     (1974), S. 197-227.

508 Juan José Domenchina, Las elegías de Duino (Mexico 1945); mit Vorwort.

509 Gonzalo Torrente Ballester, Requiem/Las Elegías de Duino [zweisprachig: deutsch/catalanisch] (Madrid 1946); Einleitung: S. 73-92, Kommentar: S. 166-182.
Rez.:
  – Anonymus, in: Arbor 7 (1947) Nr. 19, S. 97-99
  – F. Puig, in: Insula 2 (1947) Nr. 13, S. 6.

510 José Vicente Alvarez, Elegías de Duino/Sonetos a Orfeo. Kommentar und Anhang von Alfredo Tergaza (Córdoba [Argentinien] 1956).

511 Horacio Quiñones, Elegías de Duino, in: Ecuador. Revista de Poesía Universal [Mexico] (1966), 1. August.

512 Lieselott Delsfiner-Leopold, Elegías de Duino (Barcelona 1967).

513 Jaime Ferreiro Alemparte, Elegías Duinesas/Duineser Elegien y Poemas a la noche/Gedichte an die Nacht [zweisprachig] (Madrid 1968); Einleitung: S. 7-30.

514 Uwe Frisch, R. M. Rilke: Las Elegías de Duino, in: Revista de Bellas Artes [Mexico] 22 (1975), S. 2-37; mit Anmerkungen des Übersetzers: S. 34-37.

[Zur spanischen Rezeption siehe auch: B 332, 389, 487]

3.2.21. Tschechisch

Übersetzung

515 Pavel Eisner, Elegie z Duina (Brünn 1930); Nachwort: S. 78-81.

[Vgl. auch Wytrzens (B 483)]

3.2.22. Ungarisch

Bibliographie

516 Ferenc Szász, Hugo von Hofmannsthal und Rainer Maria Rilke in Ungarn [= Budapester Beiträge zur Germanistik 7] (Budapest 1980).

Rezeptions- und Wirkungsgeschichte

517 Ferenc Szász, Rilke in Ungarn, in: Budapester Rundschau

9 (1975), 8. Dezember, S. 10; leicht überarbeitet wieder in: Literatur und Kritik (1976) Nr. 110, S. 577-583.

[Teilübersetzungen der ›Elegien‹ – z. T. mit kurzen interpretatorischen Anmerkungen – sind aufgeführt in der Bibliographie von Szász (B 516), siehe dort Nrn. R 366-375, RS 77, RS 163 und 164. Zur Rezeption in Ungarn vgl. auch B 391 und 392.]

Editorisches Nachwort

1. Alle in diesen Band aufgenommenen Materialien zur Rezeptionsgeschichte der ›Duineser Elegien‹ sind mit einer Kennziffer versehen und innerhalb der vier Kapitel jeweils chronologisch nach dem Jahr ihrer ermittelten Erstveröffentlichung angeordnet.

   Mehrere Texte desselben Verfassers sind in der Regel zusammengefaßt und in sich chronologisch geordnet; dabei entscheidet die Erstveröffentlichung oder Entstehung des ersten der Beiträge über die Plazierung des Autors.

2. Offensichtliche Druckfehler wurden stillschweigend berichtigt. Dagegen haben die Herausgeber davon abgesehen, die Zitierweisen zu vereinheitlichen und die zahllosen Zitierfehler zu korrigieren, um den Dokument-Charakter der Texte zu bewahren. Nur alle Sperrungen sind einheitlich in Kursiva verwandelt.

3. In den Anmerkungen, die – nach Autoren zusammengefaßt – den abgedruckten Materialien nachgestellt wurden, finden sich zum Verständnis nötige Hinweise; außerdem wird auf weitere, das Verhältnis zu Rilke charakterisierende Äußerungen des betreffenden Autors und auf zugehörige Forschungsliteratur verwiesen.

4. Die Beiträge Nr. 24, 33, 73, 104, 116-119, 121, 122, 130-132 und 151 wurden von Manfred Engel aus dem Englischen übertragen; die Übersetzung der französischen Texte (Nr. 27, 53, 74, 115, 142, 150 und 186-192) besorgte Monika Ritzer, die des italienischen (Nr. 75) Gabriella Thiem.

5. Die Texte Nr. 8, 15, 76 und 113 waren bisher ganz oder teilweise unveröffentlicht. Wir danken dem Deutschen Literaturarchiv, Marbach, und dem Rilke-Archiv der Schweizerischen Landesbibliothek, Bern, die uns die Handschriften zur Erweiterung und Überprüfung der Beiträge oder zum Neuabdruck zur Verfügung stellten.

6. Zur Ergänzung und als möglicher Ausgangspunkt für weitere Untersuchungen ist dem Textteil ein von Manfred Engel zusammengestellter ausführlicher bibliographischer Anhang zur Rezeption und Wirkung des Rilkeschen Werkes in In- und Ausland beigefügt, dessen Titel mit dem Anhang zu

Band II fortlaufend durchnumeriert sind. Um die Kennziffern des Textteils von denen der Bibliographie zu unterscheiden, wurden die letzteren in Register wie Querverweisen dieses Bandes mit einem vorgestellten »B« versehen.

7. Außerdem enthält der dritte Materialienband noch ein alphabetisches Verfasserregister zu Textteil und Bibliographie sowie ein Verzeichnis der verwendeten Abkürzungen.

Unser Dank gilt all denen, die uns bei der schwierigen Suche nach geeigneten Texten behilflich waren, so etwa Prof. Henry F. Fullenwider, der uns Kopien der Rezensionen zur Erstausgabe der ›Duineser Elegien‹ aus den Beständen der Henry-Sagan-Rilke-Collection der Bibliothek der University of Kansas und ein Exemplar seiner Bibliographie (B 278) zur Verfügung stellte; Winfried Hönes, der uns Materialien aus seinem Archiv zur Rezeptionsgeschichte in Kleve überließ; Fritz Kunle, Rheinau, für die Überlassung seiner ›Bibliographie der Vertonungen von Texten Rainer Maria Rilkes‹ (B 280); dem Rilke-Archiv der Schweizerischen Landesbibliothek, Bern und dem Deutschen Literaturarchiv, Marbach, die uns Einblick in ihre Kataloge, Briefbestände und Zeitungsausschnittsammlungen gewährten. Auskünfte in Einzelfragen erteilten Prof. Beda Allemann (Celan und Rilke), Prof. Kenzo Miyashita (japanische Rilke-Rezeption) und Prof. W. Welzig (Schnitzler und Rilke).

Besonders verpflichtet sind wir Dr. Joachim W. Storck (Marbach), Dr. Karl Klutz (Rilke-Archiv, Bad Ems) und den Mitarbeitern der Staats- und Universitätsbibliothek Bamberg. Ohne ihren Rat und ihre freundliche Hilfe wäre die Herausgabe der vorliegenden drei Materialienbände nicht möglich gewesen.

Schließlich danken wir den Autoren und Verlagen für die Erlaubnis zum Wiederabdruck der aufgenommenen Texte.

Die Herausgeber

Verfasserregister

[Auf Beiträge aus dem Textteil wird mit ihrer Kennziffer verwiesen, auf Titel der Bibliographie mit Kennziffer und vorangestelltem »B«, auf Rezensionen mit der kursiven Kennziffer der rezensierten Arbeit. Anonyme Aufsätze sind unter dem Titel der jeweiligen Zeitung oder Zeitschrift aufgeführt.]

ABKÜRZUNGEN

AB   [Ausgewählte] Briefe. Hg. vom Rilke-Archiv in Weimar.
            In Verbindung mit Ruth Sieber-Rilke besorgt durch Karl
            Altheim (Wiesbaden o. J. = 2. Auflage)
DE   ›Duineser Elegien‹
DV   Dichtung und Volkstum [Euphorion]
DVjs   Deutsche Vierteljahrsschrift für Literaturwissenschaft und
            Geistesgeschichte
EG   Études Germaniques
FAZ   Frankfurter Allgemeine Zeitung
GLL   German Life and Letters
GQ   German Quarterly
GR   Germanic Review
JEGPh   Journal of English and Germanic Philology
MLJ   Modern Language Journal
Monats-   Monatshefte für deutschen Unterricht, deutsche Sprache
hefte   und Literatur
Schnack   Ingeborg Schnack, Rainer Maria Rilke. Chronik seines
            Lebens und seines Werkes (Frankfurt 1975)
WA   Sämtliche Werke in zwölf Bänden [Werkausgabe]. Hg.
            vom Rilke-Archiv. In Verbindung mit Ruth Sieber-Rilke
            besorgt durch Ernst Zinn (Frankfurt 1976). Die ›Werkaus-
            gabe‹ ist text- und seitenidentisch mit der ebenfalls von
            Ernst Zinn besorgten sechsbändigen Ausgabe der ›Sämtli-
            chen Werke‹ (SW); für die Umrechnung von Belegstellen
            ist also nur zu berücksichtigen, daß jeweils zwei Bänden
            der WA ein Band der SW entspricht.

Copyright-Vermerke